国家级一流本科课程配套教材
国家精品在线开放课程配套教材

法学通论

GENERAL THEORY OF LAW

主　编　张德淼
副主编　陈　军　龚春霞

科学出版社
北　京

内 容 简 介

本书大体按照理论法学、国内法学、国际法学的逻辑顺序，重点介绍法理学导论、宪法、行政法与行政诉讼法、刑法、刑事诉讼法、民法、民事诉讼法、经济法、国际法等内容，体系合理、重点突出；注重介绍法学基本原理和基础知识，结合最新出台和修订的法律法规、典型案例和较流行的文献与观点进行阐述，内容难易适中，语言通俗易懂；尤其是运用了信息化技术，将一些案例和法律以二维码形式予以拓展，不占书稿字数。另外，本书配套有国家级线上一流本科课程"法学通论"MOOC资源与电子光盘，是一本简明实用的法学教材。

本书在体例上除了章节目内容外，还增加了思维导图、主要问题、重要概念、重要法律、典型案例、本章小结、推荐阅读书目、主要参考文献等，适合法学与非法学专业学生学习，也可作为广大法学爱好者的自学用书，还可作为法律硕士考试、法律职业资格考试、法学专业研究生考试的参考用书。

图书在版编目（CIP）数据

法学通论 / 张德淼主编. -- 北京：科学出版社，2025.3. --（国家级一流本科课程配套教材）（国家精品在线开放课程配套教材）. -- ISBN 978-7-03-080558-4

Ⅰ. D90

中国国家版本馆 CIP 数据核字第 2024KJ2077 号

责任编辑：王京苏　刘巧巧 / 责任校对：贾娜娜
责任印制：张　伟 / 封面设计：楠竹文化

科 学 出 版 社 出版
北京东黄城根北街 16 号
邮政编码：100717
http://www.sciencep.com

北京九州迅驰传媒文化有限公司印刷
科学出版社发行　各地新华书店经销

*

2025 年 3 月第 一 版　　开本：787×1092　1/16
2025 年 6 月第二次印刷　印张：22 3/4
字数：545 000

定价：79.00 元

（如有印装质量问题，我社负责调换）

前　言

从盛夏到隆冬，学校法学图书馆窗外的垂柳一直没停止展示其生机勃勃的活力，垂柳边的池塘里，各色观赏鱼正自由地游弋着。我坐在法学图书馆二楼，在电脑上审阅同事们发来的《法学通论》书稿，累了就看向这窗外的旖旎风光，心神也为之一振。

中南财经政法大学的法学一流学科建设现正处在关键的验收阶段，《法学通论》是这一阶段的重要成果之一。它不仅是教育部立项的首批国家级线上一流本科课程，也是中南财经政法大学数十年来法学教育成果的一个重要展示窗口。还记得2000年中南财经政法大学合校之时，学校就提出要建设融通型开放式的经法管主流学科，其中一个重要的标志就是打造一批一流的课程和一流的教材。为此，时任校长吴汉东教授亲自担任主编，统筹"三通"（《法学通论》《经济学通论》《管理学通论》）之一的《法学通论》的编务工作[①]，我承担其中第一章"法学基本理论"的撰写任务。该书从2005年第一版至2018年，出版发行了七版，最新的第八版因各种原因迟至2023年下半年才出版。2023年6月，学校专门发文，要求强化"经法管"特色融通课程的建设，根据这一文件的精神，"法学通论"这一特色课程将再次成为全校所有非法学专业本科生的必修课，这也为我们撰写本书提供了巨大动力。

众所周知，近些年来，我国法治建设日新月异，大量的法律进行了较大的修改和重新编纂，如我们所熟知的2018年修宪、2020年《中华人民共和国民法典》出台，以及习近平法治思想诞生等等，这些具有重要意义的变化内容均需要及时反映到新的《法学通论》教材与课堂之中。

令人振奋的是，2023年2月和8月，中央分别出台了《关于加强新时代法学教育和法学理论研究的意见》和《关于建立领导干部应知应会党内法规和国家法律清单制度的意见》，这些对于我们编写和完善本书具有重要的指导意义[②]。同时，中南财经政法大学的"法学通论"课程自被评为首批国家级一流课程以来，已满三年。根据新的时代

[①] 参见吴汉东：《法学通论》（第八版），北京大学出版社2023年版。

[②] 详见中共中央办公厅、国务院办公厅分别印发的《关于加强新时代法学教育和法学理论研究的意见》《关于建立领导干部应知应会党内法规和国家法律清单制度的意见》。这两个文件不仅对《法学通论》的编写工作具有指导意义，而且对我国当前的法学教育与法律传播工作都具有重要的指导意义。

精神，我们对法学通论 MOOC（大规模在线开放课程，massive open online courses）的内容进行了一些重要补充与调整，新的 MOOC 平台已经成功上线，这本同学们期盼的与 MOOC 配套的教材今日终于将与读者见面了。

本书的撰写，主要体现以下理念与要求。

一是体例新颖，以最新的传播手段和科学方法反映法学的内容体系。这不仅反映在教材的编排体系中，要加入我们原来比较忽略的思维导图、典型案例、主要问题与具体内容设计；还体现在一些章节内容的设定上，突显新思维与新理念。我注意到，在一些部门法的研究中，很多学者在自己的教材体系中大胆吸收国内外的一些做法，尝试用全新的体例解读我们的法律制度及其变化内容。比如清华大学的周光权、黎宏等教授，他们在其编写的刑法教材或相关译著的说明中，对我国刑法分则体系的理论解读，借用日本学者的三分法，即侵害个人法益的犯罪、侵害社会法益的犯罪和侵害国家法益的犯罪，来代替我们原来按刑法分则十大罪名的划分法，这显然更具有逻辑的清晰性与内容的简洁性。而我们传统法理学中，关于法律体系的划分，如以往的七分法、九分法或十分法也显得过于复杂，而按公法、私法、社会法三分法统领并结合各部门法，可能具有更清晰的逻辑。

二是内容丰富，既有理论，又有实践案例，让读者在引人入胜的鲜活案例中理解法律和法治的真谛。确实，从读者的角度来看，一本注重将理论与实际案例结合起来解读各类权利义务关系的教材一定比只有枯燥理论陈述的教材更具有可读性；从教者的角度来看，我们更需要通过即时性的案例场景，将学生更快地吸引到对法律运用的理解中去，引导学生更好地理解相关理论与制度规范的核心内容。其实在一些部门法研究作品中已经有一些非常好的范例，比如，在宪法方面，有中国人民大学出版社出版的董和平、秦前红主编的《宪法案例》等；在刑法方面，有北京大学出版社出版的张明楷教授编著的《刑法的私塾》（一、二、三）、中国法制出版社出版的陈兴良教授主编的《刑法案例教程》等。

三是与时俱进，反映中国法治的点滴进步。我们不仅要注意理论结合实际的原则，还要充分注意引用实践中最新的相关案例资料与政策、立法资料。在案例资料方面，尤其要关注最高人民法院和最高人民检察院发布的系列指导性案例，以及媒体最新报道的具有广泛影响的案例；在立法资料方面，我们不仅要对教材相关章节涉及的全国人大的最新立法内容进行分析说明，还要对中共中央发布的"一规划两纲要"[①]等一系列指导中国法治建设的文件进行图文并茂的解读。这样做旨在让读者感受到中国法治的规划性而不是盲目性，从而深入领会到中国法治的核心要义与基本价值，而不仅仅是浮于表面。

四是尽量吸收中外学界的最新研究成果，并体现自己的特色。我们要求各章作者将一些相关领域最新的代表性研究论文或著作以参考文献或脚注的方式列出，可能的话，对其中的重要观点作一些简要的介绍与评析，列出真正有意义、有价值的参考文献，方便读者去查阅。

[①] "一规划两纲要"是指党中央自 2020 年以来出台的《法治中国建设规划（2020—2025 年）》《法治社会建设实施纲要（2020—2025 年）》《法治政府建设实施纲要（2021—2025 年）》。有学者称中国法治进入规划时代。

当然，将这些理念全都融入本书中，实际上颇具挑战。因为作为融通课程和现在的素质教育课程，载量有限同时读者需求广泛，而且要让法学与非法学的同学们对此课程真正产生浓厚的兴趣，仅做到上述几点可能还远远不够，但我们要尽量尝试去做。

2022 年，中南财经政法大学的刑法学科为纪念其研究生教育 40 周年，发行了影响颇著的纪念文集，该文集收集了曾经受教于这所学校并活跃于全国刑法学界的张明楷、夏勇、刘明祥、冯军、刘艳红等知名学者所发表的心得文章，这些文章读起来令人心潮澎湃。当然，中南财经政法大学的研究生教育事业并非以刑法学硕士点的 1982 年为起点，而是以老院长章若龙先生于 1978 年主持的法理学专业硕士教育为起点（与全国恢复研究生教育时间同步）。老先生以他博大的胸怀在法理学位点不仅培养了乔克裕、郑永流等法理学领域的知名教授，还培养了在我国民商法、知识产权法领域有重要影响的吴汉东、覃有土等著名学者，后两位的法理学硕士学位论文分别以知识产权法和商事法为选题方向。可见，我们法学内部各学科研究生的培养与融通教育从一开始就独具特色。这门法学通论，不仅作为国家首批一流课程在国内法学界享有盛誉，在中南财经政法大学研究生教育阶段，也曾以法学导论、法治评估学的课程教育改革，引起学界的广泛关注，并获校内教学成果一等奖和湖北省研究生教学成果二等奖。校内外选修这类系列课程的本科生与研究生每年线上线下达数千人，这些都成为我们认真编写好这门课程配套教材的动力。我们作为中南财经政法大学法学一流学科建设承上启下的一代人，使命光荣，责无旁贷。

党的二十大报告指出："我们要坚持教育优先发展、科技自立自强、人才引领驱动，加快建设教育强国、科技强国、人才强国，坚持为党育人、为国育才，全面提高人才自主培养质量，着力造就拔尖创新人才，聚天下英才而用之。"[①]教材是教学内容的主要载体，是教学的重要依据、培养人才的重要保障。在优秀教材的编写道路上，我们一直在努力。

感谢法学通论课程组同仁们的共同努力，感谢科学出版社的大力支持和编辑王京苏、刘巧巧同志的努力付出，感谢中南财经政法大学法学院和教务部对法学通论一流课程建设经费的大力支持。

本书由我担任主编，陈军、龚春霞同志担任副主编，由参与法学通论 MOOC 国家级一流本科课程的诸位法学院团队成员通力合作，共同完成。具体的编写分工任务如下：前言、第一章执笔人为张德淼；第二章执笔人为刘嗣元、陈新、陈军；第三章执笔人为丁丽红、陈军；第四章、第五章、第七章执笔人为龚春霞；第六章执笔人为张作华、陈军；第八章执笔人为陈虹；第九章执笔人为尹生、祝戈辉、李微。

张德淼
2024 年 11 月 28 日于武汉

---

① 习近平：高举中国特色社会主义伟大旗帜 为全面建设社会主义现代化国家而团结奋斗——在中国共产党第二十次全国代表大会上的报告，参见中华人民共和国中央人民政府网 https://www.gov.cn/xinwen/2022-10/25/content_5721685.htm，2024 年 11 月 28 日访问。

目 录

前言

第一章 法理学导论 ... 1

- 第一节 法学的性质、体系与历史 ... 2
- 第二节 法的概念与体系 ... 9
- 第三节 法的起源与发展 ... 20
- 第四节 法的作用、价值与法治 ... 23
- 第五节 法的制定与实施 ... 36
- 第六节 法律关系：权利、义务和权力 ... 42
- 第七节 法与民主、人权 ... 47
- 第八节 习近平法治思想 ... 50
- 本章小结 ... 56

第二章 宪法 ... 57

- 第一节 宪法的概念和特征 ... 58
- 第二节 我国宪法的基本原则 ... 60
- 第三节 我国的宪法监督制度 ... 63
- 第四节 我国的国家性质和经济制度 ... 66
- 第五节 我国的国家政权组织形式和国家结构形式 ... 69
- 第六节 我国的选举制度 ... 72
- 第七节 我国公民的基本权利和义务 ... 77
- 第八节 我国的中央国家机关 ... 87
- 本章小结 ... 91

第三章

行政法与行政诉讼法 93

- 第一节 行政法的概念与特征 94
- 第二节 行政法的基本原则 96
- 第三节 行政法律关系主体 99
- 第四节 行政行为 103
- 第五节 行政复议 110
- 第六节 我国行政诉讼制度 121
- 第七节 我国行政赔偿制度 141
- 本章小结 147

第四章

刑法 148

- 第一节 刑法的基本问题 149
- 第二节 刑法的基本原则 155
- 第三节 犯罪的基本理论 158
- 第四节 刑罚的基本制度 182
- 第五节 刑法分则 194
- 本章小结 197

第五章

刑事诉讼法 199

- 第一节 刑事诉讼法概述 200
- 第二节 刑事诉讼的基本原则 205
- 第三节 辩护与代理 211
- 第四节 证据制度的一般理论 214
- 第五节 刑事诉讼程序 220
- 本章小结 226

第六章

民法 228

- 第一节 民法的概念与调整对象 230
- 第二节 民法的基本原则 230
- 第三节 民事法律关系与民事权利体系 234
- 第四节 民事法律关系的主体 236
- 第五节 民事法律行为、代理与民事责任 239
- 第六节 诉讼时效 245
- 第七节 物权 247

第八节	合同	253
第九节	人格权	265
第十节	婚姻家庭与继承	273
第十一节	侵权责任	282
本章小结		289

第七章

民事诉讼法 ... 290

第一节	民事诉讼法的基本问题	291
第二节	民事诉讼法的基本原则	293
第三节	民事诉讼基本制度	298
第四节	民事诉讼程序	303
本章小结		308

第八章

经济法 ... 309

第一节	经济法是什么：经济法的立场、历史与体系	310
第二节	反不正当竞争法：市场竞争的"三叠加"保护	313
第三节	反垄断法：市场经济的"经济宪法"	317
第四节	消费者权益保护法：消费者权益的"守护伞"	323
第五节	财政法：国家治理的基础和重要支柱	325
第六节	税法：人民权利的"守护章程"	329
本章小结		333

第九章

国际法 ... 334

第一节	国际法的定义和特征	335
第二节	南极国际法律制度	337
第三节	国际海洋法	338
第四节	联合国安全理事会的表决机制	340
第五节	国际刑事法院	342
第六节	国际人权法	344
第七节	国际条约法	345
第八节	国际私法	347
第九节	国际经济法	349
本章小结		350

第一章 法理学导论

思维导图：

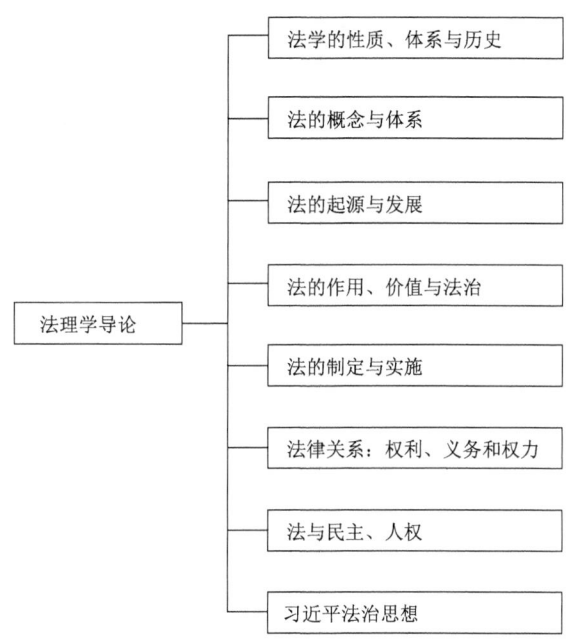

主要问题：

1. 如何理解法学的研究对象与体系？
2. 如何认识法的基本特征、本质问题和法的作用、价值等基本原理？
3. 如何理解法的历史发展规律与两大法系的特点？
4. 如何理解法治与全面依法治国的目标？我国的立法、执法、司法各应遵循什么原则？
5. 为什么要通过现代法治保障民主和人权？如何树立健全的法治意识与权利意识？
6. 如何理解习近平法治思想的理论体系与核心要义？

重要概念：

习近平法治思想；法；法学体系；法系；法律体系；法治体系；法律权利；义务；人权；民主

重要文件：

中国法治的顶层设计："一规划两纲要"全文

典型案例：

第一节 法学的性质、体系与历史

一、法学的性质问题

（一）法学的词源

法学是法律科学的简称，是研究法律、法律现象、法律问题的学问或理论知识体系，是一门关乎社会共同生活的人文社会科学。"法学"一词历史悠久，在我国先秦时期被称为"刑名法术之学"或"刑名之学"，至汉代始开始出现"律学"的称谓。刑名法术之学主要强调定分正名，着重对"刑""名"进行辨析。律学主要是对现行的律例进行注释，关注法律的应用技术，而不关注正义等价值问题。法学或法律科学的名称，直到 19 世纪末 20 世纪初西学东渐、西方文化大量传入时才被广泛使用。"法学"一词在西方同样源远流长。"法学"的拉丁文 jurisprudentia，早在公元前 3 世纪末罗马共和时代就已经出现，该词由 jus（法律、正义、权利）和 providere（先见、知识）两词合成，表示有系统、有组织的法律知识、法律学问、法律技术。到公元 2 世纪罗马帝国前期，该词已被广泛使用。当时罗马的五大法学家之一乌尔比安①说："法学是神事和人事的知识，正与不正的学问。"后来，随着罗马法的复兴，拉丁文 jurisprudentia 一词在欧洲各国广泛传播。德文、法文、英文以及西班牙文等语种，都是在该词的基础上发展出各自指称法学的词汇，并且其含义日渐深刻，内容不断丰富。

---

① 乌尔比安（Domitius Ulpianus，约 170—228），古罗马著名法学家，首创"公法"和"私法"的体系。公元 5 世纪时，罗马帝国皇帝瓦伦提尼安三世（Placidius Valentinianus，419—455）命名其为五大法学家之一。他曾任御卫总司令兼皇帝首席顾问。主要著作有《论萨宾派》和《法令集》。东罗马帝国皇帝查士丁尼一世（Justinian I，483—565）于公元 533 年底颁布施行的《学说汇纂》，约 1/3 的内容引自他的著作。

（二）法学的性质

关于法学的性质，近代学界有不同的观点，有代表性的观点大体存在以下四种[①]：

1. 法学是实证科学

近代自然科学的兴起、迅速发展及其对人类社会发展的巨大历史作用，使一些人对自然科学顶礼膜拜，认为自然科学的理论和方法同样可以用来研究人类社会，而且认为只有这样才能获得精确可靠的知识，包括法学在内的一切学科都应当向自然科学看齐，建成像自然科学那样的实证科学。在法律研究中，近代许多法学家采用机械物理学、生物进化论等自然科学的理论来解释法律现象。当今我国也有一批学者持这种倾向，如朱景文教授就曾希望通过建立一个精确的指标体系来衡量和比较不同国家的立法、司法、法律职业、法律教育的状态，判断法律的发展程度。[②] 计量法学、法治评估学也认为通过法治指标的分析与计算可以判断一个国家或地方法治水平的发展状况。[③]

2. 法学是形式科学

这是基于一种将科学分为经验科学和形式科学的分类对法学所作的界定。这种分类认为，经验科学包括自然科学、社会科学，以搜集、分析和处理具体的经验事实为主要内容；形式科学包括逻辑学、数学，以讨论普遍的形式演算为主要内容，它关注思维的、语言的纯形式方面，不涉及其内容或价值取向。[④] 而凯尔森等人就认为法学就是以其中的形式科学为榜样的。

[①] 黄文艺：《法学是一门什么样的科学》，《法制与社会发展》2001年第3期。此外，国内较早对法学性质进行反思性追问的，有多个角度。一是从学科源起角度反思，以郑戈在《北大法律评论》1998年创刊号上发表《法学是一门社会科学吗？——试论"法律科学"的属性及其研究方法》的质疑为代表，强调法学早年像医学等学科一样源自技术式的学徒般系统学习与研究，其性质不是单纯的社会科学；二是从学科的科学归属角度反思，可追溯至钱学森20世纪80年代初提出的对科学进行再划分的思想，并据此重新定位法学的属性，认为法学属于钱老最新提出的系统科学或行为科学，而不仅属于社会科学。这种看法可参见吴世宦：《法制系统工程学》，湖南人民出版社1988年版；谢邦宇：《行为法学》，法律出版社1993年版。钱学森在1986年1月发表演讲《我对系统学认识的历程》，其中指出："到现在为止，我的看法是，科学技术体系从横向来划分，一共有九个部门：自然科学、社会科学、数学科学、系统科学、思维科学、人体科学、文艺理论、军事科学、行为科学（钱学森后来又在这个体系中增加了地理科学和建筑科学两个部门，共计十一个大部门）。而纵向的层次都是三个：直接改造客观世界的，是属于工程技术类型的东西，然后是工程技术共同的科学基础，技术科学，然后再上去，更基础更一般的就是基础科学。"他还提出，所有这些科学均以马克思主义哲学为指导，每一门科学到马克思主义哲学之间，均有一座连接的桥梁。该演讲稿全文收录于郭雷：《系统科学进展（第1卷）》，科学出版社2017年版，第3页。国内外对法学属性的追问则更早，如19世纪德国学者鲁道夫·冯·耶林（1818—1892）就著有《法学是一门科学吗？》（法律出版社2010年版）对法学的性质进行讨论。

[②] 朱景文：《比较法社会学的框架和方法——法制化、本土化和全球化》，中国人民大学出版社2001年版，第2页。

[③] 关于法治评估学等问题，可参见张德森等：《中国法治评估的理论与实践探索》，湖北人民出版社2019年版，以及张德森：《中国地方法治实施效能评价指标体系研究》，法律出版社2019年版。

[④] 杨士毅原著，富育兰编：《逻辑与人生》，黑龙江教育出版社1989年版，第12页；杨仁寿：《法学方法论》，中国政法大学出版社1999年版，第32页。

3. 法学是人文科学

很多人文科学的主张者都将法学划入人文科学的范畴,如德国哲学家李凯尔特、狄尔泰等。李凯尔特认为,人文科学以文化为研究对象,而文化包括了宗教、法学、史学、哲学、政治、经济学等科学的一切对象。[1]英国《不列颠百科全书》也将法学归入人文科学之列。在中国,虽然很少有人明确将法学归入人文科学之列,但近年来法学界有诸多教授按照人文科学的研究思路来进行法学研究,如梁治平、许章润、陈景良、尹伊君等。[2]

4. 法学是社会科学

中外学术界,尤其是中国学术界,通常都将法学划入社会科学的范畴。《牛津法律大辞典》《大美百科全书》都将法学归入社会科学之列,我国出版的各种法学辞典、法理学教材几乎不约而同地将法学归入社会科学之列。《中国大百科全书·法学》对法学的解释是:"法学,又称法律学、法律科学,是研究法这一特定社会现象及其发展规律的科学,属于社会科学的一个学科。"[3]

上面对法学是什么科学的回答,实际上道出了法学的不同维度。每一维度各有其特定的观察视角、分析方法和研究特色,它们实际上是相互补充的。人类迄今为止拥有的知识,按照构成和存在方式的不同,大致可以归结为三种不同形态,即有关社会的、有关人文的和有关自然的,各种知识门类都被归入这三种形态。因此,按照这一对知识形态的概括,人们一般将科学划分为自然科学、社会科学和人文科学。在这一分类标准下,我们倾向于把法学界定为一种存在于社会科学和人文科学之间的知识形态。法学以法律现象为研究对象,它考察法的产生、发展及其规律,各种法律规范、法律制度的性质、特点与相互关系,研究法的内部联系和调整机制,研究法与其他社会现象的联系、区别及相互作用,因此具有社会科学的性质;同时,法律又是人们生活意义的规则体现,是规则与意义的交结,法学要解决不同民族、不同国度人们生活所面临的问题,要为人们在规则下生活提供精神导向,因此又具有人文科学的性质。

二、法学的研究对象与体系

(一)法学的研究对象

法学的主要研究对象是法、法律现象。法学始终与法律相关,与法律现象相关,

---

[1] [德] H. 李凯尔特著,李超杰译:《文化科学与自然科学》,商务印书馆2020年版。

[2] 可参见梁治平:《法辩》,中国政法大学出版社2002年再版;梁治平:《寻求自然秩序的和谐》,中国政法大学出版社2002年修订版;梁治平:《法律的文化解释》,三联书店1997年版;许章润:《说法 活法 立法》,清华大学出版社2004年增订版;许章润:《法学家的智慧——关于法律的知识品格与人文类型》,清华大学出版社2004年版;尹伊君:《社会变迁的法律解释》,商务印书馆2003年版;陈景良教授的系列文章:《西方法律传统与基督教文明——伯尔曼法律思想论析》,《南京大学法律评论》1995年春季号;《从人生智慧的角度重新认识中国法文化的价值》,《人大复印资料·法理学 法史学》2002年第2期。

[3] 中国大百科全书总编辑委员会《法学》编辑委员会、中国大百科全书出版社编辑部:《中国大百科全书·法学》,中国大百科全书出版社1984年版,第1页。

所涉及的问题主要是法律问题，因而不同于自然科学、其他人文社会科学。当然，法学的研究内容非常丰富多样，涉及法律现象的方方面面，正因为如此，有学者认为，法学是以法的现象及其规律作为研究对象的一门系统的科学，必须对其研究对象进行全方位的研究，即既要考察研究法的产生、发展及其规律，又要比较研究各种不同的法律制度，它们的性质、特点以及它们的相互关系；既要研究法的内部联系和调整机制等，又要研究法与其他社会现象的联系、区别及其相互作用；既要对法进行静态分析，又要对法进行动态研究。还有学者认为，法学研究的内容是法律的内在方面和外在方面，包括要研究法律的事实、形式、价值。西方三大法学流派——社会法学、规范法学和自然法学研究的重点大体对应于此三者。

（二）法学研究的目的

研究工作的主观目标。从总体来看，法学研究有三大目的，各家的侧重点各有不同。一是伦理目的，即为了发现或探究法律的一般规则和原则，为公正安排社会关系及解决社会纷争找到合理的交往模式或法律框架；二是科学目的，即法学研究追求的是发现法律规律，认识法律的本来面目；三是政治目的，即法学研究是为了给统治者的统治出谋划策，或者相反：法学研究的目的在于证明、揭露法律的缺陷从而在政治上否定它。一般说来，法学研究的三大目的不同程度地存在于法学家所追求的目的之中。虽然西方有些法学家追求法学研究的价值中立，但实际上难以完全做到。与法学研究的对象一样，各家对法学研究的目的也存在差异。

（三）法学的体系

法学（学科）体系是由法学各个分支学科构成的有机联系的统一整体。法学内部分出许多分支是近现代法学发展的产物。如何划分法学的分支学科，是一个见仁见智的问题，并无一致的标准和做法。例如，英国法学家沃克将法学分为两大部类（理论法学和应用法学）七个分支学科：法学理论和法哲学、法史学、比较法学、国际法学、超国家法学、国内法学、法学附属学科。日本《万有百科大辞典》把法学划分为四大部类。20世纪30年代，我国法学家丁元普将法学分为法律科学和法律哲学两门，而后又把法律科学分为立法政策学、法律解释学、比较法学、法律史学。我国台湾学者将法学分为理论法学和应用法学两类，将理论法学学科再分为法理学（含三大课题：法的历史哲学、法学方法论、法价值论）和法经验科学（含法律社会学、法制史学等）。应用法学学科包括法律解释学和社会政策学等，其中法律解释学包括宪法学、民法学、刑法学、刑事诉讼法学、民事诉讼法学等。

按照当今我国多数学者的观点，对于法学学科可以具体划分为三部分，即理论法学、应用法学和边缘（交叉）法学。理论法学分为法理学和法律史学，而法律史学又分为法律思想史（中国法律思想史和西方法律思想史）和法制史（中国法律制度史和外国法律制度史）。应用法学分为比较法学、国内法学（含宪法学、民法学、刑法学、行政法学、经济法学、诉讼法学等）、国际法学（含国际公法、国际私法、国际经济法等）、外国法学（含外国的部门法学）。边缘法学主要是法学与其他社会科学、自然科学、人文科学相互结合的产物，如法医学、法律心理学、法律经济学、法律社会学等。

三、法学发展的历史

(一) 西方法学发展简史

1. 古代西方法学的发展

西方法学也肇始于古希腊。古希腊敬畏法律，很早就开始立法活动，进行法治建设。但各城邦（国家）的成文法不多，主要是对习惯法的整理和系统化，而且法律的制定和适用通常采用直接民主的程序和方式，没有健全的专门法律机构和职业法学家集团，因而也没有独立的法学。有关法律问题的研究主要分散于哲学、政治学、伦理学、宗教学、文学、美学著作之中。在历史上，智者学派、苏格拉底、柏拉图、亚里士多德、斯多葛学派等思想家和思想流派对于法学的发展做出了重大的贡献。古罗马文化是西方文化的又一个源头。罗马法是古代西方法律制度发展的顶峰，也是后来西方法律制度建设和发展的重要基础。与发达的法律制度相适应，罗马法学十分繁荣昌盛，在人类历史上首次出现了职业化的法学家集团、法律学校、法学派别。其中，古罗马共和国末期著名的法学家是西塞罗（公元前 106—前 43 年），古罗马帝国时期最著名的五大法学家则是盖尤斯、保罗、乌尔比安、帕比尼安、莫德斯蒂努斯[①]。罗马法学家编写的《法学阶梯》是一本迄今所知最早并且保存最完整的西方法学专门著作。中世纪时期，宗教成为西方文化的核心，基督教神学居统治地位，哲学、政治学、法学等成为神学的附庸，教义代替了法律，国家托庇于教会，法学处于衰落时期。不过，在基督教神学家、哲学家托马斯·阿奎那等人的著述中包含着相当多的法律思想。公元 11 世纪，罗马法复兴，于是出现了法学教育、法学研究和法学流派。

2. 近代西方法学的发展

文艺复兴以后，西方法学呈现蓬勃发展的趋势。17、18 世纪，格劳秀斯、霍布斯、洛克、孟德斯鸠、卢梭、贝卡里亚等古典自然法学家以自然法、自然状态、社会契约、法治为旗帜，以自由、平等、人权、法治等社会价值观念为支柱，力求探索社会的治理、控制方式。古典自然法学派的许多法律思想，诸如社会契约论、天赋人权论、人民主权论、权力分立制衡论、法律平等论，对于推翻封建制度，进行资产阶级革命起到重大作用，并且成为美国独立战争及《独立宣言》、法国大革命及《人权与公民权宣言》的指导思想和理论基础，为近代法治的确立和发展做出了巨大的贡献。

3. 19 世纪是西方法学发展非常重要的时期

这时出现了以德国的康德和黑格尔为代表的哲理法学，以英国的边沁、奥斯汀为代表的实证分析法学，以德国的萨维尼和英国的梅因为代表的历史法学，等等。这些流派促进了法学的科学化进程。19 世纪末 20 世纪初以来，西方又出现了以德国的马克斯·韦伯、奥地利的埃利希、法国的狄骥、美国的庞德等人为代表的社会学法学；以美籍奥人凯尔森、英国的哈特为代表的新分析法学；以美国的富勒、德沃金为代表的新

[①] 古罗马五大法学家的学说在罗马帝国具有重要的法律地位。426 年颁布并在东、西罗马帝国生效的《引证法》正式承认盖尤斯（Gaius, 130—180）、保罗（J. Paulus, 121—180）、乌尔比安、帕比尼安（A. Papinionus, 140—212）和莫德斯蒂斯（H. Modeslinus, ? —244）五大法学家的解答具有法律效力；并规定凡法律问题未经明文规定的，悉依五大法学家的解答加以解决。若他们的解答并不一致，则采纳多数人的意见；若意见数量相同，则以帕比尼安的解释为准。

自然法学；以美国的波斯纳为代表的法律经济学（法律的经济学分析）；等等。总的来说，现当代西方法学呈现了派别林立、错综复杂的格局。

4. 西方法学发展的主要特点

从西方法学的发展中可以看出有以下几个特点：①以 19 世纪中叶为标志，西方法学可划分为两个阶段。19 世纪以前，法学尚未独立化、专门化、职业化，有关法律的理论观点从属于哲学、宗教、伦理学、美学、文学、政治学、社会学、经济学、教育学等学科中，没有独立的品位，没有号称第一流的法学家，法学是抽象的、思辨的。19 世纪中叶以来，法学逐渐独立化、专门化、职业化，由法学家所提出的法律理论观点成为法学的核心，因而法学逐渐摆脱了传统的形而上学思辨抽象的色彩，富有实证性、现实性。②西方法学流派林立，错综复杂。西方法学的基本格局是自然法学、分析法学、社会学法学三足鼎立，此外又有许多法学流派错杂其中。③西方法学中心随历史、文化的变化而不断变迁，在古代主要是地中海地区，在近代是西欧地区，在现代是北美西欧。④西方法学教育的职业化程度较高，在古代很早就形成了法律职业培训中心、法律教育中心，法律职业的从业者，如法官、律师大都由专门的机构教育和培养，这种状态一直延续到现在。⑤西方法律文化比较昌盛，法律文化是一个国家、民族文化的主要部分，扮演着重要的角色，发挥着重大的作用。

（二）传统中国法学的发展

1. 传统中国法学发展状况

中国法学博大精深，历史悠久，源远流长。大体而言，中国法学可以分为先秦时期、秦汉至清末时期、民国时期、共和国时期。先秦是中国文化、学术的黄金时代。春秋战国时期，各种学说、学派层出不穷，形成了百家争鸣的繁荣景象。在法律思想方面，儒家是以孔子、孟子、荀子为代表，重视道德礼教的作用；墨家是以墨翟为代表，主张兼相爱，交相利；道家是以老子、庄子为代表，强调自然无为、法自然；法家是以管子、韩非等为代表，强调依法治国。秦汉至清朝末年，在汉武帝采纳董仲舒的"罢黜百家，独尊儒术"的主张后，儒家思想成为历代封建王朝的主流意识形态，法律文化、法律思想也深受其浸染。有关法律问题的研究，主要是在"律学"的名义下进行的，出现了董仲舒、朱熹等思想家。清朝末年，中国开始对法制进行改制，到民国时期编纂了《六法全书》，有关法律的建设有了一定的基础。与此同时，法律的理论研究也取得一定的成果。

2. 传统中国法学发展的特点

我们把握传统中国法学，必须注意以下几个特点：①3000 多年的中国法律建设和发展，形成了中华法系，这对中华民族和周边国家、地区和民族产生了重大的影响。②中国法律制度是以刑罚为核心的，法律思想也与此相关。③中国法学深受儒家的影响。④中国法学的专业化层次不高，基本上没有形成独立化、专门化、职业化的队伍。⑤中国法律文化具有中华民族的特色，既有优良的一面，也有不良的一面。

（三）马克思主义法学及其在中国的发展

马克思主义法学的产生是法学史上的一次伟大革命，它以历史唯物主义为理论基础,科学地揭示了法的产生、本质、特点、功能、作用及其发展规律,从而真正使法学成为一门科学。马克思主义法学的发展经历了以马克思恩格斯为代表的时期,以列宁为代表的时期,以毛泽东为代表的时期,以邓小平、江泽民、胡锦涛为代表的时期,以及以习近平为代表的新时期。马克思、恩格斯是马克思主义的奠基人,他们在《德意志意识形态》《共产党宣言》《资本论》《反杜林论》《家庭、私有制和国家的起源》等著作中系统地阐明了自己的法律观点和理念,从而在法学领域引起了一场伟大的革命。列宁在马克思、恩格斯的思想基础上,进一步创造性地发展了马克思主义法学。

在中国革命和建设过程中,在民主与法治的建设过程中,毛泽东及其战友积极探索社会主义的发展问题,在新的历史条件下进一步发展和丰富了马克思主义法学。但是,中华人民共和国成立以后,法律建设和法学研究经历了比较复杂的曲折过程。在很长的一段时间里,中国主要进行革命法制的建设工作,但因各种因素的影响,法治建设不尽如人意。1978年后,中国重新进行法治建设,逐渐形成了法治的理念,法学的研究也得到复兴和发展。

邓小平理论是马克思主义的新发展。在依法治国、建设社会主义法治国家的过程中,邓小平同志提出了许多富有理论和实践双重意义的观点,诸如民主立国论、法律权威论、法制观念论等,这对于当代中国的建设和发展,对于中国的法治化、制度化、民主化历史进程产生了巨大的影响。

江泽民、胡锦涛任中共中央总书记期间,分别提出"三个代表"思想和"科学发展观",以此为指导,这个时期明确将"依法治国"和"国家尊重保障人权"等内容写入宪法,社会主义法治理念成为治国的基本理念。

中国特色社会主义进入新时代,形成了习近平法治思想。2020年11月16日至17日召开的中央全面依法治国工作会议,最重要的成果是明确了习近平法治思想在全面依法治国工作中的指导地位,这在中国特色社会主义法治建设进程中具有重大政治意义、理论意义、实践意义。习近平总书记在会上发表《坚定不移走中国特色社会主义法治道路 为全面建设社会主义现代化国家提供有力法治保障》的重要讲话,深刻阐明深入推进新时代全面依法治国的重大意义,科学回答了中国特色社会主义法治建设的一系列重大理论和实践问题;并从统筹中华民族伟大复兴战略全局和世界百年未有之大变局、实现党和国家长治久安的战略高度,总结经验、分析形势、明确任务,对当前和今后一个时期全面依法治国工作从十一个方面作出战略部署。这"十一个坚持"被称为习近平法治思想的核心要义,分别是:第一,坚持党对全面依法治国的领导;第二,坚持以人民为中心;第三,坚持中国特色社会主义法治道路;第四,坚持依宪治国、依宪执政;第五,坚持在法治轨道上推进国家治理体系和治理能力现代化;第六,坚持建设中国特色社会主义法治体系;第七,坚持依法治国、依法执政、依法行政共同推进,法治国家、法治政府、法治社会一体建设;第八,坚持全面推进科学立法、严格执法、公正司法、全民守法;第九,坚持统筹推进国内法治和涉外法治;第十,坚持建设德才兼备的高素质法治工作队伍;第十一,坚持抓住领导干部这个"关键少数"。[①]

[①] 这篇讲话即后来的《以科学理论指导全面依法治国各项工作》一文,载习近平《论坚持全面依法治国》,中央文献出版社2020年版。本章第八节将详细阐述习近平法治思想,此处不展开论述。

第二节　法的概念与体系

"法是什么、法律本质是什么"的问题，是法律理论、法理学的迷津。相关争论日复一日，反而使人如堕迷雾中，不辨方向。当然，它并非无关紧要的，作为法学的一个古老而常新的问题，是法学最核心的、最普遍的、最基本的问题，也是涉及法律运作、法律实践的方向、价值取向的根本问题。

一、法的词义

中文"法"字，在西周金文中写作"灋"，与其他汉字一样，是一个绝妙的意象丰富的象形文字。汉代许慎《说文解字》说："灋，刑也。平之如水，故从水；廌所以触不直者去之，从去。"灋由三部分组成：氵、廌、去。氵，平坦之如水，一说喻示法像水一样平，是为公平、公正；一说将人犯置于水面凛去。廌（音 zhi），神兽。《说文解字》说："解廌，兽也。似山羊一角。古者决讼，令触不直。象形从豸者。凡廌之属，皆从廌。"《后汉书·舆服志》说："獬豸神羊，能别曲直。"在这里，廌为图腾动物，一角之圣兽，代表正直、正义、公正，或说是正义之神（性直恶曲），具有审判功能、职能，能为人分清是非曲直、对错，助狱为验。去，"人相违也"。去即对不公正行为的惩罚。一说判决把人驱逐出去，从原来的部落、氏族中驱逐出去，于水上凛去（古代之流刑），或交由神明判决，由神兽"触不直者去之"。由此可知：①法是一种判断是非曲直、惩治邪恶的（行为）规范，是正义的、公平的。②法律是一种活动，是当人们相互间发生争执无法解决时，由廌公平裁判的一种审判活动；是当人们的行为不端、不公正时，由圣兽行使处罚的惩罚活动。③法律的产生、实施离不开廌这一圣兽，它是社会权威力量的代名词，是社会强制力的代表，没有圣兽作为切实保障机制，法律没有神圣性，无法发挥出它的功能、威力。

在中国古代文献中，称法为刑，法与刑通用。如夏朝之禹刑、商朝之汤刑、周朝之吕刑，春秋战国时期有刑书、刑鼎、竹刑。魏相李悝集诸国刑典，造《法经》六篇，改刑为法。《说文解字》："法，刑也。"这里的刑，含有模范、秩序之意。以刑释法，表明模范遵守法律（秩序）。刑，又指刑罚。《盐铁论》："法者，刑罚也，所以禁暴止奸也。"法义往往与律通用，"律之与法，文虽有殊，其义不也"（《唐律疏义》）。史籍记载，商鞅变法，改法为律。从此"律"字广泛使用，其频率高于法，我国古代法典大都称为律，如秦律、汉律、魏律、晋律、隋律、唐律、明律、清律，只有宋代称刑统，元朝称典章。《说文解字》："律，均布也。"段玉裁注疏说："律者，所以范天下之不一而归于一，故曰均布。"管子说："律也，定分止争也。"律原为音乐之音律，音乐只有遵守音律，才能和谐，否则杂乱无章。均布是古代调整音律的工具，以正六音，木制，长七尺。律后来引申为规则、有序，"范天下之不一而归于一"，即成为规范所有人及其行为的准则，规范天下千差万别的所有人所有事而趋于整齐划一（统一、协调）。总的说来，古代汉语中的法的含义是复杂多样的，其中最为主要的意义是：①法象征着公正、正直、普遍、统一，是一种规范、规则、常规、模范、秩序。②法具有公平的意义，是公平断讼的标准和基础。③法是刑，是惩罚性的，是以刑罚为后盾的。

在西方语言中，含有法、法律的语义的词更为复杂。从语源来说，西方的"法"一字来自拉丁文。拉丁文的 jus 和 lex，德文的 recht 和 gesetz，法文的 droit 和 loi，等等，其中 jus、recht、droit 均可翻译为法，同时又有权利、正义、公平，或规律、规则等内涵。英语有 law、norm、rule、act 等词，其中 law 有规则、规律双重含义，加定冠词又有不同含义，a law 指单个法律，the law 指整体法。总的来说，西方法的词意的核心是正义（公平、公正），是正义的化身，其次是权利，再次是规则，即人的权利之规则。法律既保护人的正当权利，也惩治人的不正当行为。法律及其行使与暴力有关，但很显然，暴力本身不是法，暴力必须受制于法。

在现代汉语中，法、法律两词基本上可以当作同义词，但也有区别，都可以进行广义和狭义的区分。广义的法是指所有的法、法律现象，既包括实在法（现实法、制定法、国家法、实然法），又包括自然法（理想法、正义法、应然法），中国传统社会中没有"自然法"的概念，但常将法与理连用，称法理，指社会中的价值观念，永恒的、普遍有效的正义原则和道德公理。广义的法既可以用在规范的意义方面，作为专门的法学范畴和法律用语，也可以作为团体组织中所有的规矩，如党纪、厂法、帮规，这种用法具有一定的比喻性。狭义的法，即法律，主要指国法。广义的法律与前述狭义的法相同，指法律的整体，包括由国家制定的宪法、法律、法令、条例、决议、指示、规章等规范性法律文件和国家认可的惯例、习惯、判例、法理等。在中国，包括作为根本法的宪法、全国人大及其常务委员会制定的法律、国务院制定的行政法规、地方国家权力机关制定的地方性法规、国务院各部委制定的行政规章、省级人民政府制定的地方性规章等。狭义的法律仅指拥有立法权的国家机关根据法定权限，依照法定程序所制定的规范性法律文件。在中国仅指全国人民代表大会及其常务委员会制定的法律。这种区别和含义既有界限，又有交叉。

二、法的基本特征

我国法学界对法的基本特征问题的看法大致相同，一般认为法具有四大特征，笔者将其稍加修正后表述如下。

（一）法是以法律权利、权力与义务为内容的行为规范

法的核心部分是行为规范，当然也包括法律原则、法律概念和法律技术性规定。作为规范，法指令人们应为之事、可为之事和不可为之事，给人们的行为提供共同的标准尺度，为调整社会关系提供基本的框架。其内容是权利、权力、义务。法以规范为核心内容是法区别于其他现象的重要特征。宗教以教条、祭祀为重要内容，道德以观念为主要内容，而政策则以原则性规定为主要成分。

（二）法是由国家制定或认可的行为规范

法由国家创制，国家造法的方式主要是制定、认可、签约、国家惯常行为等。制定指国家立法机关或立法机关授权的机关创制法律的行为，创制的是成文法；认可指国家立法机关或立法机关授权的机关赋予社会上已经存在的某种行为规范以法律效力，它产生的是习惯法；签约是指与其他国家或国际组织签订条约的行为；国家惯常行为也可形成法律，是指当国家某一惯常行为受到承认，它所形成的模式就成为法律，国家在以

后类似行为中有遵守的义务，如英国的宪法惯例。

司法判决是不是国家造法行为，法学界有不同看法，各国实践也不一样。判例法国家的司法判决被认为是在创造法律，特别是在司法机关突破先例时，被认为是创制了新的规范。我国目前有案例指导制度，由最高人民法院和最高人民检察院分别发布了一系列指导性案例，由各级司法机关参照执行。

另外，主要由各主权国家参与的国际组织也创制了许多带有强制性的法律。联合国、欧洲共同体等即如此。

就这一特点而言，法区别于其他社会现象或社会规范的根本点在于，法是国家认可的，而其他的社会现象与国家的联系远不及法这样密切。例如，道德完全出自社会，政党的政策出自政党，宗教也一般出自社会，都并非出自国家。

（三）法是由国家强制力保证实施的行为规范

法的强制是国家强制，区别于一般社会强制，如政党的强制、法人的强制、家长的强制等。国家强制是公权力运作的方式之一。人类社会要维持公正的秩序，必须有公权力对违规行为作出否定反应，否则，法规范就成了劝告，就失去了其应有的作用。事实上，对大多数人或事而言，国家强制力并不实际出现，而主要作为一种心理的威慑力而存在；只有对实际违反规范的人，强制力才可能真正出现。

应当注意，法以国家强制力为后盾，并不等于说国家强制是实现法的唯一要素。实现法的要素是多元的，如道德、利益关系、社会压力等。

（四）法是具有广泛的普遍约束力的行为规范

法对其所指向的某类行为产生普遍约束力，这是法的规范性特征决定的。其他规范约束的对象范围相对法而言，具有很大的局限性。例如，政党政策一般只对其党员和组织有约束力；宗教规则主要只对信教者有约束力；道德则是不同的人有不同的道德，不同的道德约束的对象也是有明显局限性的。当然，法具有广泛的普遍约束力，也只是相对而言的，并非具有绝对普遍的意义。

三、法的本质问题

法律本身是纷繁复杂的，人们对于法律本质的认识也是多样的。在历史上，许多学者分别从不同的维度、层次认识和解释法律，提出了许多不同的法律理论和学说，形成了迥然不同的法律理念。

（一）几种有代表性的法本质学说[①]

1. 神意说

这一主张是由神学家们所提出和坚持的。神意说认为，法律是上帝理性的表现，是神的意志，是神创造出来规范人的生活和行为的。神意说诉诸超人间的力量来说明法

[①] 笔者排除了一些非本质主义的学说，如规则说、规范说、判决说等。规范分析法学是一个不强调本质主义的学派。

律的来源和本质,突出了法律的宗教性。

2. 理性说

这一理论是由自然法学所倡导的。理性说认为,法律是人的理性的创造物,是理性的(最高)体现和表达。例如,西塞罗、格劳秀斯、洛克、康德等思想家都极为重视法律的理性根源和特征。理性说注重法律的合理性、价值性。

3. 意志说

这一理论认为,法律体现的是意志。而意志又有主体的差异,与此相应,意志说又分为个人(统治者)意志说、阶级意志说、共同意志说(如卢梭的公意说)。前述的神意说亦可归入意志说。意志说注重法律的意志性。

4. 民族精神说

民族精神说是历史法学派的代表人物萨维尼的观点。该理论认为,法与民族的风俗习惯和语言一样,是世代相传的民族精神的体现。强调不同国家的法有其不同的产生和发展历史过程,不能照搬外国的法。

5. 社会利益说

这一理论认为,法律是社会利益的体现和表达。许多社会学法学家,如耶林、庞德,是社会利益说的代表。社会利益说突出的是法律与人的利益,特别是与社会整体利益的关系。

6. 社会控制说

一些社会学法学家认为,法律是社会控制的工具、手段。例如,布莱克说,法律是政府的社会控制。庞德说,法律是一种社会工程或社会控制工具,16世纪以来,法律已成为社会控制的首要工具。社会控制说强调的是法律在社会中的角色、功能、效应。

7. 正义论

历史上许多思想家认为,法律是正义的化身、体现,如柏拉图、亚里士多德、西塞罗等。正义论着眼于法律的道德性,强调法律的合法性奠定于正义、价值的基础上。

上述关于法本质的理论、学说对于人们进一步认识、解释法律现象和本质都产生了一定的影响,既有其合理的一面,也有其不足的一面。有的从法律的人为性、人定性出发,有的从法律的神创性着眼,有的强调法律的经验性质,有的侧重法律的意志或理性根基,显然在揭示法律的意蕴方面都分别做出了有益的贡献,但难免偏差,忽视了法律的整体性、统一性,割裂了法律各种元素之间的内在关联,而使法律的本质被阉割,被遮蔽了。法律本质笼罩在一片迷雾之中。廓清各种迷雾,还其本来面目,是当代法理学的重大任务和问题。

(二)马克思主义批判的法本质观

马克思主义创始人在《共产党宣言》中有一句著名的话:"正像你们的法不过是被奉为法律的你们这个阶级的意志一样,而这种意志的内容是由你们这个阶级的物质生活条件来决定的。"[①] 该论断深刻地分析并批判了资本主义法的深层本质,形成了系

---

① 马克思、恩格斯著,中共中央马克思恩格斯列宁斯大林著作编译局编译:《马克思恩格斯选集(第一卷)》,人民出版社1972年版,第268页。

统的批判的法本质观，这不仅深化了对实在法的认识，而且推动了法理学乃至整个法律科学的深化和发展。

1. 法的第一层本质

法是被上升为法律的统治阶级意志的集中体现和反映，体现为阶级意志性和国家意志性。这一命题和思想包含着丰富而深刻的内容。

法是意志的体现和反映。法律是人类有意识、有目的的活动的产物，是人的意志的结果，而非神的意志，或其他物种的意志的结果。不论反映、体现的意志（主体）是个人的、集团的、阶层的、阶级的，或全体人民的，也不论其内容、形式如何，法律总是人类意志的产物，与人类意志息息相关。因此，法律带有很强的意志性色彩。

法是统治阶级意志的集中体现和反映。第一，法是统治阶级的阶级意志，是统治阶级的一般意志、整体意志、普遍意志，是统治阶级的共同意志、"公意"、"合力意志"，而不是统治者个人的意志，也不是统治者个人意志的简单相加（"众意"），更不是统治者的任性和随意。这种阶级意志是通过规范化、制度化、法律化、系统化、一般化而成为法律的。法律正是通过规范化、制度化、法律化、系统化、一般化，把个别性的东西转变为普遍性的东西，把局部性的东西转变为整体性的东西，把集团性的东西转变为社会共同性的东西。经过这种升华了的意志，就真正变成社会的规范规则。第二，法所体现的统治阶级意志，不是其意志的全部，而是经过国家中介的，上升为国家意志的那部分意志，也就是马克思所说的"被奉为法律的那部分阶级意志"。也就是说，意志是多种多样的，并不是所有的阶级意志都上升为法律，转化为法律。只有经过法律程序认可、确定、处理的那一部分意志，只有经过国家中介的那一部分意志，才是法律。就此而言，法律只不过是社会的掌权集团或统治阶级根据自身整体意志、共同意志而以国家名义制定、认可、解释的，并由他们通过国家力量强加于全社会，要求一体遵行。法律必须体现国家意志，国家意志性是法律的本质属性之一。第三，法律的阶级（国家）意志的基础是利益，是统治阶级的根本利益、整体利益、普遍利益。法律应该是社会共同的、由一定物质生产方式所产生的利益和需要的表现，而不是个人的恣意横行。统治阶级所创立的任何法律法规都与他们的利益、需要有关，是为了满足、实现他们的利益、需要和欲望的。

2. 法的第二层本质

法的基础是社会物质生活条件，其中社会生产方式是最具有决定性的因素。社会物质生活条件是法的本源性存在基础。物质生活条件是包括地理环境、人口、社会生产方式诸因素在内的综合体。任何一个民族、国家、社会都不能脱离其具体的地理环境、人口、社会生产方式诸条件而生存，任何一个民族、国家、社会也不能无视具体的地理环境、人口、社会生产方式而从事自己的文化、思想、制度、历史和社会生活等各方面的活动。因此，社会物质生活条件构成了人的社会、人的社会生活的基石。

在社会物质生活条件各要素中，社会生产方式具有决定性的意义。马克思主义基本理论告诉我们，政治、法律、国家等制度性的社会组织和结构，哲学、文学、历史、宗教、道德、法律思想等思想性的社会要素，以及从事这些制度性、思想性社会要素的建设都是在一定的社会生产方式基础上进行的，受制于一定社会的生产力、生产关系，受制于一定社会的经济基础。法律作为一种独特的社会现象，与其他社会现象一样，依存于一定的社会生产方式及生产力、生产关系，依存于一定的经济基础，它的存在、发展、运作、实施都受制于社会生产方式、经济基础，是由社会生产方式所决定的。有什么样的社会生产方式，就有什么样的法律，离开了一定的社会生产方式，法就失去了存在的根据和基础，也就无从产生、存在和发展。法的关系、权利和义务的关系是一定的物质生产关系所表现的法权关系。马克思说："法的关系正像国家的形式一样，既不能从它们本身来理解，也不能从所谓人类精神的一般发展来理解，相反，它们根源于物质的生活关系。"[1]因此，法律不是独立自主的，相比于社会生产方式、经济基础，它是派生的。法律是经济的集中体现和反映，法律本身具有内在的经济逻辑、经济机制、经济属性，一切法律问题，归根到底都是经济关系、经济状况、经济机制的反映和要求，任何一条法律，任何一种法律规范，任何一种法律体系无不体现经济方面的基本规律、基本原则、基本要求。正如马克思所说的："法学家以为他是凭着先验的原理来活动，然而这只不过是经济的反映而已。""只有毫无历史知识的人才不知道：君主们在任何时候都不得不服从经济条件，并且从来不能向经济条件发号施令。无论是政治的立法或市民的立法，都只是表明和记载经济关系的要求而已。"[2]因此，一切法律现象都可以还原为经济现象，一切法律问题都可以归结为经济问题。经济是法律的基础。

认识法律的本质，我们需要注意几点：①法律与社会生产方式、经济基础的关系是非常复杂的，法有物质制约性，有社会的根源，并不意味着法律总是与经济条件、经济规律、经济状况完全相符合，完全同步，而是有一定的不一致性、不同步性，更为重要的是，二者总是形成和保持一种动态的契合关系。②法律具有相对独立性，有其自身的发生发展过程和规律。③除了社会物质生活条件外，社会其他因素，如政治、思想、道德、文化、历史传统、民族、科技等，也对法律、法律制度产生不同程度的影响，由此导致法律的多样性、变异性和差异性。

四、法的要素与法的体系

（一）法的要素

法的要素是指构成法律这个系统相互联系、相互作用的元素、部分、因素。法律就是由这些要素构成的集合体。法的要素是多样的、多层次的，可以从不同角度分析、分类。一般认为，法律要素有法律概念、法律规范、法律原则、技术性规定等方面。法律要素的特点是：①个别性和局部性，表现为一个个元素或个体；②多样性和差别性；③整体性和不可分割性。

1. 法律规则

法律规则是指具体规定权利和义务以及具体法律后果的准则，或者说是对一种事实状态赋予一种确定的具体后果的各种指示和规定。规则具有较为严密的逻辑结构，包括假定（行为发生的时空、各种条件等事实状态的预设）、行为模式（权利和义务规

---

[1] 马克思、恩格斯著，中共中央马克思恩格斯列宁斯大林著作编译局编译：《马克思恩格斯选集（第二卷）》，人民出版社1972年版，第82页。
[2] 马克思、恩格斯著，中共中央马克思恩格斯列宁斯大林著作编译局编译：《马克思恩格斯全集（第二卷）》，人民出版社1957年版，第121-122页。

定)和法律后果(含肯定式后果和否定式后果)三部分。

法律规则可以依据不同的标准进行不同的划分。比如,按照法律的部门、适用的领域进行分类,可分为宪法规则、刑法规则、民法规则、行政法规则、诉讼法规则等;按照法律规则的形式,可分为实体法规则、程序法规则。法理学所讲的法律规则与此有所区别。

(1)依据内容的不同,法律规则分为义务性规则、权利性规则和权利义务复合规则。义务性规则是直接规定人们从事或不从事一定行为的规则。它分为命令性规则、禁止性规则两种。命令性规则是规定人们必须做出某种行为的规则,禁止性规则是规定人们禁止或严禁做出某种行为的规则。义务性规则的基本特征是具有强行性(强制性)、不利性,没有选择性,不允许人们随意选择。这一规则所使用的语言是应当、应该、必须、不得、禁止、严禁等。

权利性规则是规定人们有权做出一定行为或不为一定行为,以及要求他人为一定行为或不为一定行为的规则。权利性规则具有两方面的特点:一是授予人们权利,人们有权行使自己的权利;一是允许人们自由选择,具有选择性。这一规则所使用的术语是可以、有权、有……自由、不受……干涉、不受……侵犯等。在现代法律中,权利性规则占据首要地位。

权利义务复合规则是同时具有权利、义务双重性质的法律规则,如组织法、程序法以及委任规则、审判规则等。这一规则的特点是,一方面,被指示的对象有权(职权)按照法律规则的规定作出一定行为;另一方面,作出这些行为,履行自己的职责是他们不可推卸的义务(职责)。

(2)依据功能的不同,法律规则分为调整性规则和构成性规则。调整性规则的功能在于控制人们的行为,使之符合规则概括出来(确定)的行为模式。其基本特征是先有行为,后有规则。法律规则的产生是立足于已然的行为,是为了规范已有的行为。如刑法中的大多数规则。构成性规则的功能是组织、允许人们按照规则所授予的权利(权力)去活动。其基本特征是先有规则,后有行为,规则在先,行为在后。如审判规则。

(3)根据法律规则的强弱程度,可分为强行性规则和任意性规则。强行性规则是规定人们必须为一定行为或不为一定行为的法律规则。主要包括禁止性规则和命令性规则。不管人们意愿如何,强行性规则所规定的义务必须履行,规则得到遵守。任意性规则规定人们的权利、义务内容,允许人们在法律范围内从事自己应该从事的合法的所有事务,允许人们在法律范围内自行决定或双方协商解决。

(4)按照法律规则内容的确定性程序,分为确定性规则和非确定性规则。确定性规则是内容明确,结构完整,可以直接使用的规则。非确定性规则是内容不明确,需要其他规则加以说明、补充的规则。它又分为委任性规则和准用性规则。委任性规则是本身并未规定具体行为规则,而委托或授权其他机关加以具体规定的规则。准用性规则即没有规定具体行为规则,而要参照其他法律条文或法规的规则。

2. 法律原则

法律原则是指可以作为规则的基础或本源的综合性、稳定性原理和原则。

法律原则的特征主要表现在:①具有普遍性、一般性的特点;②稳定性程度比较高，不因个人、社会条件而发生变化；③法律原则没有具体的权利和义务的设定，也没有确定的法律后果的设定，而只是一些抽象性、一般性的公理；④法律原则覆盖面较广，适用性非常广泛，可被运用于许多法律领域，对具体的法律运作具有指导性作用，往往成为判案遇到困难的法官的重要根据；⑤法律原则的逻辑形式主要体现在：在结构上比较简洁、简单，一般不设定具体的权利和义务，在命题的陈述上都是一些陈述性命题，主要体现在序言、总论、修正案、法律原则专章等。

法律原则主要有两类：公理性原则和政策性原则。公理性原则是从社会关系的本质中产生出来的，得到广泛承认并被奉为法律的公理。如任何人不得从不当行为中获益，法律面前人人平等。政策性原则是国家关于社会发展、进步的决策、指示、决定及目的、目标。无论是公理性原则，还是政策性原则，都有基本原则和具体原则之分。

3. 法律概念

法律概念是对各种法律事实进行概括，抽象出它们的共同特征而形成的权威性范畴（术语）。法律概念具有明确性、规范性、统一性等特点。概念是认识之网的网上纽结，法律概念同样是法律之网的纽结，构成了法律经线和纬线的交织点。法律权威的发挥和实现，规则、原则的适用取决于法律概念的明确和正确使用。

法律概念的分类是多样的。依其所涉及的内容，法律概念可以分为涉人概念、涉事概念、涉物概念。涉人概念是关于人（自然人、法人或其他人的群体）的概念，如公民、法官、律师、当事人等。涉事概念是关于法律事件和法律行为的概念，如正当防卫、违约、责任、故意、过失、代理等。涉物概念是具有法律意义的有关物品及其质量、数量和时间、空间等无人格的概念，如标的、股票、证券、时效等。有些学者把法律概念分成六大类，即主体概念、关系概念、客体概念、事实概念、诉讼概念、其他概念。法律概念还可以按涵盖面大小，分为一般法律概念和部门法律概念，部门法律概念又可分为宪法概念、刑法概念、民法概念等。

（二）法的体系

1. 法律体系的概念

法律体系，也称法律部门体系，是指一国的全部现行法律规范按照一定的标准和原则，划分为不同的法律部门而形成的内部和谐一致、有机联系的整体。

从结构上看，法律体系可以分为内部结构和外部结构。其内部结构的基本单位是各种法律规范，这些法律规范的和谐一致是各部门法乃至整个法律体系协调统一的基础；而法律体系外部结构的基本单位是各部门法，它要求各部门法门类齐全，严密完整。

研究法律体系，对于科学地进行立法预测，立法规划，正确地适用法律解决纠纷，全面地进行法律汇编法典编纂，合理地划分法律学科、设置法学课程等都具有重要的意义。完善的法律体系，能全面、协调、有效地调整社会关系，保证社会资源的分配，保证法律自身目的和价值的实现，并为法学研究提供丰富的实践资料。

法律体系与立法体系是不同的。法律体系是由法律规范构成的各种法律部门体系，是自然形成的法的结构，而立法体系则是指国家制定并以国家强制力保障实施的规范性文件的系统，是法的效力等级系统。立法体系反映法律体系，以法律体系为基础，但并不等于法律体系。

法律体系与法系是两个不同的概念。第一，法系是指根据法的历史传统对法所做的分类。它由若干个国家的法律所组成，而法律体系则仅是由一国的法律所组成。第二，构成一定法系的法律，是跨历史时代的，不仅包含一定国家的现行法律，而且包含这些国家历史上的法律，而构成一个法律体系的则只是一国的现行法律。第三，构成法系和法律体系的基础也不相同。

法律体系与法治体系也是两个不同但又有密切联系的概念。法律体系从某种意义上讲是法治体系的一个部分，我国社会主义法治体系则包括完备的法律规范体系、高效的法治实施体系、严密的法治监督体系、有力的法治保障体系，以及完善的党内法规体系。它也是我国全面依法治国的重要目标之一。[①]

2. 当代中国的法律体系

经过多年不懈的努力，以宪法为核心的中国特色社会主义法律体系已经形成，但仍有继续发展的必要。[②]我国的法律体系部门齐全、层次分明、结构协调、体例科学。从理论上讲，为更好地理解我国现有的法律体系，按照部门法内部的基本逻辑，可以将各部门法归入公法、私法、社会法这三大门类之中[③]。公法与私法的分类源于古罗马法学家乌尔比安，他提出，罗马法中的公法是关于罗马国家的法律，私法是关于个人利益的法律。20世纪以来，在公法、私法之外，又出现了介于公私法之间的社会法。现代法学认为，公法主要是调整国家与普通个人之间关系的法律，如宪法、刑法、行政法等；私法主要是调整公民个人之间关系的法律，如民法、商法；社会法介于公私法之间，因公法与私法的界限日益模糊，出现了兼备公法和私法特征的法律，如经济法、环境法、劳动与社会保障法等。

因此，按照上述理论和法律体系的内在逻辑，我国的法律体系可分为如下三类。①公法类：宪法、行政法、军事法、刑法、诉讼法；②私法类：民法、商法；③社会法类：经济法、环境法、劳动法与社会保障法。

1）公法类

（1）宪法。宪法作为一个法律部门，在当代中国的法律体系中具有特殊的地位，是整个法律体系的基础。它不仅反映了当代中国法的本质和基本原则，也确定了其他法律部门的指导原则。宪法规定我国的各种基本制度、原则、公民的基本权利和义务，各

---

① 参见党的十八届四中全会通过的《中共中央关于全面推进依法治国若干重大问题的决定》。
② 2011年3月，时任全国人大常委会委员长吴邦国宣布：中国特色社会主义法律体系已经形成。2014年党的十八届四中全会提出建设中国特色社会主义法治体系，进一步完善我国的法律规范体系。
③ 需要特别说明的是，2001年3月9日，在第九届全国人民代表大会第四次会议上，时任委员长李鹏代表全国人大常委会作工作报告，将中国特色的社会主义法律体系划分为七个法律部门，即宪法及宪法相关法、民法商法、行政法、经济法、社会法、刑法、诉讼与非诉讼程序法等。七部门的划分观点后来被张文显主编的《法理学》（高等教育出版社）、马工程教材《法理学》（人民出版社2010年版）等采用，但马工程《法理学》（第二版）（人民出版社2020年版）则新增环境法和军事法，变为九部门。笔者则在原《法学通论》教材第一章所坚持的十部门法立场上，进一步提出按照部门法内部的基本逻辑，将我国法律体系划分为三大门类、十个部门法，即以公法、私法、社会法的逻辑顺序排列，前五个法律部门是公法，民法、商法是私法，最后三个是社会法。

主要国家机关的地位、职权和职责等。宪法部门最基本的规范，主要反映在宪法典这样的规范性文件中。宪法是我国的根本大法，具有最高的法律效力，其他任何法律、法规都不得与宪法相抵触。宪法作为一个法律部门，除了包括现行《中华人民共和国宪法》（以下简称《宪法》）这一占主导地位的法律文件外，还包含处于附属层次的一些法律文件，如《中华人民共和国全国人民代表大会组织法》《中华人民共和国国务院组织法》《中华人民共和国人民法院组织法》《中华人民共和国人民检察院组织法》《中华人民共和国城市居民委员会组织法》《中华人民共和国村民委员会组织法》《中华人民共和国全国人民代表大会和地方各级人民代表大会选举法》《中华人民共和国国籍法》《中华人民共和国国旗法》《中华人民共和国香港特别行政区基本法》《中华人民共和国澳门特别行政区基本法》《中华人民共和国民族区域自治法》《中华人民共和国法官法》《中华人民共和国检察官法》《中华人民共和国立法法》《中华人民共和国监察法》等。

（2）行政法。行政法是有关国家行政管理活动的法律规范的总称，它是由调整行政管理活动中国家机关之间，国家机关同企业事业单位、社会团体、公民之间发生的行政关系的规范性文件组成的。行政法与行政法规是两个不同的概念。行政法作为一个法律部门，是规范和调整行政法律关系的法律的总称。行政法规是国务院制定的规范性法律文件的总称，是法的渊源之一。行政法是由众多单行的法律、法规和规章以及其他规范性文件构成的。行政法可以分为一般行政法和特别行政法两个部分。一般行政法是对一般的行政关系加以调整的法律规范的总称。主要法律有《中华人民共和国行政处罚法》《中华人民共和国行政许可法》《中华人民共和国行政复议法》《中华人民共和国公务员法》等。特别行政法则指对各专门行政职能部门管理活动适用的法律、法规。主要法律有《中华人民共和国国家安全法》《中华人民共和国监狱法》《中华人民共和国土地管理法》《中华人民共和国高等教育法》《中华人民共和国食品安全法》《中华人民共和国药品管理法》《中华人民共和国海关法》等。

（3）军事法。军事法是有关军事管理和国防建设的法律和法规的总称。依法治军、从严治军已成为当代法治国家的共识，军事法部门的形成，对于构建系统完备、严密高效的军事法制度体系和提高国防与军队建设法治化水平具有重要意义。我国立法传统上也比较重视军事法制的建设，而且还相应地建立了军事法院和军事检察院机制，军事法从立法主体或法律渊源的角度来看，有全国人大和全国人大常委会、国务院和中央军委，以及中央军委各总部、工业和信息化部制定的法律法规和规章；从法律的内容来看，有军事实体法也有程序性的法律。现有军事法包括《中华人民共和国国防法》《中华人民共和国兵役法》《中华人民共和国现役军官法》《中华人民共和国预备役军官法》《中华人民共和国军事设施保护法》等，国务院和中央军委联合制定的军事行政法规，以及中央军委制定的军事法规等。

（4）刑法。刑法是规定犯罪和刑罚的法律，是当代中国法律体系中一个基本法律部门。在人们日常生活中，刑法也是最受人关注的一种法律。刑法部门中，占主导地位的规范性文件是《中华人民共和国刑法》，同时还包括《中华人民共和国国家安全法》等，除此之外，还有许多刑事方面的单行决定。这些规范都是刑法部门的组成部分。

（5）诉讼法。诉讼法①又称诉讼程序法，是有关各种诉讼活动的法律，它从诉讼程序方面保证实体法的正确实施，保证实体权利、义务的实现。诉讼法这一法律部门中的主要规范由诉讼类和非诉讼类的程序性法律规范组成。我国的诉讼法主要有《中华人民共和国刑事诉讼法》《中华人民共和国民事诉讼法》《中华人民共和国行政诉讼法》；非诉程序法主要由《中华人民共和国仲裁法》《中华人民共和国律师法》《中华人民共和国公证法》《中华人民共和国人民调解法》等基本法律构成。

2）私法类

（1）民法。民法是调整作为平等主体的公民之间、法人之间、公民和法人之间的财产关系和人身关系的法律。财产关系是人们在占有、使用和分配物质财富过程中所发生的社会关系，民法并非调整所有的财产关系，而只是调整平等主体之间发生的财产关系，如所有权关系、债权关系等。其内容主要包括物权、债权、人格权、知识产权、婚姻、家庭、收养、继承、侵权责任等方面的法律规范。《中华人民共和国民法典》《中华人民共和国著作权法》《中华人民共和国商标法》《中华人民共和国专利法》等是其代表性法律。

（2）商法。商法是指调整平等的商事法律关系主体和商业活动的法律规范的总称。商法作为一个法律部门与民法部门有很多联系，民法规定的有关民事关系的很多概念、原则也适用于商法。商法是在民法基本原则的基础上适应现代商事活动的需要逐渐发展起来的，主要包括公司、破产、证券、期货、保险、票据、海商等方面的法律规范。代表性法律有《中华人民共和国公司法》《中华人民共和国企业破产法》《中华人民共和国证券法》《中华人民共和国保险法》《中华人民共和国票据法》《中华人民共和国海商法》等。

3）社会法类

社会法是一个新兴的法律部门，目前关于这一法律部门的理论还不完善。一般认为，社会法有广义与狭义之分。广义上的社会法是指除公法、私法之外的调整社会公共领域事务的法律规范，包括经济法、环境法和其他社会法。狭义上的社会法是指调整国家在解决社会问题和促进社会公共事业发展的过程中所产生的各种社会关系的法律规范的总称，它的主要功能是解决社会问题，促进社会事业发展。

（1）经济法。经济法是调整国家在经济管理中发生的经济关系的法律。经济法部门是随着商品经济的发展和市场经济体制的逐步建立，适应国家对宏观经济实行间接调控的需要而发展起来的一个法律部门。经济法这一法律部门主要包括有关企业管理的法律规范，有关财政、金融和税收税务方面的法律、法规，有关宏观调控的法律法规，有

---

① 对诉讼法作为一个独立的部门法的反对意见较少，但有一种观点值得注意。这种观点认为，各种诉讼程序法均应纳入相应的实体法部门之中去。因为"有时候在一个法里既有实体法内容又有程序法的内容。……如果把程序法作为一个独立的部门法，势必导致一个法分别归属于两个不同的部门法的情况出现，或者会导致划分部门法的困难"。参见张根大、方德明、祁九如：《立法学总论》，法律出版社 1991 年版，第 325 页。该书以破产法、专利法中既有实体性，又有程序性为例来说明该问题，并比较利弊得失后，将刑事诉讼法归入刑法部门，民事诉讼法归入民法部门，行政诉讼法归入行政法部门。我们认为，这种观点没有考虑到法律部门划分的首要标准，即法律调整的社会关系的独特性。诉讼关系的独特性决定了调整这类社会关系的法律所属部门的独立性；至于有些法中既有实体规范，又有程序法规范，根据主管定类的原则来划分归属，并不会破坏"法律体系的科学性"。

关市场秩序的法律、法规等。所以，经济法涉及的范围很广，具体包括关于国民经济和社会发展规划、计划和政策的法律，关于经济体制改革的原则、方针和政策的法律，以及《中华人民共和国预算法》《中华人民共和国审计法》《中华人民共和国会计法》《中华人民共和国统计法》《中华人民共和国农业法》《中华人民共和国商业银行法》《中华人民共和国企业所得税法》等。

（2）环境法。环境法是关于保护环境和自然资源、防治污染和其他公害的法律，通常指自然资源法和环境保护法，所以又称为环境资源法。它包括环境污染防治法和资源法两方面的法律。前者适用于噪声污染、大气污染、水污染、土壤污染等的防治，包括防沙治沙、清洁生产、气象、野生动物保护等领域的法律；后者适用于对森林、草原、土地、矿山、能源、水等资源的保护。过去，环境法属于经济法与行政法的领域，由于调整对象的特殊性和调整方法的综合性，其重要性日益凸显，环境法成为一个独立部门法的时机已经成熟。代表性法律包括《中华人民共和国环境保护法》《中华人民共和国水污染防治法》《中华人民共和国大气污染防治法》等。

（3）其他社会法。这类社会法是指调整国家在解决社会问题和促进社会公共事业发展的过程中所产生的各种社会关系的法律规范的总称，它的主要功能是解决社会问题，促进社会事业发展。该部门的法律规范主要包括：保护弱势群体的法律规范，如《中华人民共和国未成年人保护法》《中华人民共和国老年人权益保障法》等；维护社会稳定的法律规范，如《中华人民共和国劳动法》《中华人民共和国社会保险法》；促进社会公益的法律规范，如《彩票管理条例》《中华人民共和国公益事业捐赠法》《人体器官捐献和移植条例》等；促进科教、文卫、体育事业发展的法律规范，如《中华人民共和国教师法》《中华人民共和国促进科技成果转化法》《中华人民共和国义务教育法》《中华人民共和国教育法》《中华人民共和国体育法》等。其中，劳动法是调整劳动关系的法律。社会保障法是调整有关社会保障、社会福利的法律。法律包括有关用工制度和劳动合同方面的法律规范，有关职工参加企业管理、工作时间和劳动报酬方面的法律规范，有关劳动卫生和劳动安全的法律规范，有关劳动纪律和资历办法的法律规范，有关劳动保险和社会福利方面的法律规范，有关社会保障方面的法律规范，有关劳动争议的处理和程序与办法的法律规范等。我国社会保障、社会保险和社会救济方面的法律规定，还有待进一步建立和完善。

第三节 法的起源与发展

一、法的起源

法是人类社会发展到一定历史阶段的产物。原始社会的行为规范是习惯。法产生的主要原因多种多样，但根本原因在于生产力的发展、社会分工和商品交换，这也是法产生的经济根源。另一原因是阶级原因，也称阶级根源，主要指由阶级和阶级斗争导致法的产生。法的产生，除经济、阶级根源外，还受其他人文、地理等因素的影响。

法产生的一般规律主要包括：对人们行为的调整方式逐渐从个别调整发展为规范

调整；从规范调整发展为法律调整；法律的形成经历由习惯演变为习惯法，再发展为成文法的漫长过程；由法的自发调整发展为自觉的调整；从法律、道德和宗教规范混为一体逐步分离为各个相对独立的、不同的社会规范系统。

二、法发展的历史类型

（一）法的历史类型的概念与种类

法的历史类型是指依法所赖以建立的经济基础和法所体现的阶级意志的不同所做的分类。按照马克思主义社会发展史的基本观点，有阶级的社会依其发展的大致逻辑，可以分为奴隶社会、封建社会、资本主义社会和社会主义社会。法的发展也可依此划分为四种不同的历史类型，依次为奴隶制法、封建制法、资本主义法和社会主义法。前三种统称为私有制法。私有制法有共同特点。社会主义法与私有制法既有本质区别又有历史联系。

（二）法的历史类型更替

在人类历史上，奴隶制、封建制和资本主义三种法的历史类型更替，统称为私有制法的更替，其有共同特点。法的历史类型更替，根源于社会基本矛盾。法的历史类型更替的途径，通常是要通过社会革命。这是法的历史类型更替发展的一般规律性。但是这种社会革命的方式和具体途径，需要各国人民根据本国的国情作出选择。社会主义法的产生与以往法的历史类型更替有着不同的特点。

三、两大法系

法系是按照世界上各个国家和地区法律的源流关系和历史传统以及形式上某些特点对法律所作的分类。通常把那些形式上具有一定（相似、相同）特点的，属于同一历史传统的，具有相同源流关系的法律体系归为一类，或者说划分为一个大家族，统称法系。法系的特点是多样的，大体上有：①国际性，指影响的范围具有广泛性。②承继性，指对相同历史传统的继承。③（家族）相似性，指相同的法系具有大致相同的表现形式。世界上的法律体系非常复杂。比较法学从不同的角度进行了不同的划分。一般来说，法系主要有大陆法系、普通法系、中华法系、伊斯兰法系等。

（一）大陆法系

1. 概念

大陆法系，又称民法法系、罗马法系、罗马德意志法系、日耳曼法系、法典法系、成文法法系等，是指法国、德国等欧洲大陆国家在罗马法基础上，以 1804 年《法国民法典》和 1896 年《德国民法典》为代表的法律，以及在其法律传统影响下仿照它们而形成、发展起来的西方各国法律体系的总称。

大陆法系的分布地区非常广，欧洲大陆大多数国家、欧洲国家的原殖民地、拉丁美洲等许多国家和地区都属于大陆法系。此外，由于历史原因，日本、土耳其、英国的苏格兰、美国的路易斯安那州、加拿大的魁北克省等也基本上属于大陆法系。

2. 特点

大陆法系的特点如下：①法律成文化和法典化；②不承认法官有创制法律的权力，否认判例具有法律效力；③在法律分类上，有公法与私法之分；④在诉讼中，大陆法系坚持法官的主导地位，奉行职权主义；⑤一般采用民刑诉讼与行政诉讼分开的管辖体制，在法院机构的组织、庭审模式方面都由法律明确规定。

（二）普通法系

1. 概念

普通法系，又称英美法系、判例法系、不成文法系、英吉利法系，是以英国中世纪法律，特别是普通法为传统、基础形成、发展的西方各个国家和地区法律的总称。普通法系是以英国的普通法、衡平法和制定法为基础，融入罗马法、教会法以及中世纪商法的若干原则而逐步形成的一个世界性的法律体系。普通法系的分布范围包括英国本土（苏格兰除外）、美国、爱尔兰、加拿大、澳大利亚、新西兰，以及亚洲、非洲某些英语国家和地区。

2. 特点

普通法系的特点是：①普通法系是法官的创造物，法官在普通法系的形成和发展中发挥了重要作用；②普通法系的渊源是以不成文法为主，判例是最为主要的，而制定法、习惯法、学说、情理在普通法系中只起次要作用，普通法系国家一般都反对法典化，反对法典编纂；③在法律分类上，普通法系有普通法与衡平法之分，无公法和私法之分；④在法院的建制方面，普通法系没有独立的行政法院系统，民刑事案件与行政案件均由同一法院即普通法院系统受理；⑤普通法有一套独特的概念术语。

（三）两大法系比较

普通法系和大陆法系既有联系，又有区别。具体如下：

（1）两大法系的相同相似性质主要体现在：同是西方法律制度，在本质、功能、历史类型方面都是相同的，在根本基础、基本原则、法律理念、主要内容、历史根源方面是一致的，它们都崇尚法治，崇尚法律至上。

（2）两大法系的差异主要表现在：①法律渊源不同。大陆法系以罗马法为基础，侧重于成文法，比较注重立法和法典编纂。普通法系以判例法、不成文法为主，提倡非法典化。②法律分类不同。大陆法系有公法、私法之分，普通法系有普通法、衡平法之分。③法官权限不同（适用法律原则方面的不同）。大陆法系强调法律条文，认为司法活动必须依据法律规范，法官对法律没有解释权，必须按条文办案，不能创立法律。普通法系主要以判例法为基础，遵循先例原则，法官有法律解释权，法官可以创造法律。事实上，法官的每一次审判活动都是法律的再一次创制。④诉讼程序不同。大陆法系的诉讼程序以法官为重心，奉行职权主义，突出法官的职能，具有纠问程序的特点。而且，多由法官和陪审员共同组成法庭来审判案件。普通法系的诉讼程序奉行当事人主义，以原告、被告及其辩护人和代理人为中心，法官在其中只起消极、被动作用，只是双方争论的"仲裁人"而不能参与争论，与这种对抗式（抗辩式）程序同时存在的是陪审团制度，陪审团主要负责作出事实上的结论和法律上的基本结论（如有罪或无罪），法官负责作出法律上的具体结论，即判决。

此外，两大法系在法律结构、法律术语、法学教育、司法人员录用和培训、司法体制等方面，也有许多方面的差异。进入 20 世纪以后，两大法系之间相互交流不断加强，相互借鉴、相互汲取的程度和深度不断加大和深化，因而差别逐渐缩小，呈现为相互靠拢、相互融合的趋势。但是，在总体上，两者所承袭的传统及各自存在样式和运行方式仍然有重大的差别，恐怕在短期内不容易完全合一。

第四节 法的作用、价值与法治

一、法的作用的概念、分类与局限性

法的作用是指法对人的行为、社会生活的影响、指导、功效。法的作用可以进行不同的划分。依据一般与特殊的逻辑关系，分为一般作用与具体作用。依据作用的范围，分为整体作用与局部作用。依据作用结果的状态，分为预期作用与实际作用。依据作用的途径，分为直接作用与间接作用。依据作用的效果，分为积极作用与消极作用。依据作用的形式与内容，分为规范作用与社会作用。这种划分是首先由英国学者拉兹提出，然后经过我国学者改造的。

（一）规范作用

法律的规范作用是指法律作为行为规范，对人们的意志、行为产生的直接影响，对人的行为所起到的保障和约束作用。它主要包括指引作用、评价作用、预测作用、教育作用和强制作用等。

1. 指引作用

指引作用是指法，主要是法律规范对人的行为起导向、引导、指路的功用。法、法律规范通过配置人们在法律上的权利义务以及规定违反法律规定所应承担的法律责任，设定人们的行为模式，引导人们在法律所许可的范围内开展活动，从而把社会主体的活动引入可调控的、有利于社会稳定的社会秩序之中。指引作用的目的并不在于制裁违法犯罪，而是在于鼓励或防止某种行为，引导人们正确地行为，正确地进行社会生活，使人们在广泛的社会生活中从心所欲而不逾矩。指引作用有两种形式：确定性指引和不确定性指引。

2. 评价作用

评价作用是指法律作为社会行为规则，具有判断和衡量人们行为合法或不合法、违法的作用。法律以社会价值观念及价值观念体系为基础，以法的规范性、普遍性、统一性、强制性和综合性的标准来评价人们行为，来判断人们行为的法律意义。法律评价作用是评价人们行为的法律意义，其标准和核心是合法或不合法，违法或不违法。法律评价作用的形式主要有专门评价和社会评价。

3. 预测作用

预测作用是指人们根据法律规定可以预先知晓、估量相互间怎样行为以及行为的

后果，从而对自己的行为作出合理的安排的功效。人们根据法律，通过预测自己的所作所为及其后果，来确定、安排、协调自己行为的方式、方向、取舍，从而作出选择。法律是人们行为的预测工具，是人的生活的指针。

4. 教育作用

教育作用是指法律通过自身的存在及运作实施，产生广泛的社会影响，督促、引导、教育人们弃恶从善、正当行为的作用。教育作用分为静态教育作用和动态教育作用。

5. 强制作用

强制作用是指法律对违法犯罪行为的惩罚作用，是法律以物质暴力制止恶行，强制作为，并迫使不法行为人作出赔偿、补偿或对其予以惩罚来维护法律秩序的作用。强制作用的目的在于实现法律上的权利和义务，确保法律的应有权威和尊严，维护正义，建立、维护和发展良性的社会秩序。法律的强制功能是法律存在的最后屏障。强制功能形式是多样的。

（二）社会作用

法律的社会作用是指法律的社会、政治功能，即法律作为社会关系的调整器，服务于一定的社会政治目的、目标，承担着一定的社会政治使命，形成、维护、实现一定的社会秩序。

1. 政治作用

政治作用，即维护阶级统治，维护社会政治秩序，包括：①法律调整统治阶级与被统治阶级之间的关系，镇压敌对阶级的反抗；②法律调整统治阶级内部的关系，促进内部团结，维护自己的整体利益、普遍利益、根本利益；③法律调整统治阶级与同盟者的关系，促进有利于统治阶级的力量对比关系的形成和巩固；④在对外关系中，法律保证国家主权的完整、国家的安全，防御外来干涉和侵略，创造良好的国际环境。

2. 社会公共事务功能

社会公共事务功能主要指执行社会公共事务方面的作用，包括：①维护人类社会的基本生活条件；②维护生产和交换的秩序；③组织社会化大生产；④确定使用设备、执行工艺的技术规程，以及产品、劳务、质量要求的标准，以保障生产安全，防止事故，保护消费者的利益；⑤推进教育、科学、文化的发展；⑥推进社会的民主化、平等化，促进社会民主法律化、规范化，真正实现人民当家作主；⑦保障和推进对外开放、对外交流，促进国际经济合作和文化交流，促进和维护世界和平、世界发展和进步。

当代中国法的社会作用主要有：保障、引导和推进社会主义市场经济；保障、引导和推进社会主义民主政治；保障、引导和推进社会主义精神文明；保障、引导和推进对外开放，维护国际和平与发展。

此外，当代中国法在社会主义和谐社会的建设中具有重要作用。社会主义和谐社会的基本特征是：民主法治、公平正义、诚信友爱、充满活力、安定有序、人与自然和谐相处。社会主义和谐社会应当是一个法治社会，构建社会主义和谐社会的过程就是建设社会主义法治国家的过程。法律在这方面的作用可以归纳为以下几点：首先，通过立法来构建和保障社会主义和谐社会。有法可依是社会主义法制的首要要求，也是实行社会主义法治的前提，有了完备的法律体系做保障，才能更好地引导、规范和约束公民和政府的行为，使之依法办事，循章而为，为构建和谐社会创造良好的基础。其次，通过执法和司法来保障社会主义和谐社会的构建。公正、高效的执法、司法是构建和谐社会的有力保障。司法往往被视为社会公正的最后一道防线，而社会公正则是和谐社会的内在要求。只有建立一个公正、高效的司法体制，真正形成公平和公正的社会环境，人民群众才能各得其所，和谐相处，才能实现社会安定。再次，通过普遍守法来构建社会主义和谐社会。社会成员遵纪守法，政府严格依法办事是构建和谐社会的内在要求。全体社会成员守法意识和政府依法行政的法律意识的不断提高是构建社会主义和谐社会的主要条件。最后，通过法律监督来构建社会主义和谐社会。法律监督是社会主义法制的有力保障。通过对立法、执法、司法和守法各个方面的作用来保障和促进社会主义和谐社会的建设进程。

（三）法的局限性

法在社会中具有极为重要的功能、作用。但是，我们在充分认识法的作用的同时，也应该看到法律功能的有限性、局限性。这种局限性主要体现在：①法只是许多社会调整方式中的一种，而不是唯一的一种。运用法律处理有些问题，不见得比其他方法成本更为经济，效果更为明显。②法的作用不是无限的，不是万能的，并非在任何问题上都是适合的。③法律的稳定性和灵活性之间的矛盾一直是法律的难题，法律对千姿百态、不断变化的社会生活的涵盖性和适应性不可避免地存在一定的限度。④如果与法律相应的配套技术、措施、制度尚未建立、完善，或者即便建立了，但是尚未真正与法律融为一体的情况下，法律不可能充分发挥自己的独特功能。

在认识法律的功能和局限性的时候，我们应该树立正确对待法律的态度，坚决反对法律虚无主义、法律无用论，反对法律万能论，反对教条主义，廓清各种迷雾。只有全面地认识法律功能的多样性、复杂性，我们才能真正推进法治进程，促进社会的法治化发展。

二、法的价值

（一）法的价值的概念

1. 法的价值的含义和特征

法的价值是法存在的伦理正当性依据，它构成一个社会的法律主体尤其是法律职业人的精神存在的核心成分，直接决定着该社会的法律主体的法律思维方式与法律实践。

法的价值是指人对于法律的需要和实践过程中所体现出来的法的积极意义和有用性。它既有价值的基本属性，也具有法的价值的自身特性。一般而言，法的价值具有以下基本特征。

（1）法的价值是阶级性与社会性的统一。从主体角度看，法的价值是以人为主体的价值关系，具有阶级性与社会性。人是社会发展的产物，又是特定阶级的一员，人的这种双重身份决定了人在实践中所认识和需要的法的价值的双重性。从客体角度看，法的价值的客体，即法律本身也具有双重性。法既是统治阶级意志的反映，也必须承担社会公共职能。任何把法的价值的阶级性与社会性分离开来、对立起来的做法，都是不可取的。

（2）法的价值是主观性与客观性的统一。法的价值的主观性与客观性的统一源于法律主体的社会实践。就其主观性而言，法的价值是以主体的社会需要为基础的。主体需要的变化和发展会促使法律在满足主体需要的方式和程度上发生相应的变化，法律的存在和发展也始终以主体的主观需要和观念的相应转变为前提。就其客观性而言，法的价值的主体需要并非凭空产生，而是由主体在社会关系中的地位以及主体的社会实践所决定的，最终是由社会物质生活条件所决定的。

（3）法的价值是统一性与多样性的统一。法的价值基于主体的需求而产生，而主体的需要却是多种多样而且不断发展变化的。不同的社会背景、社会制度之下的人们对于法律这种制度安排的认识、理解和需求差别也很大，这就必然导致法律在满足主体需要方面也会相应地多样化，从而使法的价值呈现出复杂多样的状态。生活在同一时代、同一社会的人们总有某种共同的价值追求，甚至生活在不同时代、不同社会的人们也会有某种共同的价值标准，即使是统治阶级所形成的价值体系也必须尊重价值中的一些共性成分。因此，法的价值的多样性与其统一性是并存的。

2. 社会主义法律价值体系的定义与特征

社会主义法律价值体系是由社会主义社会中一组与法律的制定和实施相关的价值所组成的系统，它是社会主义法律制度的内在精神，是社会主义核心价值观在法律领域的集中体现。

社会主义法律价值体系体现了社会主义法律制度所追求的目的，其特征主要表现在以下两个方面：①社会主义法律价值体系关注人民利益与个人权利的统一性。法律一般通过确定权利义务的方式实现其治理目的，社会主义法律价值体系关怀人的真正需求，在关注人的生存和发展需求的过程中实现人民利益与个人权利的统一。②社会主义法律价值体系关注价值之间的协调统一。秩序、安全、自由、平等、人权、正义与效率共同构成了社会主义法律的核心价值。在这些价值之间本身可能存在某些冲突，但社会主义法律价值体系可以实现价值之间的协调，在解决价值冲突时确立统一的确定法律价值的位阶顺序的标准，即以是否满足最广大人民的根本利益为标准。

（二）法的主要价值

法的主要价值，又称法的目的价值，是指法要实现的目的。主要包括秩序、安全、自由、平等、正义、效率等。

1. 秩序

秩序是指在一定的时间和空间范围内，事物之间以及事物内部要素之间相对稳定的结构状态。秩序分为自然秩序和社会秩序，良好的社会秩序是社会进步的基础。通过法律建立和维护良好的社会秩序是推进改革和建设的重要前提。

法律秩序就是通过法律调整建立起来的人与人、人与社会之间相对稳定、和谐有序的状态。一方面，法律有助于解决社会纠纷和矛盾，减少冲突和混乱，维护正常社会秩序;另一方面,秩序是消解、缓和社会矛盾和冲突的一个基本参照标准。秩序不只从消极角度来调整和解决社会矛盾与纠纷,而且还从积极角度来鼓励社会合作,促进社会和谐。

法律有助于社会秩序的建立与维护。①在建立社会秩序方面,法律制度通常依照人们所向往的理想社会秩序来设计;法律不仅通过赋予社会主体一定的权利和自由来引导社会主体的各种行为,还通过给社会主体施加一定的义务与责任的方式,使之对自身的行为加以必要的克制与约束,以建立相应的社会秩序。②在维护社会秩序方面,法律既有助于维护合理的政治统治秩序和权力运行秩序,也有助于维护正常的经济秩序和社会生活秩序。

2. 安全

安全的概念是一个复杂而多维的哲学命题,它涵盖了从个体生存到国家和社会稳定的广泛领域。在广义上,安全可以被理解为一种状态,即个体、集体或系统在面对内外威胁时能够有效抵御风险、维持正常运作和秩序的能力。这种状态不仅关乎物理层面的保护,还涉及心理、社会、经济、政治和法律等多个维度。

法的安全价值则是指法律在维护安全方面所发挥的核心作用。法谚云:人民的安宁(安全)是最高的法律。法律通过设定明确的规则和标准,为社会成员有效抵御风险、排除危险、维持正常秩序提供了行为的指南和预期。它不仅规定了哪些行为是被允许的,哪些行为是被禁止的,而且通过制裁机制确保这些规则得到遵守。

法律维护安全的方式多种多样。①法律通过预防和惩治犯罪来维护社会安全。如通过立法限制枪支的流通,可以降低枪击事件的发生率,从而保护公民的生命安全。②法律通过保护个人权利来维护个体安全。如民法典关于隐私权保护的规定确保个人信息不被未经授权地披露或滥用,从而保护个人的隐私安全。③法律通过规范政府行为来维护政治安全。如宪法和相关国家机关组织法通过规定政府的权力结构和运作机制,限制政府的权力范围,防止权力滥用和腐败现象的发生。

法的安全价值体现在许多方面。①体现在其对社会信任的促进上。当法律公正地对待所有人,并且能够有效地维护秩序时,社会成员之间的互信会增强。这种信任是社会合作和和谐的基础,有助于减少冲突和暴力。如有关商业交易方面法律的存在使得双方能够预期对方的行为,从而降低交易风险,促进经济活动的顺利进行。②体现在其对未来不确定性的管理上。法律通过预见和规范新兴的社会现象,如网络安全、生物伦理、人工智能等领域,来应对未来可能出现的风险和挑战。在此背景下,网络安全法、国家安全法等法律的价值就显得意义重大。而法正是作为实现安全目标的关键工具,通过设定规则、维护秩序、保护权利、制约权力等多种方式,为个体和社会的安全提供保障。因此,构建一个健全的法律体系,确保法律的公正实施,对于提升整个社会的安全水平至关重要。

3. 自由

自由是指从受到束缚的状态之中摆脱出来,或不受约束的状态。法学上的自由是指主体的行为与法律的既有规定相一致或相统一。其主要特点有:①自由意味着主体可以自主选择和从事的行为。②自由也表现为主体自主选择的行为必须与既有的法律规定相一致。③自由是人的本性,正如马克思所说的"自由确实是人的本质""不自由对人说来就是一种真正的致命的危险"。

法律确认和保障自由。①法律确认自由通常采用两种方式：一是以权利和义务规定来设定主体享有自由的范围。二是以权利和义务来设定主体自由的实现方式。②法律保障自由的方式也是多样的：首先，法律通过划定国家权力本身的合理权限范围，明确规定公权力正当行使的程序，排除各种非法妨碍；其次，法律对每个主体享有的自由进行界定和限制，防止主体之间对各自自由的相互侵害；再次，法律禁止主体任意放弃自由；最后，法律为各种对主体自由的非法侵害确立救济手段与程序。

近代以来，法律在实践中对于主体自由的保障体现为两个方面：一方面，法律排除国家权力对于某些个人自由的干涉，即保障主体的自由免受侵害。特别是私权领域，保障个人的生活选择不受公权力的干预。但随着福利国家的出现，传统上属于这类自由的领域，如就业、医疗、住房等，开始越来越受到政府福利政策的大幅干预。另一方面，法律保障主体可以合法地享有行使各项权利的自由。国家通过法律为个人的发展提供平等机会，使个人能自由地追求自己的合法目标；同时，国家还必须为保障个人的积极自由，提供必要的帮助。

4. 平等

平等主要是社会主体能够获得同等的待遇，包括形式平等与实质平等。

平等具有以下特点：①平等是一个历史的范畴，其所表达的内涵随着社会历史环境和条件的变化而变化。②平等并不等于平均。任何社会内绝对的平均都是做不到的，同时，绝对平均从社会效果来看，也是有害于社会发展的。③平等要求排除特权和消除歧视。特权是指基于特殊身份或关系而对社会中的一部分人所给予的特殊对待。歧视则以认可人们天生存在身份与地位的高低贵贱为前提和基础，并把一部分人视为低于其他人。特权与歧视都是对平等的否定，与人类文明格格不入。④平等与差别对待是有条件共存的。从人的共性与特殊性角度看，一方面，人与人之间在人格和主体资格上的普遍平等是绝对的，这是形式平等的表现；另一方面，由于人与人之间确实存在着自然和社会的各种差异，因而对具有各种差别的人们给予权利、义务方面的差别对待也是合理的，这有助于实质平等的实现。

法律能确认和保障平等价值的实现。法律一般通过立法、执法和司法等活动来确认和保障平等实现。其基本方式有：①法律将平等确立为一项基本的法律原则。平等贯穿于一个国家的整个法律体系，如宪法层面、民法和程序法领域确认的平等原则等。②法律确认和保障主体法律地位的平等。主体地位平等是法律形式平等的最重要的体现，也是实质平等的前提。③法律确认和保障社会财富、资源、机会与社会负担的平等分配。法律将前述内容转化为相应的法律权利与义务，并保障其实现。④法律公平地分配法律责任。责任自负、责任相称、过错责任为主，而无过错责任为辅等，都是责任公平原则的体现。

5. 正义

正义是人类追求的共同理想，也是法律的核心价值。它以利益为依归，是对利益的正当分配。一般认为，作为社会基本结构的社会体制的正义，是最为根本和具有决定意义的正义，是社会的首要正义。

正义可以依不同的标准来分类，如实质正义与形式正义、实体正义与程序正义、抽象正义与具体正义等。但从法学和法律角度看，实质正义与形式正义的分类以及相应的实体正义与程序正义的分类更为重要；实体正义是指通过法律上的实体权利和义务来公正地分配社会利益与负担的法律规则所体现出来的正义；程序正义是指为了实现法律上的实体权利与义务而公正地设定一系列必要程序所体现出来的正义。

正义具有以下特点：①正义既有普遍性又有特殊性。其普遍性是指正义所反映的是人类文明的基本共识与人类生活的根本理想；正义的特殊性是指这种反映根本理想的普遍正义，始终只能是在具体的和特殊的人类生活境况之中存在并得到体现。②正义既具有超时代性，又具有时代性。正义是与人的存在和发展相一致的，也反映了人作为同一"类"所共同的情感、理想和需求，这就是正义的超时代性；正义的时代性表现为具体的不同时代的人们对正义的认识、理解和态度又是彼此有所区别的。③正义既具有客观性，又具有主观性。正义的客观性是指它是人类作为一个整体所具有的共性，这些共性不以具体的人的各种自然和社会差异因素的存在而发生改变；正义的主观性是指现实生活中正义观念的某些具体内容始终与人们的具体生活状况及其感受直接相关，因而体现出强烈的主观性。

正义作为法律价值的作用是：①正义是法律的存在根据和评价标准。法律的好坏需要评价标准，正义就是检验现实中法律好坏的根本标准和依据。②正义是法律发展和进步的根本动因。正义始终引导着包括法律在内的社会基本制度革故鼎新，使法律等社会制度最大限度地符合正义的时代要求。③正义适用于具体的法律实践。作为法律价值的正义往往在法律适用与法律推理中成为解释法律的重要根据，成为解决疑难案件、填补法律空白或漏洞的依据。

法律对正义的保障表现为：①法律通过将社会生活的主要领域及其重要的社会关系纳入法律之内，使正义融入法律规范与制度之中，实行法治化治理，严格依法办事，从而全面促进和保障社会正义；②通过法律权利和法律义务机制，公正地分配社会的利益和负担，并设定公正的程序来保障，使实体正义与程序正义得以通过立法来落实；③通过法律效果上的认可与惩罚机制，在执法与司法上保障实体正义与程序正义的实现。

6. 效率

效率，也称效益，是指社会或个人通过一定的投入而获得收益最大化的比率。法的效率价值，即法所具有或应当具有的促进社会财富增长和活动便利并满足人们对物质的需求和便利条件的价值。

法律是通过有利于资源优化配置的权利义务分配来实现这一价值的。通常其实现效率价值的方式包括：①确认并保障主体的物质利益，从而鼓励主体增进物质利益；②确认和保护产权关系，鼓励人们为着效益的目的而占有、使用或转让财产；③确认、保护、创造最具有效率的经济运作模式，使之容纳更多的生产力；④承认和保护知识产权，使人类创造性的智力成果最大化地发展；⑤通过设立法律责任、赔偿与惩罚等机制，使社会上的违法、犯罪行为最大限度地减少，从而使人们的人身安全与社会财富总量不受损害或少受损害，从而使社会效率得到一定程度的保障。

（三）法的价值的冲突与解决

1. 法的价值冲突的表现

法的各种价值包括基本价值之间有时会发生矛盾，从而导致价值之间的相互冲突。例如，要保证社会正义的实现，往往需要在很大程度上权衡效率的牺牲；同样，在平等与自由之间、秩序与自由之间也都会出现矛盾，甚至会出现必须选择其一而舍弃另一个的局面。

此外，从主体角度看，法的价值冲突主要有三种情况：①个体之间法律所承认的价值冲突，如个人自由可能导致与他人利益的冲突；②共同体之间发生的价值冲突，如国际人权与一国主权之间的冲突；③个体与共同体之间的价值冲突，典型的如个人自由与社会秩序之间常常会出现的矛盾情形。

2. 法的价值冲突的解决原则

由于立法不可能穷尽社会生活的一切形态，在个案中更可能因为特殊情形的存在而使价值冲突难以避免，所以必须形成相关的平衡或解决冲突的规则或原则。

解决价值冲突的原则一般有：①价值位阶原则。即指在不同位阶的法律价值发生冲突时，在先的价值优于在后的价值。就法律价值而言，前述法律的主要价值或基本价值，如秩序、自由、平等、人权、正义等，与那些非基本的法律价值的位阶顺序不是并列的。当基本价值与非基本价值之间发生冲突时，应以基本价值为优位；而基本价值之间有冲突时，人权和正义作为法治保障的核心和标尺，具有重要的价值地位，这与我国宪法确立的"国家尊重和保障人权"的原则精神相符合，它也是正义原则的具体体现。②个案平衡原则。即指在处于同一位阶上的法律价值之间发生冲突时，必须综合考虑主体之间的特定情形、需求和利益，使个案的解决能够适当兼顾双方的利益。③比例原则。即指为保护某种较为优越的法律价值须侵害某一法益时，不得逾越达此目的所必要的程度。如为了维护公共秩序，必要时可能会实行交通管制，但应尽可能实现最小损害或最少限制，以保障社会上人们的自由。④人民根本利益原则。这是当代中国社会主义法律价值体系中的根本价值原则，即以是否满足最广大人民的根本利益为标准，来解决一些存在重大疑难的法律价值冲突问题。它也可以作为前述价值位阶原则的补充和保障。

三、法治与全面依法治国的理论

（一）法治的含义

"法治应包含两重意义：已成立的法律获得普遍的服从，而大家所服从的法律又应该本身是制订得良好的法律。"[①]亚里士多德的这一段话概括了法治的两个最基本的要件：法律的权威性和权威法律的正当性。法治，一方面意味着人们普遍地遵守法律，因而法律必须具有权威，即对任何人都具有普遍的约束力。这是法治的表现形式。从这个角度看，法治可以理解为一种法律秩序和社会组织的运作模式。但另一方面，具有权威的法律必须是"良好的"法律，只有"良好的"法律的统治才是法治。这是法治实质方面的要求。

现代法治是一个多层次和多维度的概念，它具有十分丰富的内涵。围绕法治的价值问题，现代法治理论主要分成了两派。一派以英国分析实证主义法学家拉兹和纯粹法

---

① 亚里士多德：《政治学》，商务印书馆1983年版，第199页。

学派凯尔森等为代表,主张"形式法治";另一派以富勒、哈耶克、德沃金等新自然法学家和自由主义思想家为领军人物,主张"实质法治"。

1959年在印度德里召开的"国际法学家会议"通过的《法治宣言》,对法治作了一番描述,这也可以看作是广义的法治概念:"①法治是个方便词语,它涵盖了理想和实际法律经验,虽然其含义尚存争议,但在世界各地的法律职业中存有广泛的共识。②法治概念背后隐含两种理想。首先,它意味着不考虑法律的内容,全部国家权力应来源于法律并依法行使。第二,它坚持法律本身应基于对人的个性至高价值的尊重。③诸多国家的法律家实际经验表明,某些原则、制度和程序是作为法治基础的理想的重要保障。但是,他们并不认为这些原则、制度和程序是这些理想仅有的保障,他们承认,在不同国家会突出强调特殊的原则、制度和程序。④故法治……的特征可描述为:原则、制度和程序虽不总是相同,但却大体相似,世界各国法律家们的经验和传统,虽常基于不同的政治结构和经济背景,但却表明,上述原则、制度和程序对于个人抵制专断政府,对于个人维护人之为人的尊严,至关重要。"[1]这个定义虽然没有消除人们对"法治"看法的分歧,但它涉及了法治内涵的两个基本方面,即形式特征和实质价值蕴涵。与《法治宣言》的理解类似,在《牛津法律大辞典》中,"法治"(Rule of Law)被看作是"一个无比重要的、但未被定义,也不能随便就定义的概念,它意指所有的权威机构、立法、行政、司法及其他机构都要服从于某些原则。这些原则一般被看作表达了法律的各种特性。如:正义的基础原则、道德原则、公平和合理诉讼程序的观念,它含有对个人的至高无上的价值观念和尊严的尊重"[2]。与《牛津法律大辞典》齐名的《布莱克法律辞典》则指出:"法治(Rule of Law)是由最高权威认可颁布的并且通常以准则或逻辑命题的形式出现的,具有普遍适用性的法律原则。""法治有时被称为'法律的最高原则',它要求法官制定判决(决定)时,只能依据现有的原则法律而不得受随意性干扰或阻碍。"[3]

(二)当代中国实行依法治国的重要意义

在当代中国,"法治"是依法治国的简称,社会主义法治亦即社会主义依法治国,它是指广大人民在党的领导下,遵循法律至上的原则,依照宪法和法律,通过各种途径和形式管理国家政治事务、经济文化事务和社会事务,保障国家各项工作依法进行,逐步实现社会主义民主的制度化、法律化。这一观念具有以下重要意义。

1. 依法治国是治国理念上的重大突破

依法治国方略的确立可以说是党领导人民在建设社会主义国家过程中的理性选择,是党在治国理念上的重大突破。在我国,这一方略的提出经历了一段漫长的历史进程。中华人民共和国成立后,我国民主与法治建设既取得了一定的成就,也有过重大挫折,特别是经历了"文化大革命"。十一届三中全会后,邓小平同志在总结国内与国际历史经验教训的基础上,提出了发展社会主义民主和健全社会主义法制的方针。他指

---

[1] 转引自高鸿钧等:《法治:理念与制度》,中国政法大学出版社2002年版,第177页。
[2] 转引自王人博、程燎原:《法治论》(第2版),山东人民出版社1998年版,第97-98页。
[3] 转引自王人博、程燎原:《法治论》(第2版),山东人民出版社1998年版,第98页。

出："没有民主就没有社会主义，就没有社会主义的现代化。"他提出，健全社会主义法制的基本要求是"有法可依、有法必依、执法必严、违法必究"。他强调要维护法律的稳定性和权威性，"必须使民主制度化、法律化，使这种制度和法律不因领导人的改变而改变，不因领导人看法和注意力的改变而改变"①。他还指出，要通过改革，处理好法治和人治的关系，处理好党和政府的关系。1978年以后，我国法学界和政治学界曾经就法治与人治问题开展过一场大讨论。1996年3月，八届人大四次会议的一系列文件，包括《中华人民共和国国民经济和社会发展"九五"计划和2010年远景目标纲要》郑重地将"依法治国"作为一项根本方针和奋斗目标确定下来。尤其是党的十五大报告第一次提出了"法治国家"的概念，并将其作为建设有中国特色的社会主义民主政治的重要内容；对建设社会主义法治国家今后一个时期内突出需要解决的一系列重大问题作了全面的论述；并着重地将这一治国方略和奋斗目标记载于党的纲领性文件中。1999年3月，第九届全国人民代表大会第二次会议根据中国共产党中央委员会的建议进行修宪，并通过了《中华人民共和国宪法修正案》，将这一治国方略和奋斗目标载入根本大法，以宪法形式予以认可和保障，使之成为全国人民的共同意志和行动准则。这是治国理念上的重大突破。2014年10月，党的十八届四中全会通过《中共中央关于全面推进依法治国若干重大问题的决定》，从七大方面提出180多项具体措施，将全面依法治国的战略目标具体化、明确化；2020年后，在习近平法治思想引领下，党中央又分别通过了《法治中国建设规划（2020—2025年）》《法治社会建设实施纲要（2020—2025年）》《法治政府建设实施纲要（2021—2025年）》②等，将法治国家、法治政府、法治社会建设统一起来，使全面依法治国的内容更加立体化、系统化。

2. 依法治国是执政方式上的历史性转变

依法治国从治国方略上看就是实行法治，不搞人治。选择依法治国就是选择法治，彻底摒弃人治。这无疑是党在执政方式上的历史性转变。中国共产党在革命战争年代的执政方式主要是依靠政策，中华人民共和国成立后从依靠政策逐步过渡到既依靠政策又依靠法律，然而在一段时间内，法治建设尚不完善。《关于建国以来党的若干历史问题的决议》中指出，"党的工作在指导方针上有过严重失误，经历了曲折的发展过程"。

1997年，党的十五大报告进一步指出："依法治国，是党领导人民治理国家的基本方略，是发展社会主义市场经济的客观需要，是社会文明进步的重要标志，是国家长治久安的重要保障"③；1999年，"依法治国，建设社会主义法治国家"写入宪法。它标志着党在继1978年提出以经济建设为中心、实现国家工作重点的根本转变以后，又在新的历史时期根据社会发展需要和国家管理规律，作出了要依法治国、实现国家治理

---

① 邓小平：《解放思想，实事求是，团结一致向前看》，载邓小平：《邓小平文选（第二卷）》（第2版），人民出版社1994年版，第146-147页。

② 此即"一规划两纲要"，对我国当前各领域法治建设的目标、原则、任务、内容、组织保障等规定得详细具体，成为当前落实法治国家、法治政府、法治社会建设的具体指南。

③ 江泽民在中国共产党第十五次全国代表大会上的报告，参见党史学习教育网，http://www.hbctc.edu.cn/wsdx/info/1011/1154.htm，2024年7月5日访问。

方式的根本转变的重大战略决策。党的十五大报告明确规定,"维护宪法和法律的尊严,坚持法律面前人人平等,任何人、任何组织都没有超越法律的特权"。这都说明,依法治国是党在执政方式上的历史性转变。

3. 依法治国是人民治理国家的基本方略

依法治国是社会文明进步的重要标志,是国家长治久安的重要保障。党领导人民制定宪法和法律,并在宪法和法律范围内活动。依法治国把坚持党的领导、发扬人民民主和严格依法办事统一起来,从制度和法律上保证党的基本路线和基本方针的贯彻实施,保证党始终发挥总揽全局、协调各方的领导核心作用。

4. 依法治国是现代市场经济和全面建设社会主义现代化国家的需要

依法治国既是现实民主政治建设与科学文化发展的需要,更是现代市场经济建设的需要。市场经济是法治经济,它内含着法治的精神,所以特别需要法治。市场经济之所以是法治经济,是因为市场经济往往直接表现为商品交换关系,它要求主体地位平等、意思充分自治和自由、权利受保障、依法自由签订合同、公平竞争等,而这些品格均与法治相关联。法律中的平等原则、合同自由原则、当事人意思自治原则、公平竞争原则等,能一一确保市场经济的合理有序进行。从这个意义上讲,市场经济就是法治经济。随着知识经济、网络经济时代的到来,依法治国更能体现其伟大而卓越的价值。同时,全面建设社会主义现代化国家,必须实现国家治理体系和治理能力现代化,法治是必不可少的重要保障。

对于全面依法治国的重大意义,党的十八届四中全会也曾深刻地指出:第一,全面依法治国是坚持和发展中国特色社会主义的本质要求和重要保障。第二,全面依法治国是实现国家治理体系和治理能力现代化的必然要求。第三,全面依法治国事关我们党执政兴国,事关人民幸福安康,事关党和国家长治久安。第四,全面依法治国也是全面建成小康社会、实现中华民族伟大复兴的中国梦的必然要求。第五,全面依法治国是全面深化改革、完善和发展中国特色社会主义制度、提高党的执政能力和执政水平的必然要求。

(三) 全面依法治国的主体与客体问题

1. 全面依法治国的主体是人民

依法治国的主体究竟是什么,学术界和社会上有不同的观点,甚至还有一些错误的认识:①有人主张依法治国的主体是社会而不是国家。他们从社会和国家的关系出发,认为法治或依法治国首先要区分国家和社会,法治动力来自社会而不是来自国家,法治是社会强加给国家的而不是国家强加给社会的。②有人主张依法治国的主体是分层次和多方面的。他们从国体和政体出发,把主体分为几个层次,认为第一层次的主体是人民,第二层次的主体是执政党和政府。在他们看来,人民通过人民代表大会行使国家的统治权,是第一层次的主体,而执政党和政府经人民授权,受人民委托治理国家,因此是第二层次的主体。③还有人主张,依法治国的主体是政府和政府机关(行政机关)的公职人员。他们认为,法律主要是靠政府机关工作人员来贯彻和落实的,因此,没有他们,就不可能实行依法治国。

上述观点都是不科学的。在哲学上，"主体"一词意味着某种自主性、自觉性、自为性和自律性，主体具有独立的地位和人格。第一种观点显然未能从整体上把握主体的内涵，因为社会和国家均明显地缺乏主体的这种特性，相反，它们是依法治国的客体；第二种观点把人民看成是第一层次的主体，把执政党和政府看成是第二层次的主体，这事实上是强调了后者而导致忽略前者，忽略前者的结果与现代法治的民主精神、自由精神是不相符的；第三种观点把依法治国看成是政府（行政机关）及其公职人员的事情，这必然会导致这一事业的失败，具有很大的危险性。为什么行政机关不能成为依法治国的主体呢？因为依照宪法和有关组织法的规定，国家的一切权力属于人民，人民行使权力的机关是各级人民代表大会，各级人民代表大会是国家的各级权力机关。行政机关只是国家权力机关的执行机关，行政机关及其工作人员都只是根据人民的授权并在人民的监督下依法行使职权，他们不是依法治国的真正主体。

社会主义法治的主体只能是人民。人民是国家真正的主人，符合"自主性、自觉性、自为性、自律性，具有独立的地位和人格"这些基本特点。尽管《宪法》第五条规定："中华人民共和国实行依法治国……"似乎其主体是"中华人民共和国"，其实，《宪法》这样规定主要是为了行文的前后一致，并非实指主体就是国家。因为国家离开了人民，是不会自己"实行依法治国"的。正如我国《宪法》第二条的规定："中华人民共和国的一切权力属于人民。人民行使国家权力的机关是全国人民代表大会和地方各级人民代表大会。"在这个国家里，人民当家作主，国家的权力都掌握在人民手中，人民行使这种权力的机关是各级人民代表大会，人民当然是全面依法治国的主体。

2. 全面依法治国的客体

所谓客体是指与主体对应的受主体支配的对象，它处于被动的地位。从字面上看，依法治国所要治理的是国家，国家是人民依照法律治理的对象。所以，国家及国家政治事务、经济文化事务、社会事务才是依法治国的客体。具体而言，社会主义依法治国的客体应该是国家的一切事务，包括国家的政治事务、国家的军事事务、国家的经济文化事务和国家的其他社会事务。根据法治本身的要求，社会主义依法治国的客体重点是国家权力的运用。

实践中有一种错误的观点，认为依法治国的对象是老百姓，是人民群众。先秦时期，中国古代就有所谓"生法者，君也；守法者，臣也；法于法者，民也"的思想，其意思是君主制定法律，官吏执行法律，老百姓是受法律管制和制裁的对象。这两种观点是何其相似，它们是封建专制和人治传统以及"官本位"思想的具体体现。这种陈旧的观点显然与现代民主法治的精神格格不入。在实行依法治国的今天，我们不能再抱有这种"法律治民不治官"的错误思想，而应当树立"依法治国关键在于依法治权、依法治官"的思想。

3. 全面依法治国重在依法治权

依法治国的关键是依法规范权力的运用和制约权力的滥用，确保国家权力严格依照法定的职权和范围行使。2018年《中华人民共和国宪法修正案》一个突出的亮点就是确立了国家监察委员会作为国家机构的宪法地位，同年全国人大还通过了《中华人民共和国监察法》，重点对一切国家公职人员行使权力的行为进行监察和督促。国家权力设置的根本目的是为人民服务，从法律意义上讲，就是为了实现人民的权利，国家权力的运用就必须受到体现人民意志的宪法和法律的有效约束。不受法律约束的权力在法治社会是不允许存在的，因为它不仅必然产生腐败，而且会最终损害依法治国的基础。宪法对国家机构的设置和对国家权力的分工，就是为了从根本上规范、制约国家权力，保证权力的正当行使，防止权力滥用。此外，民主应当制度化和法律化，而权力的滥用是民主的大敌，所以，必须依靠具有稳定性、连续性、科学性和权威性的法来制约权力，治理权力。

（四）实现社会主义法治的条件

实现法治需要具备一系列条件，社会主义法治的社会条件可以从政治、经济和文化等方面来分析。

1. 社会主义法治的政治基础与条件应该是社会主义的民主政体形式

亚里士多德曾把政体分为君主制、贵族制和共和制，后世主张法治的学者均与亚里士多德一样，钟情于民主共和制，民主政体被看成是法治国家的重要政治基础。社会主义法治国家也应以社会主义民主共和政体为政治基础，实行民主的监督与制衡。

2. 社会主义法治的经济条件应该是商品经济与市场经济机制

因为法治就是以商品经济为基础的，它不可能建立在自然经济与产品经济之上，历史已经证明，它也不可能建立在计划经济之上。市场经济形态比自然经济与产品经济形态更需要法律规则，在这种经济形态中的契约关系和契约观念是法治生成的最重要的因素之一，这些观念和关系中产生的权利、自由、平等等法律原则与商品经济和市场经济天然相连。社会主义法治也应建立在社会主义市场经济的肥沃土壤之上。

3. 社会主义法治的文化条件应该是社会主义的科学理性文化基础

法治需要特殊类型的文化基础（或称文化生态环境），这种类型的文化就是理性文化。具体就社会主义法治的文化需要来说，科学精神、人权思想、公民权利意识和正确的权利义务观念等理性文化要素有着特别重要的作用。只有当这些文化要素成为根深叶茂的社会意识时，社会主义法治国家的理想才会变成现实。而愚昧、无知、迷信和愚忠等非理性文化因素只会产生人治。

（五）全面依法治国的总目标

全面依法治国是党领导人民治理国家的基本方略，是党的执政方式和国家治理方式的重大变革。它把坚持党的领导、发扬人民民主和严格依法办事统一起来，从制度上和法律上保证党的基本路线和基本方针的贯彻实施，保证党始终发挥领导核心的作用。这对于推进社会主义民主政治建设，促进社会主义市场经济的发展，确保国家长治久安和社会稳定等都有着极其重要的意义。

全面依法治国的总目标是：建设中国特色社会主义法治体系，建设社会主义法治国家。即在中国共产党的领导下，坚持中国特色社会主义制度，贯彻中国特色社会主义法治理论，形成完备的法律规范体系、高效的法治实施体系、严密的法治监督体系、有力的法治保障体系，形成完善的党内法规体系，坚持依法治国、依法执政、依法行政共同推进，坚持法治国家、法治政府、法治社会一体建设，实现科学立法、严格执法、公正司法、全民守法，促进国家治理体系和治理能力现代化。

当然，法治国家的目标还可以从不同的层面、不同的方面来理解。既可以从形式的、程序的层面来理解，也可以从实质的、价值的层面来理解。

就形式目标而言，可以从以下四个方面进行理解：第一，完备统一的法律体系。它要求避免法律的矛盾，要求立法完整、科学与严谨，要求法律规范明确、具体和可操作，立法存在效力等级和时差，要求对立法及时进行审查和监督等。第二，普遍有效的法律规则。它要求法律规则具有高度的概括性和一般性，要求适用法律时类似情况类似处理，要求法律被普遍服从和遵守，要求法律在实施中发生实效而不是把效力限于纸面上等。第三，严格公正的执法司法制度。它要求政府机关守法，要求司法权运用的机关保持不偏不倚，要求司法活动有公正的程序。第四，专门化的法律职业。它要求法官、检察官和律师职业者熟谙法律的原理与技巧，要求这些法律职业均具有严格的任职资格和考试录用制度，要求具有专职性和稳定性，并使他们努力追求正义等。

如果把形式目标理解为程序目标，进而理解为应实现的程序原则，那么，程序法中已规定和应规定的一些核心原则，如审判公开、司法责任、实行回避、法律适用平等、保障辩护权等也可以称作是法治的形式目标。

就实质目标而言，建设社会主义法治国家应当着重从以下几个制度着手：第一，法律与政治关系的理性化制度，包括大部分政治行为被纳入法律调整范围，国家权力受控制，政策或政治主张指导立法但不能取代立法，可以作为适用法律的参照以补充法律遗漏但不能直接作为审判依据，法律确认和保障民主的体制、民主的权利、民主的完善与发展。第二，权力与责任关系的理性化制度，包括权力与责任相统一，任何权力主体都应预设其责任，与权力相对应的责任除了由侵权和怠权所导致的消极责任外，还包括现代社会满足公民请示的积极责任和由管理带来的保证责任等。第三，权力与权利关系的理性化制度，包括权力的取得合法化，法不禁止即自由，权力受权利的制约等。第四，权利与义务关系的理性化制度，包括权利受平等保障，义务应法律化与合理化，没有无权利的义务，权利与义务相统一原则被公民、立法者与执法者加以正确地理解和执行等。当然，法治的实质目标也可以围绕法应实现的基本价值目标来探讨，这样，我们通常所说的法的核心价值，如自由、平等、安全、秩序、社会福利、和平、发展、效益与正义等，也都是法治的实质目标。

第五节　法的制定与实施

一、立法的概念与基本原则

（一）立法的概念

立法是法治的前提和基础，是依法治国之本。立法，又称法的创制、法的制定、法的创立，从词面上理解，就是订立法律制度之义。我国一些古代典籍对立法早有记载，例如，《商君书·更法》说："伏羲、神农教而不诛，黄帝、尧、舜诛而不怒，及至文、武，各当时而立法，因事而制礼。"西汉司马迁在《史记·律书》中说：

"王者制事立法。"东汉班固在《汉书·刑法志》中说："圣人制礼作教，立法设刑。"①当然，这些话语表达的主要是制法设刑，与现代意义上的法律制定的含义有所区别。在现代，立法的最基本含义是制定法律。例如，《美国大百科全书》认为："立法是指国家机关为了规范社会行为，而制定法律规范的活动。通常用于表明代议机关制定法律和立法程序的活动。"《牛津法律大辞典》认为：立法是"指通过具有特别法律制度赋予的有效地公布法律的权力和权威的人或机构的意志制定或修改法律的过程"。《布莱克法律词典》认为："立法是指与判例法相对应的制定法律或通过决议案的行为。"②我国大多数学者认为，立法是指一定的国家机关依照法定职权和法定程序制定、补充、修改或废止法律和其他规范性法律文件的一种专门性活动。这说明，立法就是制定法律的专门性活动。

（二）立法的基本原则

立法就是将社会中的利益、要求、愿望制度化、法律化、规范化，使之成为社会规范和行为准则。立法活动的进行，在宏观上首先要确立、贯彻一定的立法基本原则。所谓立法的基本原则，又称法的制定的基本原则，是在整个立法活动中贯穿始终的、立法中的每一个环节都必须遵守，受其指导的总体准则。立法的基本原则是国家立法指导思想在实际立法活动中的具体化和体现，是对国家立法意图、目的、目标的总体的系统的概括。立法的基本原则是法律的灵魂、立法活动的指南针和支柱。立法基本原则实质上是立法所遵循和追求的目的、价值、理念、精神，它构成了法律的灵魂之所在，形成了立法工作的指南和基础。从现代法治的整体体系和要求来说，当代中国立法基本原则主要包括以下几个方面。

1. 合宪性原则

立法应坚持合宪性原则。《中华人民共和国立法法》（简称《立法法》）第五条规定："立法应当符合宪法的规定、原则和精神，依照法定的权限和程序，从国家整体利益出发，维护社会主义法制的统一、尊严、权威。"因此，合宪性原则是指有立法权的立法机关在创制法律过程中，必须以宪法为基础和依据，必须同宪法相符合、相一致。它要求一切法律的创制必须以宪法为依据，符合宪法的理念和要求，符合宪法的原则、精神、规范、规定。它包含职权的合宪性、内容的合宪性、程序的合宪性等。①职权的合宪性，是指在法律创制过程中，创制法律的主体和机关必须有宪法所赋予的立法权，或经过特别授权且其创制内容必须是属于该职权范围，不能有超越其授权范围的立法行为。法定职权是立法的基础。没有立法权或未经授权的立法行为，是任意的，是非法的，属于无效行为。②内容的合宪性，是指立法的内容符合宪法原则、宪法精神、宪法规范、宪法规定。任何一部法律都不得与宪法理念相冲突，不得同宪法的原则、精神、规范、规定相违背。否则，就存在合法性的危机。③程序的合宪性，是指所有的立法都要依照法定程序进行。法定程序是立法的形式要件。没有程序的合宪性，就没有立法的正当性。法律至上，首要的是宪法至上，这是法律效力的根本。立法的合宪性原则

---

① 转引自谢振民：《中华民国立法史》，正中书局1937年版，第1页。
② 参见葛洪义主编：《法理学》（2002年修订版），中国政法大学出版社2002年版，第229页。

是法律至上原则在法律创制过程中的具体展现。不树立合宪性原则，立法及其活动缺乏根据和基础。为什么在立法中必须以宪法为根据呢？这是由宪法在法律体系中的核心和基础地位、最高权威性所决定的。首先，宪法具有制定机关的最高权威性和制定程序严格性的特点。其次，宪法是我国的根本大法，在法律体系中具有最高法律地位和效力，是其他立法的基础和依据。最后，宪法具有原则性、概括性、综合性、纲领性等特征，对所有的立法具有直接指导意义，其他一切立法都是宪法内容的体现和具体化。

2. 民主立法原则

立法应切实遵循民主原则。我国《立法法》第六条规定："立法应当坚持和发展全过程人民民主，尊重和保障人权，保障和促进社会公平正义。立法应当体现人民的意志，发扬社会主义民主，坚持立法公开，保障人民通过多种途径参与立法活动。"民主主要是指一种国家制度和政治制度——多数人执政的国体和政体，即以民选为基础、以代议为途径、以责任政治为条件、根据少数服从多数和多数尊重少数的原则确立的国家制度和政治制度。民主的其他含义还有民主原则、民主权利、民主程序和民主作风等。法治与这种作为国家制度和政治制度的民主一脉相承，它是以民主为政治基础发展起来的一种治国方略和原则。因此，这种法治来源于民主，其内容也受民主性质的决定，也会随着民主制度的发展而发展。法治民主化就是指立法、执法、司法与法律监督均充分体现民意、尊重民意，符合民主的精神，体现民主的原则和程序。

3. 人权保障原则

立法应坚持人权保障原则。正如前引《立法法》第六条的规定，人权与民主、法治紧密相连。人权是人所应当享有的权利，它是不可非法、无理剥夺或转让的权利。其实体内容大致包括三大类：一是生存权利、人身人格权利；二是政治权利和自由；三是经济、社会和文化权利。这三类权利中，生存权、人身人格权是最低限度的权利或首要权利，政治权利和自由则是核心权利，经济、社会和文化权利是基础权利。人权与法治是紧密相连的。人权是当代重要的价值尺度，一个国家的法律是否保障人权，是衡量该国法治是否建立的重要标准之一，所以，人权保障原则也是法治原则之一。

在社会主义建设的道路上，我们已经选择了法治之路，提出了"建设社会主义法治国家"的目标和战略。必须清楚，法治的含义不仅仅只是"依法而治"，而且还要求这里的法是"良法"。良法的含义是多方面的，在当前来说，其中最为重要的就是指我们的法律是符合人民利益的，这就要求我们的立法工作必须把握和贯彻"最大限度地保障人民权利"的原则。这应该是我们整个社会主义立法工作的根本指导原则。

4. 权力制约原则

"权利"（right）和"权力"（power）是一对相对的概念。权力作为对他人进行统治、对社会进行治理的手段，在人类进入文明社会之前便已经开始运用了，由于权力作为统治或治理手段具有直接性和强制性的特点，所以历来为统治者所追逐和喜爱，所谓"天下熙熙，皆为权来；天下攘攘，皆为权往"。人对权力的追逐和偏爱决定了权力天生具有扩张性，所以权力天生就应该受制约，不受制约就可能会导致权力专横和权力腐败。权利和权力总是一对矛盾统一体，权利在某种程度上需要权力来保护，但权力的行使必须在合适的范围内才对权利享有者有利，相反，当权力超越了这个界限，则会构成对权利的侵犯。孟德斯鸠在论述权力时就曾指出，政治自由只在国家的权力不被滥用的时候才存在，但是一切有权力的人都容易滥用权力，有权力的人们使用权力一直到遇有界限的地方才休止；从事物的性质上来说，要防止滥用权力，就必须以权力约束权力。只有经过节制的权力才"犹如太阳神的光辉正在下落时，总是柔和的"[①]。既然权力都应"依法行使"，那么这种依法所获得的权力就应是受到制约和节制的，这就需要在立法的时候贯彻权力制衡的精神，将权力进行合理的分配、牵制，建立严密完善的权力监督机制。"阳光是最好的防腐剂"，在立法上贯彻对权力进行必要的制约的原则，也是最大限度地保障人民权利的要求。

5. 实事求是原则

立法还应坚持实事求是原则。我国《立法法》第七条规定："立法应当从实际出发，适应经济社会发展和全面深化改革的要求，科学合理地规定公民、法人和其他组织的权利与义务、国家机关的权力与责任。法律规范应当明确、具体，具有针对性和可执行性。""一切从实际出发"，"实事求是"是我们一贯坚持的重要工作原则，立法工作也不例外，也要坚持这一原则。立法不能脱离客观实际存在，不能凭主观臆想进行。客观实际是我国法律创制的根基，是否从实际出发，实事求是是衡量我国法律优良与否的一个基本标准。不从实际出发，实事求是，立法及其结果没有生命力。

此外，我国《立法法》还规定了社会主义核心价值观、依法治国与以德治国相结合原则等，第八条强调，"立法应当倡导和弘扬社会主义核心价值观，坚持依法治国和以德治国相结合，铸牢中华民族共同体意识，推动社会主义精神文明建设。"

二、法的适用的原理与原则

（一）法的实施与法的适用的概念

法的实施指法在现实生活中的贯彻和落实。它大体包括法的执行、法的适用与法的遵守。本节限于篇幅，主要阐述法的适用的原理与原则。广义的法的适用与广义的法的执行相同，在主体方面都包括执法机关和司法机关运用法律的活动。狭义上则不同，本章在狭义上使用这一概念。

狭义的法的适用是指国家司法机关依照法定的权限与程序运用法律处理案件的活动，又称司法。它区别于执法（行政机关运用法律的活动）、守法和监督等活动。其特点是专门性、程序性和职业性。

（二）司法的基本要求

1. 正确

正确首先是指各级司法机关适用法律时，对案件确认的事实要准确，即对确认的案件事实要清楚，案件证据要确凿可靠。这是正确司法的前提和基础。其次，对案件适用法律要正确，即在确认事实的基础上，根据国家法律规定，区别刑事、民事、经济、行政案件，分清合法与违法、此案与彼案、罪与非罪、此罪与彼罪的界限，实事求是地加以认定。最后，对案件的处理要正确，审理案件要严格执行法律规定，宽严轻重适

[①] 孟德斯鸠：《论法的精神（上）》，张雁深译，商务印书馆1961年版，第166页。

度，做到罪刑相当，违法行为和处罚结果相当。

2. 合法

合法是指各级国家司法机关审理案件要合乎法律规定，依法司法。

3. 及时

及时就是指国家司法机关审理案件时，要提高工作效率，保证办案质量，及时办案，及时结案。正确、合法、及时是司法的基本要求，也是不可分割的统一整体，不可偏废，缺一不可。

（三）当代中国法的适用原则

1. 司法公正原则

司法公正是社会正义的一个重要组成部分，它既包括实质公正，也包括形式公正（作为制度的公正），其中尤以程序公正为重点。通过司法实现社会正义，司法是实现社会正义的最后一道防线。西方人将形式公正确定为司法公正的核心内涵。他们不相信会有不出自形式公正下的公正裁判，他们认为不建立在形式公正上的判决，绝对是不可信的，因为司法本身是个事实证明和法律选择适用的过程，所以，程序主持人（司法官）严守程序和保持公正立场是保证这一过程获得充分审究和剔除偏见的基本前提。换言之，只有过程公正，才能通往结论公正，评价判决是否合理，不能从判决本身自证，而应从过程推断。中国古代社会是一个极度忽视形式公正的社会，司法公正是以实质内涵为归结的，徒具形式公正不能被视为司法公正，裁判结果的公正才是真正的公正。这种观点应当转变。

程序正义并不仅仅是指程序本身的完善与否，而主要是指一种观念或价值取向。也就是说，它要求我们改变传统的诉讼观念，树立一种全新的认识。以往人们通过打官司所追求的实际上是一种客观真实和结果的公正，达不到这个目标，诉讼过程就可能无休无止，判决也可能被视为错误。与此相反，程序正义最重要的一个观念是既判力观念：只要没有法律适用和程序上的错误，双方当事人都得到了公平的诉讼机会，其诉讼权利得到了实现，就没有理由发动再审，也没有理由追究法官的错判责任。以事实为根据的"事实"，是指当事人在法庭上所证明的法律事实，而不是那些唯一的客观真实。简单地说，"程序正义"告诉我们一个准确无误的事实：法院的诉讼程序是一个对当事人双方形式上完全平等的过程或手续，它能够最终权威地解决纠纷，但未必能使每一个当事人和社会成员得到他们心目中的正义和合情合理的解决。

我国目前进行的司法改革为实现司法公正提供了很多制度上的保障。这些改革包括庭审制度的改革、审判委员会的存废、公开合议庭不同意见、对法官选拔制度上的改革、法官的服饰、法官的素质要求，以及增强判决书说理性的要求；还包括加强法官职权以提高审判效率，强调法官的说明义务以帮助当事人进行诉讼，积极进行调解以缓和诉讼的对抗性，加强审前准备以优化法庭审理活动，进一步简化程序以缩短法院与民众的距离和降低诉讼成本，以及各种非诉讼纠纷解决方式的大量推广应用等。

司法公正的意义主要在于：首先，司法公正是法的精神的内在要求。公正是法的精神和固有价值。其次，公正对司法的重要意义也是由司法机关的性质决定的，司法的性质是裁判，由裁判所引申出来的就是司法的消极性和被动性。最后，司法机关公正司法，是其自身存在的合法性基础。

2. 公民在法律面前一律平等

该原则主要包括以下内容：①法律对于全体公民，不分民族、种族、性别、职业、社会出身、宗教信仰、财产状况等，都是统一适用的，所有公民依法享有同等的权利并承担同等的义务。②任何权利受到侵犯的公民一律平等地受到法律的保护，不能歧视任何公民。③在民事诉讼和行政诉讼中，要保证诉讼当事人享有平等的诉讼权利，不能偏袒任何一方当事人；在刑事诉讼中，要切实保障诉讼参与人依法享有诉讼权利。④对任何公民的违法犯罪行为，都必须同样地追究法律责任，依法给予相应的制裁，不允许有不受法律约束或凌驾于法律之上的特殊公民，任何超出法律之外的特殊待遇都是违法的。

3. 以事实为根据，以法律为准绳

该原则包括以下基本含义：①以事实为根据，就是指司法机关审理一切案件，都只能以与案件有关的客观事实作为依据而不能以主观臆断作为依据。适用法律，就是运用法律对已发生的事情作出判断、处理。任何一个案件，都是一种客观存在，由特定的、已经发生的事实所构成。但是在法理上为大家所公认的准则发生了彻底的转变，即现在，人们普遍认为：以事实为根据的"事实"，是指当事人在法庭上所证明的法律事实，而不是那些唯一的客观真实。②以法律为准绳，要严格依照法律的规定办事，切实做到有法可依、执法必严、违法必究。

在贯彻该原则的过程中应当做到：①重证据，重调查研究，不轻信口供。②在司法工作中，坚持维护社会主义法律的权威和尊严。③正确处理依法办事与坚持党的政策的指导作用的关系。

4. 司法机关依法独立行使职权

该原则包括以下基本含义：①司法权的专属性，即国家的司法权只能由国家各级审判机关和检察机关统一行使，其他任何机关都无权行使此项权利。②行使职权的独立性，即人民法院、人民检察院依照法律独立行使自己的职权，不受行政机关、社会团体和个人的非法干涉。③行使职权的合法性，即司法机关审理案件必须严格依照法律规定，正确适用法律，不得滥用职权，枉法裁判。

中国司法机关依法独立行使职权原则与西方司法独立原则有较大的区别。西方司法独立原则包括：①司法权独立，即三权相互分割，彼此制衡，司法机关有其独立的组织系统，与其他组织系统相分离。②审判独立，即法官独立审判案件，不受任何干涉。③司法人员独立，法律对法官地位，特设保障条款，如法官高薪养廉制、法官终身任职制。其核心是审判独立。

5. 国家赔偿与司法责任

国家赔偿责任是指国家对于国家机关及其工作人员执行职务、行使公共权力损害公民、法人和其他组织的法定权利与合法利益所承担的赔偿责任。其特点有：①产生原因是国家机关及其工作人员在执行职务过程中的不法侵害行为。②国家赔偿的主体是国家。③范围包括行政赔偿与刑事赔偿。行政赔偿是指行政机关及其工作人员在行使职权时，侵犯人身权和财产权造成损害而给予的赔偿。刑事赔偿是指行使国家侦查、检察、审判、监狱管理职权的机关在刑事诉讼中,侵犯当事人的人身权和财产权造成的损害而给予的赔偿。其目的是明确审判责任、防止枉法裁判、确保司法公正和办案质量。

第六节 法律关系:权利、义务和权力

一、法律关系的概念和分类

法律关系是根据法律规范产生的,以主体之间的权利义务关系或权力义务关系,即法律规定了人们的权利义务权力的形式表现出来的特殊的社会关系。

(1)抽象的法律关系和具体的法律关系,其分类标准是根据法律关系主体的具体化程度不同而分,抽象法律关系是指根据宪法形成的国家、公民、社会组织以及其他社会关系主体之间的普遍存在的社会联系。例如,《宪法》第三十三条规定:"中华人民共和国公民在法律面前一律平等。"例如,私法中的规定,《中华人民共和国民法典》(简称《民法典》)第五编"婚姻家庭"规定,"实行婚姻自由、一夫一妻、男女平等的婚姻制度",同时还规定夫妻双方的权利义务,这是抽象的法律关系,只有当男女双方结了婚以后,这些抽象的法律关系才转变为具体的法律关系。具体法律关系的特点在于:该关系的主体是具体的(或一方是具体的,或双方都是具体的),要有具体的法律事实发生。法律本身规定的抽象的权利义务关系是一种纸面上的法律关系,现实生活中具体的权利义务关系是实际的法律关系。

(2)绝对法律关系和相对法律关系,其分类标准是:具体法律关系依据其主体是单方具体化还是双方具体化。绝对法律关系是指主体一方——权利人是具体的,而另一方——义务人则是除了权利人以外的所有人。其形式是"一个人对其他一切人",如所有权、人身权、知识产权。相对法律关系是指无论权利人还是义务人都是具体的。其形式是"某个人对某个人",如债权。

(3)调整性法律关系和保护性法律关系,这是按照法律关系的产生依据是否使用法律制裁来划分,不需要使用法律制裁的是调整性法律关系,需要使用法律制裁的是保护性法律关系,如刑事法律关系。

(4)平权型法律关系和隶属型法律关系,这是按照主体之间的相互地位不同来划分的,主体之间地位是平等的,就是平权型法律关系,如民事法律关系;主体之间地位是不平等的,存在隶属关系,一方服从另一方,则是隶属型法律关系,如行政法律关系。

二、法律关系的主体和客体

(一)法律关系的主体

(1)法律关系的主体。法律关系的主体又称权利主体、权义主体,即法律关系的参加者,是法律关系中权利的享有者和义务的承担者,享有权利的一方称权利人,承担义务的一方称义务人。一般是指法律关系的当事人,有时也指法律关系的参与人。当事人可以分为两类:一类是指法律关系的直接关系人,如民事合同中的债权人和债务人;

另一类是诉讼当事人，即司法诉讼中的原告和被告、上诉人和被上诉人等。法律关系的参与人一般指直接关系人以外的、与特定法律关系有某种关系的人。在我国，法律关系的主体通常是指公民（自然人）、法人、非法人组织、国家。

（2）法律关系主体的权利能力和行为能力。法律关系主体参加法律关系还有资格的限制，这在法学上被称为权利能力和行为能力。

权利能力是权利主体享有权利和承担义务的能力，它反映了权利主体取得享有权利和承担义务的资格。公民的权利能力分为一般权利能力和特殊权利能力两种。一般权利能力为所有公民普遍享有，始于出生，终于死亡，如人身权利能力等。特殊的权利能力须以一定的法律事实出现为条件才能享有，如参加选举的权利能力须以达到法定年龄为条件。法人的权利能力始于法人依法成立，终于法人被解散或撤销。法人权利能力的内容和范围与法人成立的目的直接相关，并由有关法律和法人组织的章程加以规定。

行为能力是权利主体能够通过自己的行为取得权利和承担义务的能力。行为能力以权利能力为前提，自然人有权利能力并不一定有行为能力，法人的权利能力和行为能力是一致的。《民法典》第十七条至二十四条，根据年龄和精神健康状况的不同，将民事行为能力人划分为三种。一种是完全民事行为能力人，包括两种情况：一是18周岁以上的公民；二是已满16周岁不满18周岁的公民，以自己的劳动收入为主要生活来源的，视为完全民事行为能力人。第二种是限制民事行为能力人，即8周岁以上的未成年人。限制民事行为能力人可以进行与他的年龄、智力相适应的民事活动，其他民事活动由他的法定代理人办理或征求同意。第三种是无民事行为能力人，即不满8周岁的未成年人，他的民事活动由其法定代理人代行。对于精神病患者，不能完全辨认其行为的属于限制民事行为能力人，不能辨认其行为的属于无民事行为能力人。

（二）法律关系的客体

法律关系的客体是指法律关系主体的权利、义务所指向的对象。在当代中国，主要有四类。第一，物。它指在法律关系中可以作为民事权利对象的物品或其他物质财富，可分为有形物和无形物。有形物，如森林、土地、自然资源、货币，以及其他有价证券如支票、汇票、存折、股票等；无形物，如空气、阳光等。第二，精神财富。它指智力成果（非物质财富），包括创作活动产品和其他与人身相关联的非财产性财富，如知识产权和人身权，其中，肖像权只有在未经本人同意，以营利为目的的时候才能够侵权。第三，行为和行为结果。行为包括作为和不作为，又称积极行为和消极行为。行为结果是一定的法律行为产生的结果，可以满足权利人的利益和需要，也可成为法律关系的客体。[①]第四，国家、社会和个人的基本经济、政治和精神财富，如剥夺人身自由和政治自由。

（三）法律关系的演变

法律关系的演变是指法律关系的产生、变更和消亡。引起法律关系产生、变更和消亡的原因有法律本身和法律事实。法律事实是指引起法律关系产生、变更和消亡的情

[①] 参见《法理学》编写组：《法理学》，人民出版社、高等教育出版社2010年版，第116页。

况和条件。法律事实依它是否以权利主体的意志为转移可以分为法律事件和法律行为。法律事件是不依人的意志为转移的事件，如人的出生和死亡、自然灾害、意外事件等。法律行为是依人的意志为转移的行为，如遗嘱、公证、结婚等。

三、权利、义务和权力

（一）权利的词源与概念

权利指广义的法律，在英语中可用 law 表示，权利有一个专业词——right。在拉丁语中，权利指广义的法律，即 jus。权利和权力各有一个专用词——right 和 power，人民享有权利，政府享有权力。法律意义上的权利是指权利人或主体依法享有的具有这样或不这样行为，或要求他人这样或不这样行为的某种资格、能力或自由。

1. 资格说

米尔恩在《人的权利与人的多样性》一书中认为：权利的要旨是资格。说你对某事享有权利，就是说你被赋予某种资格，如参与选举、领取养老金、持有自己的观点、享受私密的家庭生活。义务是权利的对应概念，义务意味着不可以，而权利意味着可以。一个人被赋予某种资格，具有权利主体的地位，才能向他人提出作为或不作为的要求。

2. 主张说

法律上有效的、正当的可强制执行的主张。

3. 自由说

斯宾诺莎认为，权利就是一种免于干扰的条件；霍布斯认为，权利就是法律所允许的自由；康德认为，权利就是意志的自由行使；黑格尔认为，每个人真正的权利就是自由。自由论揭示了权利的一个重要特征，即权利主体的意志自由和行动自由，主体在行使权利时不受法律的干涉，主体做或不做一定行为不受他人强使。正是这一点，现代学者往往把自由和权利等同，各国有关公民权利的立法也往往把权利和自由作为内涵一致或接近的范畴并列。

4. 利益说

边沁、耶林是主要的代表人物。强调权利是利益的表现与获取利益的手段，而不是利益本身，把权利与利益等同。

5. 法力说（能力说、权力说）

法力说、能力说最早出现在洛克、卢梭的著作里，他们认为权利的本质是由法律或国家权力保证为实现某种特定利益而进行一定行为的权力。霍菲尔德认为，权利是指一个人通过一定行为或不行为而改变法律关系的能力或权力。"我有处分我的财产的权利"，即意味着人们在法律上有能力或权力出卖、赠与、放弃自己的财产。权利就是改变或创立一定法律关系的影响力。能力说将权利视作手段，它创造或改变了法律关系。

上述五种不同的学说，提示了权利的不同内涵与性质，但至少有以下两点是一致的。①权利主体是法律关系的主体或享有权利的人，即个人、法人、团体、组织或国家。②权利内容指法律关系主体可以这样行为或不这样行为，或要求其他人这样行为或不这样行为。但是，他们在语词上又有所差异，分别是能力或资格、要求、自由、权益、权能或利益。

马克思主义认为，权利和法一样都属于社会上层建筑，并归根到底是受社会经济关系所制约和决定，"权利永远不能超出社会的经济结构以及由经济结构所制约的社会的文化发展"。法定权利不过是社会经济关系的法律形式，即法权关系，所以权利始终是在关系中存在，权利义务关系，也即法律关系。这种法律关系并不是游离于其他社会关系之上，而是其他社会关系特别是经济关系的一个侧面，是以法权形式存在着的一种思想、政治关系，它的实际内容仍然是经济关系和实际的社会关系，是以统治阶级意志为焦点，对这些实际社会关系的折光、影像和反映。统治阶级利用法律来确认人们的某种权利，并给予法律上的保护，就可以维护、巩固和发展有利于本阶级的社会关系和社会秩序，以实现其阶级利益。正因为如此，权利总是具有对经济关系的依存性，法定权利总是打上了统治阶级意志的烙印。

（二）义务的概念

义务，一些学者把它看作是权利的对立概念，但也有学者把权利和义务视为相互关联的概念，强调权利与义务的联系和同一性。法律上的义务是指法律规定的人或主体应承受的某种限制、约束、负担或责任。显然，这里所说的义务观是与权利自由说理论相对应的，即权利是自由，义务是不自由，即限制和约束。

作为法律权利相对应的概念，法律义务的含义也有不同的说法，主要有以下几种。

（1）规范说。规范说同法学中的规范主义联系在一起，其中心思想是：权利是法律所保障或允许的能够作出一定行为的尺度。与权利相对应，义务被解释为法律为了满足权利人的需要而要求义务人作出必要行为以及未履行而构成法律制裁的理由或根据。

（2）约束说。与自由说相对，权利被看成是法律所保护的人不受拘束的自由状态，义务则被看成是对权利人自由的保障，是义务人为保障权利人行使自由而产生的某种必要的约束。

（3）负担说。与利益说相对应，权利被认为是法律所承认或保障的利益，而义务则是不利或负担，即义务主体必须作出或抑制一定行为的负担。

（4）责任说。这种观点认为法律义务是指义务主体作为或不作为的一种责任，它在某种程度上把法律义务等同于法律责任。

（三）权力的概念

权力是一个复杂的概念，众说纷纭，用法多样。一般地说，权力是指一种能力，即某人或者某一机构具有的要求他人服从的能力。"权力永远是控制他人的力量和能力"，其特征是能直接以自己的强力迫使相对人服从自己的意志。它的特征是"我能够"（实现）。权力的经典定义是"行为者影响其他行为者的能力"。

本章主要从公权力角度理解权力。在此意义上，公权力是指对公共资源占有并运用的能力，公权力主体通过对公共资源的占有而有了要求他人服从的能力。这个观念丝毫不意味着对公权力的贬斥，在法治社会中，公权力的运用是受法律控制的。

而公共权力的来源只有一个：是每个享有权能和承担责任的个人让渡一部分权力给公共机构的。因此，政府的权力是有限的这一结论是顺理成章之事。"有限政府"的概念与其说是保障个人自由的观念的产物，不妨说是在个人自主、自治、自由权前提下政府政治理论的逻辑必然结果。从字面上讲，职权（职权是国家权力的具体化与法律形式）、权限、权力等词，与权利一样，也可以理解为法律关系主体具有自己这样行为或不这样行为，或要求他人这样行为或不这样行为的能力或资格。

（四）法律上的权利与义务关系

有关权利与义务关系的观点有以下几种。

1. 权利本位论

在权利义务的关系中，权利是第一性的，是义务存在的前提。相对于义务而言，权利是目的，义务是手段，是权利的派生物。法律设定义务的目的是保障权利的实现，义务应当来源于、服从于权利。从历史发展的角度来讲，权利本位是商品经济发展的产物，是商品经济的要求在法律上的反映。强调权利本位的现实意义在于把人们从传统的义务约束、身份限制和专制传统的影响下解放出来，从而有可能创造一个自由、平等、宽容和富于活力的法治社会。权利本位论可以从以下方面进一步理解：首先，拥有权利是承担义务的前提条件，要人们承担和履行义务就必须使其有承担和履行义务所必需的资格和可能，即人们有生存的活动的权利，有作出一定行为而不被干涉或阻止的自由。其次，当法律分配义务时，这些义务必须是从权利中合理地引申出来的。例如，纳税的义务应源于收入的权利。不得泄露机密的义务源于公民有知情权和表达自由。如果公民没有从政府了解情况的权利和以语言、文字、图画等符号陈述事实、发表意见的自由，就没有理由要求公民保守国家秘密。凡不以权利为前提的义务都是不合理的和不公正的。最后，义务应是为适应权利而设定的。例如，公民在行使自由和权利的时候不得损害国家的、社会的、集体的利益和其他公民的合法的自由和权利这一基本义务，就是为了保障各个权利主体的平等权利和共同实现而设定的。它的合理性根源于保障权利的需要。

2. 义务重心论

作为权利本位的对立面，人们提出了义务重心论，认为，从实效上讲，义务更为重要，法律的重心在于约束，法律首先在于稳定秩序，义务为人们遵守和执行法律提供了比权利更多的信息条件。法律作为社会控制的手段，主要通过义务性规范来实现自己的目的。

3. 权利义务一致论

权利义务一致论有多种表述，但其主要特征是既不赞成权利本位论，也不赞成义务重心论，而是主张权利义务并重，它们都是法的本质的体现，两者同时产生、存在、相互依存，不可分割，因此它们之间不存在本位的问题。本位论思想在思维方法上有明显失误，这种绝对性思维方法必然导致僵化，本位论者按照自己的解释，在权利义务之间确定了矛盾的主要方面，然而却把它固定化和静止化，在剥削阶级已被消灭，人民当家作主的社会主义制度下，仍然宣扬权利本位思想是不合时宜的，只有强调权利义务一致性，才符合时代精神。

事实上，从公民权利保障角度看，强调权利本位论仍不失为当今法律的核心主题。在法律的历史长河中，以往从国家主义角度出发过于强调国家本位、法律的强制性与公民的义务性,并不利于社会活力的激发和公民自由权利的保障;而强调权利本位论,对于明确法律的核心价值取向、保障公民和市场主体的权利、优化市场经济条件下的营商环境、鼓励社会主体创新、促进社会经济的繁荣稳定无疑具有进步的历史意义。当然,强调权利本位并不是不要义务,因为没有义务的履行就没有良好的秩序,义务的履行是为了更好地实现权利。而且在法的价值衡量中,国家的一切立法应当以人为本,尊重人的价值,着力伸张人的权利,符合法的历史发展的进步趋势。

第七节 法与民主、人权

一、法与民主

(一)民主的概念与特征

1. 民主的概念

democracy(民主)一词由希腊语的 demos(人民)和 kratia(统治或权威)演变而来,其最初的含义就是"人民的统治"(the rule by the people)。希腊历史学家希罗多德(Herodotus)首次使用这一概念,是用来概括和表述希腊城邦这样一种政治实践:城邦事务是由公民所参加的公民大会通过直接讨论和投票表决的方式来做出最终决定的,这种方式既不同于某一君主的独裁统治,也不同于少数贵族的寡头统治。

因此,"民主"从一开始就是一个政治概念,而且是一种政治制度,在这种制度中,全体人员有权并且能够直接或间接地、积极或消极地参与公共事务的决策过程。作为一种制度,民主的最大特点在于,它以公民的意志作为其政治合法性的基础:政治决策以公民的意见为最终依据。一个现代民主国家,如果其最强有力的决策者中多数是通过公平、诚实、定期的选举产生的,而且在这样的选举中候选人可以自由地竞争选票,并且实际上每个成年公民都有投票权,那么,这个国家就有了民主政体。这一民主的程序性定义是熊彼特在《资本主义、社会主义与民主》一书中提出的,并得到了普遍的承认,也得到了在这一领域从事研究的学者的公认。根据这一定义,选举是民主的本质。从这一本质中产生了民主制度的其他特征,只有存在着某种程度的言论自由、集会自由、新闻自由,只有反对派候选人和政党能够批评现任的统治者而不害怕受到报复,才有可能进行自由、公平和竞争性的选举。

按照马克思主义的观点,民主是历史的、具体的、相对的,必然要受一定社会经济、政治条件所制约,必然具有历史性和阶级性。作为政治制度,它不仅指国家的组织形式,即政体,而且也指国家的本质,即国体,即什么阶级在国家中占有支配地位。所以马克思、恩格斯在《共产党宣言》中讲道,"工人革命的第一步就是使无产阶级上升为统治阶级,争取民主"①。列宁在《国家与革命》中也指出,"民主是一种国家形式,一种国家形态。因此,它同任何国家一样,也是有组织有系统地对人们使用暴力,这是一方面。但另一方面,民主意味着在形式上承认公民一律平等,承认大家都有决定

---

① 马克思、恩格斯著,中共中央马克思恩格斯列宁斯大林著作编译局编译:《马克思恩格斯选集(第一卷)》,人民出版社1972年版,第272页。

国家制度和管理国家的平等权利"[①]。

2. 现代民主政治的基本特征

①民主和宪制结合,即坚持人民民主的国家制度。②民主与集中的结合,即坚持民主集中制,在民主基础上的集中和集中指导下的民主。民主集中制的一个重要环节是决策的科学化与民主化。③民主意味着少数服从多数,同时多数也应尊重少数的政治制度,它需要有民主且科学的决策。民主的决策是指集思广益,集中多数人的智慧;科学的决策就是要有专家的可靠的科学依据和论证。④民主的制度化和法律化。这也就是说,民主与法治不可分,民主与法治必须结合。⑤逐步完善民主。任何社会形态的民主都要经历一个渐进的过程,都是逐步完善的。

高度民主是指长远意义上讲的民主或者是从社会主义本性来讲的,而不是指社会主义初级阶段就已建立了或很快就会建立起高度的社会主义民主。社会主义民主政治的建设,要受很多条件的制约。其中包括经济、政治、文化发展水平,社会成员和公职人员的政治、思想、道德和教育素质,历史、文化传统以及国内外环境,等等。因此,我国社会主义初级阶段的民主还是不完善的,但它不是静止不变的,而是在不断发展。在正确的路线或指引下,它的发展方向是趋向完善的,是一个从不完善到逐步完善的过程,这是我国社会主义民主的一个基本特征,也是它的一个发展规律。

(二) 民主与法治的紧密结合

在现代社会里,自由、民主和平等在价值层面上有其共同的一面,也有其冲突的一面。如何用足自由、民主和平等的价值,并使其缓和或者减少冲突,这是现代社会制度设计的问题。这一制度是复杂的,其中最重要的是宪法实施的法治制度,它是限制公共权力、保障个人自由和平等权利的制度。在这个意义上,民主的权力也是有限的,其界限就是宪法和法律所界定的规则。

现代法治与民主的这种内在必然联系表现在:①法治的真谛在于人民掌握主权,通过自由表决和选举组成代议制立宪政府;②法治的效能在于人民制定的宪法和法律能够保障和限定公民自由权利,促进大众政治参与向广度和深度扩展;③法治的活力在于人民对于所委托的少数管理者及由他们组成的权力机构,通过人人必行的法律和各种形式的分权与制衡制度,保持有效的控制和监督,保证公共权力的合法权威和合理运行;④法治的形态,在于确立严格的依法治理的操作运行程序,这种程序必须符合民主的最一般规定和基本原则,如服从多数、尊重少数、为人民负责、越权无效等原则。这些都是人类社会政治文明发展的卓越成果和成就。虽然不同阶级基础的民主和法治实现程度和具体表现方式会有所不同,但都离不开这些基本原则和共同要求。而我国的人民代表大会制度、多党合作和政治协商制度,以及"一国两制"的国家体制和结构,则是中国特色的社会主义政治文明的重要内容,既是社会主义民主的重要表现和补充,更需要靠加强和完善社会主义法治来保障、维护和予以巩固,所以也是中国当代法治文明的重要内容。

[①] 列宁著,中共中央马克思恩格斯列宁斯大林著作编译局编译:《列宁选集(第三卷)》(第 2 版),人民出版社 1972 年版,第 257 页。

二、法与人权

（一）人权是人之作为人所享有或应该享有的权利，需要法律来保障实施

人权是指"人之作为人都享有或都应该享有的权利"，人权概念是法学上的权利概念和哲学上的人道概念的结合，两者缺一不可，人权是人道精神、法治精神和大同精神的结合。人权的基本属性有三个方面：①人权首先是一种道德权利，它是由道德而不是由法律来支持的（虽然人权可以成为法定权利），因而它同国家权力为支撑的法定权利相区别；人权的原意是指某种价值观念和道德观念，因而它是一种道德意义上的权利。人权需要法律来保障实施，绝大部分人权需要同时具有法律权利的性质，但人权和法律权利不是一个概念，两者是有区别的。首先，在历史上，法律权利的出现远远先于人权；其次，绝大部分人权需要同时具有法律权利的性质，但并不是所有的人权都要由法律加以规定，反过来，更不能说所有法律权利都属于人权的范畴。再有，人权的实施和保障需要各国国内法来确认，国际范围上讲，人权的国际标准需要由国际公约来体现。正如《世界人权宣言》序言中所规定的："有必要使人权受法治的保护。"既然人权要由法律来保障其实施，也即使人权同时具有法律权利的性质，这也表明人权与法律权利是既有联系又有区别的概念，否则，人权这一概念就成为法律权利的同义反复了。②从人权的主体和内容上看，人权又必须是一种普遍权利，即作为人都享有的权利，其内容也有某种普遍的规定性[①]。③从人权产生的社会历史过程来看，人权还是一种反抗权利，这是因为在西方，人权被作为同政府权力相对应或对抗的权利而提出的，社会正义和自由存在于人们对政府专制压迫的对抗中。

综上所述，人权首先是一种道德意义上的权利，属于应有权利的范畴，是指作为人应该享有的权利；其次，人权是国内法管辖的问题，又是一种法律权利；最后，人权还必须是一种实有权利，一种实实在在的现实权利。因此，人权实质上是人所应当享有的各种权益。人权是受一定的道德理想与伦理观念承认与支持的人所应当享有的各种权益。离开利益讲人权是毫无意义的。无论是在一国内还是在国与国之间，人权问题上经常存在的种种矛盾与斗争，都同一定权利主体的利益有关。然而，人权又受人们一定的伦理道德的支持和认可。什么样的个人或群体应当或可以享有什么样的人权，法律或其他社会规范应当或能够对哪些人权予以规定和保障，总是受人类普遍认同的某些道德伦理所支持和认可的，其核心是正义理念、人道主义、平等思想与自由观念。由于人们的道德观念在某些方面存在差异，因而不同国家对应有权利的理解，对法律权利的规定，对实有权利的保障，又存在一些差别。"利"与"义"构成人权的两种基本成分，是决定人权本质的两个重要因素，是推进人权进步的两个重要轮子。

[①] 据瑞士法学家、汉学家胜雅律近年来对"人权"一词中"人"的考证，在 1948 年颁布《世界人权宣言》以前，西方国家所讲的人权中的"人"决不是指普遍的人，不是指"每一个人"，无论在理论上或在实践上，"人"的概念都把妇女、奴隶和有色人种排除在外。1948 年以后，从理论上讲，人权才是"普遍"的，但理论和实际之间仍有矛盾，"人"这个词仍然模糊。在起草《世界人权宣言》时，通过了联合国起草委员会主席罗斯福夫人的建议，将 rights of man 改为 human rights。

（二）法律与人权、公民权联系密切

人权与公民权有紧密联系。一般认为，公民权利包括政治、经济、文化等方面的权利，就一国国内来说，人权与公民权在某些方面是重叠的、等同的、一致的。特别是当一个国家实现了宪法、法律上规定的公民权利时，那里的人权就得到了基本保障，而宪法法律上没有规定的公民权利，是得不到有力保障的。但另一方面，享受充分的人权，是人类追求的理想，是一种符合人类理性的价值观念。人权与公民权虽有紧密联系，但也有区别。人权应分为多种层次，诸如应然权利、法定权利、实然权利。有些宪法、法律规定的公民权利，只有一部分人权。有的国家的宪法、法律，对人权的涵盖面大些，有的小些，但永远不可能完全穷尽，因为在应然权利中，有一部分是传统习惯、伦理道德、精神文明范畴的，没有必要通过宪法、法律予以规定和保障，而要通过人类伦理素质的提高去自觉维护；宪法、法律规定的公民权利，在一般情况下，也不是完全能够兑现的。宪法与现实、法律规定与实际情况之间必然存在一定的距离，这是各国普遍存在的现象。因此，实然权利并不等同于法定权利，更不等同于应然权利。尽管如此，法与人权的密切联系仍可明见，当今主要国家通过国内法尽量去保障公民的人权，即是明证。

同样，当今世界，人权保障与国际法的关系也较密切，如联合国人权公约及两个国际人权公约在世界范围内影响日益增强，这也反映了当今世界国际人权领域的发展趋势。

第八节　习近平法治思想

一、习近平法治思想的"核心要义"

党的十八大以来，习近平同志就如何全面依法治国、怎样治国理政等问题发表了一系列重要的讲话和文章[①]，很多重要思想也写进了党的报告，成为建设法治中国的行动指南。2020年11月16—17日在北京召开的中央全面依法治国工作会议，正式明确提出"习近平法治思想"。中央认为，习近平法治思想是顺应实现中华民族伟大复兴时代要求应运而生的重大理论创新成果，是马克思主义法治理论中国化最新成果，是习近平新时代中国特色社会主义思想的重要组成部分，是全面依法治国的根本遵循和行动指南。习近平法治思想集中体现为"十一个坚持"，也是其核心要义。

第一，坚持党对全面依法治国的领导[②]。党的领导是推进全面依法治国的根本保证。国际国内环境越是复杂，改革开放和社会主义现代化建设任务越是繁重，越要运用

---

① 参见习近平：《论坚持全面依法治国》，中央文献出版社2020年版。该书收入习近平同志2012年12月4日至2020年11月16日期间关于坚持全面依法治国的重要文稿54篇。2021年以来，习近平同志在《求是》《人民日报》等报刊上发表了一系列关于法治的新的重要文章和讲话，均成为习近平法治思想的重要组成部分。

② 关于坚持党对全面依法治国的领导，习近平同志强调新时代进一步加强党对全面依法治国领导的极端重要性，深刻回答了法治中国建设由谁领导的问题，科学指明了全面依法治国最根本的保证，参见习近平：《加强党对全面依法治国的领导》，《求是》2019年第4期；以及习近平：《中国共产党领导是中国特色社会主义最本质的特征》，《求是》2020年第14期。

法治思维和法治手段巩固执政地位、改善执政方式、提高执政能力，保证党和国家长治久安。全面依法治国是要加强和改善党的领导，健全党领导全面依法治国的制度和工作机制，推进党的领导制度化、法治化，通过法治保障党的路线方针政策有效实施。

第二，坚持以人民为中心[①]。全面依法治国最广泛、最深厚的基础是人民，必须坚持为了人民、依靠人民。要把体现人民利益、反映人民愿望、维护人民权益、增进人民福祉落实到全面依法治国各领域全过程。推进全面依法治国，根本目的是依法保障人民权益。要积极回应人民群众新要求新期待，系统研究谋划和解决法治领域人民群众反映强烈的突出问题，不断增强人民群众获得感、幸福感、安全感，用法治保障人民安居乐业。

第三，坚持中国特色社会主义法治道路[②]。中国特色社会主义法治道路本质上是中国特色社会主义道路在法治领域的具体体现。既要立足当前，运用法治思维和法治方式解决经济社会发展面临的深层次问题；又要着眼长远，筑法治之基、行法治之力、积法治之势，促进各方面制度更加成熟更加定型，为党和国家事业发展提供长期性的制度保障。要传承中华优秀传统法律文化，从我国革命、建设、改革的实践中探索适合自己的法治道路，同时借鉴国外法治有益成果，为全面建设社会主义现代化国家、实现中华民族伟大复兴夯实法治基础。

第四，坚持依宪治国、依宪执政[③]。党领导人民制定宪法法律，领导人民实施宪法法律，党自身要在宪法法律范围内活动。全国各族人民、一切国家机关和武装力量、各政党和各社会团体、各企业事业组织，都必须以宪法为根本的活动准则，并且负有维护宪法尊严、保证宪法实施的职责。坚持依宪治国、依宪执政，就包括坚持宪法确定的中国共产党领导地位不动摇，坚持宪法确定的人民民主专政的国体和人民代表大会制度的政体不动摇。

第五，坚持在法治轨道上推进国家治理体系和治理能力现代化[④]。法治是国家治理体系和治理能力的重要依托。只有全面依法治国才能有效保障国家治理体系的系统性、规范性、协调性，才能最大限度凝聚社会共识。在统筹推进伟大斗争、伟大工程、伟大事业、伟大梦想的实践中，在全面建设社会主义现代化国家新征程上，我们要更加重视法治、厉行法治，更好发挥法治固根本、稳预期、利长远的重要作用，坚持依法应对重

---

① 关于坚持以人民为中心，习近平同志指出，中国共产党根基在人民、血脉在人民。坚持以人民为中心的发展思想，体现了党的理想信念、性质宗旨、初心使命，也是对党的奋斗历程和实践经验的深刻总结。坚持以人民为中心的发展思想，必须坚持人民至上、紧紧依靠人民、不断造福人民、牢牢植根人民，并落实到各项决策部署和实际工作之中。参见习近平：《坚持人民至上》，《求是》2022年第20期。

② 关于坚持中国特色社会主义法治道路，习近平同志深刻回答了法治中国建设走什么路的问题，科学指明了新时代全面依法治国的正确道路。参见习近平：《坚定不移走中国特色社会主义法治道路　为全面建设社会主义现代化国家提供有力法治保障》，《求是》2021年第4期。

③ 关于坚持依宪治国、依宪执政，习近平同志明确回答了法治中国建设依据什么的问题，科学指明了新时代法治中国建设的首要任务和基础性工作。参见习近平：《在首都各界纪念现行宪法公布施行三十周年大会上的讲话》（2012年12月4日）；习近平：《谱写新时代中国宪法实践新篇章——纪念现行宪法公布施行40周年》（2022年12月19日），后文进一步强调，我们要以纪念现行宪法公布施行40周年为契机，贯彻党的二十大精神，强化宪法意识，弘扬宪法精神，推动宪法实施，更好发挥宪法在治国理政中的重要作用。

④ 关于坚持在法治轨道上推进国家治理体系和治理能力现代化，习近平同志深刻回答了法治与国家治理、法律制度与国家制度的关系问题，科学指明了新时代推进国家治理现代化的正确路径。参见习近平：《推进全面依法治国，发挥法治在国家治理体系和治理能力现代化中的积极作用》，《求是》2020年第22期。

大挑战、抵御重大风险、克服重大阻力、解决重大矛盾。

第六,坚持建设中国特色社会主义法治体系[①]。中国特色社会主义法治体系是推进全面依法治国的总抓手。要加快形成完备的法律规范体系、高效的法治实施体系、严密的法治监督体系、有力的法治保障体系,形成完善的党内法规体系。要坚持依法治国和以德治国相结合,实现法治和德治相辅相成、相得益彰。要积极推进国家安全、科技创新、公共卫生、生物安全、生态文明、防范风险、涉外法治等重要领域立法,健全国家治理急需的法律制度、满足人民日益增长的美好生活需要必备的法律制度,以良法善治保障新业态新模式健康发展。

第七,坚持依法治国、依法执政、依法行政共同推进,法治国家、法治政府、法治社会一体建设[②]。全面依法治国是一个系统工程,要整体谋划,更加注重系统性、整体性、协同性。法治政府建设是重点任务和主体工程,要率先突破,用法治给行政权力定规矩、划界限,规范行政决策程序,加快转变政府职能。要推进严格规范公正文明执法,提高司法公信力。普法工作要在针对性和实效性上下功夫,特别是要加强青少年法治教育,不断提升全体公民法治意识和法治素养。要完善预防性法律制度,坚持和发展新时代"枫桥经验",促进社会和谐稳定。

第八,坚持全面推进科学立法、严格执法、公正司法、全民守法[③]。要继续推进法治领域改革,解决好立法、执法、司法、守法等领域的突出矛盾和问题。公平正义是司法的灵魂和生命。要深化司法责任制综合配套改革,加强司法制约监督,健全社会公平正义法治保障制度,努力让人民群众在每一个司法案件中感受到公平正义。要加快构建规范高效的制约监督体系。要推动扫黑除恶常态化,坚决打击黑恶势力及其"保护伞",让城乡更安宁、群众更安乐。

第九,坚持统筹推进国内法治和涉外法治[④]。要加快涉外法治工作战略布局,协调推进国内治理和国际治理,更好维护国家主权、安全、发展利益。要强化法治思维,运用法治方式,有效应对挑战、防范风险,综合利用立法、执法、司法等手段开展斗争,坚决维护国家主权、尊严和核心利益。要推动全球治理变革,推动构建人类命运共同体。

第十,坚持建设德才兼备的高素质法治工作队伍[⑤]。要加强理想信念教育,深入开

---

① 关于坚持建设中国特色社会主义法治体系,习近平同志深刻回答了法治中国建设实现什么目标的问题,科学指明了新时代全面依法治国的总目标与总抓手。参见习近平:《坚持走中国特色社会主义法治道路 更好推进中国特色社会主义法治体系建设》,《求是》2022年第4期。

② 关于该问题,参见习近平:《关于〈中共中央关于全面推进依法治国若干重大问题的决定〉的说明》,载习近平:《论坚持全面依法治国》,中央文献出版社2020年版。

③ 关于该问题,参见习近平:《全面推进科学立法、严格执法、公正司法、全民守法》,载习近平:《论坚持全面依法治国》,中央文献出版社2020年版。

④ 关于坚持统筹推进国内法治和涉外法治,习近平同志深刻回答了国内治理和国际治理、国内法治和涉外法治的关系问题,科学指明了新时代全面依法治国的国内国外两个领域。参见习近平:《坚持走中国特色社会主义法治道路 更好推进中国特色社会主义法治体系建设》,《求是》2022年第4期。

⑤ 关于坚持建设德才兼备的高素质法治工作队伍,习近平同志深刻回答了法治工作队伍建设标准问题,科学指明了新时代全面依法治国的人才保障。他指出:"全面推进依法治国,必须着力建设一支忠于党、忠于国家、忠于人民、忠于法律的社会主义法治工作队伍。"参见习近平:《在中央全面依法治国委员会第一次会议上的讲话》,载习近平:《论坚持全面依法治国》,中央文献出版社2020年版。

展社会主义核心价值观和社会主义法治理念教育,推进法治专门队伍革命化、正规化、专业化、职业化,确保做到忠于党、忠于国家、忠于人民、忠于法律。要教育引导法律服务工作者坚持正确政治方向,依法依规诚信执业,认真履行社会责任。

第十一,坚持抓住领导干部这个"关键少数"[①]。各级领导干部要坚决贯彻落实党中央关于全面依法治国的重大决策部署,带头尊崇法治、敬畏法律,了解法律、掌握法律,不断提高运用法治思维和法治方式深化改革、推动发展、化解矛盾、维护稳定、应对风险的能力,做尊法学法守法用法的模范。要力戒形式主义、官僚主义,确保全面依法治国各项任务真正落到实处。

二、习近平法治思想的理论体系

习近平法治思想是一个内涵丰富、论述深刻、逻辑严密、系统完备的科学理论体系。中国法学会会长、时任中央政治局委员、全国人大常委会副委员长王晨同志认为[②],要准确把握习近平法治思想,可以从六个方面把握其理论体系,即习近平同志关于全面依法治国的政治方向、重要地位、工作布局、重点任务、重要保障、重大关系六个方面的重要论述。下面分别对其进行简要阐述。

一是全面依法治国的政治方向。方向决定道路,道路决定命运。习近平以"坚持党对全面依法治国的领导""坚持以人民为中心""坚持中国特色社会主义法治道路"三个理论命题科学指明了全面依法治国的政治方向和发展道路。

二是全面依法治国的重要地位。习近平用三个理论命题精辟论述了全面依法治国的重要地位,深刻回答了为什么实行全面依法治国这一重大认识问题,即"全面依法治国是新时代坚持和发展中国特色社会主义的基本方略""全面依法治国是国家治理的一场深刻革命""全面依法治国是中国特色社会主义的本质要求和重要保障"[③]。

三是全面依法治国的工作布局。习近平深刻论述了如何推进全面依法治国的重大实践问题,提出要"坚持在法治轨道上推进国家治理体系和治理能力现代化""坚持建设中国特色社会主义法治体系""坚持依法治国、依法执政、依法行政共同推进,坚持法治国家、法治政府、法治社会一体建设"。

四是全面依法治国的重点任务。为深入推进全面依法治国、加快建设中国特色社会主义法治体系、建设社会主义法治国家,习近平在中央全面依法治国工作会议上,提出了当前和今后一个时期全面依法治国的重点任务,即"坚持依宪治国、依宪执政""坚持全面推进科学立法、严格执法、公正司法、全民守法""坚持统筹推进国内法治和涉外法治"。

五是全面依法治国的重要保障。全面依法治国需要坚强有力的保障体系,包括政

[①] 关于坚持抓住领导干部这个"关键少数",习近平同志深刻回答了领导干部在法治中国建设中肩负的重要责任,科学指明了实现全面依法治国目标和任务的关键所在。参见习近平:《以科学理论指导全面依法治国各项工作》,载习近平:《论坚持全面依法治国》,中央文献出版社 2020 年版。

[②] 参见王晨:《习近平法治思想是马克思主义法治理论中国化的新发展新飞跃》,《中国法学》2021 年第 2 期。

[③] 关于这些问题的阐述,参见习近平:《关于〈中共中央关于全面推进依法治国若干重大问题的决定〉的说明》,载习近平:《论坚持全面依法治国》,中央文献出版社 2020 年版。

治保障、制度保障、思想保障、组织保障、人才保障、运行保障、科技保障等，其中人的因素具有决定意义。在"十一个坚持"中，习近平最后特别强调"坚持建设德才兼备的高素质法治工作队伍""坚持抓住领导干部这个'关键少数'"。

六是全面依法治国的重大关系。全面依法治国要认识好处理好政治和法治、民主和专政、改革和法治、发展和安全、依法治国和以德治国、依法治国和依规治党等辩证关系，习近平以高屋建瓴的政治智慧和精准练达的辩证思维，对这些关系进行了科学分析[①]。

三、习近平法治思想的时代特色

习近平法治思想具有重大的现实意义和鲜明的时代特色，其特色可以概括为以下几点。

（一）党领导法治的政治定力，人民中心的政治立场

首先，党领导法治的政治定力是习近平法治思想的重要政治特色。习近平同志指出，党的领导是社会主义最本质的特征，也是社会主义法治的本质特征。党的领导是社会主义法治之魂。坚持和改善党对全面依法治国的领导，是法治成功的关键。坚持党的领导、人民当家作主、依法治国有机统一，最根本的是坚持党的领导。

其次，党和人民具有生死相依、休戚与共的血肉关系。习近平法治思想本质上是人民的理论，人民性是其最鲜明的政治品格。习近平法治思想始终坚持人民主体地位，把人民作为法治建设的主体，大力弘扬人民权益靠法律保障、法律权威靠人民维护的社会主义法治精神。

习近平法治思想始终把人民摆到最高位置，把人民对美好生活的向往作为奋斗目标。习近平强调指出，我们要学习和实践马克思主义关于人民民主的思想，在坚持党的领导、人民当家作主、依法治国有机统一中推进社会主义民主政治建设，不断加强人民当家作主的制度保障。

（二）奉法强国的坚定信念，尊法据理的法治思维

首先，奉法强国的坚定信念是习近平法治思想的观念特色。习近平法治思想以历史唯物主义方法论为理论基础，以奉法强国为坚定信念。习近平对人类社会数千年的历史进行回观和反思，揭示出"法治兴则国兴，法治强则国强"的历史规律，用来教育党和人民强国梦和法治梦是相通的，要坚定不移地走奉法强国之路。习近平深刻指出："我国是一个有十三亿多人口的大国，地域辽阔，民族众多，国情复杂。我们党在这样一个大国执政，要保证国家统一、法制统一、政令统一、市场统一，要实现经济发展、政治清明、文化昌盛、社会公正、生态良好，都需要秉持法律这个准绳、用好法治这个方式。"[②]

[①] 关于这些问题的阐述，参见习近平：《关于〈中共中央关于全面推进依法治国若干重大问题的决定〉的说明》，载习近平：《论坚持全面依法治国》，中央文献出版社 2020 年版。

[②] 习近平：《在党的十八届四中全会第二次全体会议上的讲话》（2014 年 10 月 23 日），载中共中央文献研究室编：《习近平关于全面依法治国论述摘编》，中央文献出版社 2015 年版，第 9 页。

其次，尊法据理的法治思维也是习近平法治思想的思维特色。其中，"尊法"和"据理"是法治思维的两个决定性要素。尊法，就是尊崇法律，信仰法治。在尊法的意义上，法治思维的要义是，把对法律的尊崇和对法治的信仰转化成思维方式和行为方式。据理，就是依据法理，良法善治。在据理的意义上，法治思维的根基在于法律法规的合理性和法律行为的正当性。尊法和据理的有机结合，在思维和实践两个层面把形式法治和实质法治统一起来了。在这个意义上，法治思维也是一种法理思维，即良法善治的思维。

（三）守正创新的理论品格，求真务实的实践理性

首先，守正创新是习近平法治思想鲜明的理论品格，也是其具有强大理论优势和生机活力的奥妙所在。在长期的法治领导实践中，特别是党的十八大以来，习近平就深入推进法治理论创新、制度创新、实践创新作出的一系列重要指示，为创新发展中国特色社会主义法治理论指明了正确方向和科学方法，也为党和人民树立了守正创新的光辉典范。

习近平所发表的数以百计堪称经典的法治专题讲话、文章、批示，他所锤炼的数以千计义理精深的法治新概念、新命题、新话语，他所凝练的全面依法治国新理念新思想新战略，充分展示了习近平守正创新的伟大理论成果，集中反映了我们党在法治领域的辉煌理论成就。

其次，习近平法治思想具有求真务实的实践理性。所谓求真务实，是马克思主义哲学的实践理性和思想路线的生动体现。习近平法治思想把求真务实的实践理性运用于法治建设，不断深化党和人民对法治国情和法治规律的认识，强化全面依法治国的问题导向、目标导向和结果导向，释放出无比磅礴的实践变革力量。主要体现为四个方面：一是坚持实事求是。二是坚持从实际出发，与国情适应。三是强化问题意识，坚持问题导向。四是坚持理论联系实际的马克思主义学风。

（四）统筹全局的系统观念，精准练达的辩证方法

首先，习近平法治思想具有统筹全局的系统观念。习近平法治思想具有前瞻性思考、全局性谋划，在此基础上又有战略性布局、整体性推进。对法治中国的战略设计和全面依法治国的战略布局，是坚持马克思主义系统观念的典范。

其次，习近平法治思想熟练运用精准练达的辩证方法。唯物辩证法（辩证唯物主义）是习近平法治思想一以贯之的世界观和方法论。习近平把唯物辩证法娴熟地运用于法治领域，深刻阐明了政治和法治、民主和专政等重大关系，为正确认识全面依法治国进程中的辩证关系，提供了马克思主义的立场、观点和方法。把唯物辩证法运用于法治领域，习近平提出了许多饱含辩证思维的理论观点和命题，诸如：社会主义法治必须坚持党的领导，党的领导必须依靠社会主义法治；在法治下推进改革，在改革中完善法治等。

总之，习近平法治思想既具有高度的政治性和人民性，又具有目的正当性与法治性；既具有理论创新性与中国实践性，又具有系统全面性与辩证统一性。

本 章 小 结

　　法的含义博大精深，从其产生到现代一直是人们探索的重大课题。法学基本理论支撑着各部门法学的发展，是各部门法学形成的前提和基础，准确地理解法和法学在理论研究和司法实践中具有相当重要的意义。本章从法学、法的体系、法的概念等基本内容出发，阐述了法的起源、发展、作用、价值以及与民主、人权的关系；并阐明了法治、习近平法治思想与全面依法治国的一些重大理论与实践问题。

推荐阅读书目

博登海默 E. 1999. 法理学：法律哲学与法律方法. 邓正来译. 北京：中国政法大学出版社.

范忠信. 2000. 信法为真. 北京：中国法制出版社.

冯象. 1999. 木腿正义——关于法律与文学. 广州：中山大学出版社.

公丕祥. 1999. 法制现代化的理论逻辑. 北京：中国政法大学出版社.

季卫东. 2014. 法治秩序的建构. 增补版. 北京：商务印书馆.

李步云. 2008. 论法治. 北京：社会科学文献出版社.

梁治平. 2015. 法辨：法律文化论集. 桂林：广西师范大学出版社.

吕世伦. 2004. 法的真善美——法美学初探. 北京：法律出版社.

孟德斯鸠. 1961. 论法的精神. 上、下册. 张雁深译. 北京：商务印书馆.

王人博，程燎原. 2014. 法治论. 桂林：广西师范大学出版社.

吴汉东. 2023. 法学通论. 8版. 北京：北京大学出版社.

习近平. 2020. 论坚持全面依法治国. 北京：中央文献出版社.

夏勇. 2007. 人权概念起源——权利的历史哲学. 北京：中国社会科学出版社.

张文显. 2018. 法理学. 5版. 北京：高等教育出版社，北京大学出版社.

卓泽渊. 2006. 法的价值论. 2版. 北京：法律出版社.

第二章 宪 法

思维导图：

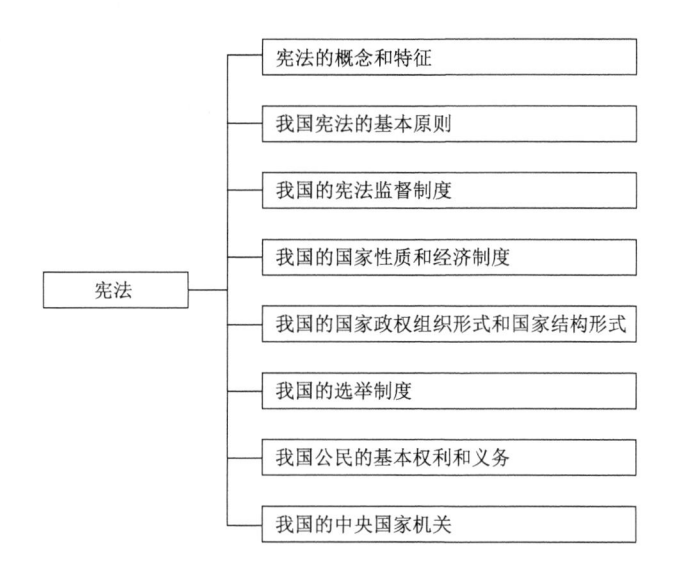

```
              ┌── 宪法的概念和特征
              ├── 我国宪法的基本原则
              ├── 我国的宪法监督制度
              ├── 我国的国家性质和经济制度
    宪法 ─────┤
              ├── 我国的国家政权组织形式和国家结构形式
              ├── 我国的选举制度
              ├── 我国公民的基本权利和义务
              └── 我国的中央国家机关
```

主要问题：

1. 如何理解宪法的概念和特征？
2. 如何理解我国宪法的基本原则？
3. 如何理解我国人民民主专政的社会主义制度？
4. 如何理解人民代表大会制度是我国根本的政治制度？
5. 如何理解我国的选举制度？
6. 如何理解我国的宪法监督制度？
7. 如何理解我国宪法中规定的合理差别？
8. 如何理解我国公民的宗教信仰自由？
9. 如何理解我国公民的言论自由权？
10. 如何理解我国公民的受教育权？
11. 如何理解我国公民的基本义务？
12. 如何理解我国的中央国家机关？

重要概念：

宪法；宪法原则；宪法监督；国家性质；全民所有制经济；人民代表大会制度；国家结构形式；选举制度；公民的基本权利；公民的基本义务；平等权；财产权；受教育权；国家机关；国家元首

重要法律：

《中华人民共和国宪法》　　《中华人民共和国立法法》　　《中华人民共和国各级人民代表大会常务委员会监督法》

典型案例：

第一节　宪法的概念和特征

一、宪法的含义

"宪法"一词来源于拉丁文 constitutio，原意为组织、结构、确立。

在西方，"宪法"一词的含义有多种表述。在古希腊，"宪法"是指有关规定城邦组织与权限方面的法律；在古罗马，"宪法"是指皇帝的诏书、谕旨；在中世纪的欧洲，"宪法"是指确认封建主与教会各种特权的法律。

我国古代也有"宪法"一词，如《国语·晋语》中的"赏善罚奸，国之宪法也"。这里的"宪法"是法律、规章、制度的统称。

近现代宪法是资产阶级革命的产物。其精神实质是限制王权或国家公权力和保障公民权利。

二、宪法的概念

关于宪法的概念，理论上有多种观点。结合宪法的形式特征和实质特征，可以将宪法定义为：宪法是国家的根本法，规定了国家制度和社会制度的根本问题，是民主制度的法律化，是统治阶级利益的集中体现，是公民权利的保障书。

三、宪法的特征

（一）宪法是根本法

宪法是法律的一种，具有法律的属性，但宪法又不是一般性法律。宪法学者形象地将宪法与一般性法律的关系比喻为"母子"关系，宪法是"母法"，其他一般性法律是"子法"。

宪法与一般性法律最明显的区别是它的根本性，表现在以下三方面。

1. 在内容上，宪法规定了国家制度和社会制度的根本问题

宪法一般规定国家的性质、政权组织形式、国家结构形式、公民的基本权利和义务、国家机构等内容。我国 1982 年颁布的现行《宪法》有四章，第一章是总纲，规定了我国的国家性质、政权组织形式、经济制度、文化制度、国家结构形式以及国家的一些基本政策；第二章是公民的基本权利和义务；第三章是国家机构；第四章是国旗、国歌、国徽、首都。其他国家的宪法虽然与我国宪法有所不同，但在内容的构造上大体相当。

2. 在效力上，宪法具有最高的法律效力

《宪法》序言明确指出："本宪法以法律的形式确认了中国各族人民奋斗的成果，规定了国家的根本制度和根本任务，是国家的根本法，具有最高的法律效力。"具体体现在法律体系、政治关系和伦理道德关系中。

（1）在法律体系中，宪法是制定其他法律的依据，其他法律既要符合宪法规定的立法权限，又要符合宪法的内容和精神。在形式上，其他法律一般在第一条规定"根据宪法，制定本法"。如《民法典》、《中华人民共和国刑法》（简称《刑法》）均在第一条作了如此规定。在精神上，其他法律不得与宪法相抵触。《宪法》明确规定："一切法律、行政法规和地方性法规都不得同宪法相抵触。"

（2）在政治关系中，宪法是最高的行为准则。《宪法》序言指出："全国各族人民、一切国家机关和武装力量、各政党和各社会团体、各企业事业组织，都必须以宪法为根本的活动准则，并且负有维护宪法尊严、保证宪法实施的职责。"《宪法》第五条明文规定："一切国家机关和武装力量、各政党和各社会团体、各企业事业组织都必须遵守宪法和法律。一切违反宪法和法律的行为，必须予以追究。"

（3）在伦理道德关系中，宪法是最高的伦理道德规范。宪法和法律将社会认可的伦理道德规范提升为宪法规范或法律规范。我们严格地执行宪法和法律，伦理道德规范中所包含的价值同样可以得以体现。

3. 在制定与修改的程序上，宪法具有严格的程序

宪法制定与修改程序的严格性，是由其内容的根本性、效力上的最高性所决定的。世界上，凡有成文宪法的国家都对宪法的制定与修改作了严格的规定，以保证宪法具有最高的权威性。在制定宪法上，一般要求成立专门的制宪机构和采用严格的批准程序；在修改宪法上，要求三分之二以上或四分之三以上多数表决才能通过。《宪法》第六十四条规定："宪法的修改，由全国人民代表大会常务委员会或者五分之一以上的全国人民代表大会代表提议，并由全国人民代表大会以全体代表的三分之二以上的多数通过。法律和其他议案由全国人民代表大会以全体代表的过半数通过。"

（二）宪法是民主制度的法律化

民主是宪法产生的前提和内容，宪法是对民主的确认和保障。社会主义宪法是社会主义民主制度发展到一定阶段的产物，是社会主义民主制度化、法律化的结果。

（三）宪法集中表现了各种政治力量的对比关系

不同的阶级或不同的利益集团掌握国家政权后，总要通过宪法的形式确认有利于自己的政治、经济以及法律制度，最大限度地维护自己的利益。社会主义国家的宪法自

产生起就体现了无产阶级的意志和利益，但对社会中各阶级状况在不同时期有不同反映，体现出各种政治力量的对比关系。

（四）宪法是公民权利的保障书

宪法作为根本法，体现出多种价值。从国家管理的角度而言，宪法是治国安邦的总章程。从公民权利保障的角度而言，宪法是公民权利的保障书。

从《自由大宪章》开始，最高的权力受到了法律的限制，相应地，权力退让出来的领域就要由权利来占领。宪法的基本内容包括两大块，即规范国家权力的运行和对公民权利的保障，但二者并不处于平行的位置，从本源上来说，公民权利的保障处于支配地位，是国家权力的目的和出发点。宪法对国家权力运行的规范意在防止国家权力侵犯公民权利。宪法的核心价值在于保障公民权利。

宪法发展的历史就是权利斗争的历史。英国在资产阶级革命时期，为了确认取得的权利，巩固胜利成果，先后制定了《人身保护法》和《权利法案》。1789 年的法国《人权宣言》就宣布：凡是权利无保障和分权未确立的社会就没有宪法；1791 年，法国宪法将《人权宣言》作为序言。美国 1787 年宪法虽然没有对公民权利作出规定，但在宪法修正案第一至十条对公民权利作了全面规定，成为现在所称的《权利法案》。1918 年苏俄宪法将《被剥削劳动人民权利宣言》作为第一篇。我国宪法第二章用专章对公民权利作了规定。正如列宁所说："宪法就是一张写着人民权利的纸。"[①]

第二节 我国宪法的基本原则

宪法原则是宪法学中最难定位的问题。我国宪法的基本原则是指宪法在调整社会关系时所采取的基本立场和准则。2015 年 8 月 29 日通过公布的《中华人民共和国刑法修正案（九）》废止了伪造货币罪等 9 项死刑罪名，并在贪污罪、受贿罪下增设终身监禁制度，体现了"保障人权"这一宪法基本原则。

根据我国宪法调整社会关系的不同，我国宪法的基本原则主要包括五个方面：国家的一切权力属于人民原则、社会主义公有制原则、社会主义法治原则、民主集中制原则、保障公民权利原则。这些原则集中体现了宪法的精神实质，即限制国家权力和保障公民权利。五者的关系是：国家的一切权力属于人民是思想起点，公有制是经济保障，法治是法律保障，民主集中制是政治保障，保障公民权利是终极目标。

一、国家的一切权力属于人民原则

这是我国宪法调整国家与人民之间这一政治关系的基本立场。其思想基础是主权在民学说。国家的一切权力属于人民原则在形式上与资本主义国家宪法中的人民

[①] 列宁著，中共中央马克思恩格斯列宁斯大林著作编译局编译：《列宁全集（第 12 卷）》，人民出版社 1987 年版，第 50 页。

主权原则有相同之处，其思想基础都是主权在民的学说，但在理论基础及实现途径上有本质区别。

（一）在理论基础方面

资本主义国家宪法的人民主权原则是以卢梭的社会契约论为理论基础的。卢梭认为：人民相约组成国家，国家建立在社会契约的基础上，国家的权力来自人民，人民把自己手中的权力交给国家和政府，是为了维护人民自己的利益。主权属于人民。人民主权学说在理论上突破了以前的君主主权理论，为资本主义的发展创造了条件，为宪法和代议制度的形成奠定了思想基础。自法国 1791 年宪法以后，人民主权原则就成为资本主义国家宪法的主要原则。

我国是社会主义国家，国家的一切权力属于人民原则是以马克思主义国家学说为理论基础，以人民掌握国家政权成为国家主人为条件。这里的人民是指掌握社会主义国家政权的最广大人民群众。

《宪法》第二条规定："中华人民共和国的一切权力属于人民。""人民行使国家权力的机关是全国人民代表大会和地方各级人民代表大会。""人民依照法律规定，通过各种途径和形式，管理国家事务，管理经济和文化事业，管理社会事务。"

（二）在实现途径方面

资本主义国家主要通过分权制来实现。社会主义国家主要通过民主集中制来实现。

二、社会主义公有制原则

这是我国宪法调整经济关系的基本原则，是实现国家的一切权力属于人民原则的经济保障。苏联 1936 年宪法规定："苏联之经济基础，为社会主义经济体系及生产工具与生产资料社会主义所有制。"其他社会主义国家也作了类似规定。

《宪法》第六条规定："中华人民共和国的社会主义经济制度的基础是生产资料的社会主义公有制，即全民所有制和劳动群众集体所有制。社会主义公有制消灭人剥削人的制度，实行各尽所能、按劳分配的原则。""国家在社会主义初级阶段，坚持公有制为主体、多种所有制经济共同发展的基本经济制度，坚持按劳分配为主体、多种分配方式并存的分配制度。"此外，还在其他条款作了具体规定。

三、社会主义法治原则

这是我国宪法调整法律关系时的基本原则，是实现国家的一切权力属于人民原则的法律保障。

法治是一种治国方略。《宪法》第五条规定："中华人民共和国实行依法治国，建设社会主义法治国家。""国家维护社会主义法制的统一和尊严。"

社会主义法治原则首先表现为宪法至上的原则，宪法至上是要确立宪法在法律、政治、社会生活中的地位，将宪法作为国家实现民主政治的重要手段。《宪法》在序言中规定："本宪法以法律的形式确认了中国各族人民奋斗的成果，规定了国家的根本制度和根本任务，是国家的根本法，具有最高的法律效力。"

四、民主集中制原则

这是宪法调整政治关系的基本原则之一，是实现国家的一切权力属于人民原则的有效途径和政治保障。民主集中制是马列主义建党学说和无产阶级政权学说的重要组成部分，是中国共产党和中华人民共和国的根本组织原则和领导制度。

学界一般认为，马克思和恩格斯在创建共产主义者同盟时已经提出了民主集中制的思想，列宁在1906年3月作的《提交俄国社会民主工党统一代表大会的策略纲领》一文中说："党内民主集中制的原则是现在一致公认的原则。"这是第一次明确提出"民主集中制"的概念。

毛泽东在《关于正确处理人民内部矛盾的问题》中指出："在人民内部，不可以没有自由，也不可以没有纪律；不可以没有民主，也不可以没有集中。这种民主和集中的统一，自由和纪律的统一，就是我们的民主集中制。"毛泽东所概括的"四个服从"，即"（一）个人服从组织；（二）少数服从多数；（三）下级服从上级；（四）全党服从中央"符合列宁民主集中制的本意。

1982年颁布的《中国共产党章程》规定了党的民主集中制的基本原则。"民主集中制是民主基础上的集中和集中指导下的民主相结合。"

随着历史的发展，民主集中制进一步成为社会主义国家机构的组织原则。

《宪法》第三条规定："中华人民共和国的国家机构实行民主集中制。"主要表现为：①全国人民代表大会和地方各级人民代表大会都由民主选举产生，对人民负责，受人民监督。②国家行政机关、监察机关、审判机关、检察机关都由人民代表大会产生，对它负责，受它监督。③中央和地方的国家机构职权的划分，遵循在中央的统一领导下，充分发挥地方的主动性、积极性的原则。

民主集中制原则与资本主义国家宪法的三权分立原则的区别主要集中在职权的划分和表现阶级意志的本质上。三权分立原则是指立法权、行政权、司法权三权分立、三权制衡。分权制衡原则导致主权的残缺或分割，在实践中有违人民主权原则。列宁说："资本主义社会里的民主是一种残缺不全的、贫乏和虚伪的民主，是只供富人、只供少数人享受的民主。"[①]而民主集中制原则能促进国家一切权力属于人民原则的实现。

五、保障公民权利原则

宪法的产生不是为了配置国家权力，而是为了保障公民权利，这是宪法的核心原则。宪法一方面设定公民权利，另一方面也为公民权利的实现提供保障。宪法对公民权利的保障主要表现在以下三方面。

（1）宪法确立了国家权力与公民权利的关系，规定了国家权力的运行方式、界限和范围，从而保障了公民权利。

[①] 列宁著，中共中央马克思恩格斯列宁斯大林著作编译局译：《列宁选集（第三卷）》（第三版），人民出版社1995年版，第191页。

（2）宪法为公民权利的实现提供了物质保障、法律保障，并随着国家经济、政治、文化的发展而不断改善实现的条件，使权利的实现与权利主体的主观愿望高度契合。

（3）宪法是公民权利的最后救济途径。

第三节　我国的宪法监督制度

习近平总书记在首都各界纪念现行宪法公布施行三十周年大会上的讲话中强调："宪法的生命在于实施，宪法的权威也在于实施。我们要坚持不懈抓好宪法实施工作，把全面贯彻实施宪法提高到一个新水平。"[①]宪法监督是宪法实施的保障。

一、宪法监督制度的概念和特点

（一）宪法监督制度的概念

宪法监督制度是国家为促进宪法的贯彻落实而建立的制度和开展的活动的总称。具体是指由宪法授权或宪法惯例认可的机关，以一定的方式进行合宪审查，纠正和处理违宪行为，以保障宪法实施的制度。

（二）宪法监督制度的特点

（1）宪法监督的主体是由宪法授权或宪法惯例认可的机关。因宪法监督主体的不同，目前世界上主要有三种模式的宪法监督制度：一是由普通法院作为宪法监督机关，以美国为代表，也称为普通法院审查模式；二是以宪法委员会、宪法法院等专门设立的机关作为宪法监督机关，以法国为代表，也称专门机关审查模式；三是以代表机关（或称权力机关）作为宪法监督机关，以中国为代表，也称代表机关审查模式。

（2）宪法监督的方式主要有事前审查和事后审查。事前审查是指法律、法规以及其他的法律文件在生效前进行的预防性审查。事后审查是指法律、法规以及其他的法律文件已经生效后进行的审查。

（3）宪法监督的目的是纠正和处理违宪行为，保障宪法的实施。追究违宪责任的制裁措施主要有不予批准、责令修改、撤销和改变等。

二、我国宪法监督制度的特点

我国宪法监督体制属于代表机关监督体制，在理论上源于马克思主义的议行合一原则，要求一切国家权力由代表机关来分配，一切机关都统属于代表机关并接受代表机关的监督，确立了其他国家机关对代表机关的从属关系。我国宪法监督制度具有自己的特点，主要体现在以下方面。

---

① 习近平：《在首都各界纪念现行宪法公布施行三十周年大会上的讲话》（2012年12月4日），载习近平：《论坚持全面依法治国》，中央文献出版社2020年版，第11页。

(一)中央集中监督与地方分级保证相结合

《宪法》第六十二条、第六十七条规定,全国人民代表大会及其常务委员会行使"监督宪法的实施"的职权。第九十九条规定,地方各级人民代表大会在本行政区域内,保证宪法、法律、行政法规的遵守和执行。形成了以全国人民代表大会及其常务委员会为核心,包括地方各级人民代表大会及其常务委员会在内的宪法监督机关网络,共同履行宪法监督的神圣职责。

(二)事前审查与事后审查相结合

我国宪法监督在形式上体现了事前审查与事后审查相结合的特点。我国各自治区人民代表大会制定的自治条例和单行条例需要报请全国人民代表大会常务委员会批准,全国人民代表大会常务委员会在批准过程中对其合宪性进行事前审查。各省、直辖市人民代表大会制定的地方性法规必须在生效后提交全国人民代表大会常务委员会备案,属于事后审查。

而其他国家的宪法监督主要表现在一个方面,如美国主要是事后审查,法国主要是事前审查。

(三)专门机关监督与群众监督相结合

宪法监督的本源属于人民监督,国家的一切权力属于人民,人民对国家机关和国家机关工作人员的监督是人民意志的体现,主要表现为群众监督。这里的群众,既是指我国 14 亿多人民,也包括工会、妇联等社会团体和组织以及新闻媒体,具有广泛性。我国的宪法监督与资本主义国家的宪法监督最根本的区别就是充分体现了群众监督的思想,群众监督是专门机关监督的基础和力量来源,是宪法监督的根本保证。

三、宪法监督的内容

(一)对法律、法规以及其他法律文件的合宪性进行审查

宪法具有最高的法律效力,是制定其他法律的依据。立法机关制定的法律、法规以及其他国家机关颁布的法律文件必须遵循宪法,与宪法的原则和精神相一致,否则势必损害宪法的权威和国家的根本利益。为保证法制的统一,对法律、法规以及其他的法律文件的合宪性审查是宪法监督的重要内容。《宪法》第五条规定:"一切法律、行政法规和地方性法规都不得同宪法相抵触。"

(二)对国家机关及其工作人员行为的合宪性进行审查

宪法监督在范围上应具有全面性和针对性,不能把宪法监督的范围局限于"规范性文件的文本"上,对国家机关及其工作人员的行为进行合宪性审查也是法治建设的必然要求。

随着我国改革开放的加快和民众民主意识及人大代表监督意识的增强,各级人大也在加强对政府的监督。例如,2007 年上海市人大否决上海市政府医保议案事件就是一个典型案例。

（三）对政党、团体、公司行为的合宪性进行审查

政党、团体、公司在现代社会中发挥着重要作用，其行为影响着选举、立法活动和政府施政。第二次世界大战（简称"二战"）后，许多国家将其纳入宪法监督范围，作为宪法监督对象。《宪法》第五条规定："各政党和各社会团体、各企业事业组织都必须遵守宪法和法律。一切违反宪法和法律的行为，必须予以追究。"

四、宪法监督制度的完善

党的十八届四中全会提出全面推进依法治国，核心就是要依宪治国，依宪执政，要提高宪法的权威，纠正违反宪法的行为，完善我国全国人民代表大会及其常务委员会的宪法监督制度，为我国宪法监督制度的完善打开了新局面。

（一）加强党对宪法监督的领导

宪法集中体现了党和人民的统一意志和共同愿望，是党的主张和人民意志的有机统一，是国家意志的最高表现形式。"党的领导"是中国宪法与西方宪政最本质的不同，集中标示着中国宪法的政治属性和根本优势。习近平总书记在回顾党领导的宪法建设史后所得出的结论是："只有中国共产党才能坚持立党为公、执政为民，充分发扬民主，领导人民制定出体现人民意志的宪法，领导人民实施宪法。"[①]

加强党对宪法监督的领导，要进一步完善宪法监督程序，强化各种宪法监督机制，以保证对宪法实施的有效监督。各级党组织和全体党员都要在党的统一领导下模范遵守宪法，严格按照宪法办事，自觉在宪法和法律范围内活动。

（二）强化宪法监督理念

（1）加强宪法宣传教育，提高全民宪法意识。2014年11月1日，第十二届全国人民代表大会常务委员会第十一次会议表决通过《全国人民代表大会常务委员会关于设立国家宪法日的决定》，将12月4日设立为国家宪法日。这是强化宪法意识的重要举措。

（2）纠正违宪行为，强化宪法监督理念。

（三）建立符合中国国情的宪法监督体制机制

在宪法体制范围内，与其他制度的改革相配套，建立符合中国国情的宪法监督体制机制。全国人大及其常委会和国家有关监督机关要担负起宪法监督职责，加强对宪法法律实施情况的监督检查，坚决纠正违宪违法行为。具体而言，要做到以下几点。

（1）健全宪法监督机制，推进合宪性审查工作。有关方面拟出台的法规规章、重要政策和重大举措，凡涉及宪法有关规定如何理解、如何适用的，都应当事先经过全国人大常委会合宪性审查，确保同宪法规定、宪法精神相符合。

（2）健全宪法解释机制，加强宪法解释工作，积极回应涉及宪法有关问题的关

[①] 习近平：谱写新时代中国宪法实践新篇章——纪念现行宪法公布施行40周年，《解放军报》2022年12月20日第1版。

切，努力实现宪法的稳定性和适应性的统一。

（3）健全备案审查制度，所有的法规规章、司法解释和各类规范性文件出台后都要依法依规纳入备案审查范围。其他国家机关发现规范性文件可能存在合宪性问题的，要及时报告全国人大常委会或者依法提请全国人大常委会审查。[①]

（4）地方各级人大及其常委会要依法行使职权，保证宪法在本行政区域内得到遵守和执行。[②]

（5）建立健全完善国家监察制度，促进宪法监督实施。2016年10月27日，《中国共产党第十八届中央委员会第六次全体会议公报》发布指出："各级党委应当支持和保证同级人大、政府、监察机关、司法机关等对国家机关及公职人员依法进行监督，人民政协依章程进行民主监督，审计机关依法进行审计监督。"

2018年3月11日，第十三届全国人民代表大会第一次会议通过了《中华人民共和国宪法修正案》，在《宪法》第三章国家机构中增设"第七节　监察委员会"，作为国家监察机关。监察委员会依照法律规定独立行使监察权，不受行政机关、社会团体和个人的干涉。

成立国家监察委员会是全面推进依法治国进程中的关键一步，是事关全局的重大政治改革。用统一机关"监"所有国家官员，用法治手段"察"一切公共权力。这对完善我国的宪法监督体制作出了大胆尝试与有益探索，体现了中共中央领导集体的智慧和创新。

第四节　我国的国家性质和经济制度

《宪法》第一百四十一条规定："中华人民共和国国旗是五星红旗。"五星红旗旗面的红色象征革命，旗上的五颗五角星及其相互关系象征中国共产党领导下的革命人民大团结。我国的国旗形象鲜明地体现了我国的国家性质。

一、我国的国家性质

马克思主义国家理论认为，国家性质是指国家的阶级本质，也称国体。毛泽东在《新民主主义论》中曾指出：国体就是社会各个阶级在国家中的地位。具体来说，就是哪个阶级是统治阶级，哪个阶级是被统治阶级，哪个阶级是联盟的对象等。

我国的国家性质可从我国人民民主专政的社会主义国家和我国的统一战线两方面来认识。

（一）我国是人民民主专政的社会主义国家

《宪法》第一条规定："中华人民共和国是工人阶级领导的、以工农联盟为基础

---

① 有关合宪性审查的具体实施和典型案例参见《全国人民代表大会常务委员会工作报告——2021年3月8日在第十三届全国人民代表大会第四次会议上》及《全国人民代表大会常务委员会法制工作委员会关于2020年备案审查工作情况的报告——2021年1月20日在第十三届全国人民代表大会常务委员会第二十五次会议上》。

② 《习近平法治思想概论》编写组：《习近平法治思想概论》（第二版），高等教育出版社2024年版，第138页。

的人民民主专政的社会主义国家。"明确宣布国家政权的实质是无产阶级专政，国家实行社会主义制度。

1. 我国的人民民主专政实质上即无产阶级专政

《宪法》序言指出："工人阶级领导的、以工农联盟为基础的人民民主专政，实质上即无产阶级专政。"无产阶级专政理论是马克思主义国家学说的基石。无产阶级是指工人阶级，由于工人阶级在资本主义社会中处于被剥削和被压迫的地位，与最先进的生产方式相联系，具有组织性、革命性、先进性，革命主要依靠工人阶级，工人阶级夺取国家政权后应该成为国家的领导阶级。无产阶级专政在我国表现为人民民主专政。

2. 人民民主专政突出体现为以工人阶级为领导和以工农联盟为基础的阶级构成

1）以工人阶级为领导阶级

这是由中国工人阶级的性质和历史使命决定的。工人阶级是先进生产力的代表，具有严密的组织纪律性，富有革命的彻底性。中国革命、建设和改革的实践证明，我国工人阶级不愧是久经考验的立场坚定的革命领导阶级。工人阶级通过自己的先锋队——中国共产党实现对国家的领导，这是人民民主专政的根本标志。坚持中国共产党的领导是我国的四项基本原则之一，是中国特色社会主义事业的领导核心。2018年《中华人民共和国宪法修正案》明确规定，中国共产党领导是中国特色社会主义最本质的特征。

2）以工农联盟为基础

工人阶级和农民阶级占我国人口总数的90%以上，是我国革命、建设和改革的基本力量。历史证明，工人阶级只有依靠同农民阶级的巩固联盟，才能取得革命、建设和改革事业的胜利。随着我国进入全面深化改革的新时代，工农联盟发展到了新阶段。

3）以知识分子为依靠力量

知识分子是工人阶级的组成部分，是社会主义现代化建设的一支重要力量。1982年宪法的修改工作是在时任全国人大常委会副委员长、宪法修改委员会副主任委员彭真的主持下进行的。著名宪法学家许崇德在《彭真与1982年宪法的修改工作》一文中写道：有人对"中华人民共和国是工人阶级领导的、以工农联盟为基础的人民民主专政的社会主义国家"提出修改意见，说"中华人民共和国是工人阶级领导的、以工农知识分子为基础的人民民主专政的社会主义国家"，提出应该有三个阶级，即工人阶级、农民阶级、知识分子，加上"知识分子为基础"。这个意见没有被接受。彭真曾作过解释说，知识分子已经是工人阶级的一部分，在农村知识分子已经是农民阶级的一部分，工农联盟已经包括了知识分子。如果单列出来，就好像不是它的一部分了。宪法对这种意见也有反映，在序言中有一段话讲，社会主义的建设事业必须依靠三种社会力量：工人、农民、知识分子。这句话是党的十二大报告中强调的，后来写入了宪法。三种依靠力量同以工农联盟为基础，二者是统一的[①]。这充分明确了现阶段我国知识分子的地位和作用。

《宪法》第二十三条规定："国家培养为社会主义服务的各种专业人才，扩大知

---

① 许崇德：彭真与1982年宪法的修改工作，参见中共中央党史和文献研究院网，https://www.dswxyjy.org.cn/n/2015/0716/c244516-27316121-2.html，2022年12月15日访问。

识分子的队伍，创造条件，充分发挥他们在社会主义现代化建设中的作用。"

（二）我国的统一战线

1. 统一战线的概念

统一战线是指无产阶级及其政党在进行革命、建设和改革的过程中，为了获得最广泛的同盟军以壮大自己的力量，同其他革命阶级以及一切可以团结的人们所结成的政治联盟。比工农联盟更广泛，其实质是团结一切可能团结的力量，调动一切积极因素。统一战线是我国人民民主专政的重要特色，也是中国革命、建设和改革取得胜利的重要法宝。

2. 我国统一战线的性质

我国统一战线的性质有一个发展过程，在新民主主义革命时期，是工人阶级同农民阶级、小资产阶级和民族资产阶级组成的阶级联盟，是革命统一战线。中华人民共和国成立以后，经过社会主义革命和社会主义改造，发展到现阶段，我国统一战线的性质是"爱国统一战线"，《宪法》序言指出："在长期的革命、建设、改革过程中，已经结成由中国共产党领导的，有各民主党派和各人民团体参加的，包括全体社会主义劳动者、社会主义事业的建设者、拥护社会主义的爱国者、拥护祖国统一和致力于中华民族伟大复兴的爱国者的广泛的爱国统一战线，这个统一战线将继续巩固和发展。"

3. 我国爱国统一战线的阵营

我国爱国统一战线的阵营包括两大政治联盟：一是在中国大陆（内地）范围内的全体社会主义劳动者、社会主义事业的建设者、拥护社会主义的爱国者、拥护祖国统一和致力于中华民族伟大复兴的爱国者的联盟，是爱国统一战线的主体。二是广泛团结台湾同胞、港澳同胞、海外侨胞，以拥护祖国统一为政治基础的联盟，是爱国统一战线的重要组成部分。

4. 我国爱国统一战线的组织形式

我国爱国统一战线的组织形式是中国人民政治协商会议。《宪法》序言指出："中国人民政治协商会议是有广泛代表性的统一战线组织，过去发挥了重要的历史作用，今后在国家政治生活、社会生活和对外友好活动中，在进行社会主义现代化建设、维护国家的统一和团结的斗争中，将进一步发挥它的重要作用。中国共产党领导的多党合作和政治协商制度将长期存在和发展。"

二、我国的经济制度

经济制度是宪法和法律对经济关系的一种确认，是现存的经济关系在宪法上的反映。我国的经济制度包括以下两方面内容。

（一）社会主义公有制是我国经济制度的基础

社会主义公有制由两部分组成，一是全民所有制经济即国有经济，二是劳动群众集体所有制经济。

（1）全民所有制经济。全民所有制经济是生产资料属于全体人民所有，由国家代表人民占有生产资料的一种所有制形式，也称国有经济。《宪法》第七条规定："国有经济，即社会主义全民所有制经济，是国民经济中的主导力量。国家保障国有经济的巩固和发展。"

（2）劳动群众集体所有制经济。劳动群众集体所有制经济是由集体经济组织占有生产资料的一种公有制经济。《宪法》第八条规定："国家保护城乡集体经济组织的合法的权利和利益，鼓励、指导和帮助集体经济的发展。"

（二）非公有制经济是我国社会主义市场经济的重要组成部分

我国现行宪法实现了由计划经济向市场经济的转变。1993 年《中华人民共和国宪法修正案》将计划经济改为市场经济，使我国的经济体制发生了重大转变。2004 年《中华人民共和国宪法修正案》规定："在法律规定范围内的个体经济、私营经济等非公有制经济，是社会主义市场经济的重要组成部分。""国家保护个体经济、私营经济等非公有制经济的合法的权利和利益。国家鼓励、支持和引导非公有制经济的发展，并对非公有制经济依法实行监督和管理。"

1980 年 12 月 11 日，温州市工商行政管理局发放了中国第一份个体工商业营业执照，温州姑娘章华妹成为"第一个个体工商户"。个体经济从此飞速发展。非公有制经济在发展生产、满足人民生活需要、增加就业、增加国家财政收入、增加经济活力、支持国民经济快速增长、充分调动人民群众和社会各方面的积极性、加快生产力发展等方面都发挥着重要作用。因此，非公有制经济是我国社会主义市场经济的重要组成部分。

2016 年 11 月，《中共中央　国务院关于完善产权保护制度依法保护产权的意见》发布，首次出台了很多政策措施，对于平等保护各类产权，尤其是对加强非公有产权的保护意义重大。

第五节　我国的国家政权组织形式和国家结构形式

一、国家政权组织形式

（一）政权组织形式的概念

政权组织形式是指统治阶级采取一定的原则和方式组织反对敌人、规范国家权力的运用以及管理整个社会的政权机关。政权组织形式同国家的阶级本质有紧密的联系，有什么样的阶级本质就有与之相对应的政权组织形式。

（二）我国的政权组织形式

我国的政权组织形式是人民代表大会制度。

1. 人民代表大会制度的概念

人民代表大会制度是指人民依据民主集中制的原则通过直接或者间接的方式选举代表组成代表机关，由代表机关产生其他的国家机关，其他国家机关对代表机关负责，从而真正实现人民当家作主的一种制度。2014年9月5日，在庆祝全国人民代表大会成立六十周年大会上，习近平总书记指出，设计和发展国家政治制度，必须注重历史和现实、理论和实践、形式和内容有机统一。"不能想象突然就搬来一座政治制度上的'飞来峰'。"[1]只有扎根本国土壤、汲取充沛养分的制度，才最可靠，也最管用。"橘生淮南则为橘，生于淮北则为枳。"习近平总书记以生动形象的比喻，深刻揭示了在中国实行人民代表大会制度这一根本政治制度的正确性和优越性。

2. 人民代表大会制度是我国的根本政治制度

人民代表大会制度是马克思主义关于代议制度的基本原理同中国具体实际相结合的产物。虽然借鉴了其他社会主义国家的经验，特别是苏联的经验，但主要是根据我国的实际。

（1）人民代表大会制度全面地反映了我国的阶级本质。我国是工人阶级领导的、以工农联盟为基础的人民民主专政的社会主义国家。从人民代表大会的组成看，人民代表大会是由人民通过选举产生的人民代表组成的。我国享有选举权和被选举权的公民，都属于人民的范畴。宪法、选举法等规定的选举的原则、程序等为人民将能代表自己的候选人选入各级人大提供了法律保障。在我国历届全国人民代表大会中，工人、农民、知识分子都达到了2/3以上的绝对多数，使国家权力牢牢地掌握在人民的手中。从人民代表大会与同级其他国家机关的关系看，各级人大产生同级其他国家机关，它们向人大报告工作，受人大监督。一方面，使政府、监察委员会、人民法院、人民检察院、军事机关掌握在人民信赖并忠实地为人民服务的人手中；另一方面，也使表现为法律、政策等的人民的意志能得到有关机关的贯彻和执行。以上都充分体现了我国人民民主专政的阶级本质。

（2）人民代表大会制度体现了我国政治生活的全貌，是其他各项制度建立的基础。

（3）人民代表大会制度是人民实现国家权力的形式。一切权力属于人民是我国宪法的一项基本原则，主要通过代议制度来实现，具体而言就是通过人民代表大会制度来实现，没有人民代表大会制度，国家的一切权力属于人民原则就是一句空话。

3. 人民代表大会制度的优越性

这种优越性主要体现为：①便于人民参加国家管理。②便于少数民族参加国家管理。③便于中央的集中领导和充分发挥地方的主动性和积极性。

4. 人民代表大会制度的完善

发展社会主义民主政治，建设社会主义政治文明，必须坚持和完善人民代表大会制度。习近平总书记指出，中国特色社会主义政治制度过去和现在一直生长在中国的社会土壤之中，未来要继续茁壮成长，也必须深深扎根于中国的社会土壤。

人民代表大会制度的完善，也必须从我国的实际出发，主要从以下四方面开展。

（1）进一步理顺党的领导和人民代表大会的关系，执政党和人民代表大会的关系要法治化。党对国家的领导主要是政治领导、思想领导和组织领导，党领导人民制定宪法和法律，党也应该在宪法和法律范围内活动，各级组织应接受人民代表大会的监督。

---

[1] 《求是》杂志发表习近平总书记重要文章《在庆祝全国人民代表大会成立六十周年大会上的讲话》，参见中共中央网络安全和信息化委员会办公室网 http://www.cac.gov.cn/2019-09/15/c_1570079205490149.htm，2022年12月17日访问。

（2）进一步加强人民代表大会及其常务委员会的建设，常务委员会组成人员要专职化。主要是加强人民代表大会及其常务委员会的组织建设，合理配置权力，提高人民代表大会的地位和权威。

（3）进一步提高人民代表大会代表的素质。首先要把好入口关，在选举中严格掌握代表的政治条件；二是加强人民代表大会代表的学习培训，提高人民代表大会代表依法履职能力，增强代表意识。

（4）进一步建立和完善各种具体的操作制度，如会期制度、辩论制度、代表的专职制度、代表与选民的联系制度等。

二、国家结构形式

国家结构形式是国家根据一定的原则划分内部的行政区域，调整国家整体与组成部分之间关系、中央与地方之间关系的一种形式。其实质是中央和地方的权力划分问题。

（一）国家结构形式的分类

现代国家的国家结构形式主要有两大类：单一制和联邦制。单一制是指由若干个行政单位或者自治单位所组成的单一主权国家。联邦制是指由两个或者两个以上的成员国所组成的联盟的国家。

（二）我国是单一制的国家

《宪法》序言规定："中华人民共和国是全国各族人民共同缔造的统一的多民族国家。"《宪法》第四条规定："各少数民族聚居的地方实行区域自治，设立自治机关，行使自治权。各民族自治地方都是中华人民共和国不可分离的部分。"第三十一条规定："国家在必要时得设立特别行政区。在特别行政区内实行的制度按照具体情况由全国人民代表大会以法律规定。"我国宪法的上述规定表明，我国实行的是单一制的国家结构形式。各民族自治地方、特别行政区都是中华人民共和国不可分离的部分。

我国实行单一制是马克思主义国家结构形式理论与我国的实际相结合的产物。具体表现在以下四方面。

（1）我国的民族成分和民族分布情况决定了我国只能实行单一制。我国共有56个民族，2020年第七次全国人口普查数据显示，汉族占总人口的91.11%；55个少数民族占总人口的8.89%[①]，以民族为基础的联邦制无法实行。我国的民族分布情况是"大杂居""小聚居"，各民族"你中有我，我中有你"，联邦制在我国行不通。

（2）我国民族关系的历史发展决定了我国只能实行单一制。自古以来，我国各民族互相交流、互相合作，创造了光辉灿烂的文化，留下了"文成公主入藏""昭君出塞"等历史美谈，分久必合的统一历史传统奠定了我国建立单一制国家的政治基础和文化基础。统一始终是中国历史发展的大趋势。

[①] 陆娅楠：第七次全国人口普查主要数据公布 人口总量保持平稳增长，参见中华人民共和国中央人民政府网 http://www.gov.cn/xinwen/2021-05/12/content_5605913.htm，2022年12月15日访问。

（3）社会主义的现代化建设决定了我国只能实行单一制。我国人口、资源及经济发展极不平衡，东部地区经济比较发达，西部地区经济相对落后，东部地区人口稠密，西部地区人口稀少、资源丰富。因而，各民族间必须互相合作、互通有无，合理地利用全国的人力、物力以及其他的资源，才能促进社会主义现代化建设事业的发展。

（4）我国的国防建设需要我国实行单一制。我国是社会主义的国家，在对外关系上坚持和平共处的原则，不侵犯他国的主权和领土完整。但我国作为一个主权国家，国防建设是国家的一项重要任务。实行单一制在一定意义上能将各民族团结起来，防止他国对我国主权的侵犯。

总之，团结就是力量。只有实行单一制，才能团结全国各族人民，共同建设法治中国。

第六节 我国的选举制度

早在 1937 年，在西北黄土高原上，延河岸边，陕甘宁边区的村民吟唱着这样的民谣："金豆豆，银豆豆，豆豆不能随便投；选好人，办好事，投在好人碗里头。"向自己中意的候选人碗里投黄豆、蚕豆或绿豆，最后根据碗中豆数来确定当选人。[1]这种因地制宜，被称为"豆选法"的选举方法，成为新中国民主选举制度的前奏曲。土地改革后选举人民代表，绝大多数农民不识字，也多用"豆选法"。

《宪法》第二条规定："人民行使国家权力的机关是全国人民代表大会和地方各级人民代表大会。"第三条规定："全国人民代表大会和地方各级人民代表大会都由民主选举产生，对人民负责，受人民监督。"这说明，人民当家作主、行使国家权力，是通过选举产生各级人民代表大会代表，由各级人民代表大会代表组成各级人民代表大会来实现的。人民行使权力的有效途径是选举。

选举人民代表大会代表的过程，就是广大人民群众把属于自己的国家权力委托给自己信任的人的过程，是人民行使国家权力，当家作主的重要标志和具体体现。

一、我国选举制度的概念

选举制度是指关于选举代表机关代表和国家公职人员所应遵循的各项原则和制度的总称。我国的选举制度是社会主义性质的选举制度，反映了人民的意志和利益。

代表机关代表是指全国人民代表大会和地方各级人民代表大会的代表。

国家公职人员是指各级国家机关的工作人员，是行使国家权力，执行国家公务的主体。通常是指各级国家机关的领导人。

二、我国选举制度的基本原则

选举制度的基本原则是统治阶级的价值取向的体现，我国社会主义性质的选举制

---

[1] 陈丽平、李想：人大 60 周年：中国选举制度渐趋成熟完善，参见人民网 http://npc.people.com.cn/n/ 2014/0905/c14576-25611135.html，2022 年 12 月 15 日访问。

度的基本原则，反映了广大人民的价值追求。主要包括以下五个原则。

（一）选举权的普遍性原则

选举权的普遍性原则是指凡达到选举年龄的公民，除被剥夺政治权利者外，普遍享有选举权。我国宪法和选举法规定，凡是年满 18 周岁的中国公民，不分民族、种族、性别、职业、家庭出身、宗教信仰、教育程度、财产状况和居住期限，即九个不分，都有选举权和被选举权。依照法律被剥夺政治权利的人没有选举权和被选举权。

可见，在我国，享有选举权的基本条件有三点：一是有中国的国籍，是中华人民共和国公民；二是年满 18 周岁；三是依法享有政治权利。

（二）选举权的平等性原则

选举权的平等性原则主要内容有四点：第一，每个选民在每次选举中只能享有一个投票权；第二，选民所投的选票具有相同的法律效力；第三，选民都在同等的基础上参加投票，不因民族、种族、性别、职业、家庭出身、宗教信仰、教育程度、财产状况、居住期限的差异而区别对待；第四，实现形式上的平等与实质上的平等相结合，充分体现实质上的平等，合理地处理了农村与城市、少数民族与汉族在人民代表大会中所占的比例。

以我国选举法关于选举人民代表大会代表的城乡人口比例数的变化为例[1]，从"按照每一代表所代表的城乡人口比例为 4∶1"到"按照每一代表所代表的城乡人口数相同"，体现出选举人民代表大会代表实现了城市与农村在立法上的平等。

1953 年制定第一部选举法时，我国的城镇人口比重只有 13.26%。1979 年修订选举法时，城镇人口比重才达到 18.96%，因此基本上延续了 1953 年的规定，对于选举人民代表大会代表的城乡不同人口比例按不同层级规定得更加明确，全国为 8∶1，省、自治区为 5∶1，自治州、县、自治县为 4∶1。1995 年，我国城镇人口比重为 29.04%，将全国和省、自治区农村与城市每一代表所代表的人口数比例，与自治州、县一样，统一修改为 4∶1。[2]这曾被认为是实质性平等的典范。

1995 年以来，我国的工业化、城镇化进一步加速，2007 年十大宪法事例之一的山东淄博淄川区实行城乡按相同人口比例选人大代表事件，是对当时选举法的突破，有利于进一步完善我国的选举制度。2009 年，我国城镇人口比重为 46.6%。[3]我国 2010 年修订的《中华人民共和国全国人民代表大会和地方各级人民代表大会选举法》（简称

---

[1] 城乡每一代表所代表的人口数比例变化，参见搜狐新闻网 http://news.sohu.com/20091027/n267772508.shtml，2022 年 12 月 15 日访问。

[2] 王兆国：关于《中华人民共和国全国人民代表大会和地方各级人民代表大会选举法修正案（草案）》的说明——2010 年 3 月 8 日在第十一届全国人民代表大会第三次会议上，参见全国人民代表大会网 http://www.npc.gov.cn/zgrdw/npc/xinwen/2010-03/09/content_1556608.htm，2022 年 12 月 15 日访问。

[3] 王兆国：关于《中华人民共和国全国人民代表大会和地方各级人民代表大会选举法修正案（草案）》的说明——2010 年 3 月 8 日在第十一届全国人民代表大会第三次会议上，参见全国人民代表大会网 http://www.npc.gov.cn/zgrdw/npc/xinwen/ 2010-03/09/content_1556608.htm，2022 年 12 月 15 日访问。

《选举法》）规定:"全国人民代表大会代表名额,由全国人民代表大会常务委员会根据各省、自治区、直辖市的人口数,按照每一代表所代表的城乡人口数相同的原则,以及保证各地区、各民族、各方面都有适当数量代表的要求进行分配。"从而实现了形式上的平等与实质上的平等的统一,开启了民主选举新阶段。

关于少数民族代表的人数,《选举法》规定:"全国少数民族应选全国人民代表大会代表,由全国人民代表大会常务委员会参照各少数民族的人口数和分布等情况,分配给各省、自治区、直辖市的人民代表大会选出。人口特别少的民族,至少应有代表一人。"这充分体现了实质上的平等。

(三)直接选举与间接选举相结合原则

《选举法》从我国实际出发,明确规定:"全国人民代表大会的代表,省、自治区、直辖市、设区的市、自治州的人民代表大会的代表,由下一级人民代表大会选举。""不设区的市、市辖区、县、自治县、乡、民族乡、镇的人民代表大会的代表,由选民直接选举。"有利于人民真正选出自己了解的、信得过的代表。

这一原则的确立,主要是依据我国的经济、政治与文化发展的实际情况。在我国,县、乡两级政权是国家政权的基础,其政权的活动与基层人民群众的生活有直接的密切联系,把直接选举的范围扩大到县级,有利于发展基层人民民主,发挥人民群众的积极性,有利于强化人民对政权活动的监督。

(四)无记名投票原则

无记名投票原则又称秘密投票,是指选举时投票人不在选票上署名,填写的选票也不向他人公开,并亲自将选票投入票箱。《选举法》第四十条规定:"全国和地方各级人民代表大会代表的选举,一律采用无记名投票的方法。选举时应当设有秘密写票处。选民如果是文盲或者因残疾不能写选票的,可以委托他信任的人代写。"有利于选民更真实地表达自己的意愿。"选举时应当设有秘密写票处"是2010年修改《选举法》时增加的规定,这是对无记名投票原则的重要完善,旨在实现秘密投票,保证选民投票自由。

(五)选举权的物质保障和法律保障原则

《选举法》明确规定,全国人民代表大会和地方各级人民代表大会的选举经费,由国库开支。这从法律上保证了公民实现选举权所必需的经费来源由国家提供保障。

我国宪法、选举法和其他有关选举的法律文件规定了我国选举的原则、组织、程序和方法,各省、自治区、直辖市的人民代表大会及其常务委员会可以根据《选举法》制定有关选举的实施细则,保证选举因地制宜地顺利进行。

法律还明确规定了对破坏选举的行为依法给予行政处分或刑事制裁等。《选举法》第五十八条规定:"为保障选民和代表自由行使选举权和被选举权,对有下列行为之一,破坏选举,违反治安管理规定的,依法给予治安管理处罚;构成犯罪的,依法追究刑事责任:(一)以金钱或者其他财物贿赂选民或者代表,妨害选民和代表自由行使选举权和被选举权的；（二）以暴力、威胁、欺骗或者其他非法手段妨害选民和代表自由行使选举权和被选举权的；（三）伪造选举文件、虚报选举票数或者有其他违法行为的；（四）对于控告、检举选举中违法行为的人，或者对于提出要求罢免代表的人进行压制、报复的。国家工作人员有前款所列行为的，还应当由监察机关给予政务处分或者由所在机关、单位给予处分。以本条第一款所列违法行为当选的，其当选无效。"其中，"国家工作人员有前款所列行为的，还应当由监察机关给予政务处分或者由所在机关、单位给予处分"，是 2020 年《选举法》修订中增加的规定。

三、我国选举的基本程序

我国选举的基本程序主要包括：设立选举的机构，划分选区，选民登记，代表候选人的提名与介绍，选举投票与结果确认，代表的辞职、罢免与补选等。

（一）设立选举的机构

全国人民代表大会常务委员会主持全国人民代表大会代表的选举，省、自治区、直辖市、设区的市、自治州的人民代表大会常务委员会主持本级人民代表大会代表的选举。

在直接选举中，选举委员会是专门处理选举事务的非常设机构，负责主持选举事务；不设区的市、市辖区、县、自治县、乡、民族乡、镇设立选举委员会，主持本级人民代表大会代表的选举。

（二）划分选区

选区是以一定数量的人口为基础划分的区域，是选民选举产生人大代表的基本单位。

《选举法》第二十五条规定："不设区的市、市辖区、县、自治县、乡、民族乡、镇的人民代表大会的代表名额分配到选区，按选区进行选举。选区可以按居住状况划分，也可以按生产单位、事业单位、工作单位划分。选区的大小，按照每一选区选一名至三名代表划分。"

（三）选民登记

选民是指依照宪法和法律规定，享有选举权，并经过选民登记，领取选民证的公民。

选民登记按选区进行，依法对选民资格进行法律认可。凡年满 18 周岁未被剥夺政治权利的公民都应列入选民名单。我国的选民登记采用一次性登记办法，经登记确认的选民资格长期有效。

（四）代表候选人的提名与介绍

我国实行差额选举制度，代表候选人的人数应多于应选代表的名额。全国和地方各级人民代表大会代表候选人，按选区或者选举单位提名产生。《选举法》规定，各政党、各人民团体,可以联合或者单独推荐代表候选人。选民或者代表,十人以上联名,也可以推荐代表候选人。

为增强代表候选人的透明度,《选举法》还规定,选举委员会或者人民代表大会主席团应当向选民或者代表介绍代表候选人的情况。推荐代表候选人的政党、人民团体和选民、代表可以在选民小组或者代表小组会议上介绍所推荐的代表候选人的情况。其中,选举委员会或大会主席团负责介绍所有的候选人,是介绍候选人的基本主体。选举委员会根据选民的要求,应当组织代表候选人与选民见面,由代表候选人介绍本人的情况,回答选民的问题。

(五)选举投票与结果确认

选民直接选举人民代表大会代表时,各选区应该设立投票站或者召开选举大会,由选举委员会主持。间接选举的投票由该级人民代表大会主席团主持。

投票结束后,进入选举结果的确定程序。包括确定选举是否有效,代表候选人当选的确定,宣布选举结果等。

(六)代表的辞职、罢免与补选

1. 代表的辞职

根据《选举法》规定,代表辞职的具体程序如下:

全国人民代表大会代表,省、自治区、直辖市、设区的市、自治州的人民代表大会代表,可以向选举他的人民代表大会的常务委员会书面提出辞职。常务委员会接受辞职,须经常务委员会组成人员的过半数通过。接受辞职的决议,须报送上一级人民代表大会常务委员会备案、公告。

县级的人民代表大会代表可以向本级人民代表大会常务委员会书面提出辞职,乡级的人民代表大会代表可以向本级人民代表大会书面提出辞职。县级的人民代表大会常务委员会接受辞职,须经常务委员会组成人员的过半数通过。乡级的人民代表大会接受辞职,须经人民代表大会过半数的代表通过。接受辞职的,应当予以公告。

县级以上的各级人民代表大会常务委员会组成人员,县级以上的各级人民代表大会的专门委员会成员,辞去代表职务的请求被接受的,其常务委员会组成人员、专门委员会成员的职务相应终止,由常务委员会予以公告。

乡、民族乡、镇的人民代表大会主席、副主席,辞去代表职务的请求被接受的,其主席、副主席的职务相应终止,由主席团予以公告。

2. 代表的罢免

全国和地方各级人民代表大会的代表,受选民和原选举单位的监督。选民或者选举单位都有权罢免自己选出的代表。根据《选举法》的规定,代表罢免的具体程序如下:

对于县级的人民代表大会代表,原选区选民五十人以上联名,对于乡级的人民代表大会代表,原选区选民三十人以上联名,可以向县级的人民代表大会常务委员会书面提出罢免要求。罢免要求应当写明罢免理由。被提出罢免的代表有权在选民会议上提出申辩意见，也可以书面提出申辩意见。县级的人民代表大会常务委员会应当将罢免要求和被提出罢免的代表的书面申辩意见印发原选区选民。表决罢免要求，由县级的人民代表大会常务委员会派有关负责人员主持。

县级以上的地方各级人民代表大会举行会议的时候，主席团或者十分之一以上代表联名，可以提出对由该级人民代表大会选出的上一级人民代表大会代表的罢免案。在人民代表大会闭会期间，县级以上的地方各级人民代表大会常务委员会主任会议或者常务委员会五分之一以上组成人员联名，可以向常务委员会提出对由该级人民代表大会选出的上一级人民代表大会代表的罢免案。罢免案应当写明罢免理由。县级以上的地方各级人民代表大会举行会议的时候，被提出罢免的代表有权在主席团会议和大会全体会议上提出申辩意见，或者书面提出申辩意见，由主席团印发会议。罢免案经会议审议后，由主席团提请全体会议表决。县级以上的地方各级人民代表大会常务委员会举行会议的时候，被提出罢免的代表有权在主任会议和常务委员会全体会议上提出申辩意见，或者书面提出申辩意见，由主任会议印发会议。罢免案经会议审议后，由主任会议提请全体会议表决。

罢免代表采用无记名的表决方式。

罢免县级和乡级的人民代表大会代表，须经原选区过半数的选民通过。罢免由县级以上的地方各级人民代表大会选出的代表，须经各该级人民代表大会过半数的代表通过；在代表大会闭会期间，须经常务委员会组成人员的过半数通过。罢免的决议，须报送上一级人民代表大会常务委员会备案、公告。

县级以上的各级人民代表大会常务委员会组成人员，县级以上的各级人民代表大会专门委员会成员的代表职务被罢免的，其常务委员会组成人员或者专门委员会成员的职务相应撤销，由主席团或者常务委员会予以公告。乡、民族乡、镇的人民代表大会主席、副主席的代表职务被罢免的，其主席、副主席的职务相应撤销，由主席团予以公告。

3. 代表的补选

代表在任期内，因故出缺，由原选区或者原选举单位补选。

地方各级人民代表大会代表在任期内调离或者迁出本行政区域的，其代表资格自行终止，缺额另行补选。县级以上的地方各级人民代表大会闭会期间，可以由本级人民代表大会常务委员会补选上一级人民代表大会代表。

补选出缺的代表时，代表候选人的名额可以多于应选代表的名额，也可以同应选代表的名额相等。补选的具体办法，由省、自治区、直辖市的人民代表大会常务委员会规定。对补选产生的代表，依照《选举法》规定进行代表资格审查。

第七节 我国公民的基本权利和义务

一、公民的基本权利与义务的概念

（一）公民的概念

公民是指具有某国国籍的自然人。《宪法》第三十三条规定："凡具有中华人民共和国国籍的人都是中华人民共和国公民。"具备我国国籍即为我国公民。

(二) 公民的基本权利和义务的概念

公民的基本权利和义务也称宪法权利和义务，是宪法所规定的公民享有的主要权利和履行的主要义务。公民的基本权利和义务的主体是公民。

二、我国公民的基本权利

(一) 我国公民的首要的基本权利：平等权

1. 平等权的含义

平等权最先是作为一种政治性权利，体现的是人在社会中的地位，反映了人的尊严和价值。后来平等权的含义不断延伸，在经济、文化、社会、家庭等各方面都有表现，我们对平等权的理解就应该把它放在一个宽泛的领域中来思考，不局限于政治上。因此，平等权是指公民在政治、经济和社会的一切领域内与其他公民享有同等的权利，不允许区别对待。《宪法》第三十三条规定："中华人民共和国公民在法律面前一律平等。"确立了我国公民首要的基本权利——平等权。

2. 平等权的主要内容

1）法律面前人人平等

对此，我们通常从以下四方面来理解：一是所有公民平等地享有权利、平等地履行义务，权利与义务具有一致性。二是任何公民享有的平等权都是相对的，受到法律的约束。三是法律面前的平等指权利能力的平等，而非行为能力的平等。权利能力人人生而平等，而行为能力人人生而不同。四是平等权通常是指适用法律的平等，当前，也应包括立法上的平等。

从宪法的发展历史来看，平等权的含义经历了从适用平等到立法平等的发展过程。在19世纪中期的欧洲大陆国家，平等权主要被认为是适用法律的平等，而不是制定法律平等。20世纪以来，欧洲各国逐渐改变了这种看法，承认在平等权的问题上，国家立法机关不得制定违反关于法律面前人人平等规定的法律，即公民在宪法上所享有的平等权对立法机关亦具有拘束力。

1982年我国宪法修改后，基于马克思主义关于法律是有阶级性的观点，认为法律只体现统治阶级的意志，不能体现被统治阶级的意志，基于此，统治阶级与被统治阶级存在事实上的不平等。在经济全球一体化的背景下，理论界关于法律阶级性的观点受到了很大的挑战，现实中用阶级观点很难解释许多法律现象，宪法关于法律上一律平等也应作出新的解释。

当前在我国，立法平等是其他一切平等的法律前提和法律基础。在《选举法》的立法进程中，关于选举人大代表的城乡人口比例数的变化，从"按照每一代表所代表的城乡人口比例为4∶1"到"按照每一代表所代表的城乡人口数相同"，体现出选举人大代表实现了城市与农村在立法上的平等。因此，平等权不仅是指适用法律的平等，也应包括立法上的平等。

2）合理差别及其在我国宪法中的体现

合理差别是指具有合理理由的差别。宪法一般根据个人在自然的、生理的和社会的不同情况，作出差别待遇的规定。目的是避免平等原则对不同的情况、不同的人不作区别的对待可能造成事实上的不平等。这是由平等权的相对性决定的。

我国宪法中合理差别主要体现在以下五方面[①]：一是根据履行特定国家职务而对公民行使某些权利方面采取合理差别措施，如我国刑法规定的紧急避险就不适用于履行特定职务的公民，如消防员等。二是根据人的生理自然差异上的不平等而采取合理差别措施，如对残疾人的特殊对待。三是根据民族、性别等原因造成的事实上的不平等而采取合理差别规定，如选举中对少数民族的政策性照顾；基于对女性的特殊情况所给予的特殊照顾和保护，如"三期"（经期、孕期、哺乳期）的特殊照顾等。四是根据特定职业需要对任职资格所采取的合理限制，如护士职业多为女性，矿工多为男性等。五是根据实际负担能力情况进行的合理区别对待，如税法中要求高收入者纳税的规定等。

3）禁止不合理的差别对待

没有合理理由的差别对待是不合理的，必须禁止。主要包括以下两种情况：一是歧视。歧视显然是一种不平等。构成歧视的条件包括：客观上存在区别对待；区别对待客观上具有不良效果；该区别对待的理由是被禁止的。二是优惠。优惠必须要有一定的限度，否则构成反向歧视，比如，给予下岗工人生活保障费不能高到与本地区的平均工资水平持平，等等。

3. 公民平等权的实现

公民平等权的完全确立和实现还有一个过程，需要每个公民积极推动，也需要国家不断地创造条件。例如，关于男性和女性不同年龄退休，到底是对妇女的优待还是歧视问题，依照《国务院关于安置老弱病残干部的暂行办法》的规定，退休年龄一般情况下是"男年满60周岁，女工人年满50周岁，女干部年满55周岁"，是以男女不同的生理特点为科学依据，从保护妇女权益的角度出发规定的。其出发点是优待妇女。

但随着我国人口结构性老龄化日趋严重和人口的预期寿命逐步上升，2013年11月12日，十八届三中全会通过的《中共中央关于全面深化改革若干重大问题的决定》提出：建立更加公平可持续的社会保障制度。研究制定渐进式延迟退休年龄方案。2016年3月25日，《国务院批转国家发展改革委关于2016年深化经济体制改革重点工作意见的通知》中明确表示"制定渐进式延迟退休年龄方案"。2022年10月16日，习近平总书记在党的二十大报告中提出："实施渐进式延迟法定退休年龄。"[②] 2022年12月15—16日，中央经济工作会议在北京举行，会议强调"适时实施渐进式延迟法定退休年龄政策，积极应对人口老龄化少子化"[③]。

[①] 赵佳：四川平等权案提纲——宪政专题——判例研究，参见法硕联盟论坛网 http://www.fashuounion.com/thread-6428-1-1.html，2022年12月15日访问。

[②] 习近平：高举中国特色社会主义伟大旗帜 为全面建设社会主义现代化国家而团结奋斗——在中国共产党第二十次全国代表大会上的报告，参见中华人民共和国人力资源和社会保障部网 http://www.mohrss.gov.cn/SYrlzyhshbzb/dongtaixinwen/shizhengyaowen/202210/t20221026_488979.html，2022年12月31日访问。

[③] 中央经济工作会议举行 习近平李克强李强作重要讲话，参见中华人民共和国人力资源和社会保障部网 http://www.mohrss.gov.cn/SYrlzyhshbzb/dongtaixinwen/shizhengyaowen/202212/t20221219_491927.html，2022年12月31日访问。

（二）我国公民的政治权利与自由

2024年9月13日，十四届全国人大常委会第十一次会议表决通过了《全国人民代表大会常务委员会关于实施渐进式延迟法定退休年龄的决定》，自2025年1月1日起施行。[①]

政治权利与自由是指公民参与国家政治生活的权利和自由的统称。

我国公民政治权利与自由的主要内容包括以下几点。

1. 选举权与被选举权

《宪法》第三十四条规定："中华人民共和国年满十八周岁的公民，不分民族、种族、性别、职业、家庭出身、宗教信仰、教育程度、财产状况、居住期限，都有选举权和被选举权；但是依照法律被剥夺政治权利的人除外。"

选举权与被选举权是公民参与国家管理的一项重要政治权利。选举权是公民享有选举国家代表机关代表和国家公职人员的权利。被选举权是公民享有被选举为国家代表机关代表和国家公职人员的权利。

2. 言论、出版、集会、结社、游行、示威的自由

《宪法》第三十五条规定："中华人民共和国公民有言论、出版、集会、结社、游行、示威的自由。"

1) 言论自由

言论自由是指公民有对于政治和社会的各种问题通过语言形式表达其思想和见解的自由。通过言论自由表达的内容受法律保护。言论自由的表现形式多样化，可以采取口头形式、书面形式或者利用广播、电视、网络等传播媒介。在信息化时代，言论自由的表现形式越来越多样化，内容也越来越丰富。当然，言论自由并不是绝对的，要受到限制。《宪法》第五十一条规定："中华人民共和国公民在行使自由和权利的时候，不得损害国家的、社会的、集体的利益和其他公民的合法的自由和权利。"

2) 出版自由

出版自由是指公民可以自由地在公开发行的出版物上发表作品，表达自己对国家事务、经济文化事业、社会事务的见解和观点。出版自由是言论自由的延伸和具体化。

3) 结社自由

结社自由是公民依据法律的规定参加或者组织具有持续性的社会团体的自由。结社分为政治性结社和非政治性结社。政治性结社产生的是政党，各国对政治性结社都作了较严格的规定和要求，其条件是在方式上的"和平"和在目的上的"维护国家政权"。我国的结社自由是非政治性的结社和非营利性的结社。国务院1998年发布的《社会团体登记管理条例》第二条规定："本条例所称社会团体，是指中国公民自愿组成，为实现会员共同意愿，按照其章程开展活动的非营利性社会组织。"第三条规定："成立社会团体，应当经其业务主管单位审查同意，并依照本条例的规定进行登记。"

4) 集会、游行、示威的自由

学术上将集会、游行、示威的自由归类为行动的自由，是公民强烈表达其政治意

[①] 邱超奕、彭波：《全国人大常委会会议表决通过关于实施渐进式延迟法定退休年龄的决定，稳妥有序实施延迟法定退休年龄》，《人民日报》2024年9月14日，第7版。

愿的权利。集会是指聚集于露天公共场所，发表意见、表达意愿的活动。游行是指在公共道路、露天公共场所列队行进、表达共同意愿的活动。示威是指在公共道路上或者露天公共场所以集会、游行、静坐等方式，发表意见、表达要求、抗议或者支持、声援等共同意愿的活动。

集会、游行、示威往往与法律以及现存的秩序相冲突，各国对此都作了严格的限制。

我国对集会、游行、示威采取的是申请和许可制。我国 1989 年制定的《中华人民共和国集会游行示威法》规定，"公民在行使集会、游行、示威的权利的时候，必须遵守宪法和法律，不得反对宪法所确定的基本原则，不得损害国家的、社会的、集体的利益和其他公民的合法的自由和权利"。具体限制包括：必须依法向主管机关提出申请并获得许可，符合法律的相关规定。获得许可后应当遵循和平地进行和不得妨碍社会公共秩序两个原则。

（三）批评、建议、申诉、控告、检举权和取得赔偿权

《宪法》第四十一条规定："中华人民共和国公民对于任何国家机关和国家工作人员，有提出批评和建议的权利；对于任何国家机关和国家工作人员的违法失职行为，有向有关国家机关提出申诉、控告或者检举的权利，但是不得捏造或者歪曲事实进行诬告陷害。""对于公民的申诉、控告或者检举，有关国家机关必须查清事实，负责处理。任何人不得压制和打击报复。""由于国家机关和国家工作人员侵犯公民权利而受到损失的人，有依照法律规定取得赔偿的权利。"

这在学术研究中通常作为政治性权利，实际上作为一种监督权更符合该项权利的特性。批评、建议、申诉、控告、检举权和取得赔偿权一般是针对公共权力，包括国家权力的运用，虽然所维护的是特定的利益，但在客观上起到了监督的作用。

（四）我国公民的宗教信仰自由与人身自由

1. 我国公民的宗教信仰自由

1）尊重和保障宗教信仰自由是马克思主义者一贯采取的科学态度

我国是社会主义国家，信仰马克思主义，马克思主义者是无神论者。在马克思主义无神论看来，一切宗教都属于非科学世界观范畴，但宗教作为一种社会意识形态有其产生的历史根源，也有发展和消亡的过程，具有长期性、国际性、民族性和群众性的特点。

保障宗教信仰自由对于维护国家政治稳定、促进社会和谐意义重大。我国是多宗教国家，各宗教不仅历史悠久，而且社会影响面广。据国家宗教事务局的不完全统计，我国现有各宗教信徒 1 亿多人。

长期以来，我国都奉行全面的宗教信仰自由，坚信绝大多数信教的公民和不信教的公民都是爱国的，拥护社会主义的，都是全面建设社会主义现代化国家的基本力量。

2）宗教信仰自由属于思想自由的范围

宗教信仰自由是指公民依据内心信念自愿地信仰宗教的自由。

《宪法》第三十六条第一、二款规定："中华人民共和国公民有宗教信仰自

由。""任何国家机关、社会团体和个人不得强制公民信仰宗教或者不信仰宗教，不得歧视信仰宗教的公民和不信仰宗教的公民。"

宗教信仰自由具体包括五方面内容：一是公民有信仰宗教的自由，也有不信仰宗教的自由；二是公民有信仰这种宗教的自由，也有信仰那种宗教的自由；三是在同一宗教里，有信仰这个或者那个教派的自由；四是有过去信教而现在不信教的自由，也有过去不信教而现在信教的自由；五是有参加或不参加宗教仪式的自由。

作为一种权利体系，宗教信仰自由主要由内心信仰的自由、宗教活动自由、宗教仪式自由组成。

3）宗教信仰自由的保障必须遵循合法性原则

《宪法》第三十六条第三款规定："国家保护正常的宗教活动。任何人不得利用宗教进行破坏社会秩序、损害公民身体健康、妨碍国家教育制度的活动。"对于那些利用宗教活动来破坏社会秩序、损害公民身体健康、妨碍国家教育制度的行为要依法进行制止和制裁。

4）宗教信仰自由的保障必须遵循独立办教原则

《宪法》第三十六条第四款规定："宗教团体和宗教事务不受外国势力的支配。"外国人在我国境内的正常的宗教活动受法律保护，但是必须遵守1994年1月国务院颁布的《中华人民共和国境内外国人宗教活动管理规定》、国家宗教事务局2000年出台《中华人民共和国境内外国人宗教活动管理规定实施细则》及其他相关法律规定。

2. 我国公民的人身自由

人身自由是指公民的人身不受非法侵犯的自由。包括人身自由不受侵犯、人格尊严不受侵犯、住宅不受侵犯及通信自由和通信秘密受保护。

1）人身自由不受侵犯

人身自由不受侵犯是指公民享有不受任何非法搜查、拘禁、剥夺和限制人身自由的权利。《宪法》第三十七条规定："中华人民共和国公民的人身自由不受侵犯。""任何公民，非经人民检察院批准或者决定或者人民法院决定，并由公安机关执行，不受逮捕。""禁止非法拘禁和以其他方法非法剥夺或者限制公民的人身自由，禁止非法搜查公民的身体。"人身自由是公民宪法地位的直接体现，人身自由是行使其他权利的基本条件。没有人身自由，其他的权利就无从实现。

2）人格尊严不受侵犯

人格尊严不受侵犯是指与人身紧密联系的姓名、肖像、名誉、荣誉等不容侵犯的权利。在法律上主要表现为人格权，包括姓名权、名誉权、荣誉权、肖像权和隐私权等。《宪法》第三十八条规定："中华人民共和国公民的人格尊严不受侵犯。禁止用任何方法对公民进行侮辱、诽谤和诬告陷害。"在现代宪法理论上，人格尊严是宪法价值的集中体现，是宪法权利的核心内容。宪法对人格权的规定最主要的是约束公共权力，特别是国家权力的运用，体现出以人为本的精神，反映了社会主义法律的本质。

3）住宅不受侵犯

住宅不受侵犯也称为住宅安全权。《宪法》第三十九条规定："中华人民共和国公民的住宅不受侵犯。禁止非法搜查或者非法侵入公民的住宅。"其主要内容包括：任何公民的住宅不得非法侵入，任何公民的住宅不得随意搜查，任何公民的住宅不得随意查封。住宅是公民居住和生活的场所，与公民的人身自由有紧密联系。凡与公民私人生活有关的空间，都可以纳入住宅的范围，既包括固定生活的住宅，也包括宿舍、旅馆等临时性场所等。

4）通信自由和通信秘密受保护

通信自由是指公民有与他人通信的权利。通信自由的核心是通信秘密受保护。而通信秘密权是公民通信的内容不得随意公开的一种权利。《宪法》第四十条规定："中华人民共和国公民的通信自由和通信秘密受法律的保护。除因国家安全或者追查刑事犯罪的需要，由公安机关或者检察机关依照法律规定的程序对通信进行检查外，任何组织或者个人不得以任何理由侵犯公民的通信自由和通信秘密。"

对通信自由和通信秘密的保障，包括内容和形式两方面。公民的通信形式包括书信、电报、电话、传真和其他通信手段。通信秘密的内容包括：公民的通信他人不得扣押、隐匿、毁弃，公民通信、通话的内容他人不得私阅或窃听。

（五）我国公民的社会经济权利和教育文化权利

1. 我国公民的社会经济权利

社会经济权利是指公民享有经济利益的权利。与传统的自由权不同，社会经济权利是以国家权力积极适度的干预为条件的。我国公民的社会经济权利主要包括财产权、劳动权、劳动者的休息权、退休人员的生活保障权和物质帮助权等。

1）财产权

财产权是指公民对其合法财产享有不受非法侵犯的权利。坚持社会主义公有制、保护公共财产是我国社会主义本质特征的体现。但在以公有制为主体、多种经济形式共同存在的模式中，保护公民的财产权也是国家的责任。

《宪法》第十三条规定："公民的合法的私有财产不受侵犯。国家依照法律规定保护公民的私有财产权和继承权。国家为了公共利益的需要，可以依照法律规定对公民的私有财产实行征收或者征用并给予补偿。"可见，公民的财产权包括财产所有权、继承权和获得国家财产补偿的权利。例如，2007年度中国十大宪法事例之一的重庆"最牛钉子户"拆迁事件，是"依法拆迁"的样本，是公民捍卫私有财产的典范。正如有的网友所说：做"钉子"是公民的一种权利。这种"钉子精神"，是公民私有财产保护意识的一次启蒙。但公民财产权的保护不是绝对的，国家为了公共利益的需要，可以依法实行征收或征用并给予补偿。

2）劳动权

劳动权是指有劳动能力的公民有获得工作、选择职业、变更职业以及取得劳动报酬的权利。在市场经济的条件下，劳动权是劳动者赖以生存的基础，劳动权的实现也就是劳动者自我价值的实现。其内容主要包括劳动就业权和取得报酬权。

《宪法》第四十二条第一款规定："中华人民共和国公民有劳动的权利和义务。"1982年现行《宪法》颁行前，已经存在失业人群，对此规定劳动部存在担忧，于是，本着实事求是的思想，《宪法》第四十二条第二款规定："国家通过各种途径，创造劳动就业条件，加强劳动保护，改善劳动条件，并在发展生产的基础上，提高劳动报酬和福利待遇。"

同时，劳动既是权利，也是义务。从权利上讲，公民有权利获得工作以及劳动报酬，并以此作为自己维持生存的必要条件；从义务上讲，劳动是一切有劳动能力的公民的光荣职责，公民所进行的劳动是对国家、社会、家庭所承担的责任。

3）劳动者的休息权

劳动者的休息权是指劳动者在劳动过程中，为了保护自己的身体健康，根据法律、法规的规定所享有的休息和休养的权利。是劳动权存在和发展的基础。《宪法》第四十三条规定："中华人民共和国劳动者有休息的权利。国家发展劳动者休息和休养的设施，规定职工的工作时间和休假制度。"国家实行劳动者每日工作时间不超过 8 小时，平均每周工作时间不超过 44 小时的工时制度；实行劳动者公休日、法定节假日、带薪年休假等制度。国家还应该建设和发展劳动者的休息和休养设施，为劳动者的休息和休养创造良好的条件。

4）退休人员的生活保障权

《宪法》第四十四条规定："国家依照法律规定实行企业事业组织的职工和国家机关工作人员的退休制度。退休人员的生活受到国家和社会的保障。"

退休人员的生活保障权包含着两个方面的内容：一是退休权，二是退休后的生活保障权。退休权是劳动者达到一定的年龄后而享有的休息和休养的权利。退休后的生活保障权是根据国家法律、法规的规定，公民在退休后享有获得物质保障的权利。

5）物质帮助权

物质帮助权是指公民在特定的情况下，不能以自己的劳动获得必要的生活资料，有从国家和社会获得生活保障，享受集体福利的权利。《宪法》第四十五条规定："中华人民共和国公民在年老、疾病或者丧失劳动能力的情况下，有从国家和社会获得物质帮助的权利。国家发展为公民享受这些权利所需要的社会保险、社会救济和医疗卫生事业。"该权利的主体是特定公民，即年老、疾病或丧失劳动能力的公民；义务主体是国家和社会；内容是从国家和社会获得物质帮助。

2. 我国公民的教育文化权利

教育文化权利是公民在教育文化领域享有的权利。教育方面的权利主要表现为受教育权，文化方面的权利主要表现为进行科学研究、文学艺术创作和其他文化活动的自由。

1）受教育权

《宪法》第四十六条规定："中华人民共和国公民有受教育的权利和义务。"

受教育的权利是指公民有在由国家和社会提供的各种学校和机构中接受教育的权利。主要内容是：每个公民按照能力平等地接受教育的权利。公民按照自己所具有的能力，接受相应的教育。国家可以采取必要的考试制度，使有一定能力的公民享受相应的教育。

每个公民在宪法和法律规定的范围内，享有平等的受教育权，不因除能力之外的性别、宗教、社会身份等原因而受不平等的待遇。当前，我国已建立较完善的公民受教育权法律保障体系。《国家中长期教育改革和发展规划纲要（2010-2020 年）》为发展教育、实现公民受教育权提出了目标与措施。除宪法对受教育权作出原则规定外，《中华人民共和国学前教育法》《中华人民共和国义务教育法》《中华人民共和国教育法》《中华人民共和国职业教育法》《中华人民共和国高等教育法》等法律都为公民受教育权的实现提供了法律保障。在实践中更是采取了大量有效的措施来保障公民的受教育权的实现。受教育既是权利，也是义务。相对而言，我国公民的文化教育水平还比较落后，将教育作为权利和义务对于提高中华民族的科学和文化水平具有积极的意义。

2）进行科学研究、文学艺术创作和其他文化活动的自由

《宪法》第四十七条规定："中华人民共和国公民有进行科学研究、文学艺术创作和其他文化活动的自由。国家对于从事教育、科学、技术、文学、艺术和其他文化事业的公民的有益于人民的创造性工作，给以鼓励和帮助。"

公民从事科学研究、文艺创作和其他的文化活动必须在宪法和法律允许的范围内，不得损害国家和社会的公共利益，也不得有损人民群众的身心健康。为了实现公民的文化权利，国家应积极创造条件，提供必要的设施与物质保障。

此外，《宪法》还规定了公民的其他权利，如在《宪法》第一章总纲及其他章节中关于有权依照法律的规定，通过各种途径和形式，管理国家事务、管理经济和文化事业、管理社会事务的规定；关于国有企业依照法律规定，通过职工代表大会和其他形式，实行民主管理的规定；集体经济组织的劳动者有权决定经营管理的重大问题的规定；一切国家机关和国家工作人员必须倾听人民的意见和建议，接受人民的监督；等等。

三、我国公民的基本义务

我国公民的基本义务主要是指宪法所规定的公民对国家和社会所应承担的责任。

（一）维护国家的统一和全国各民族的团结

《宪法》第五十二条规定："中华人民共和国公民有维护国家统一和全国各民族团结的义务。"这是公民的政治义务之一。

维护祖国的统一是指维护国家领土完整、国家主权完整和独立。民族团结是指各民族在平等基础上的和睦相处、合作互助。国家的统一和各民族的团结是我国革命取得胜利的成果和社会主义建设事业的根本保证。我国反对分裂国家和民族的行为。一切破坏国家统一和民族团结的行为都将受到法律的追究。

（二）遵守宪法和法律、保守国家秘密、爱护公共财产、遵守劳动纪律、遵守公共秩序、尊重社会公德

《宪法》第五十三条规定："中华人民共和国公民必须遵守宪法和法律，保守国家秘密，爱护公共财产，遵守劳动纪律，遵守公共秩序，尊重社会公德。"

"遵守宪法和法律"是公民的法律义务，是指公民将宪法及宪法原则和基本价值体系作为公民活动的最高行为规范和准则，同一切违宪现象和行为作斗争，捍卫宪法尊严，维护宪法秩序。

"保守国家秘密"是公民的政治义务之一。国家秘密是指涉及国家的安全和利益，尚未公开或不准公开的政治、经济、军事、公安、司法等秘密事项以及应当保密的文件、资料等。故意或者过失泄露国家秘密，构成犯罪的，按照刑法有关规定追究刑事责任；泄露国家秘密，不够刑事处罚的，可以酌情给予行政处分。

"爱护公共财产,遵守劳动纪律,遵守公共秩序,尊重社会公德"是公民的道德义务。

宪法将道德和政治、法律义务相结合,主要是为了建构良好的社会秩序和法律秩序,将公民的爱国热情引导和凝聚到建设和发展中国特色的社会主义建设事业上来,做有理想、有道德、有文化、有纪律的社会主义公民。

(三)维护国家的安全、荣誉和利益

《宪法》第五十四条规定:"中华人民共和国公民有维护祖国的安全、荣誉和利益的义务,不得有危害祖国的安全、荣誉和利益的行为。"这是公民的政治义务之一,是对《宪法》第二十四条爱祖国的具体化。

国家的安全是各种权利和自由实现的先决条件,如果国家的安全受到威胁,那么公民的各种权利和自由就没有保障。因此,任何公民都不得做出任何有损国家安全的行为,否则必将受到法律追究。

维护祖国的荣誉是指国家和民族的声誉和尊严不受损害。公民对祖国应当有强烈的自尊心和自豪感,把维护祖国的荣誉作为自己的神圣职责。大力倡导对国旗、国徽、国歌等国家象征和标志的崇敬感,通过升国旗、挂国徽、唱国歌,来增强公民的爱国主义情感。比如,2016年巴西里约奥运会期间,中国奥运代表团第一时间发现颁奖仪式上升起的中国国旗出现错误,当场就此向里约奥运会组委会提出抗议,中国驻巴西使领馆对此也高度重视,立即向巴西提出交涉,敦促其尽快解决[1],维护了祖国的荣誉。祖国利益也是公民的集体荣誉和利益,公民有义务妥善处理好国家的利益与个人的利益关系,同损害祖国利益的行为作斗争。

(四)保卫祖国,依法服兵役和参加民兵组织

《宪法》第五十五条规定:"保卫祖国、抵抗侵略是中华人民共和国每一个公民的神圣职责。依照法律服兵役和参加民兵组织是中华人民共和国公民的光荣义务。"这是公民的政治义务之一。

保卫祖国、抵抗侵略是一项基本义务,依法服兵役、参加民兵组织是这项义务的延伸,是义务履行具体化的表现。不履行服兵役义务要承担法律责任。河南商丘5名青年拒服兵役最终受到了应有的处罚。

(五)依法纳税

《宪法》第五十六条规定:"中华人民共和国公民有依照法律纳税的义务。"这是公民的经济义务。

税收是国家为了实现其职能,按照法律规定向纳税人根据一定的比例征收的税款。税收是调节国民经济的重要手段,也是社会再生产的基础,体现了国家利益、集体

---

[1] 领馆交涉国旗错误 网友:快改过来,我们还有很多次国旗要升,参见中国青年网 http://news.youth.cn/gj/201608/t20160808_8515800_2.htm,2022年12月22日访问。

利益、个人利益三者的一致性，也体现了眼前利益和长远利益的一致性。税收是国家的血脉之源，人民的福祉所系，一条条高铁，一次次太空探索，一个个养老院……都离不开税收。依法纳税，从我做起。每一个公民都有纳税的义务。此外，我国宪法还规定了计划生育、抚养子女、赡养老人等其他义务。

我国宪法对公民基本权利和义务规定呈现出四个特点：一是体现了公民权利和义务价值并重的倾向，即权利和义务的平等性。二是公民权利和自由的广泛性。主体广泛，范围广泛。三是公民权利和自由的现实性。四是公民权利和义务的一致性。

作为公民，应该正确对待公民的权利和义务。我国宪法对公民基本权利和义务的规定体现了马克思主义的原理，即"没有无义务的权利，也没有无权利的义务"，正如习近平总书记在首都各界纪念现行宪法公布施行三十周年大会上的讲话中所说："公民既依法维护合法权益，又自觉履行法定义务，做到享有权利和履行义务相一致。"[①]

第八节 我国的中央国家机关

国家机关是国家机构的重要组成部分。国家机构是统治阶级为了实现国家职能而建立起来的国家机关体系。

我国的国家机关包括中央国家机关和地方国家机关。我国现行《宪法》第三章从第五十七条到第一百四十条共八十四个条文，规定了我国的中央国家机关和地方国家机关。

本节重点介绍我国的中央国家机关，包括：全国人民代表大会及其常务委员会、中华人民共和国主席、国务院、中央军事委员会、国家监察委员会、最高人民法院和最高人民检察院。

一、我国的最高立法机关：全国人民代表大会及其常务委员会

《宪法》第五十八条规定："全国人民代表大会和全国人民代表大会常务委员会行使国家立法权。"

（一）全国人民代表大会

全国人民代表大会，简称全国人大，是我国最高国家权力机关，在国家机关体系中具有最高的地位，由它产生其他的国家机关，其他国家机关对全国人大负责。

1. 全国人大由代表组成

全国人大的代表，简称全国人大代表，是按照法律规定通过间接选举的方式产生的最高国家权力机关的组成人员，代表人民的利益和意志，依照宪法和法律赋予的各项职权，行使国家权力。

1）代表的来源

全国人大代表由省、自治区、直辖市、特别行政区和军队选出。

---

① 习近平：在首都各界纪念现行宪法公布施行三十周年大会上的讲话，《光明日报》2012年12月5日第2版。

2）代表的人数

代表名额总数不得超过 3000 人。

3）代表的权利

第一，提案权和表决权。全国人大代表出席全国人大会议，可以提出议案和审议各种议案，听取各种工作报告，对各种议案和法律草案有表决权。《宪法》第七十二条规定："全国人民代表大会代表和全国人民代表大会常务委员会组成人员，有权依照法律规定的程序分别提出属于全国人民代表大会和全国人民代表大会常务委员会职权范围内的议案。"

第二，质询权。全国人大代表依照法律规定的程序提出对国务院或者国务院各部、各委员会的质询案。《宪法》第七十三条规定："全国人民代表大会代表在全国人民代表大会开会期间，全国人民代表大会常务委员会组成人员在常务委员会开会期间，有权依照法律规定的程序提出对国务院或者国务院各部、各委员会的质询案。受质询的机关必须负责答复。"

第三，人身受特别保护权。《宪法》第七十四条规定："全国人民代表大会代表，非经全国人民代表大会会议主席团许可，在全国人民代表大会闭会期间非经全国人民代表大会常务委员会许可，不受逮捕或者刑事审判。"

第四，言论免责权。《宪法》第七十五条规定："全国人民代表大会代表在全国人民代表大会各种会议上的发言和表决，不受法律追究。"

地方各级人大代表也相应地享有以上权利。

2. 全国人大的任期和会期

按照《宪法》的规定，全国人大每届任期五年。每年举行一次会议，特别情况下可以临时召集。

3. 全国人大的职权

（1）立法权。全国人大享有制定宪法、修改宪法和制定基本法律的权力。宪法的制定与修改的权力是全国人大的专有职权。

（2）重大问题的决定权。全国人大是最高的国家权力机关，享有对国家重大问题决定的权力。包括：审查和批准国民经济和社会发展计划和计划执行情况的报告；审查和批准国家的预算和预算执行情况的报告；改变或者撤销全国人民代表大会常务委员会不适当的决定；批准省、自治区和直辖市的建置；决定特别行政区的设立及其制度；决定战争和和平的问题；等等。

（3）最高监督权。全国人大既是最高的国家权力机关，也是最高的监督机关。它产生其他的国家机关，其他国家机关对全国人大负责，其中国务院、最高人民法院、最高人民检察院要向全国人大报告工作。

（4）人事任免权。全国人大有广泛的人事权，选举决定任免国家领导人，这是其地位的体现。根据宪法的规定，选举和决定的区别表现为：一是选举和决定的国家领导人不同。全国人大有权选举全国人大常委会的组成人员、国家主席和副主席、中央军事委员会主席、国家监察委员会主任、最高人民法院院长、最高人民检察院检察长；有权决定国务院总理的人选，国务院其他组成人员的人选，中央军事委员会其他组成人员的人选。二是选举和决定的国家领导人的提名方式不同。选举的提名在大会主席团；决定产生的国家领导人各有特定的提名方式，国务院总理由国家主席提名，国务院其他组成人员由国务院总理提名，中央军事委员会其他组成人员由中央军事委员会主席提名。三是代表投票不同。选举投票可投赞成、反对、弃权和另选他人，决定投票可投赞成、反对和弃权，不能另投他人，否则无效。对于上述人选，全国人民代表大会有权依据法定的程序罢免。

（5）其他应当由全国人大行使的职权。

（二）全国人民代表大会常务委员会

全国人民代表大会常务委员会，简称全国人大常委会，是全国人大的常设机关，是经常行使国家权力的机关，由全国人大产生，对全国人大负责并报告工作。

（1）全国人大常委会的组成。全国人大常委会由委员长、副委员长若干人、秘书长、委员若干人组成。

（2）全国人大常委会的任期和会期。全国人大常委会每届任期同全国人大每届任期相同，每届任期为五年，其中委员长、副委员长连续任职不得超过两届。全国人大常委会每两个月举行一次会议。

（3）全国人大常委会的职权。①解释宪法，监督宪法的实施。②立法权和法律解释权。制定和修改除应当由全国人民代表大会制定的法律以外的其他法律；在全国人民代表大会闭会期间，对全国人民代表大会制定的法律进行部分补充和修改，但是不得同该法律的基本原则相抵触；解释法律。③国家某些重大事项的决定权。④人事任免权。⑤全国人大授予的其他职权。

二、我国国家元首：中华人民共和国主席

我国国家元首是中华人民共和国主席，简称国家主席，是国家机构的重要组成部分，是对内对外的最高代表。

《宪法》第七十九条第二款规定："有选举权和被选举权的年满四十五周岁的中华人民共和国公民可以被选为中华人民共和国主席、副主席。"

国家主席的职权主要有：根据全国人大和全国人大常委会的决定，公布法律，任免国务院的组成人员，授予国家的勋章和荣誉称号，发布特赦令，宣布进入紧急状态，宣布战争状态，发布动员令。代表中华人民共和国，进行国事活动，接受外国使节；根据全国人民代表大会常务委员会的决定，派遣和召回驻外全权代表、批准和废除同外国缔结的条约和重要协定。

中华人民共和国副主席协助主席工作。副主席受主席的委托，可以代行主席的部分职权。

我国宪法规定，国家主席、副主席每届任期同全国人民代表大会每届任期相同。

中华人民共和国主席缺位的时候，由副主席继任主席的职位。中华人民共和国副主席缺位的时候，由全国人民代表大会补选。中华人民共和国主席、副主席都缺位的时候，由全国人民代表大会补选；在补选以前，由全国人民代表大会常务委员会委员长暂时代理主席职位。

三、我国最高国家行政机关：国务院

（一）国务院的性质、地位、组成和任期

《宪法》第八十五条规定："中华人民共和国国务院，即中央人民政府，是最高国家权力机关的执行机关，是最高国家行政机关。"国务院由总理、副总理若干人、国务委员若干人、各部部长、各委员会主任、审计长、秘书长组成。国务院每届任期同全国人民代表大会每届任期相同。总理、副总理、国务委员连续任职不得超过两届。

（二）国务院的领导体制

《宪法》第八十六条第二款规定："国务院实行总理负责制。"总理负责制既有个人独任制的特点，同时也保留了我国长期以来的集体负责制的某些内容。其特点有以下几方面。

（1）组阁权，国务院的组成人员是由总理提名，全国人大决定。

（2）决定权，总理主持和召集国务院全体会议和常务会议，对重大问题作出决定。

（3）签署权，国务院发布的决定、命令、行政法规以及所提出的议案，均由总理签署。

（4）国务院是以国务院的名义对全国人大负责和对各级行政机关实行领导。国务院副总理、国务委员协助总理工作。

（三）国务院的职权

（1）根据宪法和法律，规定行政措施，制定行政法规，发布决定和命令；

（2）向全国人民代表大会或者全国人民代表大会常务委员会提出议案；

（3）规定各部和各委员会的任务和职责，统一领导各部和各委员会的工作，并且领导不属于各部和各委员会的全国性的行政工作；

（4）统一领导全国地方各级国家行政机关的工作，规定中央和省、自治区、直辖市的国家行政机关的职权的具体划分；

（5）编制和执行国民经济和社会发展计划和国家预算；

（6）领导和管理经济工作和城乡建设、生态文明建设；

（7）领导和管理教育、科学、文化、卫生、体育和计划生育工作；

（8）领导和管理民政、公安、司法行政等工作；

（9）管理对外事务，同外国缔结条约和协定；

（10）领导和管理国防建设事业；

（11）领导和管理民族事务，保障少数民族的平等权利和民族自治地方的自治权利；

（12）保护华侨的正当的权利和利益，保护归侨和侨眷的合法的权利和利益；

（13）改变或者撤销各部、各委员会发布的不适当的命令、指示和规章；

（14）改变或者撤销地方各级国家行政机关的不适当的决定和命令；

（15）批准省、自治区、直辖市的区域划分，批准自治州、县、自治县、市的建置和区域划分；

（16）依照法律规定决定省、自治区、直辖市的范围内部分地区进入紧急状态；
（17）审定行政机构的编制，依照法律规定任免、培训、考核和奖惩行政人员；
（18）全国人民代表大会和全国人民代表大会常务委员会授予的其他职权。

四、我国中央军事机关：中央军事委员会

中华人民共和国中央军事委员会，简称中央军委，是我国最高军事指挥机关。《宪法》第九十三条第一款规定："中华人民共和国中央军事委员会领导全国武装力量。"

中央军委由主席、副主席若干人、委员若干人组成。中央军委主席由全国人大选举产生；其他组成人员，由中央军委主席提名，全国人大决定，闭会期间，由全国人大常委会决定。

中央军委实行主席负责制。

中央军委会每届任期同全国人民代表大会每届任期相同。

中央军委主席对全国人大和全国人大常委会负责。

五、我国最高国家监察机关：国家监察委员会

国家监察委员会领导地方各级监察委员会的工作。国家监察委员会对全国人大和全国人大常委会负责。

国家监察委员会由主任、副主任若干人、委员若干人组成。国家监察委员会主任每届任期同全国人大每届任期相同，连续任职不得超过两届。

监察委员会依照法律规定独立行使监察权，不受行政机关、社会团体和个人的干涉。

六、我国最高国家司法机关：最高人民法院和最高人民检察院

最高人民法院和最高人民检察院由全国人大产生，对全国人大负责并报告工作。最高人民法院院长、最高人民检察院检察长每届任期同全国人民代表大会每届任期相同，连续任职不得超过两届。

最高人民法院是我国最高审判机关，它监督地方各级人民法院和专门人民法院的审判工作。最高人民检察院是我国最高检察机关，它领导地方各级人民检察院和专门人民检察院的工作。

本 章 小 结

本章从宪法的概念和特征开始，对我国宪法的基本原则，宪法监督制度，我国的国体、政体、经济制度、国家结构形式和选举制度，公民的基本权利和义务，我国的中央国家机关等知识点进行了分析。从理论上掌握宪法的精神实质，就是限制公共权力，保障公民权利。还要从思想上牢固树立宪法权利意识，在掌握宪法规定的基本权利的基础上，有意识地保护自己的权利；在权利受到侵犯时，勇敢地拿起法律的武器来维权，做宪法的维护者。

主要参考文献：

董和平, 秦前红. 2006. 宪法案例. 北京: 中国人民大学出版社.

李龙. 1999. 宪法基础理论. 武汉: 武汉大学出版社.

理查德·A. 波斯纳. 2001. 国家事务: 对克林顿总统的调查、弹劾与审判. 彭安译. 北京: 法律出版社.

刘茂林. 2005. 中国宪法导论. 北京: 北京大学出版社.

刘瑞复, 李毅红. 2015.思想道德修养与法律基础. 北京: 高等教育出版社.

刘嗣元, 彭俊良. 2004. 法学概论. 北京: 中国法院出版社, 中国社会科学出版社.

田耀. 2009. 影响美国历史进程的经典案例. 天津: 天津大学出版社.

吴汉东. 2023. 法学通论. 8版. 北京: 北京大学出版社.

《习近平法治思想概论》编写组. 2024. 习近平法治思想概论. 2版. 北京: 高等教育出版社.

周叶中. 2020. 宪法. 5版. 北京: 高等教育出版社.

第三章 行政法与行政诉讼法

思维导图：

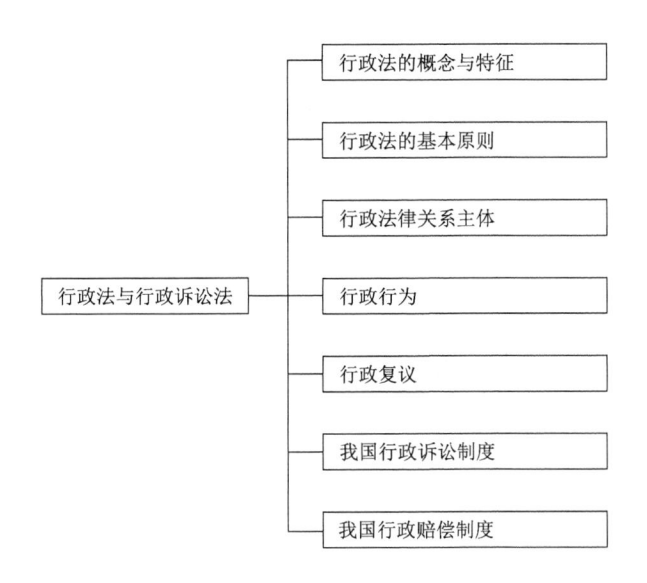

```
                            ┌── 行政法的概念与特征
                            ├── 行政法的基本原则
                            ├── 行政法律关系主体
         行政法与行政诉讼法 ──┤── 行政行为
                            ├── 行政复议
                            ├── 我国行政诉讼制度
                            └── 我国行政赔偿制度
```

主要问题：

1. 如何理解行政法的基本原则？
2. 如何理解行政主体的含义及范围？
3. 如何理解行政机关公务员的概念和特征？
4. 如何理解行政行为的特征和类型？
5. 我国行政处罚的种类。
6. 我国行政复议法的原则。
7. 我国行政诉讼制度的历史。
8. 如何理解我国行政诉讼法特有的基本原则？
9. 如何理解我国人民法院开庭审理第一审行政案件的法定程序？
10. 如何理解行政赔偿的归责原则？
11. 如何理解行政赔偿责任的构成要件？
12. 如何理解行政赔偿的范围？

重要概念：

行政；行政法；依法行政；合理行政；行政主体；公务员；行政行为；行政许可；行政处罚；行政强制；行政复议；行政诉讼；行政赔偿。

重要法律：

《中华人民共和国行政许可法》	《中华人民共和国行政处罚法》	《中华人民共和国行政强制法》	《中华人民共和国行政复议法》	《中华人民共和国行政诉讼法》	《中华人民共和国国家赔偿法》

典型案例：

习近平指出："宪法的生命在于实施，宪法的权威也在于实施。我们要坚持不懈抓好宪法实施工作，把全面贯彻实施宪法提高到一个新水平。"[①]宪法作为我国社会主义法律体系中处于核心地位、效力最高的根本法，其规定往往是抽象和原则的，需要不同的部门法将之具体化，刑法、民法、行政法等都是宪法的实施法，其中行政法是实施宪法最重要的法律部门。行政法的范围和内容具有广泛性。就国家而言，涉及国家各领域，宪法所规定的国家基本政治、经济、文化、社会制度和公民的基本权利和义务，都涉及行政权的行使与监督问题，没有行政法律规范作具体规定，这些基本制度和权利义务就无法落实，宪法也难以实施。就公民个人而言，公民从出生到死亡，从摇篮到坟墓，都涉及国家行政权的介入和管理，否则，公民的权利根本无法实现。

因此，有学者提出，"行政法是动态的宪法、是小宪法"，这是对行政法与宪法关系的经典概括。宪法的精神实质，是限制公权力和保障公民权利。作为"小宪法"的行政法的精神实质，就是规范和控制行政权力，保障公民权利。本章重点学习我国行政法的概念与特征、行政法的基本原则、行政法律关系主体、行政行为、行政复议、行政诉讼制度和行政赔偿制度等。

第一节 行政法的概念与特征

一、行政的含义

"行政"一词在日常生活中被广泛使用。通常情况下，人们把行政等同于管理，凡是有管理的地方都被冠以行政，如管理的部门称为行政科、处、室，如学校有行政办公室，各学院也有行政办公室；把管理的人员称为行政人员，大学里就有专职教师和行政人员之分等。但这些并不是行政法意义上的"行政"。

行政法上的行政，专指国家行政机关或者法律、法规授权行使行政职能的社会组

[①] 习近平：《在首都各界纪念现行宪法公布施行三十周年大会上的讲话》（2012年12月4日），载习近平：《论坚持全面依法治国》，中央文献出版社2020年版，第11页。

织及行政机关委托行使行政职能的组织或个人，对国家与公共事务所进行的决策、组织、管理与调控等活动。具体包括以下三层含义：第一，行政活动的主体是行政机关或者法律、法规授权行使行政职能的组织或行政机关委托行使行政职能的组织或个人。第二，行政活动的范围限于对国家事务或公共事务的管理。第三，行政活动的方式和手段是决策、组织、管理与调控等行为。

二、行政法的概念

行政法是调整行政关系，规范行政的组织与职权、条件与程序，以及对行政予以监督和对其后果予以补救的法律规范的总称。[1]可以从以下三方面来理解。

第一，行政法有自己独特的调整对象，即行政关系。行政关系是行政权在取得、行使，以及接受监督过程中发生的各种社会关系。

第二，行政法有其独特的基本内容，即关于行政的组织与职权、行政的条件与程序，以及对行政予以监督和对其后果予以补救的法。行政法的基本内容包括三部分：一是行政组织法，规定行政的组织与职权，主要解决"谁掌握行政权"问题。二是行政行为法，规定行政组织行使行政职权的条件与程序，主要解决"行政权的展开和运用"问题。三是行政监督与救济法，规定对行政进行监督和对行政的后果进行救济，防止行政职权被违法或不当行使，以维护公共利益，保护公民、法人及其他组织的合法权益。主要解决"行政权侵权了怎么办"问题。

第三，行政法有自己独特的调整方法，即追究行政责任等。凡行政机关越权、滥用职权，都应追究行政机关的责任。凡行政公务人员越权、滥用职权、严重失职造成的违法，应追究公务人员个人责任。

三、行政法的特征

（一）行政法在形式上的特征

（1）行政法难以制定统一完整的法典。这是由行政活动的特点所决定的。行政活动具有范围的广泛性、内容的复杂多变性、行政关系的多层次性等特点。基于这些特点，制定一部统一完整的行政法典变得十分困难。

（2）行政法由分散于宪法、法律、法规和规章等众多法律文件中的不同效力层次的行政法律规范组成，数量众多，居于各个部门法之首。

与我国刑法、民法等基本法律相比，刑法、民法只能由最高国家权力机关统一制定，法律形式单一，法律文件数量有限；而行政法的制定主体是多样的，既有权力机关，也有行政机关，形成了二元多级立法体制；各立法主体制定出的法律规范文件种类不一，名称多样，效力层次不同，因此数量众多。

这一特征也决定了我国行政法的渊源。行政法的渊源是指行政法律规范的外部表现形式和来源。我国行政法的渊源包括宪法、法律、行政法规、地方性法规、自治条例、单行条例、行政规章等。此外，国际条约与协定、法律解释等也是我国行政法的渊源。

---

[1] 吴汉东：《法学通论》（第八版），北京大学出版社2023年版，第424页。

（二）行政法在内容上的特征

（1）行政法涉及的内容十分广泛。现代行政包括国防、外交、经济、文化、教育、卫生、城乡建设等各领域，因此，行政法的调整范围也涉及国防、外交、经济、文化、教育、卫生、城乡建设等各领域，内容十分广泛，覆盖行政活动的各方面。

（2）行政法具有易变性。由于社会生活日新月异，公共行政所面临的情况错综复杂，作为行政关系调整器的行政法律规范，需要与时俱进，不断进行废、改、立，以适应社会发展中出现的新情况、新问题、新挑战。但这并不意味着行政法可以朝令夕改，稳定性和适应性仍是其基本特征，易变性只是相对于刑法、民法等其他部门法而言的。

（3）行政法的实体性规范与程序性规范通常交织在一起，没有决然分开。这表现在两方面：一是从整体上看，行政法既包括实体性规范，又包括程序性规范。程序性规范不等于行政诉讼法，除行政诉讼法外，还包括行政程序法。二是从具体的法律规定来看，行政法的实体性规范与程序性规范通常融于一个法律文件中，如《中华人民共和国行政处罚法》既规定了行政处罚的实体问题，也规定了行政处罚的程序问题；《中华人民共和国行政许可法》既规定了行政许可的实体问题，也规定了行政许可的程序问题。行政法的实体性规范与程序性规范难以分开，主要是因为行政权在实体上被赋予的同时，需要按程序来规范运用；同时将实体性规范与程序性规范规定在一个法律文件之中，也便于行政主体掌握和操作。

第二节 行政法的基本原则

行政法的基本原则，是指贯穿于行政法之中，指导行政法的制定、执行和遵守，规范行政行为实施和行政争议解决的基本准则。行政法的基本原则体现着行政法的精神实质，反映着行政法的价值目标，是行政法理论中带有根本性的问题。

现代法治国家中，政府在行使权力的过程中要受到宪法、法律原则与规范的约束，表现为依宪行政或者行政法治。我国行政法的基本原则是行政法治原则，主要包括依法行政原则和合理行政原则两方面。

一、依法行政原则

依法行政原则，是行政法作为独立法律部门存在的根本性原则，也是行政法与其他部门法区别的主要标志。依法行政要求行政组织与职权法定、依法办事、违法必究。

（一）行政组织与职权法定

行政组织法定，是指行政组织的权限、中央和地方权力的划分，行政机构的设置以及行政编制等都要依法设定，其他任何机关或个人都无权规定。

职权法定，是指行政机关及其工作人员的职责权力都应当由法律予以创设和规定，行政机关及其工作人员行使权力应当以法律为依据。非依法律取得的权力都应当被推定为无权限，非依法律规定行使的权力应推定为无效。职权法定的基本要求是：没有法律、法规、规章的规定，行政机关不得做出影响公民、法人和其他组织合法权益或者增加公民、法人和其他组织义务的决定。在行政机关与公民、法人和其他组织的关系上，一方面，行政机关采取行政措施必须有法律的明确授权；另一方面，没有法律规定的授权，行政机关不得采取影响公民、法人和其他组织权利义务的行政措施，行政机关如果不遵守这一不作为义务，将构成行政违法。

（二）依法办事

行政机关是权力机关的执行机关，而权力机关的意志主要是通过制定法律表达出来的，因此，从根本上说，行政机关是执法机关。

依法行政，要求行政机关行使行政权力，必须有法律授权，权力来源于法律，并依据法律。依法办事的"法"，包括法律、法规和规章。在法的数量上，法规、规章的数量远远超过法律，但在法的效力上，法律的效力高于法规、规章；在法规、规章与法律相冲突或相抵触时，行政机关应适用法律而不应适用与法律相冲突或相抵触的法规、规章，除非法律对相应的法规、规章有特别的授权。依法办事要求行政主体实施行政行为必须在法定范围之内，依照法的实体规定和程序规定办事，禁止行政机关违反现行有效的立法性规定任意行事，否则就构成对依法行政原则的违背。

（三）违法必究

依法行政原则的关键是行政机关及其工作人员必须依法承担行使职权产生的法律责任。行政机关及其工作人员行使行政职权，如违反法律规定、失职、越权、滥用职权等，均应承担相应的法律责任。该撤销的就应撤销；该变更的就应变更；不履行职责的就应责令其限期履行职责；违法行为给相对人的合法权益造成实际损害的就要承担赔偿责任，并要视主观过错程度追究实施违法行为的公务人员的法律责任。

没有法律责任就没有依法行政。这里的法律责任，既包括违反行政组织法所产生的法律责任，也包括违反行政行为法所产生的法律责任；既包括实体违法所产生的法律责任，也包括程序违法所产生的法律责任。

二、合理行政原则

合理行政原则，是指行政主体不仅应当在法律、法规规定的范围内实施行政行为，而且要求行政行为要客观、适度，符合公平正义等法律理性。

合理行政原则存在的根据是行政自由裁量权的产生与扩大。所谓行政自由裁量权，是指行政机关在法定的范围和幅度内，自由进行选择或者是自由根据自己的最佳判断而采取行动的权力。控制自由裁量权，就是要使行政主体公正合理地行使自由裁量权，使行为的结果更接近立法的本意。控制自由裁量权主要依靠的不是制定法，而是法律的原则和精神，主要不是依靠实体法，而是行政程序法。这样，合理性原则就在法治的土壤上生长出来了，并与合法性原则一道规范和控制行政权，构筑现代行政法治的基本架构。[1]

---

[1] 参见姜明安：《新世纪行政法发展的走向》，载《中国法学》2002年第1期。

合理行政原则具体包括以下内容。

（一）符合法律的目的

从根本上说，我国法律授予行政机关自由裁量权的目的，就是为了更好地维护公共利益和社会秩序，更好地保护行政相对人的合法权益。行政机关在行使自由裁量权时，必须考虑法律的目的，也必须符合法律的目的，凡是不符合法律目的的行为都是不合理的行为。

（二）出于正当的动机

所谓正当动机，是指行政机关做出某一行政行为，在其最初的出发点和动机诱因上，不得违背社会公平观念或法律精神。

（三）考虑相关因素，排除不相关的因素

所谓相关因素，是指与所处理事件有内在联系并可以作为作出决定根据的因素；所谓不相关的因素，是指与事件本身没有内在的联系而不能作为做出决定根据的因素。行政机关及其工作人员在行使自由裁量权的时候，必须考虑相关的因素，尤其是要考虑法律、法规所明示的或默示的要求考虑的因素，不应该考虑与做出决定无关的因素。

（四）不得任意迟延或不作为

任意迟延或不作为是消极地滥用自由裁量权的表现。具体而言，包括以下两种情况。

（1）在法律、法规规定了行政机关办理某一事项的时限时，在这个时限内，行政机关对在何时办理某事有自由裁定权。但在某种特定的情况下，行政相对人的某种事项必须紧急处理，否则将给行政相对人的合法权益或社会公共利益造成巨大损失。在这种情况下，如果行政机关故意拖延，一定要等到时限届满之日或等到某种损失已经发生或不可避免之时再办理，即是对自由裁量权的滥用。

（2）对于行政机关办理的某些事项，法律、法规有时没有或不可能规定具体的时限，何时办理完全由行政机关自由裁量。在这种情况下，行政机关也应根据相应事项的轻重缓急和各种有关因素，依序办理。如果行政机关故意将某些应紧急处理的事项压后处理，或者将应及时办理的事项故意拖延，同样构成对自由裁量权的滥用。

因此，要做到合理行政，就必须对消极的滥用自由裁量权的行为加以遏制。

（五）符合公正法则

符合公正法则的具体内容包括平等对待不歧视、遵循比例不失衡、前后一致不反复、信赖保护不反言。

第三节 行政法律关系主体

行政法律关系主体，也称行政法主体，或行政法律关系当事人，是指行政法律关系中享有权利和承担义务的组织或个人，主要包括行政主体和行政相对人。

一、行政主体

通俗地说，行政主体就是"掌握行政权的组织"。

（一）行政主体的概念

行政主体是指依法享有行政权，能以自己的名义进行行政管理活动，并能独立承担自己行为所产生的法律责任的组织。包括以下四层含义：①行政主体必须是组织，而不是个人；②行政主体必须是享有国家行政权力、实施行政活动的组织；③行政主体必须是能够以自己的名义实施行政活动的组织；④行政主体必须是能独立承担自己行为所产生的法律责任的组织，主要表现为能成为行政复议的被申请人、行政诉讼的被告与行政赔偿的赔偿义务机关。

（二）行政主体的范围

行政主体的范围主要包括行政机关和法律、法规授权的组织。

1. 行政机关

行政机关是最主要的行政主体。在我国，具有行政主体资格的行政机关主要有：①国务院；②国务院各部、各委员会；③国务院直属机构和办事机构；④国务院部委归口管理的国家局；⑤地方各级人民政府；⑥地方各级人民政府的职能部门；⑦地方人民政府的派出机关，如街道办事处等。

2. 法律、法规授权的组织

法律、法规授权的组织，是指依据法律、法规的授权能够以自己的名义行使一定行政职权的行政机关以外的社会组织，简称为"被授权组织"。在我国，被授权组织主要有：①行政性公司；②企事业单位；③社会团体、群众性组织；④行政机关的内部机构；⑤行政机关的派出机构；⑥有关的技术检验、鉴定机构。

（三）与行政主体相关的组织与个人

与行政主体相关的组织与个人，主要有受行政机关委托的组织和行政公务人员。

1. 受行政机关委托的组织

受行政机关委托的组织，是指接受行政机关的委托而行使某项行政职权或从事某些行政事务管理的组织，简称为"受委托组织"。受委托组织与被授权组织虽然都行使一定的行政职权，进行行政管理活动，但二者是有区别的，主要有两点：①权力来源不同。受委托组织的权力来源于行政机关的委托；而被授权组织的权力来源于法律、法规及规章的授权。②地位不同。受委托组织不具有行政主体资格，其在行使行政职权时必须以委托的行政机关的名义进行，行为的后果归属于委托的行政机关；被授权组织具有行政主体资格，它是以自己的名义独立地行使行政职权，并能独立承担自己行为所产生的法律后果。

2. 行政公务人员

行政公务人员，是指任职于行政机关或其他公务组织（包括被授权组织或受委托组织）中具体行使行政职权、执行国家公务的工作人员，包括行政机关公务员和其他行政公务人员。

1）行政机关公务员

首先，行政机关公务员的概念和特征。

行政机关公务员是指经法定程序任用，在行政机关中行使国家行政权力、执行国家公务除工勤人员以外的工作人员。公务员具有以下三个特征：第一，必须是在国家行政机关中工作的人员；第二，必须是行使行政权力、执行国家公务的人员；第三，国家公务员在法律上处于特殊地位，即与国家存在着职务关系，他以国家的名义执行公务，行为的结果归属于国家所有，国家要为其提供权力并承担其行为所产生的结果。

其次，行政机关公务员的条件、权利和义务。

2005年4月27日，第十届全国人民代表大会常务委员会第十五次会议通过了《中华人民共和国公务员法》，自2006年1月1日起施行。2018年12月29日，第十三届全国人民代表大会常务委员会第七次会议对其进行了修订。这是一部规范公务员行为准则的法律，对公务员的条件、权利和义务作了明确的规定。

第一，公务员的条件。《中华人民共和国公务员法》第十三条规定，公务员应当具备下列条件：具有中华人民共和国国籍；年满十八周岁；拥护《中华人民共和国宪法》，拥护中国共产党领导和社会主义制度；具有良好的政治素质和道德品行；具有正常履行职责的身体条件和心理素质；具有符合职位要求的文化程度和工作能力；法律规定的其他条件。

第二，公务员的权利。《中华人民共和国公务员法》第十五条规定：公务员享有下列权利：获得履行职责应当具有的工作条件；非因法定事由、非经法定程序，不被免职、降职、辞退或者处分；获得工资报酬，享受福利、保险待遇；参加培训；对机关工作和领导人员提出批评和建议；提出申诉和控告；申请辞职；法律规定的其他权利。

第三，公务员的义务。《中华人民共和国公务员法》第十四条规定：公务员应当履行下列义务：忠于宪法，模范遵守、自觉维护宪法和法律，自觉接受中国共产党领导；忠于国家，维护国家的安全、荣誉和利益；忠于人民，全心全意为人民服务，接受人民监督；忠于职守，勤勉尽责，服从和执行上级依法作出的决定和命令，按照规定的权限和程序履行职责，努力提高工作质量和效率；保守国家秘密和工作秘密；带头践行社会主义核心价值观，坚守法治，遵守纪律，恪守职业道德，模范遵守社会公德、家庭美德；清正廉洁，公道正派；法律规定的其他义务。

最后，在实践中如何区分行政机关公务员的行为是公务行为还是个人行为。

行政机关公务员具有双重身份，既是公务员，又是普通公民，在什么情况下，是以国家的名义执行公务，在什么情况下，是个人行为呢？

在实践中，判断一种行为是不是执行公务的行为，主要有以下三个标准：

第一，该行为实施者必须是公务员或者法律、法规授权的组织的正式工作人员，或者是行政机关依法委托的执行公务的人员；

第二，该行为实施者必须出于执行公务的动机和目的；

第三，该行为必须在行政职权范围内进行，不得超越职权。行政机关公务员执行公务应当遵循法定的方式和程序，应当表明身份，可以通过着装、出示证件或佩戴有关值勤标志等方式表明自己的公务身份。

2）其他行政公务人员

其他行政公务人员，是指在被授权组织和受委托组织中任职并实际从事行政公务活动的人员。具体包括：第一，行政机关非固定性借用的执行公务的人员；第二，在紧急情况下，经行政机关认可而协助执行公务的人员；第三，在法律、法规授权的组织中，不属于国家行政编制，也不由国家财政负担工资福利的执行公务的人员；第四，在受行政机关委托的组织中行使行政职权的人员等。

3）行政公务人员的法律地位

可以从其与行政主体和行政相对人之间的关系及其权利、义务等方面来确定。

第一，行政公务人员与行政主体之间的关系是行政职务关系，属于内部行政法律关系。其内容主要有：一是行政机关的职权、职责等一概溯及行政公务人员。二是行政公务人员实施行政管理活动时，必须以行政主体的名义进行，而且应当符合行政主体的意志，其行为所引起的法律后果由行政主体承担。三是行政主体对行政公务人员的过错行为承担责任。行政主体可对有故意或重大过失的行政公务人员追究相关的行政责任或予以追偿。四是行政主体有权要求行政公务人员以行政主体的名义，并按行政主体的意志进行活动。行政主体可以在法律规定的范围内规定行政公务人员的纪律，并行使监督权和奖惩权。

第二，行政公务人员与行政相对人之间发生法律关系的内容，主要表现为两方面：一是行政公务人员有权以行政主体的名义对行政相对人实施管理，同时也有义务保护行政相对人的合法权益，并接受行政相对人的监督；二是行政相对人有服从和协助行政公务人员实施行政管理活动的义务，同时享有批评、建议、申诉、控告和申请行政复议、提起行政诉讼的权利。

第三，行政公务人员的权利和义务。行政公务人员的权利主要有：依法执行公务的保障权，身份保障权，职务待遇方面的权利（如依法获得报酬和享受保险福利待遇的权利、参加培训的权利、依法提出辞职的权利等），批评建议权，申诉控告权。行政公务人员的义务主要有：守法的义务、依法办事的义务、忠于职守的义务、保守秘密的义务、不得从事与职务相悖的活动的义务。

（四）行政主体的职权、职责与法律责任

1. 行政主体的职权

行政主体依法享有的行政职权内容十分广泛，不同层级和类型的行政主体的行政职权各有不同。总体来讲，行政主体的行政职权主要包括以下几个方面。

（1）行政创制权，是指行政主体依据宪法和法律规定所具有的制定、发布行政法

律规范的权力，编制计划、规划和预算的权力，起草法律草案的权力，等等。

（2）行政命令权，是指行政主体向行政相对人发布命令，要求其做出某种行为或不做出某种行为的权力。

（3）行政决定权，是指行政主体依法对行政管理中的具体事项和特定相对人做出处理的权力，如行政许可、行政征收、行政给付等。

（4）行政监督权，是指行政主体为保证行政管理目标的实现，而对行政相对人遵守法律法规、履行义务情况进行监督检查的权力。

（5）行政强制权，包括行政强制措施权和行政强制执行权两种。行政强制措施权是指行政主体在行政管理过程中，为制止违法行为、防止证据损毁、避免危害发生、控制危险扩大等，依法对公民的人身自由实施暂时性限制，或者对公民、法人或者其他组织的财产实施暂时性控制的权力。行政强制执行权是指行政主体对拒不履行行政决定的行政相对人，依法强制其履行义务的权力。

（6）行政制裁权，包括行政处罚权和行政处分权两种。行政处罚权是指行政主体基于行政管辖关系，依法对违反行政法规范的相对人实施制裁的权力。行政处分权是指行政主体基于行政隶属关系，依法对有违法违纪行为的行政公务人员实施制裁的权力。

（7）行政裁判权，是指行政主体裁决民事或行政争议、处理纠纷的权力。

2. 行政主体的职责

行政主体所具有的行政职责是其依法应当履行的义务。概括地讲，行政主体的职责主要包括：①积极行使行政职权而不失职、不越权的义务。②依法合理行使行政职权的义务。③接受各种法律监督的义务。

3. 行政主体的法律责任

行政主体的法律责任，是指行政主体对其违法行为承担的不利法律后果。行政主体承担法律责任的形式主要包括：①承认错误，赔礼道歉；②恢复名誉，消除影响；③履行职务；④撤销违法；⑤纠正不当；⑥返还权益，恢复原状；⑦赔偿损失。

二、行政相对人

（一）行政相对人的概念

在行政法律关系中，与行政主体互有权利义务的另一方当事人，就是行政相对人，即行政主体实施行政行为对其权益发生影响的个人和组织。

（二）行政相对人的分类

根据不同的标准可以对行政相对人进行不同的分类。

（1）个人相对人与组织相对人，是以行政相对人自身存在形式的不同为标准所做的分类。个人相对人是自然人形态的行政相对人，包括一人和多人两种；组织相对人是团体形态的行政相对人，包括法人和非法人组织两种。

（2）特定相对人与不特定相对人，是以行政主体行政行为的对象是否确定为标准所做的分类。特定相对人是行政主体行政行为所指向的可确定的对象，这类相对人在范围上明确、具体，通常是行政主体具体行政行为的相对人。不特定相对人是行政主体行政行为所指向的广泛而不确定的对象,通常是行政主体抽象行政行为的相对人。

(3)直接相对人与间接相对人,是以受行政主体行政行为约束和影响的方式不同所做的分类。直接相对人是行政主体行政行为的直接对象,其权益受到行政行为的直接影响,如行政处罚的被处罚人、行政征收的被征收人等。间接相对人是行政主体行政行为的间接对象,其权益受到行政行为的间接影响,如行政处罚中受到被处罚人行为侵害的被害人,行政许可中其权益可能受到许可行为不利影响的、与申请人有利害关系的人等。

(三)行政相对人的法律地位

行政相对人的法律地位可以从他与行政主体之间的关系及其权利、义务等方面来确定。

(1)行政相对人与行政主体之间的关系。主要体现在三个方面:①行政相对人是行政主体行政管理的对象,他必须服从行政主体的管理,履行行政主体行政行为为之确定的义务,遵守行政管理秩序,否则,行政主体可以对之实施行政强制或行政制裁。②行政相对人也是行政管理的参与人。在现代社会,行政相对人不是消极被动地接受管理,而是可以通过各种途径和形式,积极地参与到行政管理中去,成为行政活动的共同创造者,这是现代行政民主的重要体现。③行政相对人在行政救济法律关系和行政法治监督关系中可以转化为救济对象和监督主体。

(2)行政相对人的主要权利。根据我国法律、法规的有关规定,行政相对人在行政法律关系中主要享有下列权利:①申请权;②参与权;③了解权;④平等的受保护的权利;⑤受益权;⑥批评建议权;⑦申诉、控告检举权;⑧陈述申辩权;⑨请求救济权,包括申请行政复议、提起行政诉讼、请求行政赔偿的权利;⑩抵制重大或者明显违法行政行为的权利。

(3)行政相对人的主要义务。根据我国法律、法规的有关规定,行政相对人在行政法律关系中主要应履行下列义务:①服从行政管理的义务;②配合、协助行政主体正常行使有关权利的义务,如协助行政主体执行公务,对行政主体行使调查取证权予以配合等;③接受行政监督的义务;④提供真实信息的义务;⑤遵守法定程序的义务。

第四节 行 政 行 为

行政主体行使行政权力,执行法律,是通过行政行为来实现的。行政行为是行政法的核心内容,主要解决"行政权的展开和运用"问题。

一、行政行为的概念与特征

(一)行政行为的概念

行政行为是指具有行政权能的组织通过一定的意思表示行使行政职权或履行行政职责所实施的能产生法律效果(即设定、变更或消灭行政法律关系)的行为。

可从三方面来理解：一是行政行为的主体是具有行政权能的组织。二是行政行为是具有行政权能的组织行使行政职权或履行行政职责所作的行为。三是行政行为是产生法律效果的事实行为，是设定、变更或消灭行政法律关系的法律事实。

（二）行政行为的特征

（1）从属性。行政行为的根本任务和目的是执行法律，因而必须从属于法律。行政机关及其工作人员是人民的公仆，必须根据体现人民意志和利益的法律行事，任何行政行为的作出必须有法律依据。

（2）服务性。行政行为是具有行政权能的组织提供的公共服务行为。它追求的是国家和社会的公共利益。

（3）单方性。行政行为是具有行政权能的组织代表公共利益所作的一种单方面意思表示。行政相对人虽然可以参与到行政行为的过程中，但其意志对于行政行为的成立不具有决定性的意义。

（4）强制性。行政行为是执行法律的活动，法律的强制性必然体现为行政行为的强制性。行政相对人对行政行为必须服从和配合，否则就会导致强制执行。尽管现代行政法不再一味强调行政行为实施的强制性，而强调行政行为的可接受性和行政相对人的自愿接受，但这并不否定行政行为以强制性为后盾。

（5）无偿性。行政行为是一种执行法律的公务活动，而执行公务活动的经费是国家无偿地向行政相对人征收的，既然行政相对人已经无偿地分担了公共负担，因而接受行政主体的公共服务也应当是无偿的。但不排除在例外的情况下行政行为可以是有偿的。

二、行政行为的种类

按照不同的标准可以对行政行为作不同的分类，以其对象是否特定为标准，可以将行政行为分为抽象行政行为和具体行政行为。

（一）抽象行政行为

抽象行政行为，是指国家行政机关针对不特定对象发布的能反复适用的具有普遍约束力的行为规则的行为。作为这一行为的结果，从静态方面看，抽象行政行为主要包括行政法规、行政规章和其他行政规范性文件等。

抽象行政行为包括以下两种类型。

（1）行政立法。它是指特定的国家行政机关依据法定的职权和程序制定和发布行政法规和行政规章的行为。

（2）制定其他行政规范性文件的行为。它是指国家行政机关制定除行政法规、行政规章外的具有普遍约束力的决定、命令，规定行政措施等抽象行政行为。

（二）具体行政行为

具体行政行为，是指行政主体针对特定对象作出具体决定、采取具体措施的行政行为。主要类型有行政许可、行政给付、行政奖励、行政处罚、行政强制、行政征收、行政裁决、行政确认等。

1. 行政许可

2003年8月27日，第十届全国人民代表大会常务委员会第四次会议通过了《中华人民共和国行政许可法》，自2004年7月1日起施行；2019年4月23日，第十三届全国人民代表大会常务委员会第十次会议《关于修改〈中华人民共和国建筑法〉等八部法律的决定》对其予以修正。

1）行政许可的概念和特征

行政许可又称行政审批，是指行政机关根据公民、法人或者其他组织的申请，经依法审查，准予其从事特定活动的行为。行政许可的特征主要有四点：第一，行政许可存在的前提是法律的一般禁止，许可是对禁止的解除；第二，行政许可是行政职权与职责相统一的授益性行政行为；第三，行政许可是依申请的行政行为；第四，行政许可是要式行政行为。

2）行政许可的原则

根据《中华人民共和国行政许可法》第五条、第六条的规定，设定和实施行政许可，应当遵循公开、公平、公正、非歧视的原则；实施行政许可，应当遵循便民的原则，提高办事效率，提供优质服务。

3）行政许可的事项

可以设定行政许可的事项包括："（一）直接涉及国家安全、公共安全、经济宏观调控、生态环境保护以及直接关系人身健康、生命财产安全等特定活动，需要按照法定条件予以批准的事项；（二）有限自然资源开发利用、公共资源配置以及直接关系公共利益的特定行业的市场准入等，需要赋予特定权利的事项；（三）提供公众服务并且直接关系公共利益的职业、行业，需要确定具备特殊信誉、特殊条件或者特殊技能等资格、资质的事项；（四）直接关系公共安全、人身健康、生命财产安全的重要设备、设施、产品、物品，需要按照技术标准、技术规范，通过检验、检测、检疫等方式进行审定的事项；（五）企业或者其他组织的设立等，需要确定主体资格的事项；（六）法律、行政法规规定可以设定行政许可的其他事项。"

以上事项，通过下列方式能够予以规范的，可以不设行政许可："（一）公民、法人或者其他组织能够自主决定的；（二）市场竞争机制能够有效调节的；（三）行业组织或者中介机构能够自律管理的；（四）行政机关采用事后监督等其他行政管理方式能够解决的。"

4）行政许可的实施程序

行政许可的实施程序主要包括：申请与受理、审查与决定、期限、听证、变更与延续和特别规定。

公民、法人或者其他组织从事特定活动，依法需要取得行政许可的，应当向行政机关提出申请。申请人申请行政许可，应当如实向行政机关提交有关材料和反映真实情况，并对其申请材料实质内容的真实性负责。行政机关对申请人提出的行政许可申请，应当根据下列情况分别作出处理："（一）申请事项依法不需要取得行政许可的，应当即时告知申请人不受理；（二）申请事项依法不属于本行政机关职权范围的，应当即时作出不予受理的决定，并告知申请人向有关行政机关申请；（三）申请材料存在可以当场更正的错误的，应当允许申请人当场更正；（四）申请材料不齐全或者不符合法定形式的，应当当场或者在五日内一次告知申请人需要补正的全部内容，逾期不告知的，自收到申请材料之日起即为受理；（五）申请事项属于本行政机关职权范围，申请材料齐全、符合法定形式，或者申请人按照本行政机关的要求提交全部补正申请材料的，应当受理行政许可申请。行政机关受理或者不予受理行政许可申请，应当出具加盖本行政机关专用印章和注明日期的书面凭证。"

行政机关应当对申请人提交的申请材料进行审查。申请人提交的申请材料齐全、符合法定形式，行政机关能够当场作出决定的，应当当场作出书面的行政许可决定。

除可以当场作出行政许可决定的外，行政机关应当自受理行政许可申请之日起二十日内作出行政许可决定。二十日内不能作出决定的，经本行政机关负责人批准，可以延长十日，并应当将延长期限的理由告知申请人。但是，法律、法规另有规定的，依照其规定。

法律、法规、规章规定实施行政许可应当听证的事项，或者行政机关认为需要听证的其他涉及公共利益的重大行政许可事项，行政机关应当向社会公告，并举行听证。

被许可人要求变更行政许可事项的，应当向作出行政许可决定的行政机关提出申请；符合法定条件、标准的，行政机关应当依法办理变更手续。被许可人需要延续依法取得的行政许可的有效期的，应当在该行政许可有效期届满三十日前向作出行政许可决定的行政机关提出申请。但是，法律、法规、规章另有规定的，依照其规定。行政机关应当根据被许可人的申请，在该行政许可有效期届满前作出是否准予延续的决定；逾期未作决定的，视为准予延续。

赋予公民特定资格，依法应当举行国家考试的，行政机关根据考试成绩和其他法定条件作出行政许可决定。公民特定资格的考试依法由行政机关或者行业组织实施，公开举行。行政机关或者行业组织应当事先公布资格考试的报名条件、报考办法、考试科目以及考试大纲。但是，不得组织强制性的资格考试的考前培训，不得指定教材或者其他助考材料。

赋予法人或者其他组织特定的资格、资质的，行政机关根据申请人的专业人员构成、技术条件、经营业绩和管理水平等的考核结果作出行政许可决定。但是，法律、行政法规另有规定的，依照其规定。

在日常生活中，公民取得驾驶执照、律师取得法律职业资格证书和律师执业证书、公司取得营业执照等都属于行政许可的范围。

2. 行政处罚

1996 年 3 月 17 日，第八届全国人民代表大会第四次会议通过了《中华人民共和国行政处罚法》，自 1996 年 10 月 1 日起施行。根据 2009 年 8 月 27 日第十一届全国人民代表大会常务委员会第十次会议《关于修改部分法律的决定》第一次修正；根据 2017 年 9 月 1 日第十二届全国人民代表大会常务委员会第二十九次会议《关于修改〈中华人民共和国法官法〉等八部法律的决定》第二次修正；并于 2021 年 1 月 22 日第十三届全国人民代表大会常务委员会第二十五次会议修订，自 2021 年 7 月 15 日起施行。

1)行政处罚的概念

行政处罚是指行政机关依法对违反行政管理秩序的公民、法人或者其他组织,以减损权益或者增加义务的方式予以惩戒的行为。

2)行政处罚的特征

行政处罚的特征主要有四点:第一,行政处罚的主体是行政主体,其实施行政处罚必须依据法定权限;第二,行政处罚的前提是行政违法行为的存在;第三,行政处罚的对象是行政相对人;第四,行政处罚的性质是一种损益性的行政行为。

3)行政处罚的原则

行政处罚遵循公正、公开的原则。实施行政处罚,纠正违法行为,应当坚持处罚与教育相结合,教育公民、法人或者其他组织自觉守法。

4)行政处罚的种类

根据《中华人民共和国行政处罚法》第九条规定,行政处罚的种类包括:"(一)警告、通报批评;(二)罚款、没收违法所得、没收非法财物;(三)暂扣许可证件、降低资质等级、吊销许可证件;(四)限制开展生产经营活动、责令停产停业、责令关闭、限制从业;(五)行政拘留;(六)法律、行政法规规定的其他行政处罚。"

5)行政处罚的实施机关

行政处罚由具有行政处罚权的行政机关在法定职权范围内实施。

国家在城市管理、市场监管、生态环境、文化市场、交通运输、应急管理、农业等领域推行建立综合行政执法制度,相对集中行政处罚权。国务院或者省、自治区、直辖市人民政府可以决定一个行政机关行使有关行政机关的行政处罚权。限制人身自由的行政处罚权只能由公安机关和法律规定的其他机关行使。

法律、法规授权的具有管理公共事务职能的组织可以在法定授权范围内实施行政处罚。行政机关依照法律、法规、规章的规定,可以在其法定权限内书面委托符合法定条件的受委托组织实施行政处罚。行政机关不得委托其他组织或者个人实施行政处罚。委托书应当载明委托的具体事项、权限、期限等内容。委托行政机关和受委托组织应当将委托书向社会公布。委托行政机关对受委托组织实施行政处罚的行为应当负责监督,并对该行为的后果承担法律责任。受委托组织在委托范围内,以委托行政机关名义实施行政处罚;不得再委托其他组织或者个人实施行政处罚。

6)行政处罚的管辖

行政处罚由违法行为发生地的行政机关管辖。法律、行政法规、部门规章另有规定的,从其规定。行政处罚由县级以上地方人民政府具有行政处罚权的行政机关管辖。法律、行政法规另有规定的,从其规定。

省、自治区、直辖市根据当地实际情况,可以决定将基层管理迫切需要的县级人民政府部门的行政处罚权交由能够有效承接的乡镇人民政府、街道办事处行使,并定期组织评估。决定应当公布。承接行政处罚权的乡镇人民政府、街道办事处应当加强执法能力建设,按照规定范围、依照法定程序实施行政处罚。两个以上行政机关都有管辖权的,由最先立案的行政机关管辖。对管辖发生争议的,应当协商解决,协商不成的,报请共同的上一级行政机关指定管辖;也可以直接由共同的上一级行政机关指定管辖。行政机关因实施行政处罚的需要，可以向有关机关提出协助请求。协助事项属于被请求机关职权范围内的，应当依法予以协助。

违法行为涉嫌犯罪的，行政机关应当及时将案件移送司法机关，依法追究刑事责任。对依法不需要追究刑事责任或者免予刑事处罚，但应当给予行政处罚的，司法机关应当及时将案件移送有关行政机关。行政处罚实施机关与司法机关之间应当加强协调配合，建立健全案件移送制度，加强证据材料移交、接收衔接，完善案件处理信息通报机制。

3. 行政强制

2011年6月30日，第十一届全国人民代表大会常务委员会第二十一次会议通过了《中华人民共和国行政强制法》，自2012年1月1日起施行。

1）行政强制的概念

行政强制是指行政主体为实现一定的行政目的，依法采取强制措施对相对人的人身或财产予以处置的行为。

2）行政强制的内涵

行政强制包括行政强制措施和行政强制执行。行政强制措施，是指行政机关在行政管理过程中，为制止违法行为、防止证据损毁、避免危害发生、控制危险扩大等情形，依法对公民的人身自由实施暂时性限制，或者对公民、法人或者其他组织的财物实施暂时性控制的行为。行政强制执行，是指行政机关或者行政机关申请人民法院，对不履行行政决定的公民、法人或者其他组织，依法强制履行义务的行为。

3）行政强制的原则

行政强制的设定和实施，应当依照法定的权限、范围、条件和程序。行政强制的设定和实施，应当适当。采用非强制手段可以达到行政管理目的的，不得设定和实施行政强制。实施行政强制，应当坚持教育与强制相结合。行政机关及其工作人员不得利用行政强制权为单位或者个人谋取利益。

4）行政强制措施的种类和行政强制执行的方式

根据《中华人民共和国行政强制法》的规定，行政强制措施的种类包括："（一）限制公民人身自由；（二）查封场所、设施或者财物；（三）扣押财物；（四）冻结存款、汇款；（五）其他行政强制措施。"

行政强制执行的方式包括："（一）加处罚款或者滞纳金；（二）划拨存款、汇款；（三）拍卖或者依法处理查封、扣押的场所、设施或者财物；（四）排除妨碍、恢复原状；（五）代履行；（六）其他强制执行方式。"

5）行政强制措施实施程序

一般而言，行政强制措施由法律、法规规定的行政机关在法定职权范围内实施。行政强制措施权不得委托。依据《中华人民共和国行政处罚法》的规定行使相对集中行政处罚权的行政机关，可以实施法律、法规规定的与行政处罚权有关的行政强制措施。行政强制措施应当由行政机关具备资格的行政执法人员实施，其他人员不得实施。

行政机关实施行政强制措施应当遵守下列规定："（一）实施前须向行政机关负责人报告并经批准；（二）由两名以上行政执法人员实施；（三）出示执法身份证件；（四）通知当事人到场；（五）当场告知当事人采取行政强制措施的理由、依据以及当事人依法享有的权利、救济途径；（六）听取当事人的陈述和申辩；（七）制作现场笔录；（八）现场笔录由当事人和行政执法人员签名或者盖章，当事人拒绝的，在笔录中予以注明；（九）当事人不到场的，邀请见证人到场，由见证人和行政执法人员在现场笔录上签名或者盖章；（十）法律、法规规定的其他程序。"

情况紧急，需要当场实施行政强制措施的，行政执法人员应当在二十四小时内向行政机关负责人报告，并补办批准手续。行政机关负责人认为不应当采取行政强制措施的，应当立即解除。

依照法律规定实施限制公民人身自由的行政强制措施，除应当履行规定的程序外，还应当遵守下列规定："（一）当场告知或者实施行政强制措施后立即通知当事人家属实施行政强制措施的行政机关、地点和期限；（二）在紧急情况下当场实施行政强制措施的，在返回行政机关后，立即向行政机关负责人报告并补办批准手续；（三）法律规定的其他程序。实施限制人身自由的行政强制措施不得超过法定期限。实施行政强制措施的目的已经达到或者条件已经消失，应当立即解除。"

违法行为涉嫌犯罪应当移送司法机关的，行政机关应当将查封、扣押、冻结的财物一并移送，并书面告知当事人。

6）行政机关强制执行程序

一般来说，行政机关依法作出行政决定后，当事人在行政机关决定的期限内不履行义务的，具有行政强制执行权的行政机关依照法律规定强制执行。

行政机关作出强制执行决定前，应当事先催告当事人履行义务。催告应当以书面形式作出，并载明下列事项："（一）履行义务的期限；（二）履行义务的方式；（三）涉及金钱给付的，应当有明确的金额和给付方式；（四）当事人依法享有的陈述权和申辩权。"

当事人收到催告书后有权进行陈述和申辩。行政机关应当充分听取当事人的意见，对当事人提出的事实、理由和证据，应当进行记录、复核。当事人提出的事实、理由或者证据成立的，行政机关应当采纳。

经催告，当事人逾期仍不履行行政决定，且无正当理由的，行政机关可以作出强制执行决定。强制执行决定应当以书面形式作出，并载明下列事项："（一）当事人的姓名或者名称、地址；（二）强制执行的理由和依据；（三）强制执行的方式和时间；（四）申请行政复议或者提起行政诉讼的途径和期限；（五）行政机关的名称、印章和日期。"在催告期间，对有证据证明有转移或者隐匿财物迹象的，行政机关可以作出立即强制执行决定。

中止执行的情形有："（一）当事人履行行政决定确有困难或者暂无履行能力的；（二）第三人对执行标的主张权利，确有理由的；（三）执行可能造成难以弥补的损失，且中止执行不损害公共利益的；（四）行政机关认为需要中止执行的其他情形。中止执行的情形消失后，行政机关应当恢复执行。对没有明显社会危害，当事人确无能力履行，中止执行满三年未恢复执行的，行政机关不再执行。"

终结执行的情形有："（一）公民死亡，无遗产可供执行，又无义务承受人的；（二）法人或者其他组织终止，无财产可供执行，又无义务承受人的；（三）执行标的灭失的；（四）据以执行的行政决定被撤销的；（五）行政机关认为需要终结执行的其他情形。"

在执行中或者执行完毕后，据以执行的行政决定被撤销、变更，或者执行错误的，应当恢复原状或者退还财物；不能恢复原状或者退还财物的，依法给予赔偿。

实施行政强制执行，行政机关可以在不损害公共利益和他人合法权益的情况下，与当事人达成执行协议。执行协议可以约定分阶段履行；当事人采取补救措施的，可以减免加处的罚款或者滞纳金。执行协议应当履行。当事人不履行执行协议的，行政机关应当恢复强制执行。行政机关不得在夜间或者法定节假日实施行政强制执行。但是，情况紧急的除外。行政机关不得对居民生活采取停止供水、供电、供热、供燃气等方式迫使当事人履行相关行政决定。

对违法的建筑物、构筑物、设施等需要强制拆除的，应当由行政机关予以公告，限期当事人自行拆除。当事人在法定期限内不申请行政复议或者提起行政诉讼，又不拆除的，行政机关可以依法强制拆除。

在建设法治中国的实践中，行政主体依法行政，主要就是通过两种行政行为来实现的，一是作出抽象行政行为，即制定规范，包括国务院根据宪法、法律，制定行政法规；国务院部委根据法律、行政法规，制定规章；地方政府根据法律、行政法规和地方性法规，制定规章。二是依法作出具体行政行为，即依据法律的授权和规定，严格执法。

第五节 行政复议

为了防止和纠正违法的或者不当的行政行为，保护公民、法人和其他组织的合法权益，监督和保障行政机关依法行使职权，发挥行政复议化解行政争议的主渠道作用，1999年4月29日，第九届全国人民代表大会常务委员会第九次会议通过了《中华人民共和国行政复议法》（简称《行政复议法》），自1999年10月1日起施行。2009年8月27日，第十一届全国人民代表大会常务委员会第十次会议《关于修改部分法律的决定》第一次修正；2017年9月1日，第十二届全国人民代表大会常务委员会第二十九次会议《关于修改〈中华人民共和国法官法〉等八部法律的决定》第二次修正，分别对部分条款作了修改。2023年9月1日，第十四届全国人民代表大会常务委员会第五次会议修订通过，自2024年1月1日起施行。

一、行政复议的概念与特征

（一）行政复议的概念

行政复议，是指行政相对人不服行政主体做出的行政行为，依法向有复议权的行政机关提出复查申请，行政复议机关依照法定程序对引起争议的行政行为的合法性与适当性进行审查，并依法做出裁决的活动。

（二）行政复议的特征

（1）行政复议是依申请的行政行为。公民、法人或者其他组织认为行政机关的行政行为侵犯其合法权益，向行政复议机关提出行政复议申请。可见：第一，行政复议是因行政相对人申请而引起的；第二，行政复议的被申请人是行政主体，即做出行政行为的行政机关或法律、法规、规章授权的组织，其他国家机关、社会团体及公民个人均不能作为被申请人。

（2）行政复议是一种行政裁判行为，这是行政复议的基本性质。行政复议是由有复议权的行政机关行使行政裁判权的活动，行政复议机关以第三方公断人的身份，依法审理行政主体在行政管理活动中与相对人发生的行政争议，并做出决定。这种决定针对特定的对象做出，只有一次性效力，不能反复多次适用。

（3）行政复议对行政行为的合法性和适当性进行审查。这是行政复议内容上的特点，也是行政复议与行政诉讼在裁判行政争议案件上的一个重要区别。《行政复议法》对此做了明确的规定。这一特点是由复议机关与作出行政行为的行政主体之间一般存在行政隶属关系，复议机关对做出原行政行为的行政主体具有行政监督权所决定的。

（4）行政复议必须依法进行，即必须按法定的条件、方式和程序来进行。

二、行政复议的原则

《行政复议法》第三条规定："行政复议工作坚持中国共产党的领导。行政复议机关履行行政复议职责，应当遵循合法、公正、公开、高效、便民、为民的原则，坚持有错必纠，保障法律、法规的正确实施。"

坚持中国共产党的领导是行政复议工作的根本遵循。行政复议机关履行行政复议职责，应当遵循以下具体原则。

（一）合法原则

这是所有行政权行使都应遵循的一项基本原则，是依法行政的基本要求，行使行政复议权也应遵循合法原则。行政复议机关履行行政复议职责，应当遵循法律规定的职权、范围、条件和程序。

（二）公正原则

公正是一切司法活动的本质要求，行政复议是一种行政司法行为，复议机关解决行政争议，应当将作为被申请人的行政机关与作为申请人的公民、法人和其他组织放在平等的位置上，不能偏袒任何一方。

（三）公开原则

这是一个重要的程序原则，是民主政治的本质要求，是增强行政工作透明度的重要措施。具体是指行政机关在作出与相对方利益相关的行政行为时，要通过一定的程序让相对方参与和了解。主要包括：程序公开、过程公开、裁决公开。

（四）高效原则

这是行政效率的具体原则要求。主要包括：受理复议申请应当及时、审理复议案件的各项工作应当抓紧进行、作出复议决定应当及时，以及在复议当事人不履行复议决定时，复议机关应当及时作出相应的处理。

（五）便民原则

这是指行政复议要便于行政相对人参加，在复议活动中复议机关和复议人员要为申请人行使各项权利提供便利。修订后的《行政复议法》增加行政复议申请便民举措，如行政机关通过互联网渠道送达行政行为决定书的，应当同时提供提交行政复议申请书的互联网渠道。

（六）为民原则

法治政府是服务政府，本着为民服务的理念是行政复议工作的内在要求。在复议活动中复议机关和复议人员要树立为民服务的理念，落实为民原则。

三、行政复议机关及行政复议相关要求

（一）行政复议机关及行政复议机构

县级以上各级人民政府以及其他依法履行行政复议职责的行政机关是行政复议机关。行政复议机关办理行政复议事项的机构是行政复议机构。行政复议机构组织办理行政复议机关的行政应诉事项。

（二）行政复议相关要求

（1）行政复议机关应当加强行政复议工作，支持和保障行政复议机构依法履行职责。上级行政复议机构对下级行政复议机构的行政复议工作进行指导、监督。

行政复议机关应当确保行政复议机构的人员配备与所承担的工作任务相适应，提高行政复议人员专业素质，根据工作需要保障办案场所、装备等设施。县级以上各级人民政府应当将行政复议工作经费列入本级预算。

（2）国务院行政复议机构可以发布行政复议指导性案例。

（3）行政复议机关办理行政复议案件，可以进行调解。

（4）国家建立专业化、职业化行政复议人员队伍。

行政复议机构中初次从事行政复议工作的人员，应当通过国家统一法律职业资格考试取得法律职业资格，并参加统一职前培训。国务院行政复议机构应当会同有关部门制定行政复议人员工作规范，加强对行政复议人员的业务考核和管理。对在行政复议工作中做出显著成绩的单位和个人，按照国家有关规定给予表彰和奖励。

（5）行政复议机关应当加强信息化建设，运用现代信息技术，方便公民、法人或者其他组织申请、参加行政复议，提高工作质量和效率。

（6）公民、法人或者其他组织对行政复议决定不服的，可以依照《中华人民共和国行政诉讼法》（简称《行政诉讼法》）的规定向人民法院提起行政诉讼，但是法律规定行政复议决定为最终裁决的除外。

四、行政复议的受案范围

行政复议的受案范围，是指公民、法人或其他组织认为行政机关的行政行为侵犯其合法权益，依法向行政复议机关提出申请，由行政复议机关受理并解决行政争议的权限范围。行政复议的受案范围，对行政相对人而言，是其对行政机关的行政行为不服，向复议机关提出申请，请求复议机关保护其合法权益和提供救济的范围。对行政机关而言，是其行政行为接受行政复议机关行政监督的范围。对行政复议机关而言，是其有权审理行政争议案件的范围。行政复议的受案范围，解决的是行政复议机关与人民法院及其他国家机关处理行政争议的分工和权限问题。行政复议范围的大小直接关系到对行政相对人合法权益的保障程度和对行政机关行使职权进行有效监督的广度，是确立我国行政复议制度的核心问题之一。

（一）行政复议机关受理的行政案件

根据《行政复议法》第十一条的规定，行政复议机关受理公民、法人或者其他组织申请行政复议的下列案件："（一）对行政机关作出的行政处罚决定不服；（二）对行政机关作出的行政强制措施、行政强制执行决定不服；（三）申请行政许可，行政机关拒绝或者在法定期限内不予答复，或者对行政机关作出的有关行政许可的其他决定不服；（四）对行政机关作出的确认自然资源的所有权或者使用权的决定不服；（五）对行政机关作出的征收征用决定及其补偿决定不服；（六）对行政机关作出的赔偿决定或者不予赔偿决定不服；（七）对行政机关作出的不予受理工伤认定申请的决定或者工伤认定结论不服；（八）认为行政机关侵犯其经营自主权或者农村土地承包经营权、农村土地经营权；（九）认为行政机关滥用行政权力排除或者限制竞争；（十）认为行政机关违法集资、摊派费用或者违法要求履行其他义务；（十一）申请行政机关履行保护人身权利、财产权利、受教育权利等合法权益的法定职责，行政机关拒绝履行、未依法履行或者不予答复；（十二）申请行政机关依法给付抚恤金、社会保险待遇或者最低生活保障等社会保障，行政机关没有依法给付；（十三）认为行政机关不依法订立、不依法履行、未按照约定履行或者违法变更、解除政府特许经营协议、土地房屋征收补偿协议等行政协议；（十四）认为行政机关在政府信息公开工作中侵犯其合法权益；（十五）认为行政机关的其他行政行为侵犯其合法权益。"

此外，根据《行政复议法》第十三条规定，公民、法人或者其他组织认为行政机关的行政行为所依据的"国务院部门的规范性文件，县级以上地方各级人民政府及其工作部门的规范性文件，乡、镇人民政府的规范性文件，法律、法规、规章授权的组织的规范性文件"不合法，在对行政行为申请行政复议时，可以一并向行政复议机关提出对该规范性文件的附带审查申请。必须注意的是，此处所列规范性文件不含规章。规章的审查依照法律、行政法规办理。

（二）行政复议机关不予受理的事项

根据《行政复议法》第十二条的规定，下列事项不属于行政复议范围："（一）国防、外交等国家行为；（二）行政法规、规章或者行政机关制定、发布的具有普遍约束力的决定、命令等规范性文件；（三）行政机关对行政机关工作人员的奖惩、任免等决定；（四）行政机关对民事纠纷作出的调解。"

五、行政复议参加人

行政复议参加人是指在行政复议活动中与被申请复议的行政行为有利害关系的当事人或代理当事人参加行政复议的人，具体包括申请人、被申请人、第三人以及代理人。

（一）行政复议申请人

依法申请行政复议的公民、法人或者其他组织是申请人。特殊情况下，行政复议申请人的资格会发生转移。

根据《行政复议法》规定，申请人资格转移包括以下情形："有权申请行政复议的公民死亡的，其近亲属可以申请行政复议。有权申请行政复议的法人或者其他组织终止的，其权利义务承受人可以申请行政复议。"此外，根据《行政复议法》第十五条规定，"同一行政复议案件申请人人数众多的，可以由申请人推选代表人参加行政复议。代表人参加行政复议的行为对其所代表的申请人发生效力，但是代表人变更行政复议请求、撤回行政复议申请、承认第三人请求的，应当经被代表的申请人同意"。

（二）行政复议第三人

申请人以外的同被申请行政复议的行政行为或者行政复议案件处理结果有利害关系的公民、法人或者其他组织，可以作为第三人申请参加行政复议，或者由行政复议机构通知其作为第三人参加行政复议。第三人不参加行政复议，不影响行政复议案件的审理。

因此，行政复议第三人是指同被申请行政复议的行政行为或者行政复议案件处理结果有利害关系、依申请或者经由行政复议机构通知而参加到行政复议活动中来的其他公民、法人或者其他组织。

（三）行政复议代理人

根据《行政复议法》的规定，"申请人、第三人可以委托一至二名律师、基层法律服务工作者或者其他代理人代为参加行政复议。申请人、第三人委托代理人的，应当向行政复议机构提交授权委托书、委托人及被委托人的身份证明文件。授权委托书应当载明委托事项、权限和期限。申请人、第三人变更或者解除代理人权限的，应当书面告知行政复议机构"。"符合法律援助条件的行政复议申请人申请法律援助的，法律援助机构应当依法为其提供法律援助。"

因此，行政复议代理人，是指以行政复议申请人或者第三人的名义，在代理权限内进行行政复议活动的人。行政复议代理人包括以下情形：①法定代理人。有权申请行政复议的公民为无民事行为能力人或者限制民事行为能力人的，其法定代理人可以代为申请行政复议。②委托代理人。行政复议的委托代理人，是指受行政复议申请人或者第三人的委托，代为参加行政复议活动的人。

（四）行政复议被申请人

公民、法人或者其他组织对行政行为不服申请行政复议的，作出行政行为的行政机关或者法律、法规、规章授权的组织是被申请人。两个以上行政机关以共同的名义作出同一行政行为的，共同作出行政行为的行政机关是被申请人。行政机关委托的组织作出行政行为的，委托的行政机关是被申请人。作出行政行为的行政机关被撤销或者职权变更的，继续行使其职权的行政机关是被申请人。

六、行政复议管辖

行政复议的管辖是指行政复议机关受理和审查行政复议案件的分工和权限。是在确定了行政复议的受案范围之后，针对某个具体的行政争议案件由行政系统内部的哪一级、哪一个行政机关受理的问题。

修订后的《行政复议法》进一步优化了行政复议管辖体制。取消了地方人民政府工作部门的行政复议职责，由县级以上地方人民政府统一行使；同时保留实行垂直领导的行政机关、税务和国家安全机关的特殊情形，相应调整国务院部门的管辖权限，并对有关派出机构作出了灵活规定。具体表现如下。

（一）县级以上地方各级人民政府管辖的行政复议案件

主要包括以下几种情形：①对本级人民政府工作部门作出的行政行为不服的，对下一级人民政府作出的行政行为不服的，对本级人民政府依法设立的派出机关作出的行政行为不服的，对本级人民政府或者其工作部门管理的法律、法规、规章授权的组织作出的行政行为不服的行政复议案件，由县级以上地方各级人民政府管辖。②省、自治区、直辖市人民政府同时管辖对本机关作出的行政行为不服的行政复议案件。③省、自治区人民政府依法设立的派出机关参照设区的市级人民政府的职责权限，管辖相关行政复议案件。④对县级以上地方各级人民政府工作部门依法设立的派出机构依照法律、法规、规章规定，以派出机构的名义作出的行政行为不服的行政复议案件，由本级人民政府管辖；其中，对直辖市、设区的市人民政府工作部门按照行政区划设立的派出机构作出的行政行为不服的，也可以由其所在地的人民政府管辖。

（二）国务院部门管辖的行政复议案件

主要包括以下几种情形：①对本部门作出的行政行为不服的行政复议案件；②对本部门依法设立的派出机构依照法律、行政法规、部门规章规定，以派出机构的名义作出的行政行为不服的行政复议案件；③对本部门管理的法律、行政法规、部门规章授权的组织作出的行政行为不服的行政复议案件。

(三) 省、自治区、直辖市人民政府或者国务院部门作出的行政复议决定不服的特殊情形

对省、自治区、直辖市人民政府或者国务院部门的行政行为不服的，向作出该行政行为的省、自治区、直辖市人民政府或者国务院部门申请行政复议。对省、自治区、直辖市人民政府或者国务院部门作出的行政复议决定不服的，可以向人民法院提起行政诉讼；也可以向国务院申请裁决，国务院依照本法的规定作出最终裁决。

(四) 垂直领导的行政机关、税务和国家安全机关的特殊情形

对海关、金融、外汇管理等实行垂直领导的行政机关、税务和国家安全机关的行政行为不服的，向上一级主管部门申请行政复议。

(五) 履行行政复议机构职责的地方人民政府司法行政部门的行政行为不服的特殊情形

对履行行政复议机构职责的地方人民政府司法行政部门的行政行为不服的，可以向本级人民政府申请行政复议，也可以向上一级司法行政部门申请行政复议。此外还规定，上级行政复议机关根据需要，可以审理下级行政复议机关管辖的行政复议案件。下级行政复议机关对其管辖的行政复议案件，认为需要由上级行政复议机关审理的，可以报请上级行政复议机关决定。

七、行政复议程序

行政复议程序是指行政复议机关在审理行政复议案件时所遵循的方式、步骤、顺序和时限。行政复议程序在本质上是属于行政程序，相较司法程序而言，具有简便、灵活等特点，可以保证效率。同时，行政复议又是一种行政司法行为，因此在程序上具有准司法化的特点，可以保证公正性与合理性。根据《行政复议法》的规定，行政复议程序主要包括行政复议的申请、受理、审理和决定等。

(一) 行政复议的申请

行政复议的申请是指公民、法人或其他组织认为行政机关的行政行为侵犯其合法权益，依法要求有管辖权的行政复议机关对该行政行为进行审查和处理，以保护自己合法权益的一种意思表示。

1. 申请的期限

公民、法人或者其他组织认为行政行为侵犯其合法权益的，可以自知道或者应当知道该行政行为之日起六十日内提出行政复议申请；但是法律规定的申请期限超过六十日的除外。因不可抗力或者其他正当理由耽误法定申请期限的，申请期限自障碍消除之日起继续计算。

行政机关作出行政行为时，未告知公民、法人或者其他组织申请行政复议的权利、行政复议机关和申请期限的，申请期限自公民、法人或者其他组织知道或者应当知

道申请行政复议的权利、行政复议机关和申请期限之日起计算,但是自知道或者应当知道行政行为内容之日起最长不得超过一年。因不动产提出的行政复议申请自行政行为作出之日起超过二十年,其他行政复议申请自行政行为作出之日起超过五年的,行政复议机关不予受理。

2. 申请的方式

申请人申请行政复议,可以书面申请;书面申请有困难的,也可以口头申请。

书面申请的,可以通过邮寄或者行政复议机关指定的互联网渠道等方式提交行政复议申请书,也可以当面提交行政复议申请书。行政机关通过互联网渠道送达行政行为决定书的,应当同时提供提交行政复议申请书的互联网渠道。口头申请的,行政复议机关应当当场记录申请人的基本情况、行政复议请求、申请行政复议的主要事实、理由和时间。申请人对两个以上行政行为不服的,应当分别申请行政复议。

3. 复议前置的情形

《行政复议法》规定,有下列情形之一的,申请人应当先向行政复议机关申请行政复议,对行政复议决定不服的,可以再依法向人民法院提起行政诉讼:①对当场作出的行政处罚决定不服;②对行政机关作出的侵犯其已经依法取得的自然资源的所有权或者使用权的决定不服;③认为行政机关存在本法第十一条规定的未履行法定职责情形;④申请政府信息公开,行政机关不予公开;⑤法律、行政法规规定应当先向行政复议机关申请行政复议的其他情形。

对以上情形,行政机关在作出行政行为时应当告知公民、法人或者其他组织先向行政复议机关申请行政复议。

(二)行政复议的受理

行政复议的受理,是指行政复议机关对复议申请进行审查,对符合条件的复议申请决定立案的活动。

根据《行政复议法》的规定,行政复议机关收到行政复议申请后,应当在五日内进行审查,并依据不同情形作出不同处理。

(1)对符合下列规定的,行政复议机关应当予以受理:①有明确的申请人和符合本法规定的被申请人;②申请人与被申请行政复议的行政行为有利害关系;③有具体的行政复议请求和理由;④在法定申请期限内提出;⑤属于本法规定的行政复议范围;⑥属于本机关的管辖范围;⑦行政复议机关未受理过该申请人就同一行政行为提出的行政复议申请,并且人民法院未受理过该申请人就同一行政行为提起的行政诉讼。

(2)对不符合本法规定的行政复议申请,行政复议机关应当在审查期限内决定不予受理并说明理由;不属于本机关管辖的,还应当在不予受理决定中告知申请人有管辖权的行政复议机关。

(3)行政复议申请的审查期限届满,行政复议机关未作出不予受理决定的,审查期限届满之日起视为受理。

公民、法人或者其他组织依法提出行政复议申请,行政复议机关无正当理由不予受理、驳回申请或者受理后超过行政复议期限不作答复的,申请人有权向上级行政机关反映，上级行政机关应当责令其纠正；必要时，上级行政复议机关可以直接受理。

法律、行政法规规定应当先向行政复议机关申请行政复议、对行政复议决定不服再向人民法院提起行政诉讼的，行政复议机关决定不予受理、驳回申请或者受理后超过行政复议期限不作答复的，公民、法人或者其他组织可以自收到决定书之日起或者行政复议期限届满之日起十五日内，依法向人民法院提起行政诉讼。

（三）行政复议的审理

行政复议的审理，是指行政复议机关对行政复议案件进行实质性审查的活动，是行政复议的中心环节和核心阶段。

1. 一般规定

行政复议机关受理行政复议申请后，依法适用普通程序或者简易程序进行审理。行政复议机构应当指定行政复议人员负责办理行政复议案件。行政复议人员对办理行政复议案件过程中知悉的国家秘密、商业秘密和个人隐私，应当予以保密。

行政复议机关依照法律、法规、规章审理行政复议案件。行政复议机关审理民族自治地方的行政复议案件，同时依照该民族自治地方的自治条例和单行条例。

2. 行政复议证据和举证责任的分配

（1）行政复议证据包括：书证；物证；视听资料；电子数据；证人证言；当事人的陈述；鉴定意见；勘验笔录、现场笔录。以上证据经行政复议机构审查属实，才能作为认定行政复议案件事实的根据。

（2）被申请人对其作出的行政行为的合法性、适当性负有举证责任。

（3）行政复议机关有权向有关单位和个人调查取证，查阅、复制、调取有关文件和资料，向有关人员进行询问。调查取证时，行政复议人员不得少于两人，并应当出示行政复议工作证件。被调查取证的单位和个人应当积极配合行政复议人员的工作，不得拒绝或者阻挠。

（4）行政复议期间，申请人、第三人及其委托代理人可以按照规定查阅、复制被申请人提出的书面答复、作出行政行为的证据、依据和其他有关材料，除涉及国家秘密、商业秘密、个人隐私或者可能危及国家安全、公共安全、社会稳定的情形外，行政复议机构应当同意。

3. 普通程序

（1）行政复议机构应当自行政复议申请受理之日起七日内，将行政复议申请书副本或者行政复议申请笔录复印件发送被申请人。被申请人应当自收到行政复议申请书副本或者行政复议申请笔录复印件之日起十日内，提出书面答复，并提交作出行政行为的证据、依据和其他有关材料。

（2）适用普通程序审理的行政复议案件，行政复议机构应当当面或者通过互联网、电话等方式听取当事人的意见，并将听取的意见记录在案。因当事人原因不能听取意见的，可以书面审理。

（3）审理重大、疑难、复杂的行政复议案件，行政复议机构应当组织听证。行政复议机构认为有必要听证，或者申请人请求听证的，行政复议机构可以组织听证。听证由一名行政复议人员任主持人,两名以上行政复议人员任听证员,一名记录员制作听证笔录。行政复议机构组织听证的,应当于举行听证的五日前将听证的时间、地点和拟听证事项书面通知当事人。申请人无正当理由拒不参加听证的,视为放弃听证权利。被申请人的负责人应当参加听证。不能参加的,应当说明理由并委托相应的工作人员参加听证。

(4)县级以上各级人民政府应当建立相关政府部门、专家、学者等参与的行政复议委员会,为办理行政复议案件提供咨询意见,并就行政复议工作中的重大事项和共性问题研究提出意见。行政复议委员会的组成和开展工作的具体办法,由国务院行政复议机构制定。

审理行政复议案件涉及下列情形之一的,行政复议机构应当提请行政复议委员会提出咨询意见:①案情重大、疑难、复杂;②专业性、技术性较强;③《行政复议法》第二十四条第二款规定的行政复议案件;④行政复议机构认为有必要。行政复议机构应当记录行政复议委员会的咨询意见。

4. 简易程序

(1)行政复议机关审理下列行政复议案件,认为事实清楚、权利义务关系明确、争议不大的,可以适用简易程序:①被申请行政复议的行政行为是当场作出;②被申请行政复议的行政行为是警告或者通报批评;③案件涉及款额三千元以下;④属于政府信息公开案件。此外,当事人各方同意适用简易程序的,可以适用简易程序。

(2)适用简易程序审理的行政复议案件,行政复议机构应当自受理行政复议申请之日起三日内,将行政复议申请书副本或者行政复议申请笔录复印件发送被申请人。被申请人应当自收到行政复议申请书副本或者行政复议申请笔录复印件之日起五日内,提出书面答复,并提交作出行政行为的证据、依据和其他有关材料。适用简易程序审理的行政复议案件,可以书面审理。

(3)适用简易程序审理的行政复议案件,行政复议机构认为不宜适用简易程序的,经行政复议机构的负责人批准,可以转为普通程序审理。

5. 行政复议附带审查

(1)申请人依法提出对有关规范性文件的附带审查申请,行政复议机关有权处理的,应当在三十日内依法处理;无权处理的,应当在七日内转送有权处理的行政机关依法处理。

(2)行政复议机关在对被申请人作出的行政行为进行审查时,认为其依据不合法,本机关有权处理的,应当在三十日内依法处理;无权处理的,应当在七日内转送有权处理的国家机关依法处理。

(3)行政复议机关依法有权处理有关规范性文件或者依据的,行政复议机构应当自行政复议中止之日起三日内,书面通知规范性文件或者依据的制定机关就相关条款的合法性提出书面答复。制定机关应当自收到书面通知之日起十日内提交书面答复及相关材料。行政复议机构认为必要时,可以要求规范性文件或者依据的制定机关当面说明理由,制定机关应当配合。

(4)行政复议机关依法有权处理有关规范性文件或者依据,认为相关条款合法的,在行政复议决定书中一并告知;认为相关条款超越权限或者违反上位法的,决定停止该条款的执行，并责令制定机关予以纠正。

（5）依法接受转送的行政机关、国家机关应当自收到转送之日起六十日内，将处理意见回复转送的行政复议机关。

6. 审理的期限

适用普通程序审理的行政复议案件，行政复议机关应当自受理申请之日起六十日内作出行政复议决定；但是法律规定的行政复议期限少于六十日的除外。情况复杂，不能在规定期限内作出行政复议决定的，经行政复议机构的负责人批准，可以适当延长，并书面告知当事人；但是延长期限最多不得超过三十日。

适用简易程序审理的行政复议案件，行政复议机关应当自受理申请之日起三十日内作出行政复议决定。

（四）行政复议的决定

行政复议决定是行政复议机关在查清复议案件事实的基础上，根据事实和法律，就争议的行政行为做出的具有法律效力的判断和处理。

《行政复议法》规定，行政复议机关依法审理行政复议案件，由行政复议机构对行政行为进行审查，提出意见，经行政复议机关的负责人同意或者集体讨论通过后，以行政复议机关的名义作出行政复议决定。经过听证的行政复议案件，行政复议机关应当根据听证笔录、审查认定的事实和证据，依照本法作出行政复议决定。提请行政复议委员会提出咨询意见的行政复议案件，行政复议机关应当将咨询意见作为作出行政复议决定的重要参考依据。

具体来说，行政复议的决定有以下种类：

（1）维持决定。行政行为认定事实清楚，证据确凿，适用依据正确，程序合法，内容适当的，决定维持。

（2）履行决定。被申请人不履行法定职责的，决定其在一定期限内履行。

（3）变更决定、撤销决定或者确认违法决定。事实清楚，证据确凿，适用依据正确，程序合法，但是内容不适当；事实清楚，证据确凿，程序合法，但是未正确适用依据；事实不清、证据不足，经行政复议机关查清事实和证据，行政复议机关决定变更该行政行为。行政复议机关不得作出对申请人更为不利的变更决定，但是第三人提出相反请求的除外。

主要事实不清、证据不足；违反法定程序；适用的依据不合法；超越职权或者滥用职权。行政复议机关决定撤销或者部分撤销该行政行为，并可以责令被申请人在一定期限内重新作出行政行为。行政复议机关责令被申请人重新作出行政行为的，被申请人不得以同一事实和理由作出与被申请行政复议的行政行为相同或者基本相同的行政行为，但是行政复议机关以违反法定程序为由决定撤销或者部分撤销的除外。

依法应予撤销，但是撤销会给国家利益、社会公共利益造成重大损害；程序轻微违法，但是对申请人权利不产生实际影响；行政复议机关不撤销该行政行为，但是确认该行政行为违法。行政行为违法，但是不具有可撤销内容；申请人改变原违法行政行为，申请人仍要求撤销或者确认该行政行为违法；被申请人不履行或者拖延履行法定职责,责令履行没有意义。不需要撤销或者责令履行的,行政复议机关确认该行政行为违法。

（4）无效决定。行政行为有实施主体不具有行政主体资格或者没有依据等重大且明显违法情形,申请人申请确认行政行为无效的,行政复议机关确认该行政行为无效。

（5）驳回决定。行政复议机关受理申请人认为被申请人不履行法定职责的行政复议申请后,发现被申请人没有相应法定职责或者在受理前已经履行法定职责的,决定驳回申请人的行政复议请求。

（6）赔偿决定。申请人在申请行政复议时一并提出行政赔偿请求,行政复议机关对依照《中华人民共和国国家赔偿法》的有关规定应当不予赔偿的,在作出行政复议决定时,应当同时决定驳回行政赔偿请求;对符合《中华人民共和国国家赔偿法》的有关规定应当给予赔偿的,在决定撤销或者部分撤销、变更行政行为或者确认行政行为违法、无效时,应当同时决定被申请人依法给予赔偿;确认行政行为违法的,还可以同时责令被申请人采取补救措施。

申请人在申请行政复议时没有提出行政赔偿请求的,行政复议机关在依法决定撤销或者部分撤销、变更罚款,撤销或者部分撤销违法集资、没收财物、征收征用、摊派费用以及对财产的查封、扣押、冻结等行政行为时,应当同时责令被申请人返还财产,解除对财产的查封、扣押、冻结措施,或者赔偿相应的价款。

第六节 我国行政诉讼制度

行政诉讼,俗称为"民告官",是"官"民矛盾的化解机制。

一、我国行政诉讼制度的历史概述

我国的行政诉讼制度最早发端于 1949 年《中国人民政治协商会议共同纲领》第十九条的规定："人民和人民团体有权向人民监察机关或人民司法机关控告任何国家机关和任何公务人员的违法失职行为。"1986 年 10 月,湖北省武汉市中级人民法院和湖南省汨罗县人民法院成立了我国最早的行政审判庭。

1988 年 8 月 25 日,我国公开审理了第一起"民告官"案件——"包郑照案"。包郑照等公民对行政机关提起诉讼、以法律武器维护自身权益的举动被认为是公民权利和法律意识觉醒的体现。温州市中级人民法院公开审理的勇气和苍南县县长在一审、二审过程中均出庭应诉的举动受到了广泛的肯定。该案被认为是 1988 年全国人民代表大会常务委员会法制工作委员会正式起草《行政诉讼法》的间接推动力之一。尽管原告最终败诉,但该案中体现出来的行政法治精神得到了各方肯定。该案被誉为我国行政诉讼历史上的"里程碑"。包郑照以第一例"民告官"原告的身份被新中国法制史铭记。

1989 年 4 月 4 日,第七届全国人民代表大会第二次会议正式通过了《行政诉讼法》,于 1990 年 10 月 1 日起施行,标志着我国行政诉讼制度的正式建立。"民告官"终于有了法律的依据,公权力部门和个人在法律面前地位完全平等,以法律的形式固定下来。经 2014

年 11 月 1 日、2017 年 6 月 27 日两次修正，我国"民告官"制度迈入全新的发展阶段。

二、行政诉讼与行政诉讼法的概念

（一）行政诉讼的含义和特点

行政诉讼，是指人民法院根据行政相对人的请求，依照法定程序审查行政行为的合法性，从而解决一定范围内的行政争议的活动。

《行政诉讼法》第二条规定："公民、法人或者其他组织认为行政机关和行政机关工作人员的行政行为侵犯其合法权益，有权依照本法向人民法院提起诉讼。"据此，行政诉讼的特点表现为：①行政诉讼以行政争议的存在为前提；②行政诉讼的原告是作为行政相对人的公民、法人或者其他组织；③行政诉讼的被告只能是行政主体；④行政诉讼的核心是在人民法院主持下审查行政行为合法性；⑤行政诉讼的目的是解决行政争议，对违法行政行为造成的消极后果进行补救，以保护行政相对人的合法权益不受侵犯。

（二）行政诉讼法的含义

行政诉讼法，是规范行政诉讼活动、调整行政诉讼关系的法律规范的总称。

行政诉讼法包括以下四层含义：①行政诉讼法是行政诉讼活动的法定标准和行为准则；②行政诉讼法的调整对象是行政诉讼关系；③行政诉讼法的主要内容是各行政诉讼主体在行政诉讼活动中的权利与义务；④行政诉讼法是有关行政诉讼的法律规范的总称。

行政诉讼法有广义和狭义之分。广义的行政诉讼法是一切有关行政诉讼的法律规范，除《行政诉讼法》之外，还包括宪法、法律、法规、单行条例和自治条例、最高人民法院关于行政诉讼的司法解释以及国际条约等众多的法律表现形式，只要其中有关于行政诉讼内容的规范都是行政诉讼法。狭义的行政诉讼法则是专指 1989 年 4 月 4 日第七届全国人民代表大会第二次会议通过，经 2014 年 11 月 1 日、2017 年 6 月 27 日两次修正的《行政诉讼法》。

三、我国行政诉讼法的基本原则

行政诉讼法的基本原则是指反映行政诉讼基本特点和一般规律，在行政诉讼的整个（或主要）过程中起主导和支配作用的基本行为准则。它体现着行政诉讼法的精神实质和价值取向，是设立各项具体诉讼制度的基础。

（一）一般原则

我国《行政诉讼法》详细规定了行政诉讼的基本原则。和《中华人民共和国民事诉讼法》（简称《民事诉讼法》）、《中华人民共和国刑事诉讼法》（简称《刑事诉讼法》）共有的原则包括：人民法院依法对行政案件独立行使审判权原则；以事实为根据，以法律为准绳原则；合议、回避、公开审判和两审终审原则；当事人在行政诉讼中的法律地位平等原则；使用本民族语言、文字进行行政诉讼原则；辩论原则；检察监督原则。

(二)我国行政诉讼法特有的原则

我国行政诉讼法特有的原则是人民法院对行政行为的合法性进行审查原则。《行政诉讼法》第六条规定:"人民法院审理行政案件,对行政行为是否合法进行审查。"主要包括以下两方面内容。

(1)行政诉讼审查的对象和范围。行政诉讼审查的对象和范围是行政行为。行政诉讼的客体仅限于行政行为,人民法院审查的行政行为仅限于人民法院的受案范围。《行政诉讼法》第十二条规定了人民法院受理的各种行政案件,包括涉及人身权、财产权的案件和法律、法规规定的其他行政案件。

(2)行政诉讼审查的内容。行政诉讼审查的内容是行政行为的合法性,对行政行为的合理性原则上不予审查。行政行为的合法性,主要从以下方面进行判断:行政主体是否合法;是否超越职权、滥用职权;是否符合法律、法规的规定;是否违反法定程序;主要证据是否确实充分。

行政诉讼法原则上限制了人民法院对行政行为的合理性进行审查的权力。因为行政行为是否合理,行政机关更有条件判断,这是属于行政机关自由裁量权的范围,人民法院应予以尊重。当然,合法性审查并不排除人民法院依法享有有限的司法变更权。

《行政诉讼法》确立的这一原则,赋予人民法院通过司法途径来监督审查行政行为合法性的重要权力。

四、行政诉讼的受案范围

行政诉讼的受案范围又称人民法院的主管,是指人民法院受理行政案件的范围。行政诉讼的受案范围解决的是人民法院与行政机关及其他国家机关处理行政诉讼的分工和权限问题。

(一)人民法院受理的行政案件

《行政诉讼法》第十二条详细列举了人民法院受理的各种行政案件,主要包括以下情形:

(1)不服行政处罚的案件。具体表现为对行政拘留、暂扣或者吊销许可证和执照、责令停产停业、没收违法所得、没收非法财物、罚款、警告等行政处罚不服的案件。

(2)不服行政强制的案件。具体表现为对限制人身自由或者对财产的查封、扣押、冻结等行政强制措施和行政强制执行不服的案件。

(3)不服行政许可的案件。具体表现为申请行政许可,行政机关拒绝或者在法定期限内不予答复,或者对行政机关作出的有关行政许可的其他决定不服的案件。

(4)不服行政机关确认自然资源权属的案件。具体表现为对行政机关作出的关于确认土地、矿藏、水流、森林、山岭、草原、荒地、滩涂、海域等自然资源的所有权或者使用权的决定不服的案件。

(5)不服行政机关征收征用决定及其补偿决定的案件。具体表现为对征收、征用决定及其补偿决定不服的案件。

(6)认为行政机关不履行保护人身权、财产权等合法权益的法定职责的案件。具体表现为申请行政机关履行保护人身权、财产权等合法权益的法定职责，行政机关拒绝履行或者不予答复的案件。

（7）认为行政机关侵犯其经营自主权或者农村土地承包经营权、农村土地经营权的案件。

（8）认为行政机关滥用行政权力排除或者限制竞争的案件。

（9）认为行政机关违法集资、摊派费用或者违法要求履行其他义务的案件。

（10）认为行政机关没有依法支付抚恤金、最低生活保障待遇或者社会保险待遇的案件。

（11）认为行政机关不依法履行、未按照约定履行或者违法变更、解除政府特许经营协议、土地房屋征收补偿协议等协议的案件。

（12）认为行政机关侵犯其他人身权、财产权等合法权益的案件。

（13）法律、法规规定可以提起诉讼的其他行政案件。

（二）人民法院不予受理的事项

《行政诉讼法》第十三条规定了人民法院不予受理的事项，《最高人民法院关于适用〈中华人民共和国行政诉讼法〉的解释》也对人民法院不予受理的事项做了规定，这些事项包括：

（1）国防、外交等国家行为；

（2）行政法规、规章或者行政机关制定、发布的具有普遍约束力的决定、命令；

（3）行政机关对行政机关工作人员的奖惩、任免等决定；

（4）法律规定由行政机关最终裁决的行政行为；

（5）公安、国家安全等机关依照刑事诉讼法的明确授权实施的行为；

（6）调解行为以及法律规定的仲裁行为；

（7）行政指导行为；

（8）驳回当事人对行政行为提起申诉的重复处理行为；

（9）行政机关作出的不产生外部法律效力的行为；

（10）行政机关为作出行政行为而实施的准备、论证、研究、层报、咨询等过程性行为；

（11）行政机关根据人民法院的生效裁判、协助执行通知书作出的执行行为，但行政机关扩大执行范围或者采取违法方式实施的除外；

（12）上级行政机关基于内部层级监督关系对下级行政机关作出的听取报告、执法检查、督促履责等行为；

（13）行政机关针对信访事项作出的登记、受理、交办、转送、复查、复核意见等行为；

（14）对公民、法人或者其他组织权利义务不产生实际影响的行为。

五、行政诉讼的管辖

行政诉讼的管辖是指人民法院之间受理第一审行政案件的分工和权限。是在确定了行政诉讼的受案范围之后，针对某个具体的行政争议案件由人民法院系统内部的哪一级、哪一个人民法院管辖的问题。《行政诉讼法》主要规定了级别管辖、地域管辖和裁定管辖。

（一）级别管辖

级别管辖是指不同审级人民法院之间受理第一审行政案件的分工和权限。《行政诉讼法》对基层人民法院、中级人民法院、高级人民法院和最高人民法院的管辖范围都做了明确规定。

（1）基层人民法院的管辖范围。《行政诉讼法》第十四条规定："基层人民法院管辖第一审行政案件。"这一规定表明，基层人民法院管辖第一审行政案件是级别管辖的一般原则，除由上级人民法院管辖的第一审行政案件外，一般行政案件均由基层人民法院作为一审法院。

（2）中级人民法院的管辖范围。《行政诉讼法》第十五条明确规定了中级人民法院管辖的第一审行政案件，具体包括：①对国务院部门或者县级以上地方人民政府所作的行政行为提起诉讼的案件；②海关处理的案件；③本辖区内重大、复杂的案件；④其他法律规定由中级人民法院管辖的案件。

（3）高级人民法院的管辖范围。《行政诉讼法》第十六条规定："高级人民法院管辖本辖区内重大、复杂的第一审行政案件。"

（4）最高人民法院的管辖范围。《行政诉讼法》第十七条规定："最高人民法院管辖全国范围内重大、复杂的第一审行政案件。"

（二）地域管辖

地域管辖是在级别管辖的基础上确定同级人民法院之间受理第一审行政案件的分工和权限。《行政诉讼法》规定的地域管辖包括：一般地域管辖、特殊地域管辖和共同地域管辖。

1. 一般地域管辖

一般地域管辖也称普通地域管辖，是指行政案件由最初做出行政行为的行政机关所在地的人民法院管辖，即被告所在地来确定管辖法院。《行政诉讼法》第十八条规定："行政案件由最初作出行政行为的行政机关所在地人民法院管辖。经复议的案件，也可以由复议机关所在地人民法院管辖。"

2. 特殊地域管辖

特殊地域管辖，是指根据特定的行政法律关系来确定管辖的法院。特殊地域管辖是相对于一般地域管辖而言的，其目的在于弥补一般地域管辖的不足。针对一些特殊情况，《行政诉讼法》规定了以下两种特殊地域管辖。①对限制人身自由的行政强制措施不服提起的诉讼，由被告所在地或者原告所在地人民法院管辖。②因不动产提起的行政诉讼，由不动产所在地人民法院管辖。

3. 共同地域管辖

共同地域管辖简称共同管辖，是指两个以上的法院对同一个诉讼案件都有合法的管辖权的情况。《行政诉讼法》规定的共同管辖情况主要有以下几种。

（1）经过复议的案件，既可以由做出原行政行为的行政机关所在地的法院管辖，也可以由复议机关所在地的法院管辖。

（2）采取限制人身自由的行政强制措施案件，被告所在地的法院与原告户籍地、住所地、被限制人身自由地的法院都有权管辖。

（3）对不动产提起的诉讼中，如果某一被诉行政行为涉及的不动产跨越几个人民法院辖区，那么，这几个人民法院对该案都享有管辖权。

出现共同管辖的情况下，究竟由哪个人民法院管辖，主要取决于原告向何地人民法院提起诉讼。《行政诉讼法》第二十一条规定："两个以上人民法院都有管辖权的案件，原告可以选择其中一个人民法院提起诉讼。原告向两个以上有管辖权的人民法院提起诉讼的，由最先立案的人民法院管辖。"

（三）裁定管辖

裁定管辖，是指由人民法院做出裁定或决定来确定行政案件的管辖。裁定管辖包括移送管辖、指定管辖和管辖权的转移。

1. 移送管辖

移送管辖是指某一人民法院受理行政案件后，发现自己对该案没有管辖权，而将该案件移送给有管辖权的人民法院审理。《行政诉讼法》第二十二条规定："人民法院发现受理的案件不属于本院管辖的，应当移送有管辖权的人民法院，受移送的人民法院应当受理。受移送的人民法院认为受移送的案件按照规定不属于本院管辖的，应当报请上级人民法院指定管辖，不得再自行移送。"

移送管辖一般发生在同级异地人民法院之间，属于地域管辖的一种补充形式。其程序主要为：先由受理案件的人民法院的合议庭提出意见，经过院长批准后，再以该法院的名义自行将案件移送给有管辖权的人民法院。

2. 指定管辖

指定管辖是指上级人民法院在一定情形下，以裁定的方式将某一行政案件指定由某一下级人民法院管辖。根据《行政诉讼法》第二十三条的规定，指定管辖有如下两种情况：①有管辖权的人民法院由于特殊原因不能行使管辖权的，由上级人民法院指定管辖。②人民法院对管辖权发生争议，由争议双方协商解决。协商不成的，报它们的共同上级人民法院指定管辖。

3. 管辖权的转移

管辖权的转移是指经上级人民法院决定或同意，由下级人民法院将其有管辖权的案件移送给上级人民法院审理，或者由上级人民法院将其有管辖权的案件移交给下级人民法院审理。《行政诉讼法》第二十四条规定："上级人民法院有权审理下级人民法院管辖的第一审行政案件。下级人民法院对其管辖的第一审行政案件，认为需要由上级人民法院审理或者指定管辖的，可以报请上级人民法院决定。"

六、行政诉讼参加人

行政诉讼参加人是指在整个或部分行政诉讼过程中，起诉、应诉以及参加到行政诉讼活动中来的人，包括行政诉讼当事人和行政诉讼代理人。

行政诉讼参加人和行政诉讼参与人不同。行政诉讼参与人比行政诉讼参加人的范围要宽。行政诉讼参与人除包括行政诉讼参加人外，还包括证人、鉴定人、勘验人和翻译人员等。行政诉讼参加人与案件有直接的利害关系，而证人、鉴定人、勘验人和翻译人员等参与人在法律上与案件没有利害关系。他们参与行政诉讼活动，主要是为了协助人民法院查清案件的事实真相，或为当事人提供帮助。

（一）行政诉讼当事人

1. 行政诉讼当事人的概念和特点

（1）行政诉讼当事人的概念。行政诉讼当事人是指因行政行为发生争议，以自己的名义进行诉讼，并受人民法院裁判拘束的人。行政诉讼当事人有广义和狭义之分。狭义的行政诉讼当事人仅指原告与被告，包括共同原告和共同被告。广义的行政诉讼当事人除原告和被告之外，还包括第三人。

（2）行政诉讼当事人的特点。第一，行政诉讼当事人从行政诉讼程序演变而来，在不同的审理程序有不同的称谓和地位。在行政程序中，一审原告称为行政相对人、申请人等，被告称为行政机关、行政复议机关等；在第二审程序中称为上诉人和被上诉人；在执行程序中称为申请执行人与被申请执行人。当事人的称谓不同，表明在不同诉讼阶段承受的权利和义务不同。第二，行政诉讼当事人之间往往存在行政法律关系。第三，当事人以自己的名义进行诉讼，这是当事人与代理人的区别。第四，当事人受人民法院裁判的约束，这是当事人与参与人的区别。第五，行政诉讼当事人具有一定的稳定性，即原告是公民、法人或者其他组织，而被告是行政机关或者法律、法规、规章授权的组织。这是行政诉讼的"民告官"的特征，也是行政诉讼当事人与民事诉讼当事人的区别。

2. 行政诉讼的原告

1）行政诉讼的原告的概念和特点

《行政诉讼法》第二十五条第一款规定："行政行为的相对人以及其他与行政行为有利害关系的公民、法人或者其他组织，有权提起诉讼。"根据该规定，行政诉讼的原告，是指行政行为的相对人以及认为行政行为侵犯其合法权益，依法向人民法院提起诉讼的公民、法人或者其他组织。

行政诉讼的原告的特点包括：第一，原告是公民、法人或者其他组织；第二，原告是承担行政行为法律后果或受其影响的公民、法人或者其他组织；第三，原告是认为行政行为侵犯其合法权益的公民、法人或者其他组织。

2）行政诉讼的原告资格的转移

《行政诉讼法》第二十五条第二、三款规定："有权提起诉讼的公民死亡，其近亲属可以提起诉讼。有权提起诉讼的法人或者其他组织终止，承受其权利的法人或者其他组织可以提起诉讼。"

3. 行政诉讼的被告

1）行政诉讼的被告的概念和特点

行政诉讼被告，是指由原告指控其行政行为违法，经人民法院通知应诉的行政机关或法律、法规、规章授权的组织。

行政诉讼被告具有以下特点：第一，被告是行政机关或者法律、法规、规章授权的组织；第二，被告应当是对被诉行政行为承担实体法律责任的行政机关；第三，被告由人民法院通知应诉。

2）行政诉讼被告的具体情形

根据《行政诉讼法》第二十六条规定，行政诉讼被告主要包括以下几种情形：

第一，公民、法人或者其他组织直接向人民法院提起诉讼的，作出行政行为的行政机关是被告。

第二，经复议的案件，复议机关决定维持原行政行为的，作出原行政行为的行政机关和复议机关是共同被告；复议机关改变原行政行为的，复议机关是被告。

第三，复议机关在法定期限内未作出复议决定，公民、法人或者其他组织起诉原行政行为的，作出原行政行为的行政机关是被告；起诉复议机关不作为的，复议机关是被告。

第四，两个以上行政机关作出同一行政行为的，共同作出行政行为的行政机关是共同被告。

第五，行政机关委托的组织所作的行政行为，委托的行政机关是被告。

第六，行政机关被撤销或者职权变更的，继续行使其职权的行政机关是被告。

3）行政诉讼的被告资格的转移

有被告资格的主体被撤销或者职权变更的，其被告资格转移给其他行政机关。

第一，被告资格转移的条件是有被告资格的行政机关或授权组织被撤销或者职权变更，在法律上该主体已被消灭或者做出决定的主体不再享有相关的职权。

第二，行政机关被撤销或职权变更后，其职权继续由其他主体行使。被告是继续行使职权的机关。

第三，行政机关被撤销的，其行政职权随政府职能转变而不复存在，下放到企业或社会组织的，由做出撤销决定的行政机关做被告。

4. 行政诉讼的第三人

1）行政诉讼的第三人的概念

《行政诉讼法》第二十九条规定："公民、法人或者其他组织同被诉行政行为有利害关系但没有提起诉讼，或者同案件处理结果有利害关系的，可以作为第三人申请参加诉讼，或者由人民法院通知参加诉讼。"据此规定，行政诉讼的第三人，是指与被提起行政诉讼的行政行为有利害关系，但未起诉，通过申请或法院通知参加到诉讼活动中来的公民、法人或者其他组织。

2）行政诉讼的第三人的特点

行政诉讼的第三人具有以下特点：第一，第三人是原告、被告以外的人；第二，第三人与被诉行政行为有利害关系；第三，第三人是参加到他人诉讼中来的公民、法人或者其他组织；第四，第三人有独立的诉讼地位；第五，第三人参加诉讼的方式有两种，即申请参加诉讼和由法院通知参加诉讼；第六，第三人参加的是已经开始、尚未结束的诉讼。

3）行政诉讼的第三人的类型

总体而言，行政诉讼的第三人可以分为原告型第三人、被告型第三人和证人型第三人。原告型第三人是指享有诉权的人没有在法定期限内起诉，而是参加他人提起的行政诉讼的第三人，如行政裁决案件中没有起诉的一方当事人；被告型第三人是指应当作为被告参加诉讼，但因原告不指控，而被法院作为第三人通知参加诉讼的行政机关，如若干行政机关共同作出行政行为的，原告坚持起诉其中的一个，其他没有被诉的行政机关则作为第三人参加诉讼；证人型第三人是指在案件审理过程中，主要作用是协助法院查明案件事实的第三人。

根据《行政诉讼法》及相关司法解释的规定，结合司法实践，第三人主要有以下几种类型：第一，行政处罚案件中的受害人或加害人；第二，行政处罚案件中的共同被处罚人；第三，行政裁决案件中的当事人；第四，两个以上行政机关做出相互矛盾的行政行为，非被告的行政机关可以是第三人；第五，与行政机关共同署名做出处理决定的非行政组织；第六，应当追加被告而原告不同意追加的，法院应通知其作为第三人参加诉讼。

5. 共同诉讼人

1）共同诉讼人的概念

《行政诉讼法》第二十七条规定："当事人一方或者双方为二人以上，因同一行政行为发生的行政案件，或者因同类行政行为发生的行政案件、人民法院认为可以合并审理并经当事人同意的，为共同诉讼。"因此，共同诉讼人是指共同诉讼的当事人，是指原告或被告一方为两个以上，诉讼客体相同、诉讼主张一致的当事人。包括共同原告和共同被告。

2）共同诉讼人的构成要件

其构成要件包括：第一，当事人一方或者双方是两个以上的公民、法人或者其他组织；第二，诉讼标的相同；第三，诉讼主张一致；第四，案件属同一人民法院管辖，并且人民法院决定进行合并审理。

3）共同诉讼人的类型

根据《行政诉讼法》的规定，共同诉讼包括必要的共同诉讼和普通的共同诉讼，因此，共同诉讼人也包括必要的共同诉讼人和普通的共同诉讼人。

必要的共同诉讼，是指当事人一方或双方两人以上，诉讼标的是同一行政行为的诉讼，这种共同诉讼中的当事人即为必要共同诉讼人。

普通共同诉讼，是指诉讼标的是同类行政行为，法院认为可以合并审理，且同意合并审理的诉讼，这种共同诉讼中的当事人即为普通共同诉讼人。

（二）行政诉讼代理人

1. 行政诉讼代理人的概念和特征

行政诉讼代理人，是指以当事人的名义，在代理权限内，代理当事人进行诉讼活动的人。行政诉讼代理人具有以下特点：①行政诉讼代理人以行政诉讼当事人的名义进入诉讼程序；②行政诉讼代理人只能在代理权限内活动；③代理人在代理权限以内的诉讼行为的法律后果归属于被代理人；④代理人参加行政诉讼的目的在于维护被代理人的合法权益；⑤行政诉讼代理人必须具有诉讼行为能力。

2. 行政诉讼代理人的种类

行政诉讼代理人按其代理权产生的依据的不同，可以分为法定代理人、指定代理人和委托代理人三类。

（1）法定代理人。行政诉讼的法定代理人，是指根据法律的直接规定，而享有代理权，代替无诉讼行为能力人进行行政诉讼的人。《行政诉讼法》第三十条规定："没有诉讼行为能力的公民，由其法定代理人代为诉讼。"

（2）指定代理人。行政诉讼的指定代理人，是指基于法院指定，而享有代理权，代替无诉讼行为能力的人进行行政诉讼的人。《行政诉讼法》第三十条规定："法定代理人互相推诿代理责任的，由人民法院指定其中一人代为诉讼。"

（3）委托代理人。行政诉讼的委托代理人，是指受当事人、法定代理人的委托，代理其进行行政诉讼活动的人。《行政诉讼法》第三十一条第一款规定："当事人、法定代理人，可以委托一至二人作为诉讼代理人。"可以被委托为诉讼代理人的有：律师、基层法律服务工作者；当事人的近亲属或者工作人员；当事人所在社区、单位以及有关社会团体推荐的公民。代理诉讼的律师，有权按照规定查阅、复制本案有关材料，有权向有关组织和公民调查，收集与本案有关的证据。对涉及国家秘密、商业秘密和个人隐私的材料，应当依照法律规定保密。当事人和其他诉讼代理人有权按照规定查阅、复制本案庭审材料，但涉及国家秘密、商业秘密和个人隐私的内容除外。

七、行政诉讼证据

（一）行政诉讼证据的概念、特征和种类

1. 行政诉讼证据的概念和特征

行政诉讼证据是指一切用来证明行政案件事实情况的材料。行政诉讼证据与其他诉讼证据有许多相同之处，但也有自己明显的特征，主要包括以下几点。

第一，行政诉讼证据来源的特定性。就行政案件而言，在行政诉讼之前往往已经经历了行政程序。在行政程序中，作为行政诉讼原告或被告的公民、法人或者其他组织和行政机关，已围绕被诉行政行为提交和收集了相关证据。同时，行政诉讼证据主要由被告行政机关提供给人民法院，行政机关在行政程序中必须遵循"先取证，后裁决"规则，待充分、全面掌握了证据，才能做出行政行为。行政诉讼证据主要是在行政程序中已产生或确定的。

第二，行政诉讼举证责任分配的特殊性。"谁主张，谁举证"是民事诉讼分配举证责任的基本规则。而在行政诉讼中，被告对被诉行政行为的合法性承担举证责任是基本规则，原告只在特定情况下对特定情况承担举证责任。

第三，行政诉讼证据证明对象的特殊性。民事诉讼证据所要证明的是双方当事人在民事法律关系中的某种事实或行为，刑事诉讼证据所要证明的是被告是否实施了某种犯罪或犯罪事实的情况，而行政诉讼证据则要证明行政行为是否合法。

2. 行政诉讼证据的种类

按照不同的标准，行政诉讼证据可以做出不同的划分。根据《行政诉讼法》第三十三条的规定，按照证据的表现形式的不同，行政诉讼证据包括以下 8 类：①书证；

②物证；③视听资料；④电子数据；⑤证人证言；⑥当事人的陈述；⑦鉴定意见；⑧勘验笔录、现场笔录。

现场笔录是行政诉讼的一种特有的证据，现场笔录是指行政机关工作人员在管理过程中对有关行为、现场情况所做的书面记录。

（二）行政诉讼的举证责任

1. 行政诉讼举证责任的概念与特征

行政诉讼举证责任，是指当事人对法律规定的事项或者当事人自己提出的主张，应当举出证据加以证明，否则将承担败诉的风险及不利的法律后果的制度。

行政诉讼中的举证责任有以下特征。

（1）行政诉讼法强调了被告行政机关的举证责任，未将被告的举证责任与法院依职权取证以及原告、第三人的举证责任置于同等地位。

（2）对行政行为是否合法的举证责任由被告行政机关承担，这不同于民事诉讼中的"谁主张，谁举证"的举证原则。

（3）被告负举证责任的范围不仅包括做出行政行为的事实依据，还包括做出行政行为所依据的规范性文件，且被告举证的时间也有特殊限制。

2. 举证责任的分担

1）被告的举证责任

《行政诉讼法》第三十四条第一款规定："被告对作出的行政行为负有举证责任，应当提供作出该行政行为的证据和所依据的规范性文件。"可见，对行政行为的合法性的问题，应当由被告承担举证责任。

规定被告对其做出的行政行为的合法性承担举证责任的依据在于以下几点。

第一，行政行为的合法性要件要求行政行为符合一项最基本的程序规则：先取证，后裁决。即行政机关在做出裁决前，应当充分收集证据，根据事实，依照法律做出裁决，而不能在毫无证据或主要证据不充分的情况下对公民、法人或其他组织做出行政行为。因此，当行政机关做出行政行为后被起诉至法院时，应当能够有充分的事实材料证明其行政行为的合法性。这是被告承担举证责任的基础。

第二，在行政法律关系中，行政机关居于主动地位，且实施行为时无须征得公民、法人或其他组织的同意，而公民、法人或其他组织则处于被动地位。为了体现在诉讼中双方当事人地位的平等性，就要求被告证明其行为的合法性，否则应当承担败诉的后果，而不能要求处于被动地位的原告承担举证责任。

第三，行政机关的举证能力比原告要强，在一些特定情况下，原告几乎没有举证能力。有的案件的证据需要一定的知识、技术手段、资料乃至于设备才能取得，原告将无法或者很难收集到证据，即使取得了也可能难以保全。因此，要求原告对被诉行政行为的合法性举证，超出了其承受能力。

总之，由被告行政机关对其作出的行政行为的合法性承担举证责任，有利于促进行政机关依法行政，有利于保护公民、法人及其他组织的合法权益，有利于实现行政诉讼的目的。

2）原告的举证责任

在行政诉讼中，被告行政机关对被诉的行政行为负有举证责任，但并不意味着被告对行政诉讼的一切方面都要负举证责任，而只是在确定行政行为的合法性时，必须由被告承担举证责任。原告在某些情况下也要承担举证责任，主要包括以下事项。

第一，原告向人民法院起诉时，应提供其符合起诉条件的相应的证据材料。

第二，在起诉被告不作为的案件中，证明其提出申请的事实。

第三，在一并提起的行政赔偿诉讼中，证明因受被诉行为侵害而造成损害的事实。

八、行政诉讼的程序

行政诉讼的程序，是指审判机关处理行政案件的过程。总体而言，包括行政案件的起诉与受理、第一审程序、第二审程序、审判监督程序、执行程序。

（一）起诉和受理

起诉与受理是行政诉讼开始必经的两个环节，二者共同作用构成了行政诉讼程序的开始。

1. 起诉

1）起诉的概念和一般条件

行政诉讼的起诉，是指公民、法人或者其他组织认为行政行为侵犯其合法权益，依法请求人民法院行使国家审判权，给予其救济的诉讼行为。是公民、法人或者其他组织请求法院启动行政诉讼程序的意思表示，是其行使法律赋予的诉权的具体表现。

根据《行政诉讼法》第四十九条的规定，提起行政诉讼必须符合起诉的一般条件，包括：第一，原告是认为行政行为侵犯其合法权益的公民、法人或者其他组织；第二，有明确的被告；第三，有具体的诉讼请求和事实根据；第四，属于人民法院受案范围和受诉人民法院管辖。

2）起诉的期限

行政诉讼的起诉的期限包括一般期限与特殊期限两类。

首先，一般期限。

一般期限是指由《行政诉讼法》明确规定，适用于一般行政案件的起诉期限，主要包括直接向法院提起行政诉讼的一般期限与不服行政复议提起行政诉讼的一般期限等情形。

第一，直接向法院提起行政诉讼的一般期限。《行政诉讼法》第四十六条第一款规定："公民、法人或者其他组织直接向人民法院提起诉讼的，应当自知道或者应当知道作出行政行为之日起六个月内提出。法律另有规定的除外。"

第二，不服行政复议提起行政诉讼的一般期限。《行政诉讼法》第四十五条规定："公民、法人或者其他组织不服复议决定的，可以在收到复议决定书之日起十五日内向人民法院提起诉讼。复议机关逾期不作决定的，申请人可以在复议期满之日起十五日内向人民法院提起诉讼。法律另有规定的除外。"

第三，公民、法人或者其他组织申请行政机关履行保护其人身权、财产权等合法权益的法定职责，行政机关在接到申请之日起两个月内不履行的，公民、法人或者其他组织可以向人民法院提起诉讼。法律、法规对行政机关履行职责的期限另有规定的，从其规定。

第四，公民、法人或者其他组织在紧急情况下请求行政机关履行保护其人身权、财产权等合法权益的法定职责，行政机关不履行的，提起诉讼不受"行政机关在接到申请之日起两个月内不履行"这一期限的限制。

第五，因不动产提起诉讼的案件自行政行为作出之日起超过二十年，其他案件自行政行为作出之日起超过五年提起诉讼的，人民法院不予受理。

其次，特殊期限。

特殊期限是指为行政诉讼法所认可，由其他单行法律所规定的起诉期限。即直接向人民法院提起行政诉讼或不服行政复议提起行政诉讼的期限，法律另有规定的，应当适用相关单行法律对提起诉讼期限的规定，而不适用于行政诉讼法关于一般期限的规定。这里的"法律"一般应理解为全国人民代表大会及其常务委员会依照立法程序制定的规范性文件。单行法律对特别起诉期限的规定没有统一标准，需要视具体法律而定。

3）耽误起诉期限的处理

《行政诉讼法》第四十八条规定："公民、法人或者其他组织因不可抗力或者其他不属于其自身的原因耽误起诉期限的，被耽误的时间不计算在起诉期限内。公民、法人或者其他组织因前款规定以外的其他特殊情况耽误起诉期限的，在障碍消除后十日内，可以申请延长期限，是否准许由人民法院决定。"

4）起诉的方式

《行政诉讼法》第五十条规定："起诉应当向人民法院递交起诉状，并按照被告人数提出副本。书写起诉状确有困难的，可以口头起诉，由人民法院记入笔录，出具注明日期的书面凭证，并告知对方当事人。"

2. 受理

1）受理的概念

受理是指人民法院对公民、法人或者其他组织的起诉进行审查，对符合法定条件的起诉，决定立案审理，从而引起诉讼程序开始的职权行为。受理是法院对符合法定条件起诉的认可和接受。

2）对起诉的审查和处理

首先，人民法院接到行政相对人的起诉状后，主要从以下几方面进行审查。

第一，对起诉条件的审查；第二，对起诉程序的审查；第三，对起诉期限的审查；第四，审查是否属于重复诉讼；第五，对撤诉后再起诉的审查；第六，对起诉状内容的审查，即审查起诉状内容是否明确、完整。

其次，人民法院经过审查，应当根据不同情况做出如下处理。

第一，对于符合起诉条件的，应当当场登记立案。对当场不能判定是否符合起诉条件的，应当接受起诉状，出具注明收到日期的书面凭证，并在七日内决定是否立案，七日内仍不能做出判断的，应当先予立案。

第二，对于不符合起诉条件的，受诉法院应当自收到起诉状之日起七日内做出不予立案的裁定。裁定书应当载明不予立案的理由，原告对裁定不服的，可以提起上诉。

第三，起诉状内容或者材料欠缺或者有其他错误的，人民法院应当给予指导和释明，并一次性全面告知当事人需要补正的内容、补充的材料及期限。在指定期限内补正并符合起诉条件的，应当登记立案。当事人拒绝补正或者经补正仍不符合起诉条件的，裁定不予立案，并阐明不予立案的理由，当事人对不予立案裁定不服的，可以提起上诉。

3）受理的法律后果

人民法院受理案件后，将产生一定的法律后果。

第一，对人民法院而言，受理意味着人民法院享有对该行政案件的审判权，并负有依法定程序、按法定期限审结案件的义务，人民法院与当事人双方之间形成了行政诉讼上的法律关系。

第二，对当事人而言，受理行为意味着其行政争议已经属于法院处理范围。双方当事人由此取得原告与被告资格，各自享有法律赋予的诉讼权利，履行法律规定的诉讼义务。

第三，禁止原告重复诉讼，同时也排斥了其他国家机关，包括其他人民法院对该案的管辖权。即使以后发生原告的住所变更、被告行政机关被撤销、合并等情况，该案管辖权也不变。

（二）第一审程序

行政诉讼第一审程序是指人民法院自立案至作出第一审判决的诉讼程序。它是人民法院审理行政案件的必经程序，是最重要、最基础的核心程序。

1. 审理前的准备

审理前的准备是指人民法院在受理案件后至开庭审理前，为保证庭审工作的顺利进行，由审判人员依法所进行的一系列准备工作。审理前的准备主要包括以下内容：①组成合议庭。②交换诉状，即向当事人发送起诉状和答辩状副本。③处理管辖异议。④决定是否公开审理。⑤审核诉讼材料，调查收集证据。⑥更换和追加当事人。⑦财产保全和先予执行。⑧确定开庭审理的时间、地点，并通知当事人和其他诉讼参与人。

如果是公开审理的行政案件，应当公告当事人姓名、案由、开庭的时间和地点等，还要为不通晓当地语言文字的当事人提供翻译等。

2. 庭审方式和程序

庭审是受诉人民法院在双方当事人及其他诉讼参与人的参加下，依照法定程序在法庭上对行政案件进行审理的诉讼活动。庭审是行政诉讼第一审程序中最基本、最重要的诉讼阶段，是保证人民法院完成审判任务的中心环节。

1）庭审方式

根据《行政诉讼法》的规定。行政诉讼第一审程序必须进行开庭审理。开庭审理要遵循以下原则。

第一，必须采取言词审理的方式。言词审理是相对书面审理而言，言词审理是指在开庭审理的整个过程中，人民法院的所有职权行为和当事人以及其他诉讼参与人的一切诉讼行为,都必须直接以言词方式进行。这有利于当事人充分行使辩论权和其他诉讼权利,便于人民法院直接审理案件,并在此基础上查明全部案件事实。

第二,以公开审理为原则。根据《行政诉讼法》的规定,法院公开审理行政案件,但涉及国家秘密、个人隐私和法律另有规定的除外。涉及商业秘密的案件,当事人申请不公开审理的,可以不公开审理。对于公开审理的案件,允许公民旁听,允许记者采访报道。

2)开庭审理

人民法院开庭审理必须依照法定的程序来进行。开庭审理一般包括五个阶段。

第一,宣布开庭。宣布开庭是法庭调查前的一个准备阶段。主要内容包括:由书记员查清当事人和其他参加人是否到庭,并宣布法庭纪律;由审判长宣布开庭,核对当事人、诉讼代理人、第三人身份,宣布案由和合议庭组成人员、书记员名单,告知当事人有关的诉讼权利和义务,询问当事人对审判人员、书记员是否申请回避等。如果当事人提出回避申请,法院应当根据法律的有关规定做出处理。

第二,法庭调查。法庭调查是庭审的重要阶段,是开庭审理的核心。主要任务是通过当事人陈述和证人作证,出示书证、物证和视听资料,宣读现场笔录、鉴定意见和勘验笔录,将所有与案件有关的证据在法庭上进行质证、核对,来查明案件事实,审查核实证据,以彻底查清案件的事实真相,为法庭辩论和为做出正确的裁判奠定基础。法庭调查的基本顺序包括:一是询问当事人和当事人陈述;二是通知证人到庭作证,告知证人的权利和义务,询问证人,宣读未到庭证人的证人证言;三是通知鉴定人到庭,告知其权利和义务,询问鉴定人,宣读鉴定意见;四是出示书证、物证和视听资料;五是通知勘验人到庭,告知其权利义务,宣读勘验笔录。

第三,法庭辩论。法庭辩论是开庭审理的又一重要阶段。法庭辩论是指在合议庭主持下,各方当事人就案件事实和证据及被诉行政行为的法律依据,阐明自己的观点,论述自己的意见,反驳对方的主张,进行言辞辩论的诉讼活动。法庭辩论的顺序是:原告及其诉讼代理人发言;被告及其诉讼代理人答辩;第三人及其诉讼代理人发言或答辩;互相辩论。在法庭辩论中,审判人员始终处于指挥者和组织者的地位,应引导当事人围绕争议焦点进行辩论。同时,审判人员应为各方当事人及其诉讼代理人提供平等的辩论机会,保障并便利他们充分行使辩论权。

第四,合议庭评议。合议庭评议是指合议庭成员通过对案件情况的分析研究,在确认案件的事实和适用的法律的基础上,对被诉的行政行为是否合法做出最终判断的一种诉讼活动。法庭辩论结束后,合议庭休庭,由全体成员对案件进行评议。评议不对外公开,采取少数服从多数的原则。评议应当制作笔录,对不同意见也必须如实记入笔录。评议笔录由合议庭全体成员及书记员签名。对复杂的行政诉讼案件,如果合议庭成员不能形成统一的意见,应当提交审判委员会讨论决定。对审判委员会讨论做出的决定,合议庭必须执行。

第五,宣读判决。合议庭评议后,审判长应宣布继续开庭,并宣读判决。如果不能当庭宣判,审判长应宣布另定日期宣判。当庭宣判的,应当在十日内发送判决书,定期宣判的,宣判后立即发给判决书。宣告判决时,必须告知当事人上诉权利、上诉期限和上诉的人民法院。

3. 审理期限

审理期限是指从立案之日起至裁判宣告、调解书送达之日止的期间。公告期间、鉴定期间、调解期间、中止诉讼期间、审理当事人提出的管辖异议以及处理人民法院之间的管辖争议期间不应计算在内。

根据《行政诉讼法》及相关司法解释的规定，人民法院审理第一审普通行政案件，应当自立案之日起六个月内做出判决。有特殊情况需要延长的，由高级人民法院批准。高级人民法院审理第一审行政案件需要延长的，由最高人民法院批准。基层人民法院申请延长审理期限，应当直接报请高级人民法院批准，同时报中级人民法院备案。

4. 法律适用

行政诉讼的法律适用，是指人民法院按照法定程序，将法律、法规以及法院决定参照的行政规章，具体运用于各种行政案件，对被诉行政行为的合法性进行审查的活动。根据《行政诉讼法》的规定，人民法院在行政诉讼中适用法律要遵循以下规则：一是法律、行政法规以及地方性法规是行政审判的依据。二是审理民族自治地方的行政案件，除依据法律、行政法规和地方性法规外，还应以该民族自治地方的自治条例和单行条例为依据。三是人民法院审理行政案件，参照规章。

5. 判决

判决是指人民法院代表国家在审理第一审行政案件终结时，根据事实和法律对被诉行政行为是否合法做出的结论性判定，以及对被诉行政行为的效力做出的权威性处理。根据《行政诉讼法》及相关司法解释的规定，一审行政判决的种类包括：驳回诉讼请求判决、撤销判决、履行判决、给付判决、确认判决和变更判决等。

6. 审理中的特殊制度

1）合并审理

合并审理是指人民法院把两个或两个以上的独立诉讼合并在一个诉讼程序中进行审理和裁判的制度。合并审理有助于简化诉讼程序，提高诉讼效率，防止裁判之间的矛盾。根据《最高人民法院关于适用〈中华人民共和国行政诉讼法〉的解释》第七十三条的规定，人民法院可以合并审理的情形包括：

一是两个以上行政机关分别对同一事实作出行政行为，公民、法人或者其他组织不服，向同一人民法院起诉的；

二是行政机关就同一事实对若干公民、法人或者其他组织分别作出行政行为，公民、法人或者其他组织不服，分别向同一人民法院起诉的；

三是在诉讼过程中，被告对原告作出的新的行政行为，原告不服，向同一人民法院起诉的；

四是人民法院认为可以合并审理的其他情形。

2）撤回起诉

行政诉讼中的撤回起诉，是指原告自立案至人民法院作出裁判前向人民法院撤回自己的诉讼请求，不再要求人民法院对案件进行审理的行为。撤回起诉有以下两种类型。

第一，申请撤诉。申请撤诉必须符合以下条件：一是撤诉申请人必须是原告及其他们特别授权的代理人；二是申请撤诉必须基于当事人自己真实的意思表示；三是撤诉必须符合法定条件，不得规避法律，也不能损害公共利益和他人利益；四是撤诉申请必须在人民法院宣判前做出；五是撤诉必须经人民法院准许。

第二，视为申请撤诉。视为申请撤诉必须具备的条件有：一是原告或上诉人经传票传唤，无正当理由拒不到庭，可以按撤诉处理；二是原告未经法庭许可中途退庭，可以按撤诉处理；三是原告未按规定的期限预交案件受理费，又不提出缓交、减交、免交申请，或者提出申请未获批准的，按自动撤诉处理。

撤回起诉的法律后果是：终结第一审行政诉讼审理程序；原告不得以同一事实和理由，就同一标的再行起诉。

3）缺席判决

缺席判决是指人民法院在开庭审理时，在一方当事人或双方当事人未到庭陈述、辩论的情况下，经审理所作的判决。缺席判决与对席判决相对，有利于维护法律的尊严，充分保护到庭当事人的合法权益，保证审判活动正常进行。

根据《行政诉讼法》及其司法解释的相关规定，行政诉讼中的缺席判决主要包括：一是原告申请撤诉，人民法院裁定不予准许的。原告经传票传唤，无正当理由拒不到庭或者未经法庭许可中途退庭的，人民法院可以缺席判决。二是经人民法院传票传唤，被告无正当理由拒不到庭或者未经法庭许可中途退庭的，可以缺席判决。

4）延期审理

延期审理是指人民法院把已定的审理日期或正在进行的审理推迟至另一日期审理的制度。根据《最高人民法院关于适用〈中华人民共和国行政诉讼法〉的解释》第七十二条的规定，可以延期开庭审理的情形包括：应当到庭的当事人和其他诉讼参与人有正当理由没有到庭的；当事人临时提出回避申请且无法及时作出决定的；需要通知新的证人到庭，调取新的证据，重新鉴定、勘验，或者需要补充调查的；其他应当延期的情形。

5）中止诉讼

中止诉讼是指在诉讼过程中，因出现某种原因而使诉讼暂时停止，待原因消除后，诉讼继续进行的制度。根据《最高人民法院关于适用〈中华人民共和国行政诉讼法〉的解释》第八十七条的规定，诉讼中止的情形主要包括：一是原告死亡，须等待其近亲属表明是否参加诉讼的；二是原告丧失诉讼行为能力，尚未确定法定代理人的；三是作为一方当事人的行政机关、法人或者其他组织终止，尚未确定权利义务承受人的；四是一方当事人因不可抗力的事由不能参加诉讼的；五是案件涉及法律适用问题，需要送请有权机关作出解释或者确认的；六是案件的审判须以相关民事、刑事或者其他行政案件的审理结果为依据，而相关案件尚未审结的；七是其他应当中止诉讼的情形。

诉讼中止的原因消除后，恢复诉讼。

6）诉讼终结

诉讼终结是指在诉讼开始后，出现了使诉讼不可能进行或进行下去已无必要的情形，由人民法院决定结束对案件审理的制度。根据《最高人民法院关于适用〈中华人民共和国行政诉讼法〉的解释》第八十八条的规定，诉讼终结仅限于以下法定事由：一是原告死亡，没有近亲属或者近亲属放弃诉讼权利的；二是作为原告的法人或者其他组织终止后，其权利义务的承受人放弃诉讼权利的；三是因原告死亡需等待其近亲属表明是否参加诉讼，或者原告丧失诉讼行为能力尚未确定法定代理人，或者作为一方当事人的行政机关、法人或者其他组织终止，尚未确定权利、义务、承受人。这三种原因使中止诉讼满 90 日仍无人继续诉讼，由人民法院作出裁定终结诉讼。终结诉讼裁定书送达当事人之日起即发生法律效力。但有特殊情况的除外。

（三）第二审程序

行政诉讼的第二审程序是指当事人不服地方各级人民法院尚未生效的第一审判决或裁定，依法向第一审人民法院的上一级人民法院提起上诉，上一级人民法院据此对案件进行再次审理所适用的程序，也称上诉审程序或终审程序。

1. 上诉的提起

上诉，是当事人对地方各级人民法院尚未发生法律效力的第一审判决、裁定在法定期限内以书面形式请求第一审人民法院的上一级人民法院对案件进行审理的诉讼行为。当事人上诉是行政诉讼引起第二审程序发生的唯一动因。

上诉的条件主要包括：①上诉人必须适格；②上诉人所不服的一审判决、裁定必须是法律明文规定可以上诉的判决、裁定；③上诉必须在法定期限内提出；④上诉必须递交符合法律要求的上诉状。

《行政诉讼法》第八十五条规定："当事人不服人民法院第一审判决的，有权在判决书送达之日起十五日内向上一级人民法院提起上诉。当事人不服人民法院第一审裁定的，有权在裁定书送达之日起十日内向上一级人民法院提起上诉。逾期不提起上诉的，人民法院的第一审判决或者裁定发生法律效力。"

2. 上诉的审查与受理

第二审人民法院对上诉的审查，主要是从是否符合上诉的条件来进行的，上诉的请求和理由是否成立，也应当是审查的内容。第二审人民法院经过对上诉的审查，如果认为上诉符合法定条件的，应予受理，如果认为不符合法定条件的，应当裁定不予受理。

3. 上诉案件的审理

就基本过程而言，上诉案件的审理与第一审案件大体相同。为避免立法上的重复，行政诉讼法仅对行政诉讼第二审程序的特殊之处做了相关规定，主要包括以下几个方面。

1）审理方式

根据《行政诉讼法》第八十六条的规定，"人民法院对上诉案件，应当组成合议庭，开庭审理。经过阅卷、调查和询问当事人，对没有提出新的事实、证据或者理由，合议庭认为不需要开庭审理的，也可以不开庭审理"。

2）审理对象

根据《行政诉讼法》第八十七条的规定，"人民法院审理上诉案件，应当对原审人民法院的判决、裁定和被诉行政行为进行全面审查"，不受上诉范围的限制。

3）审理期限

人民法院审理第二审行政案件应当自收到上诉状之日起三个月内做出终审判决。

有特殊情况需要延长的，由高级人民法院批准。高级人民法院审理上诉案件需要延长的，由最高人民法院批准。

（四）审判监督程序

审判监督程序是指人民法院发现已经发生法律效力的判决、裁定，违反法律、法规规定，依法对案件再次进行审理的程序，也称再审程序。

1. 提起审判监督程序的条件

（1）提起审判监督程序的主体，必须是案件的当事人和具有审判监督权的法定机关。具体包括以下几个方面。

第一，当事人申请再审，指当事人对已经发生法律效力的判决、裁定，认为确有错误的，可以向上一级人民法院申请再审。

第二，法院决定再审，具体包括：一是地方各级人民法院院长对本院已经发生法律效力的判决、裁定，发现有《行政诉讼法》第九十一条规定的情形之一，或者发现调解违反自愿原则，或者调解书内容违法，认为需要再审的，应当提交审判委员会决定是否再审。二是最高人民法院对地方各级人民法院、上级人民法院对下级人民法院已经发生法律效力的判决、裁定，发现有《行政诉讼法》第九十一条规定的情形之一，或者发现调解违反自愿原则，或者调解书内容违法的，有权提审或者指令下级人民法院再审。

第三，人民检察院提出抗诉和检察建议。具体包括：一是最高人民检察院对各级人民法院已经发生法律效力的判决、裁定，上级人民检察院对下级人民法院已经发生法律效力的判决、裁定，发现有《行政诉讼法》第九十一条规定的情形之一，或者发现调解书损害国家利益、社会公共利益的，应当提出抗诉。二是地方各级人民检察院对同级人民法院已经发生法律效力的判决、裁定，发现有《行政诉讼法》第九十一条规定的情形之一，或者发现调解书损害国家利益、社会公共利益的，可以向同级人民法院提出检察建议，并报上级人民检察院备案，也可以提请上级人民检察院向同级人民法院提出抗诉。对人民检察院按照审判监督程序提出抗诉的案件，人民法院必须予以再审。

（2）提起审判监督程序的对象，即人民法院的判决、裁定，必须已经发生法律效力。对未发生法律效力的判决、裁定，当事人可以通过提出上诉寻求司法救济。在特定情况下，行政赔偿调解书也可以成为提起审判监督程序的对象。

（3）提起审判监督程序必须具有法定理由，即人民法院已经发生法律效力的判决、裁定确有错误和出现特定情况。具体包括：

第一，不予立案或者驳回起诉确有错误的；

第二，有新的证据，足以推翻原判决、裁定的；

第三，原判决、裁定认定事实的主要证据不足、未经质证或者系伪造的；

第四，原判决、裁定适用法律、法规确有错误的；

第五，违反法律规定的诉讼程序，可能影响公正审判的；

第六，原判决、裁定遗漏诉讼请求的；

第七，据以作出原判决、裁定的法律文书被撤销或者变更的；

第八，审判人员在审理该案件时有贪污受贿、徇私舞弊、枉法裁判行为的。

2. 再审案件的审理

（1）再审案件中原判决、裁定的执行问题。再审人民法院通过裁定，中止原判决、裁定、调解书的执行，但支付抚恤金、最低生活保障费或者社会保险待遇的案件，可以不中止执行。

（2）另行组成合议庭。即人民法院审理再审案件，应当另行组成合议庭，以防原审判人员的主观偏见。

（3）再审案件的审理程序和裁判效力主要依据案件的原审来确定，分别适用第一审、第二审程序审理。发生法律效力的判决、裁定，如果原来是由第一审法院做出的，则按照第一审程序审理，对由此做出的判决、裁定，当事人不服的，可以提起上诉。生效的判决、裁定，如果原来是由第二审法院做出的，或者再审时是由上级人民法院按照审判监督程序提审的，均按照第二审程序审理，由此做出的判决、裁定是终审裁判，当事人不得提起上诉。

（4）人民法院审理抗诉案件时，应当通知人民检察院派员出庭。

（5）对再审案件的处理。第一，人民法院经过对再审案件的审理，认为原生效判决、裁定确有错误的，在撤销原生效判决、裁定的同时，有两种处理方法：一是对原生效判决、裁定的内容做出相应裁判；二是以裁定撤销生效判决或者裁定，发回做出原生效判决、裁定的人民法院重新审理。第二，人民法院审理再审案件，对原审法院不予立案或者驳回起诉错误的，应当做如下处理：如果第二审人民法院维持第一审人民法院不予立案裁定错误的，再审法院应当撤销第一审、第二审人民法院裁定，指令第一审人民法院受理。如果第二审人民法院维持第一审人民法院驳回起诉、裁定错误的，再审法院应当撤销第一审、第二审人民法院裁定，指令第一审人民法院审理。

（6）再审期限。第一，再审案件按照第一审程序审理的，需在六个月内做出裁判。第二，再审案件按照第二审程序审理的，需在三个月内做出裁判。

（五）执行程序

1. 行政诉讼的执行的概念和特点

1）行政诉讼的执行的概念

行政诉讼的执行，是指行政案件当事人逾期拒不履行人民法院生效的行政案件的法律文书，人民法院和有关行政机关运用国家强制力量依法采取强制措施，促使当事人履行义务，从而使生效法律文书的内容得以实现的活动。

2）行政诉讼的执行的特点

第一，强制执行的主体既包括人民法院，也包括有行政强制执行权的行政机关；

第二，执行申请人或被申请执行人一方是行政机关；

第三，强制执行的依据是已生效的行政裁判法律文书，包括行政判决书、行政裁定书、行政赔偿判决书和行政调解书；

第四，强制执行的目的是实现已生效的法律文书所确定的义务。

2. 执行的条件

①必须存在已经生效的具有法律效力的法律文书；②据以执行的法律文书必须具

有给付内容；③被执行人有能力履行而拒不履行义务；④申请人在法定期限内提出了执行申请。

3. 执行措施

执行措施是指执行机关运用国家强制力，强制被执行人完成所承担的义务的法律手段和方法。行政案件中的执行措施，因对行政机关的执行和对公民、法人或者其他组织的执行而不同。

1）对行政机关的执行措施

根据《行政诉讼法》第九十六条的规定，行政机关拒绝履行判决、裁定、调解书的，第一审人民法院可以采取下列措施：第一，对应当归还的罚款或者应当给付的款额，通知银行从该行政机关的账户内划拨。第二，在规定期限内不履行的，从期满之日起，对该行政机关负责人按日处五十元至一百元的罚款。第三，将行政机关拒绝履行的情况予以公告。第四，向监察机关或者该行政机关的上一级行政机关提出司法建议。接受司法建议的机关，根据有关规定进行处理，并将处理情况告知人民法院。第五，拒不履行判决、裁定、调解书，社会影响恶劣的，可以对该行政机关直接负责的主管人员和其他直接责任人员予以拘留；情节严重，构成犯罪的，依法追究刑事责任。

2）对公民、法人或者其他组织的执行措施

根据《行政诉讼法》第九十五条的规定，公民、法人或者其他组织拒绝履行判决、裁定、调解书的，行政机关或者第三人可以向第一审人民法院申请强制执行，或者由行政机关依法强制执行。

但《行政诉讼法》对于公民、法人或者其他组织的执行措施没有做出具体规定，人民法院可以参照《中华人民共和国民事诉讼法》的有关规定来执行。在司法实践中，一般来讲，对公民、法人或者其他组织的执行措施主要有：第一，冻结、划拨被执行人的存款；第二，扣留、提取被执行人的劳动收入；第三，查封、扣押、冻结、拍卖、变卖被执行人的财产；第四，强制被执行人迁出房屋、拆除违章建筑、退出土地；第五，强制销毁；第六，强制被执行人支付利息或者支付迟延履行金等。

从第一起"民告官"案件以来，尤其是《行政诉讼法》实施以来，我国行政诉讼制度已经全面建立并日益完善；对于保护公民、法人和其他组织的合法权益，监督行政机关依法行使职权起了很大的作用；行政机关对行政诉讼也经历了从不适应到适应的转变，行政机关及其工作人员的依法行政意识明显增强。

第七节　我国行政赔偿制度

1994年5月12日，第八届全国人民代表大会常务委员会第七次会议通过了《中华人民共和国国家赔偿法》（简称《国家赔偿法》），历经2010年、2012年两次修正，自2013年1月1日起施行。《国家赔偿法》所建立的行政赔偿责任制度是行政诉讼制度的继续和发展，进一步加强了对行政机关依法行政的监督力度。

一、行政赔偿的概念和特点

（一）行政赔偿的概念

行政赔偿，是指国家行政机关及其工作人员、法律法规授权的组织及其工作人员、受行政机关委托的组织或个人违法行使职权侵犯公民、法人和其他组织的合法权益并造成损害，由国家承担赔偿责任的制度。

（二）行政赔偿的特点

（1）行政赔偿的主体是国家，由赔偿义务机关即致害的行政机关或法律法规授权的组织履行赔偿义务。

（2）行政赔偿中的侵权行为主体是行政机关及其工作人员、法律法规授权的组织及其工作人员和受行政机关委托的组织或个人。

（3）行政赔偿是因行政机关及其工作人员、法律法规授权的组织及其工作人员、受行政机关委托的组织或个人违法行使职权的行为引起的赔偿。

（4）赔偿方式和标准特定化，国家赔偿以支付赔偿金为主要方式。能够返还财产或者恢复原状的，予以返还财产或者恢复原状。

（5）赔偿程序多元化，受害人要求行政赔偿，可以直接向赔偿义务机关提出，也可以在行政复议、行政诉讼中一并提起，还可以单独提起行政赔偿诉讼。

二、行政赔偿的归责原则

行政赔偿的归责原则，是指国家承担行政赔偿责任的依据和标准。《国家赔偿法》第二条规定："国家机关和国家机关工作人员行使职权，有本法规定的侵犯公民、法人和其他组织合法权益的情形，造成损害的，受害人有依照本法取得国家赔偿的权利。"从而确立了我国行政赔偿的归责原则是违法责任原则。

首先，这里的"违法"应从广义上理解，内容主要包括：实体违法或程序违法；违反法律、法规、规章的规定或违反法的一般原则和精神；作为行为违法或不作为行为违法；法律行为违法或事实行为违法。之所以对"违法"做广义理解，是因为行政机关及其工作人员的职权十分广泛，受到多层次、多角度法律规范的约束，违反任何层次的规范都应当视为违法。并且从比较法的角度来看，国外没有一个国家对行政赔偿中的违法概念做狭义解释，相反，都不同程度地做了扩张解释。只有从广义上理解"违法"，才能最大限度地保护公民、法人和其他组织的合法权益，才能有效地规范行政机关及其工作人员的行为，才能真正弘扬法治理念和人权保障精神。

其次，违法既包括积极的作为违法，也包括消极的不作为违法。作为违法，是指侵权主体以积极的作为方式表现出来的违法情形。例如，行政机关的违法处罚、违法采取强制措施等行为，均是作为违法。不作为违法，是指侵权主体拒绝履行或拖延履行其承担的职责和义务的违法情形。必须注意的是，认定不作为违法，应当以法定的或职责确定的义务存在为前提。也就是说，如果行政机关或其工作人员没有履行法定的或本身职责确定的义务，其不作为行为给受害人造成的损害，那么国家应当对此承担赔偿责任。不作为还包括不当延误及疏忽、怠惰、无故迟缓。如果法律明确规定了作为的期限或时限，未在该时限内作为，即构成不作为违法。但如果法律没有规定作为的时限，就必须考虑为此设定一个合理期限，通常应考虑公务活动的难易程度、处理此类公务的惯用时间、当时的客观环境及是否存在不可抗力等因素的干扰和阻碍，等等。

最后，违法归责原则，既包括法律行为违法，也包括事实行为违法。事实行为违法是指国家机关及其工作人员违法实施的不直接产生法律效果的行为。例如，政府机关提供咨询、实施指导、发布信息等都是事实行为。由于政府提供错误的指导或信息，而遭受损害的，虽然政府的行为可能不是严格意义上的法律行为，而是一项事实行为，但政府仍然应当对此承担赔偿责任。

综上所述，违法的具体情形包括：第一，国家侵权主体的行为违反法律、法规、规章和其他具有普遍约束力的规范性文件；第二，国家侵权主体的行为，虽然没有违反上述文件的明确规定，但违反了法的基本原则和精神；第三，国家侵权主体没有履行对特定人的职责与义务，或违反了对特定人的职责与义务；第四，国家侵权主体在行使自由裁量权时，滥用职权或没有尽到合理注意。

三、行政赔偿责任的构成要件

行政赔偿责任的构成要件，是指行政机关代表国家承担赔偿责任所应具备的条件。即只有在符合一定条件的前提下，行政机关才代表国家承担侵权赔偿责任。根据《行政诉讼法》和《国家赔偿法》的规定，行政赔偿责任的构成要件包括侵权行为主体、侵权行为、损害结果和因果关系四个方面。

（一）侵权行为主体

侵权行为主体只能是国家行政机关及其工作人员、法律法规授权的组织及其工作人员、受行政机关委托的组织或个人。

（二）侵权行为

侵权行为即行政机关及其工作人员、法律法规授权的组织及其工作人员，以及行政机关委托的组织或个人在行使行政职权的过程中所实施的违法行为。

（三）损害结果

损害结果是违法行使职权产生的客观不利后果。行政赔偿的主要功能是对损害的补救，损害结果的发生是行政赔偿责任产生的必备条件。

（四）因果关系

行政侵权行为与损害结果之间存在因果关系，即受害人的损害结果是由行政机关及其工作人员违法行使职权的行为所造成的。

四、行政赔偿请求人与赔偿义务机关

(一) 行政赔偿请求人

1. 行政赔偿请求人的概念和特点

行政赔偿请求人，是指因受违法行政的侵害，依法有权请求国家给予行政赔偿的公民、法人和其他组织。

行政赔偿请求人具有以下特点：①行政赔偿请求人是公民、法人和其他组织。②行政赔偿请求人是依法享有取得国家赔偿权利的公民、法人或者其他组织。③行政赔偿请求人是依法以自己的名义请求赔偿义务机关履行国家赔偿责任的公民、法人或者其他组织。

2. 行政赔偿请求人的范围

根据《国家赔偿法》第六条的规定，行政赔偿请求人主要包括以下三类：①受害的公民、法人和其他组织。②受害的公民死亡，其继承人和其他有扶养关系的亲属。③受害的法人或者其他组织终止的，承受其权利的法人或者其他组织。

(二) 行政赔偿义务机关

行政赔偿义务机关，是指代表国家履行具体赔偿义务、支付赔偿费用、参加赔偿诉讼程序的行政机关或法律法规授权的组织。对此，《国家赔偿法》第七条、第八条作了规定，具体包括以下情形：

(1) 行政机关及其工作人员行使行政职权侵犯公民、法人和其他组织的合法权益造成损害的，该行政机关为赔偿义务机关。

(2) 两个以上行政机关共同行使行政职权时侵犯公民、法人和其他组织的合法权益造成损害的，共同行使行政职权的行政机关为共同赔偿义务机关。

(3) 法律、法规授权的组织在行使授予的行政权力时侵犯公民、法人和其他组织的合法权益造成损害的，被授权的组织为赔偿义务机关。

(4) 受行政机关委托的组织或者个人在行使受委托的行政权力时侵犯公民、法人和其他组织的合法权益造成损害的，委托的行政机关为赔偿义务机关。

(5) 赔偿义务机关被撤销的，继续行使其职权的行政机关为赔偿义务机关；没有继续行使其职权的行政机关的，撤销该赔偿义务机关的行政机关为赔偿义务机关。

(6) 经复议机关复议的，最初造成侵权行为的行政机关为赔偿义务机关，但复议机关的复议决定加重损害的，复议机关对加重的部分履行赔偿义务。

五、行政赔偿的范围和方式

(一) 行政赔偿的范围

行政赔偿的范围是指国家对行政机关及其工作人员在行使行政职权时，侵犯公民、法人和其他组织合法权益造成的损害给予赔偿的范围。行政赔偿的范围确定了受害人行政赔偿请求权的范围、行政赔偿义务机关履行赔偿义务的范围以及人民法院对行政

赔偿案件行使审判权的范围。《国家赔偿法》第三条、第四条规定，国家对行政机关及其工作人员在行使行政职权时造成人身权、财产权损害的承担赔偿责任。

1. 侵犯人身权的赔偿

人身权首先是一个宪法概念，我国宪法规定的人身权有人身自由不受侵犯、人格尊严不受侵犯以及与人身自由相联系的住宅安全不受侵犯、通信自由和通信秘密受法律保护等权利。从宪法确认的这些权利来看，人身权是指公民作为一个自然人为了生存而必不可少的与公民的身体和名誉密不可分的权利。人身权在民法领域得到了充分的发展。民法学理论一般认为，人身权是指与权利主体自身密不可分的、没有财产内容的权利，包括人格权和身份权。人格权又分为生命健康权、自由权、名誉权、姓名权、肖像权、荣誉权、隐私权等，身份权又分为亲权、监护权等。行政法上的人身权的范围比较广泛，除了宪法规定的人身权、民法规定的人身权之外，还包括行政法律法规规定的特殊的人身权，如公务员的身份保障权。《国家赔偿法》规定的人身权范围比较狭窄，限于生命健康权、人身自由权、名誉权和荣誉权等。

根据《国家赔偿法》第三条的规定，行政机关及其工作人员在行使行政职权时有下列侵犯人身权情形之一的，受害人有取得赔偿的权利：①违法拘留或者违法采取限制公民人身自由的行政强制措施的；②非法拘禁或者以其他方法非法剥夺公民人身自由的；③以殴打、虐待等行为或者唆使、放纵他人以殴打、虐待等行为造成公民身体伤害或者死亡的；④违法使用武器、警械造成公民身体伤害或者死亡的；⑤造成公民身体伤害或者死亡的其他违法行为。

2. 侵犯财产权的赔偿

财产权有广义和狭义之分，广义的财产权是指一切具有经济内容的权利。除了物权、债权、知识产权、继承权、经营权、物质帮助权之外，劳动权、受教育权、休息权等与财产密不可分，具有一定经济内容的权利，也属于财产权的范畴。狭义的财产权是指具有直接经济内容的权利，包括物权、债权、知识产权、继承权、经营权和物质帮助权。国家赔偿法规定的财产权限于公民、法人或者其他组织的财产权，具体来说，包括物权、债权、知识产权、经营权和物质帮助权。

根据《国家赔偿法》第四条的规定，行政机关及其工作人员在行使行政职权时有下列侵犯财产权情形之一的，受害人有取得赔偿的权利：①违法实施罚款、吊销许可证和执照、责令停产停业、没收财物等行政处罚的；②违法对财产采取查封、扣押、冻结等行政强制措施的；③违法征收、征用财产的；④造成财产损害的其他违法行为。

3. 国家不承担赔偿责任的情形

国家不承担赔偿责任的情形，是指国家对某些在行政管理过程中发生的损害不承担赔偿责任的事项。根据《国家赔偿法》第五条的规定，属于下列情形之一的，国家不承担赔偿责任：①行政机关工作人员与行使职权无关的个人行为；②因公民、法人和其他组织自己的行为致使损害发生的；③法律规定的其他情形。

（二）行政赔偿的方式

行政赔偿的方式是指国家对行政机关及其工作人员的职务侵权行为承担赔偿责任

的各种形式。《国家赔偿法》第三十二条规定："国家赔偿以支付赔偿金为主要方式。能够返还财产或者恢复原状的，予以返还财产或者恢复原状。"根据该规定，我国行政赔偿的方式主要有三种：支付赔偿金、返还财产和恢复原状。

此外，根据《国家赔偿法》第三十五条的规定，有《国家赔偿法》第三条或者第十七条规定情形之一，致人精神损害的，应当在侵权行为影响的范围内，为受害人消除影响，恢复名誉，赔礼道歉；造成严重后果的，应当支付相应的精神损害抚慰金。

六、行政赔偿的程序

（一）行政赔偿程序的概念

行政赔偿的程序，是指受害人依法取得国家赔偿的权利、行政机关或者人民法院依法办理行政赔偿事务应当遵守的方式、步骤、顺序、时限等的总称。

（二）提出赔偿请求的程序

根据《国家赔偿法》《行政复议法》等的规定，我国行政赔偿程序实行单独提起和一并提起两种请求程序并存的原则，包括行政程序和司法程序两个部分。

1. 单独提起赔偿请求的程序

单独提起，是指行政机关及其工作人员的违法行使职权的行为已被确认，行政赔偿请求人仅就赔偿问题提出请求。赔偿请求人单独提出赔偿请求，应当先向行政赔偿义务机关提出，遵循"赔偿义务机关先行处理"的原则，只有在赔偿请求人向赔偿义务机关提出赔偿请求，赔偿义务机关拒绝赔偿或赔偿请求人对赔偿数额有异议的，才可以向人民法院提起行政赔偿诉讼。未经先行处理程序直接向人民法院提起诉讼的，人民法院不予受理。根据《国家赔偿法》的规定，赔偿请求人向赔偿义务机关请求赔偿的，赔偿义务机关应当自收到申请之日起两个月内，作出是否赔偿的决定。赔偿义务机关在规定期限内未作出是否赔偿的决定，赔偿请求人可以自期限届满之日起三个月内，向人民法院提起诉讼。赔偿请求人对赔偿的方式、项目、数额有异议的，或者赔偿义务机关做出不予赔偿决定的，赔偿请求人可以自赔偿义务机关做出赔偿或者不予赔偿决定之日起三个月内向人民法院提起行政赔偿诉讼。

2. 一并提起赔偿请求的程序

一并提起，是指赔偿请求人在申请行政复议或者提起行政诉讼的同时，一并提出赔偿的请求。它是将两项不同的请求一并向同一机关提出，要求合并审理解决：一是要求确认行政机关及其工作人员行使职权的行为违法或要求撤销、变更该行为；二是提出该违法行为已给自己的合法权益造成实际损害，要求赔偿。一并提出就是将这两项不同的请求合并起来，由行政复议机关或人民法院一并审理。在申请行政复议时一并提出赔偿请求的，按照行政复议程序进行，在提起行政诉讼时一并提出赔偿请求的，按照行政诉讼程序进行。

《国家赔偿法》建立的以违法为赔偿前提的归责原则等制度，都是当代先进的行政法律制度。对于落实宪法，保障公民、法人和其他组织的合法权益，监督和促进国家机关依法行使职权，发挥着越来越重要的作用。

本 章 小 结

本章以行政法的概念与特征为基础，学习了我国行政法的基本原则即合法行政与合理行政原则，学习了行政法律关系主体并解决了"谁掌握行政权"的问题，学习了行政行为并了解了"行政权的展开和运用"问题，学习了行政复议、行政诉讼和行政赔偿并把握了行政权的监督与救济问题，从而全面掌握行政法的精神实质，即规范和控制行政权力，保障公民权利。

主要参考文献：

敖双红. 2016. 行政法典型案例评析. 长沙：中南大学出版社.

方世荣. 1999. 行政法与行政诉讼法. 北京：中国政法大学出版社.

国家统一法律职业资格考试辅导用书编辑委员会. 2021. 行政法与行政诉讼法. 北京：法律出版社.

胡建淼. 2003. 行政诉讼法学. 北京：高等教育出版社.

胡锦光. 1998. 以案说法：行政法篇. 北京：中国人民大学出版社.

胡锦光. 2000. 行政法案例分析. 北京：中国人民大学出版社.

江必新. 2010. 《中华人民共和国国家赔偿法》条文理解与适用. 北京：人民法院出版社.

江必新. 2015. 中华人民共和国行政诉讼法理解适用与实务指南. 北京：中国法制出版社.

姜明安. 2015. 行政法与行政诉讼法. 6 版. 北京：北京大学出版社，高等教育出版社.

刘嗣元，石佑启，朱最新. 2010. 国家赔偿法要论. 2 版. 北京：北京大学出版社.

马怀德. 1994. 国家赔偿法的理论与实务. 北京：中国法制出版社.

马怀德. 2021. 行政法与行政诉讼法. 北京：法律出版社.

民政部政策法规司. 2016. 民政行政复议和诉讼典型案例分析. 北京：中国社会出版社.

吴汉东. 2023. 法学通论. 8 版. 北京：北京大学出版社.

《习近平法治思想概论》编写组. 2024. 习近平法治思想概论. 2 版. 北京：高等教育出版社.

应松年. 2015. 行政诉讼法学. 6 版. 北京：中国政法大学出版社.

最高人民法院办公厅. 2004. 中华人民共和国最高人民法院公报·2003 年卷. 北京：人民法院出版社.

最高人民法院中国应用法学研究所. 2016. 人民法院案例选（2015 年第 4 辑）（总第 94 辑）. 北京：人民法院出版社.

第四章 刑 法

思维导图：

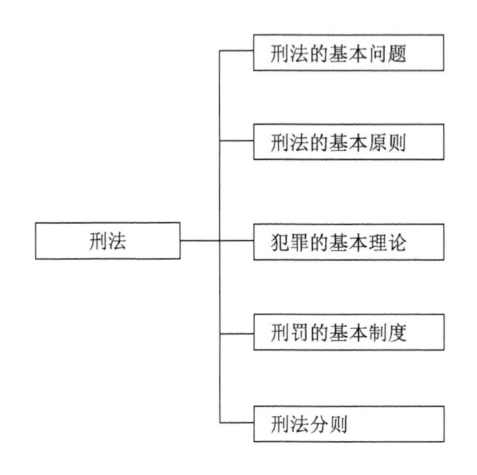

```
                  ┌── 刑法的基本问题
                  │
                  ├── 刑法的基本原则
                  │
         刑法 ────┼── 犯罪的基本理论
                  │
                  ├── 刑罚的基本制度
                  │
                  └── 刑法分则
```

主要问题：

1. 如何理解刑法的三个机能？
2. 简述刑法解释的种类及其内容。
3. 如何贯彻落实罪刑法定原则？
4. 平等适用刑法原则的基本要求有哪些？
5. 如何在立法和司法实践中贯彻罪责刑相适应原则？
6. 我国法律对刑法的空间适用范围做出了哪些规定？
7. 犯罪构成的"三阶层"与"四要件"有什么区别？
8. 如何理解不作为的行为性？
9. 危害结果在刑法中有何意义？
10. 如何理解单位犯罪及双罚制？
11. 如何理解间接故意中的"放任"？
12. 怎么理解与把握犯罪过失中的"应当预见"？
13. 意外事件与疏忽大意的过失有何区别？
14. 简述正当防卫与紧急避险的异同。
15. 犯罪既遂形态有哪些类型？
16. 简述共同犯罪的成立条件。
17. 一般自首与特殊自首有哪些区别？
18. 简述我国数罪并罚原则的基本适用规则。

重要概念：

刑法；犯罪构成；作为；不作为；因果关系；危害结果；刑事责任能力；单位犯罪；犯罪故意；犯罪过失；认识错误；正当防卫；紧急避险；犯罪预备；犯罪未遂；犯罪中止；共同犯罪；刑罚；量刑；累犯；自首；立功；时效

重要法律：

《中华人民共和国刑法》　　《中华人民共和国监狱法》

典型案例：

刑法是什么？与其他部门法相比，刑法有最严厉的制裁手段，它会限制或者剥夺人的自由，甚至剥夺人的生命。作为最严厉的制裁手段，刑法具有谦抑性。"刑罚与其严厉不如缓和的格言表述了刑罚程度的谦抑性思想，即在刑事立法上，如果规定较轻的刑罚（缓和）即可，就没有必要规定较重的刑罚（严厉）；在刑事司法上，对于已经确定为犯罪的行为，如果适用较轻的刑罚（缓和）即可，便没有必要适用较重的刑罚（严厉）。"[①]刑法的谦抑性要求限制刑罚的范围和强度，防止刑罚的膨胀。只有在其他保护手段不足以保护法益时，才适用刑罚。本章将从刑法的基本问题、刑法的基本原则、犯罪的基本理论、刑罚的基本制度、刑法分则方面阐释刑法。

第一节　刑法的基本问题

一、刑法的概念

刑法是规定犯罪及其法律后果的法律规范，是国家认定犯罪和发动、实现刑罚权的法律根据，对犯罪人科处刑罚，是国家权力的一个重要内容。从外延上讲，刑法有广义和狭义之分。广义的刑法指一切关于犯罪及其刑罚的法律规范的总称，主要包括刑法典、刑法修正案、单行刑法、附属刑法等。狭义的刑法是指以刑法为名称系统规定了犯罪、刑事责任、刑罚的一般原则和具体罪名等规范的刑法典及其修正案。我国通常所称的刑法或刑法典，是指 1997 年修订后的《中华人民共和国刑法》（简称《刑法》）。

[①] 张明楷：《刑法格言的展开》，法律出版社 1999 年版，第 289 页。

刑法修正案是指最高立法机关在保留刑法典原有体系结构的基础上，针对某些刑法条文作出的修改补充法案。例如，2021年3月1日起施行的《中华人民共和国刑法修正案（十一）》对法定最低刑事责任年龄作个别下调，规定已满十二周岁不满十四周岁的人，犯故意杀人、故意伤害罪，致人死亡或者以特别残忍手段致人重伤造成严重残疾，情节恶劣，经最高人民检察院核准追诉的，应当负刑事责任。

二、刑法的渊源

刑法的渊源，即刑法的表现形式。具体而言，刑法的渊源有以下几种。

1. 刑法典

刑法典是系统规定了犯罪及其法律后果的法律。1979年颁布、1980年1月1日起施行的《刑法》称为旧刑法或旧刑法典；目前我国适用的刑法典是1997年3月修订后的《刑法》，通常称为刑法、新刑法或现行刑法。2017年是现行刑法颁布20周年，刑法学界围绕"中国刑法二十周年"举行了多场研讨会，学者们纷纷写文章反思20年的刑事立法发展。[1]

2. 单行刑法

单行刑法是国家以决定、规定、补充规定、条例等名称颁布的，规定某一类犯罪及其法律后果或者刑法的某一事项的法律，以补充规定或修改规定为主。我国1979年颁布的《刑法》将所有的罪刑规范都囊括其中，是一部统一的刑法典。随着改革开放的不断深入和我国社会政治、经济的不断发展，新型犯罪不断出现，为了适应社会转型所产生的惩治犯罪的需要，全国人大常委会又逐步制定了大量的刑事法律。自1981年至1997年开展刑法大规模修订前，全国人大常委会先后通过了25部单行刑法[2]，如《中华人民共和国惩治军人违反职责罪暂行条例》《全国人民代表大会常务委员会关于禁毒的决定》等。1997年《刑法》修订后，现行刑法全面吸收了1979年《刑法》和既往各个单行刑法及附属刑法规范的合理内容，真正实现了我国刑法的法典化。

全国人大常委会1998年12月29日颁布的《全国人民代表大会常务委员会关于惩治骗购外汇、逃汇和非法买卖外汇犯罪的决定》是现行有效的单行刑法。该决定增设了"骗购外汇罪"；对逃汇罪进行了修改；规定在国家规定的交易场所外非法买卖外汇、扰乱市场秩序、情节严重的，依照非法经营罪处罚。随后的《刑法》修订中，改为以修正案的形式进行立法调整。[3]

---

[1] 赵秉志：《中国刑法立法晚近20年之回眸与前瞻》，《中国法学》2017年第5期；王渊：《从1997年刑法颁行20周年看修法变化与未来发展——专访清华大学法学院教授周光权》，《人民检察》，2017年第19期；张志钢：《转型期中国刑法立法的回顾与展望——"历次刑法修正评估与刑法立法科学化理论研讨会"观点综述》，《人民检察》2017年第21期。

[2] 赵秉志：《改革开放40年我国刑法立法的发展及其完善》，载《法学评论》2019年第2期。

[3] 关于1999年10月30日通过的《全国人民代表大会常务委员会关于取缔邪教组织、防范和惩治邪教活动的决定》、2000年12月28日通过的《全国人民代表大会常务委员会关于维护互联网安全的决定》、2011年10月29日通过的《全国人民代表大会常务委员会关于加强反恐怖工作有关问题的决定》、2015年8月29日通过的《全国人民代表大会常务委员会关于特赦部分服刑罪犯的决定》，是否属于单行刑法，不同学者有不同的观点。张明楷教授认为，虽然以上决定没有直接规定具体的犯罪和法定刑，不是典型的单行刑法，但也可以纳入单行刑法范畴。参见张明楷：《刑法学（上）》（第六版），法律出版社2021年版，第19页。而刘仁文教授认为，没有刑法具体规范内容的类似决定，不属于单行刑法。

3. 附属刑法

附属刑法是指附带规定于民法、经济法、行政法等非刑事法律中的罪刑规范。附属刑法反映了一个国家法律体系中刑法与其他部门法之间相互补充的关系，这些规范一般表述为"构成犯罪的，依照刑法追究刑事责任"。1981—1997 年《刑法》修订前，在我国《中华人民共和国计量法》《中华人民共和国海关法》《中华人民共和国产品质量法》《中华人民共和国烟草专卖法》等 107 部经济、民事、行政、军事方面的法律中附设了 130 多个专门的罪刑条款。现行刑法将之前的所有附属刑法条文均纳入刑法典，实质上全面取消了附属刑法规范，使我国刑法立法模式重新回归到统一刑法典模式。[1]

三、刑法的性质

刑法的性质是指刑法具有的区别于其他法律规范的特有属性，实际上解决的是为什么有些行为需要用刑法规制，有些行为不需要用刑法规制的问题。具体而言，刑法的性质包括以下几个方面。[2]

（1）规制内容的特定性。刑法是规定犯罪及其法律后果的法律规范，而其他法律规定的是一般违法行为及其法律后果。以交通事故为例，如果只是不严重的擦碰行为，可以援引行政法律进行调整；只有出现了人身伤亡的严重后果，才需要刑法介入。是否援引刑法追究责任，需要根据个案的实际情况进行选择。

（2）制裁手段的严厉性。法律区别于其他社会规范的特征之一是具有强制性。与其他部门法相比，刑法规定了最严厉的制裁手段，既可能限制被告人的人身自由、剥夺政治权利，还可能剥夺生命。《刑法》规定了管制、拘役、有期徒刑、无期徒刑和死刑共五类主刑，规定了包括罚金、剥夺政治权利和没收财产在内的三类附加刑，还规定了对于犯罪的外国人，可以独立适用或者附加适用驱逐出境。

（3）法益保护的广泛性。其他部门法调整和保护的是某一方面的社会关系，如民法典调整和保护平等主体之间的财产关系和人身关系；行政法调整行政法律关系。刑法保护人身的、财产的、经济的、婚姻家庭的、社会秩序等多方面的法益。与其他部门法相比，刑法并不以特定的社会关系为调整对象，而是通过特定的调整方法和制裁手段调整各个领域的社会关系。一方面，刑法保护的法益具有广泛性，一旦行为符合犯罪的构成要件，行为所呈现的社会关系就进入刑法的调整范畴；另一方面，刑法对法益保护的广泛性，只是意味着刑法保护的法益不限于某一个或某几个方面，而并不意味着刑法处罚范围的广泛性。从总体上说，刑法的处罚对象小于其他部门法的处罚对象。

（4）处罚范围的不完整性。虽然刑法保护的法益范围广泛，但其处罚范围具有不完整性。首先，由于刑法是保护法益的最后手段，所以刑法并未将所有侵害法益的行为规定为犯罪，而只是将其中部分严重侵害法益的行为规定为犯罪。其次，即使是严重侵害法益的行为，但由于刑事政策等方面的原因，立法者也可能不将其规定为犯罪。再次，刑法实行罪刑法定原则，不可能抽象地规定犯罪行为，只能将可以具体判断的、侵

---

[1] 周光权：《我国应当坚持统一刑法典立法模式》，《比较法研究》2022 年第 4 期。

[2] 关于刑法性质的概括，参考了张明楷教授的分析。张明楷：《刑法学（上）》（第六版），法律出版社 2021 年版，第 22-24 页。

害法益的类型性行为规定为犯罪。最后，成文刑法具有局限性，一些严重侵害法益的行为也可能被遗漏。刑法的不完整性，要求司法机关恪守罪刑法定原则。

（5）部门法律的补充性。刑法的补充性是指当其他部门法不能有效保护某种法益时，才由刑法保护。一般违法行为和一般侵权行为并未造成严重的社会危害，就不需要刑法介入。刑法制裁手段的严厉性，也限制了刑法的扩张适用，刑罚被认为是保护法益的最后手段。概言之，能用其他部门法调整的，尽量不援用刑法。这并不表明任何行为都先考虑是否适用民事规范或行政规范，只要行为符合犯罪构成要件，则直接适用刑法。

四、刑法解释

刑法解释是指对刑法规范意义及其在司法工作中具体应用问题的阐释。刑法的内容由文字表达，具有稳定性，但现实生活是多变的，需要通过解释有效解决刑法适用中的难题。刑法解释有助于科学公正地理解刑法的精神、促进刑法的发展和完善。刑法解释不能超出刑法用语可能具有的含义。

刑法的解释，可以从不同的方面进行分类，主要有以下两种分类。①

第一，按解释的效力分类，刑法解释可分为立法解释、司法解释和学理解释。立法解释，指最高立法机关对刑法的含义所做的解释。依照我国《宪法》第六十七条的规定，全国人民代表大会常务委员会行使解释法律的职权。2000年以来，全国人民代表大会常委会对刑法中的有关内容作了一系列的立法解释，如《全国人民代表大会常务委员会关于〈中华人民共和国刑法〉第九章渎职罪主体适用问题的解释》。②司法解释，指最高司法机关对刑法的含义所作的解释。有权进行司法解释的主体是最高人民法院和最高人民检察院。《全国人民代表大会常务委员会关于加强法律解释工作的决议》规定："凡属于法院审判工作中具体应用法律、法令的问题，由最高人民法院进行解释。凡属于检察院检察工作中具体应用法律、法令的问题，由最高人民检察院进行解释。最高人民法院和最高人民检察院的解释如果有原则性的分歧，报请全国人民代表大会常务委员会解释或决定。"学理解释是由国家宣传机构、社会组织、教学科研单位或者专家学者从学理上对刑法含义所作的宣教性、学术性、知识性的解释，如研究者对刑法典的评注、刑法教科书对相关理论的分析等，都属于学理解释。学理解释在法律上没有约束力。

第二，按解释的方法分类，刑法解释可分为文理解释和论理解释。文理解释是对法律条文的字义，包括单词、概念、术语，从文理上作出解释。论理解释是按照立法精神和刑事政策，联系有关情况，从逻辑上所作的解释，其主要特点是不拘泥于刑法条文的字面含义，从条文的内部结构关系及相互联系上，探求立法的意图。论理解释又分为

---

① 关于刑法解释的分类，参考了刘宪权主编的教材。刘宪权：《刑法学（上）》（第五版），上海人民出版社2020年版，第25-28页。

② 2002年12月28日第九届全国人民代表大会常务委员会第三十一次会议通过了《全国人民代表大会常务委员会关于〈中华人民共和国刑法〉第九章渎职罪主体适用问题的解释》，具体内容如下："全国人大常委会根据司法实践中遇到的情况，讨论了刑法第九章渎职罪主体的适用问题，解释如下：在依照法律、法规规定行使国家行政管理职权的组织中从事公务的人员，或者在受国家机关委托代表国家机关行使职权的组织中从事公务的人员，或者虽未列入国家机关人员编制但在国家机关中从事公务的人员，在代表国家机关行使职权时，有渎职行为，构成犯罪的，依照刑法关于渎职罪的规定追究刑事责任。现予公告。"

当然解释、扩张解释和限制解释等。当然解释，是指刑法条文虽未明示某一事项，但依规范目的、事物属性和形式逻辑，将该事项当然包含在该规范适用范围之内的解释。如《刑法》第五十条规定"判处死刑缓期执行的，在死刑缓期执行期间，如果没有故意犯罪，二年期满以后，减为无期徒刑"。根据该条文的规定，没有满二年的不得减为无期徒刑，更不得减为有期徒刑，这就是当然解释。扩张解释，又称扩大解释，是指根据立法原意，对刑法条文作超过字面意思的解释，这种解释并未超出字词可能具有的含义。例如，《刑法》第四十九条规定"审判的时候怀孕的妇女，不适用死刑"，此处的"审判的时候"扩大解释为从羁押到执行的整个诉讼过程，而非仅仅指法院审判阶段。限制解释，又称缩小解释，是指根据立法原意，对刑法条文作狭于字面意思的解释，如《刑法》第一百一十一条规定"为境外的机构、组织、人员窃取、刺探、收买、非法提供国家秘密或者情报的"，将"情报"限定为"关系国家安全和利益、尚未公开或者依照有关规定不应公开的事项"。

五、刑法的适用范围

刑法的适用范围，也被称为刑法的效力范围，是指刑法在什么时间、什么地点、对什么人产生法律效力，包括时间和空间两个维度。刑法适用范围的具体规定不仅关系到法律在本国范围内的效力问题，还涉及国家主权问题。《刑法》第六条、第七条、第八条、第九条分别规定了属地原则、属人原则、保护原则和普遍管辖原则。

（一）刑法的时间效力

刑法的时间效力是指刑法何时生效、何时失效以及对其生效以前的行为是否具有溯及力的问题，内容包括生效时间、失效时间、溯及力。

（1）从我国刑事立法的实践来看，刑法的生效时间主要有两种。第一，自公布之日起生效。例如，《中华人民共和国刑法修正案（十）》于2017年11月4日通过并公布，自公布之日起生效。第二，公布后经过一定的期限才生效。例如，《中华人民共和国刑法修正案（十一）》于2020年12月26日公布，自2021年3月1日起施行。公布后经过一定时间生效，给予了普通人了解和知晓刑法具体内容的时间，有利于刑法规范指导人们的行为。

（2）刑法的失效是指刑法从什么时候开始失去法律效力。刑法的失效时间主要有两种。第一，由立法机关明确宣布失效。例如，《刑法》第四百五十二条规定："本法自1997年10月1日起施行。列于本法附件一的全国人民代表大会常务委员会制定的条例、补充规定和决定，已纳入本法或者已不适用，自本法施行之日起，予以废止。列于本法附件二的全国人民代表大会常务委员会制定的补充规定和决定予以保留。其中，有关行政处罚和行政措施的规定继续有效；有关刑事责任的规定已纳入本法，自本法施行之日起，适用本法规定。"第二，新法实行后，旧法自然失效。例如，《中华人民共和国刑法修正案（九）》取消了9个死刑罪名，那么在《中华人民共和国刑法修正案（九）》实施后，包括走私假币罪、伪造货币罪等在内的9个罪名的最高刑不再是死刑。

（3）刑法的溯及力，又称刑法的溯及既往的效力，是指刑法生效后，对它生效前未经审判或判决未生效的行为是否具有追溯适用的效力。如果刑法对其生效前的行为可以适用，则刑法具有溯及力；如果不能适用，则刑法不具有溯及力。我国刑法规定了从旧兼从轻原则。从旧兼从轻是指，如果行为发生在旧法时期，应适用行为时的法律，即适用旧法；但当适用新法有利于行为人时，适用新法。

以行为人的行为是适用 1979 年颁布的刑法，还是适用 1997 年修订后的现行刑法为例分析，存在以下几种情况。第一，行为人行为时的法律不认为是犯罪，而现行刑法认为是犯罪的，适用行为时的法律。此时，现行刑法没有溯及力。第二，行为人行为时的法律认为是犯罪，而现行刑法不认为是犯罪的，适用现行刑法。此时，现行刑法具有溯及力。第三，行为时的法律与现行刑法都认为是犯罪，现行刑法是否具有溯及力要区别情况。如果现行刑法的法定刑较轻，则适用现行刑法。此时，现行刑法具有溯及力。如果现行刑法的法定刑较重或者相同，适用行为时的法律。此时，现行刑法没有溯及力。第四，现行刑法生效以前，已经做出的生效判决，继续有效。

（二）刑法的空间适用范围

刑法的空间适用范围，解决的是刑法在什么地域、对什么人适用的问题。刑法不仅适用于本国领域内的人的行为，而且在一定条件下适用于本国领域外的人的行为。属地管辖原则与属人管辖原则是刑法空间效力的基本原则；保护管辖原则和普通管辖原则是补充和发展。

（1）属地管辖，是指根据犯罪发生的地域来确立刑法的效力范围。《刑法》第六条规定："凡在中华人民共和国领域内犯罪的，除法律有特别规定的以外，都适用本法。凡在中华人民共和国船舶或者航空器内犯罪的，也适用本法。犯罪的行为或者结果有一项发生在中华人民共和国领域内的，就认为是在中华人民共和国领域内犯罪。"这里的"领域"，是指我国国境以内的全部区域，包括领陆（国境线以内的陆地以及陆地以下的底土）、领水（内水、海水及其领水的水床及底土）和领空（领陆、领水之上的空气空间）。

（2）属人管辖，是指根据犯罪人的国籍来确立刑法的效力范围。我国《刑法》第七条规定："中华人民共和国公民在中华人民共和国领域外犯本法规定之罪的，适用本法，但是按本法规定的最高刑为三年以下有期徒刑的，可以不予追究。中华人民共和国国家工作人员和军人在中华人民共和国领域外犯本法规定之罪的，适用本法。"我国实行的是有限制的属人管辖原则。根据属人管辖原则，中国公民在境外旅行、留学、经商等期间发生的触犯我国刑法的行为，原则上适用我国刑法，但一般仅对严重犯罪行为行使管辖权。如果根据所在国的法律，该行为并不是犯罪行为，且行为也没有侵犯中国国家和公民的法益，则我国刑法不宜适用。

（3）保护管辖，是指根据犯罪是否侵害到国家或公民的利益来确立刑法的效力范围。我国《刑法》第八条规定："外国人在中华人民共和国领域外对中华人民共和国国家或者公民犯罪，而按本法规定的最低刑为三年以上有期徒刑的，可以适用本法，但是按照犯罪地的法律不受处罚的除外。"由于保护管辖原则规范的是外国公民在本国领域之外的行为，既超出了属地管辖的范畴，也在属人管辖之外，该原则在我国适用中要受到多重限制。第一，行为人的行为必须侵犯了我国国家或者公民的法益；第二，行为人的行为按我国刑法规定的最低刑为三年以上有期徒刑；第三，行为人的行为在犯罪地也应该受到处罚。保护管辖原则在保护我国国家和公民利益的同时，也应该遵守行为地所在国的国家主权，具体适用中应该同时满足以上三个限制条件。

（4）普遍管辖，是指以保护各国的共同利益为标准，认为凡是国际条约所规定的侵犯各国共同利益的犯罪，不管犯罪人的国籍与犯罪地的属性，缔约国或参加国发现罪犯在其领域之内时便行使刑事管辖权。我国《刑法》第九条规定："对于中华人民共和国缔结或者参加的国际条约所规定的罪行，中华人民共和国在所承担条约义务的范围内行使刑事管辖权的，适用本法。"凡是我国缔结或者参加的国际条约中规定的罪行，不论罪犯是中国人还是外国人，不论其犯罪行为是否发生在我国领域内，也不论其是否侵害了我国国家或者公民的利益，只要行为人在我国境内被发现，则我国在承担条约义务的范围内，行使相应的管辖权。普遍管辖原则是制止国际犯罪，捍卫各国共同利益的必然要求。作为刑法适用原则的补充和发展，只有在不能适用属地管辖、属人管辖和保护管辖原则之后，才考虑如何适用普遍管辖的问题。

第二节 刑法的基本原则

刑法的基本原则是指导刑事法律制定、实施，贯穿于刑法始终，得到普遍遵循的具有全局性、根本性的准则。刑法的基本原则是法治的基本原则在刑法中的具体表现。刑法的基本原则必须贯穿于刑法始终，是具有全局性、根本性的准则。这要求刑法的具体规范应该以刑法基本原则为指导。刑法的基本原则是制定、解释与适用刑法应遵循的准则。《刑法》第三条、第四条、第五条明确规定了刑法的三大基本原则：罪刑法定原则、平等适用刑法原则和罪责刑相适应原则。

一、罪刑法定原则

《刑法》第三条规定："法律明文规定为犯罪行为的，依照法律定罪处刑；法律没有明文规定为犯罪行为的，不得定罪处刑。"该原则的基本含义是"法无明文规定不为罪""法无明文规定不处罚"。

一般认为，罪刑法定原则源自 1215 年英王约翰签署的《大宪章》："任何自由人，不依同一身份的合法的审判或国家的法律，不得被逮捕、监禁、剥夺其权利或财产，不得剥夺法的保护或被放逐出境，不得采取任何方法使之破产，不得施加暴力，不得使其入狱。不向任何人出售权利和正义，也不会否认或延缓权利和正义的到来。"[①]

[①] 1215 年，《大宪章》是国王与叛军贵族之间的和平条约，包含了 63 个条款。尽管《大宪章》的大部分条款已经被废除，但其中仍有四个条款是英国法律的组成部分，也已成为反对任意使用权力的强有力的国际口号。最著名的就是该条款："No free man shall be seized or imprisoned, or stripped of his rights or possessions, or outlawed or exiled, or deprived of his standing in any other way, nor will we proceed with force against him, or send others to do so, except by the lawful judgement of his equals or by the law of the land. To no one will we sell, to no one deny or delay right or justice." 参见英国议会网 https://www.parliament.uk/about/living-heritage/evolutionofparliament/originsofparliament/birthofparliament/overview/magnacarta/magnacartaclauses/，2024 年 8 月 7 日访问。

这一规定赋予自由人以相同的法律形式上的保护，奠定了罪刑法定原则的思想基础。

在 17、18 世纪资产阶级启蒙思想家的倡导下，罪刑法定思想得到了进一步的论述。洛克在《政府论》中提出："处在政府之下的人们的自由，应有长期有效的规则作为生活的准绳。这种规则为社会一切成员所共同遵守，并为社会所建立的立法机关所制定。"[1]孟德斯鸠在《论法的精神》中认为："君主国是有法律的；法律明确时，法官遵照法律；法律不明确时，法官则探求法律的精神。在共和国里，政制的性质要求法官以法律的文字为依据；否则在有关一个公民的财产、荣誉或生命的案件中，就有可能对法律作有害于该公民的解释了。"[2]他们都表达了依据法律规则引导具体行为的思想。贝卡里亚较为明确地提出了罪刑法定原则，他在《论犯罪与刑罚》中指出："只有法律才能为犯罪规定刑罚……超越法律限度的刑罚就不再是一种正义的刑罚。"[3]

现代意义上的罪刑法定原则的具体法律渊源是法国 1789 年的《人权宣言》、1971 年的《法国宪法》与 1810 年的《法国刑法典》。《人权宣言》第八条规定："在绝对必要的刑罚之外不能制定法律，不依据犯罪行为前制定且颁布并付诸实施的法律，不得处罚任何人。"这一规定确立了罪刑法定原则的基本方向。1810 年的《法国刑法典》第四条进一步规定："没有在犯罪行为时以明文规定刑罚的法律，对任何人不得处以违警罪、轻罪和重罪。"这个最早出现在刑法典中的条文，使罪刑法定原则从宣言式的规定转变为刑法中的实体性规定。受《法国刑法典》的影响，大陆法系国家刑法典纷纷规定了罪刑法定原则。[4]

为了保障人权，不使民众产生不安全感，就必须使民众事先能够预测自己行为的性质与后果，必须事先明确规定犯罪和刑罚。明确的法律指引能告诉民众什么行为可为，什么行为不可为。当民众事先能够预测自己行为的性质时，就能判断自己是否该为、如何为某些行为，不会因为害怕受到不可知的处罚而不敢实施合法行为，也能因预知自己行为可能产生的刑罚后果而克制自己的行为。

我国罪刑法定原则的基本内容包括以下三个方面。

首先，成文的罪刑法定，即罪刑法定原则要求法律主义。规定犯罪及其后果的法律必须是成文的法律；法官只能根据成文法律定罪量刑。这里的成文法律是指通过刑事法律规范进行定罪量刑，即法官必须严格依照刑法规范对行为人的行为做出判断。习惯法不得作为刑法的渊源；判例也不得作为刑法的渊源。

其次，事前的罪刑法定，即罪刑法定要求禁止溯及既往。适用事后法，使刑法溯及既往，意味着民众必须遵守行为时根本不存在的"法律"，这是违背法治精神的做法。刑法严格禁止适用事后法，行为人仅根据现行有效的法律规范自己的行为。如果此时的合法行为会被将来的法律宣告为非法，行为人将无所适从，没有任何自由可言。禁止事后法有利于保障行为人的自由。

---

[1] [英]洛克著，瞿菊农、叶启芳译：《政府论（下）》，商务印书馆1964年版，第15页。
[2] [法]孟德斯鸠著，张雁深译：《论法的精神（上卷）》，商务印书馆2002年版，第76页。
[3] [意]贝卡里亚著，黄风译：《论犯罪与刑罚》，中国法制出版社2005年版，第13页。
[4] 张明楷：《刑法学教程》（第五版），北京大学出版社2021年版，第11-12页。

最后，严格的罪刑法定，即罪刑法定要求禁止类推解释。类推解释是指需要判断的具体事实与法律规定的构成要件基本相似时，将后者的法律后果适用于前者。类推解释导致刑法的规定适用于相似的情况，而解释标准的差异和立场的差异，会导致相似行为扩大化，增加行为被定罪量刑的危险。刑法通过文字形成规范从而指引行为人的行为，在文字可能具有的含义内做出解释，就不会损害预测的可能性。而类推解释的结论，会导致行为人不能预测自己行为的性质和后果，要么造成行为的萎缩，要么造成行为人在不能预见的情况下受刑罚处罚。一旦允许了类推解释，则意味着成文刑法丧失了意义。

二、平等适用刑法原则

平等适用刑法原则是法律面前人人平等原则在刑法中的具体化。《刑法》第四条规定："对任何人犯罪，在适用法律上一律平等。不允许任何人有超越法律的特权。"古代中国有一句话："天子犯法，与庶民同罪。"放在今天的语境下理解，强调的是任何人在法律面前都不享有特权。平等适用刑法原则，追求的不只是多数人或绝大多数人在刑法面前的平等，而是一切人、任何人在刑法面前的平等。

虽然从实然层面看，不同行为人之间有成长环境、教育程度、个人能力等各方面的差异，但这些差异并不是行为人享有特权的理由和依据。一方面，平等适用刑法原则要求定罪量刑时不得因为行为人的家庭出身、财产状况、社会地位等差异而有所区别。另一方面也要注意这一原则的适用并不否定依据行为人特定的个人情况进行的"区别对待"。例如，对未成年人犯罪减免刑事责任的规定。在反对特权的同时，依据年龄、性别差异等做出的形式上不平等的规定，符合实质上平等的要求。

平等适用刑法原则的基本含义包括：①任何人犯罪，都应当受到刑法的追究。②任何人不得享有超越刑法规定的特权。③对一切犯罪行为，一律平等适用刑法，定罪量刑时不得因犯罪人的社会地位、家庭出身、职业状况、财产状况、政治面貌、才能业绩等差异而有所区别。④任何人受到犯罪侵害，都应受到刑法的保护。⑤不同被害人的同等权益，应受到刑法的同样保护。

平等适用刑法原则的具体要求包括：①对刑法所保护的合法权益予以平等的保护。②对于实施犯罪的任何人，严格依照法律认定犯罪。③对于任何犯罪人，必须根据其犯罪事实与法律规定量刑。④对于被判处刑罚的任何人，严格按照法律的规定执行刑罚。"没有任何一个窃盗案件的情节会与另一件窃盗案件完全相同，没有任何人的实际上行为能力或罪责能力与另一人的相同，因为所有人无论是在认识、能力、性格、理解力及意志力等各方面皆不相同。"①在司法实践中，不能简单地追求同类案件之间的绝对平衡，不能机械地理解平等适用刑法原则。

三、罪责刑相适应原则

《刑法》第五条规定："刑罚的轻重，应当与犯罪分子所犯罪行和承担的刑事责

---

① [德]阿图尔·考夫曼著，刘幸义等译：《法律哲学》，法律出版社 2004 年版，第 23 页。

任相适应。"这表明刑罚的轻重,不仅与行为人罪行的轻重相适应,还应该与其所承担的刑事责任的轻重相适应,即轻罪轻罚、重罪重罚、罪刑相当。刑事责任的轻重是综合评价的结果,不仅需要考虑行为所产生的客观后果,同时还需要将犯罪主体、主观方面、客观方面等因素纳入评价范畴,即行为的性质、方式、动机、原因和目的等都是刑事责任的评价指标。

罪责刑相适应原则的具体内容包括:①有罪必惩,无罪不究。违反刑法的人应受到相应的制裁,而无辜的人不应被追究责任。②轻罪轻罚,重罪重罚。评估犯罪行为对公共利益的损害和对个体利益的损害,对于损害不大的行为实施轻微的惩罚警示,严厉打击严重侵害公私利益的犯罪行为。在具体实施刑罚的过程中,刑罚的轻重与犯罪分子所犯罪行和承担的刑事责任相适应。罪行轻则刑事责任轻,罪行重则刑事责任重,即轻罪轻罚、重罪重罚。例如,《刑法》第四十八条规定:"死刑只适用于罪行极其严重的犯罪分子。"③一罪一罚,数罪并罚。对一种犯罪行为实施一种惩罚,几种犯罪行为则要给予不同种类与行为相对应的惩罚。④同罪同罚,罪罚相当。同一性质、情节相近的犯罪,应当处以轻重相近的刑罚。

罪责刑相适应原则的适用,使我国刑法体系更加严谨。一方面,刑罚分为主刑和附加刑两种。我国刑法规定的主刑有管制、拘役、有期徒刑、无期徒刑、死刑;附加刑有罚金、剥夺政治权利、没收财产。另一方面,以罪责刑相适应原则为指导,确立了与罪责相适应的刑罚处罚制度。例如,《刑法》规定了累犯制度、自首与立功制度、缓刑制度、减刑与假释制度等。对于累犯因其再犯可能性大而从重处罚,自首和立功的行为人因其人身危险性小而可以从宽处罚。

第三节 犯罪的基本理论

虽然任何国家都想彻底消除违法侵害行为,实现完美和谐的社会秩序,但是在纷繁复杂的社会关系中,违法犯罪行为每天都在发生。犯罪的发生,牵动社会的神经;犯罪是社会的"毒瘤",但客观上其又具有"倒逼"社会各项制度、措施逐步完善的作用,在这个意义上,犯罪是社会的"润滑剂"。"犯罪在很大程度上是一个社会界定的问题,因而一个国家可以通过在刑法典中增删条款来增加或者减少犯罪。但是这些反复不定的犯罪、增删无常的条款尽管在其他方面可能很重要,但却通常并不是那些构成'犯罪问题'的东西。"[1]哪些行为属于犯罪行为,是一个社会不断界定的问题,需要根据经济社会发展阶段做出相应的调适和改变。

一、犯罪的概念和特征

(一)犯罪的概念

《刑法》第十三条规定:"一切危害国家主权、领土完整和安全,分裂国家、颠

---

[1] [美]弗里德曼著,高鸿均等译:《选择的共和国:法律、权威与文化》,清华大学出版社2005年版,第155页。

覆人民民主专政的政权和推翻社会主义制度，破坏社会秩序和经济秩序，侵犯国有财产或者劳动群众集体所有的财产，侵犯公民私人所有的财产，侵犯公民的人身权利、民主权利和其他权利，以及其他危害社会的行为，依照法律应当受刑罚处罚的，都是犯罪，但是情节显著轻微危害不大的，不认为是犯罪。"我国刑法从形式上和实质上对犯罪作了界定，既指出了犯罪的本质特征是具有社会危害性的行为，又概括了犯罪的法律特征是违反了刑法、应当受到刑罚处罚的行为。据此，犯罪是指侵害了刑法所保护的法益，依照法律应当受刑罚处罚的行为。

（二）犯罪的特征

根据刑法关于犯罪的界定，犯罪具有如下三个基本特征。

1. 严重的社会危害性

犯罪是危害社会的行为，该行为具有严重的危害性。犯罪首先是具体的行为。人的想法、思想、观念等在没有外化为行为前，都不能被认为是犯罪。并不是任何危害社会的行为都要受刑罚处罚。从程度上看，危害社会的行为较为严重，才具备犯罪的特征。

案情简介：2015年底，冶某某辞去了在平罗县县城某大饭店的工作。2016年1月1日17时许，冶某某来到该酒店找女友，见女友对他不冷不热，他怀疑女友变心，同事张某是"罪魁祸首"，是张某"抢走"了自己的女友。于是，怀恨在心的他到饭店后厨找到张某质问，二人话不投机，发生了激烈的争执。冶某某持剪刀将张某的面部、腹部捅伤，所幸张某的伤势并不严重。平罗县公安局城关派出所接到报警后，及时将冶某某抓获归案。该案的最后处罚结果是：冶某某因为故意伤害行为被平罗县公安局依法给予了行政拘留10日并处治安罚款200元的行政处罚。

案例分析：本案中行为人冶某某的行为虽然具有一定的社会危害性，但危害性没有到达相当的程度，并不需要受到刑事处罚。行为的社会危害性是否严重，主要根据法益侵害性的程度、行为人的主观恶性和人身危险性等因素评价。一般认为，危害国家法益的社会危害性大于危害集体法益的社会危害性，危害集体法益的社会危害性大于危害个人法益的社会危害性。[1]刑法分则正是根据法益侵害的轻重程度进行排列的。危害国家安全罪规定在分则第一章，因为危害国家安全的行为，侵犯的是国家的安全、国体和政体，侵害行为比其他行为的社会危害性更大，是具有严重社会危害性的行为。

2. 刑事违法性

刑事违法性是一切犯罪必不可少的基本特征。在罪刑法定的意义上，没有刑事违法性就没有犯罪。行为的社会危害性是刑事违法性的基础；刑事违法性是社会危害性在刑法上的表现。只有当行为不仅具有社会危害性，而且违反了刑法，具有刑事违法性的时候，才能被认定为犯罪。

刑事违法性这一特征具有独立的不可取代的意义。这是因为：①它表明犯罪不是一般的违法行为或不道德行为，而是触犯刑法的行为，从而有助于区别犯罪和一般违法行为。②从司法角度讲，它是犯罪的社会危害性的唯一表现方式和判断尺度，即达到犯罪程度的社会危害性只能以刑事违法性为载体，舍此便无法存在和表现出来，而评价现

---

[1] 刘宪权：《刑法学（上）》（第五版），上海人民出版社2020年版，第70页。

实中的某种行为是否为犯罪，也只能以行为是否为刑法所禁止为唯一尺度。

3. 刑罚当罚性

任何违法行为都应当承担相应的法律后果，刑罚处罚是犯罪行为的法律后果。刑罚当罚性具有两层含义。第一层含义是行为具有严重的社会危害性，依照刑法应当受到刑罚处罚。根据刑法的相关规定，当行为人对危害社会的行为与结果具有故意（《刑法》第十四条）或者过失（《刑法》第十五条），行为人达到刑事年龄（《刑法》第十七条）、具有刑事责任能力（《刑法》第十八条），并且具有期待可能性时（《刑法》第十六条），才能受刑罚处罚。只有违反刑法规定的犯罪行为，才要承担刑罚当罚的法律后果。如果一个行为不应当受到刑罚处罚，这表明该行为并不构成犯罪。第二层含义是行为已经构成犯罪，但考虑到具体情况，免予刑事处罚。免予刑事处罚表明行为构成犯罪，应当受到刑罚处罚，但考虑到具体情况，不予刑事处罚，这与无罪不应当受刑罚处罚截然不同。

综上所述，严重的社会危害性、刑事违法性和刑罚当罚性是犯罪的三个基本特征。三者既有机联系，又各自从不同角度说明犯罪这一现象。其中，严重的社会危害性是犯罪的本质特征，是刑事违法性和刑罚当罚性存在的前提，刑事违法性和刑罚当罚性是社会危害性在法律上的表现和后果。行为要符合犯罪要求，必须同时具备严重的社会危害性、刑事违法性和刑罚当罚性这三个特征。

二、犯罪构成

罪刑法定原则要求刑法明确规定各种犯罪的成立条件与法律后果。犯罪构成及其理论是罪刑法定原则的产物。犯罪构成是一个有机的整体，由相互依赖、相互作用的主客观要件共同组成。犯罪构成与犯罪概念既有联系又有区别。犯罪概念是犯罪构成的基础，犯罪构成是犯罪概念的具体化。罪刑法定是法治原则在刑法上的体现，又是保护法益和保障公民自由的要求。犯罪构成对依法治国、保护法益与保障公民自由具有重大意义：①它为区分罪与非罪提供了标准，具有人权保障机能。行为符合犯罪构成就成立犯罪，否则便不成立犯罪。②它为区分此罪与彼罪提供了法律标准，具有犯罪个别化机能。不同的犯罪存在各自不同的犯罪构成。③它为区分一罪与数罪提供了法律依据，具有罪数区分机能。行为符合一个罪的犯罪构成就成立一罪；行为符合数个罪的犯罪构成便成立数罪。④它为区分重罪和轻罪提供了法律依据。犯罪构成的内容不同，其反映的社会危害性与刑罚当罚性程度有所不同，从犯罪构成的内容便可知道该罪的罪行轻重。[①]

我国刑法理论将成立犯罪所必须具备的条件称为"犯罪构成"。因此，我国的犯罪构成就是犯罪的成立条件，所要解决的是，判断什么人在何种主观状态下实施了什么行为，从而侵犯了具体的法益，需要受到刑罚处罚。传统刑法理论认为，犯罪的成立要件包括犯罪客体、犯罪客观方面、犯罪主体和犯罪主观方面四个方面，四者作为犯罪构成要件缺一不可。[②]

[①] 张明楷：《刑法学（上）》（第六版），法律出版社2021年版，第130页。

[②] 不同学者对于犯罪构成的体系有不同见解，如张明楷认为传统的犯罪构成体系存在一些缺陷，主张犯罪构成的三阶层体系，认为犯罪构成由不法与责任组成。张明楷：《刑法学（上）》（第六版），法律出版社2021年版，第134页。周光权主张犯罪客观要件、犯罪主观要件、犯罪排除要件（违法阻却要件、责任阻却要件）。周光权：《刑法总论》（第三版），中国人民大学出版社2016年版，第85页。

（一）犯罪客体

犯罪的第一个构成要件是犯罪客体。犯罪客体，是指我国刑法所保护而为犯罪行为所侵犯的社会关系。[1]犯罪客体是构成犯罪的必备要件之一。行为构成犯罪的首要原因在于其侵犯了一定的社会关系，行为侵犯的社会关系越重要，其对社会的危害性就越大。如果某一行为并未侵犯刑法所保护的社会关系，则其就不可能构成犯罪。

社会关系是人们在生产和共同生活过程中所形成的人与人之间的相互关系。最基本的社会关系包括物质的社会关系和精神的社会关系两大类。人和人在社会中交往，在各个时期、各个领域会形成各种不同的社会关系，既有政治、经济、文化、宗教、伦理等关系，也有婚姻、家庭、财产等方面的关系，还有社会交往中形成的同事、师生、邻里、朋友等关系。并不是所有的社会关系都受到刑法的规范和制约。作为犯罪客体的社会关系并不是一般的社会关系，而是必须由刑法所保护的那一部分重要的社会关系。

不同的社会规范调整不同的社会关系。对一般的社会关系运用道德规范予以调整，如友谊关系、恋爱关系、师生关系等。对有些社会关系运用民法、经济法、行政法规范予以调整，如婚姻家庭关系、财产关系、行政管理关系等，其中可能受到严重侵害需强化调整力度的则由刑法规范调整。对于涉及国家安全、社会制度等极为重要的社会关系由刑法予以保护。

概括而言，刑法所规范的社会关系包括国家安全、公共安全、市场经济秩序、财产权利、公民人身权利和民主权利、社会管理秩序、国家机关正常管理秩序、军事利益、国防利益等。虽然重要的社会关系都受到刑法保护，但只有在这些社会关系受到危害行为的危害时才称之为犯罪客体。刑法调整社会关系的选择性体现了刑法的谦抑性，其调整社会关系的范围由于社会发展变化可能适时地进行缩小或扩大。[2]

我国刑法理论按照犯罪所侵犯的社会关系的范围，通常将犯罪客体分为三类：一般客体、同类客体、直接客体。这三类客体属于三种不同的层次，相互之间具有一般与特殊、共性与个性、抽象与具体的关系。一般客体是对一切犯罪客体的抽象概括，同类客体则在直接客体的基础上进行了分类，三类客体在刑法理论与实践中都有重要的意义和作用。研究犯罪客体的分类具有两方面的重要意义。首先，通过分类更好地认识犯罪的本质特征和各类犯罪客体的属性；其次，通过分类揭示犯罪的普遍性与一般性，从深层次理解和认识犯罪的规律，从而制定正确的刑事政策，选择恰当的立法方案，形成切实可行的司法规则。[3]

（1）犯罪的一般客体，是指一切犯罪所共同侵犯的客体，即我国刑法所保护的社会关系。犯罪的一般客体体现了一切犯罪的共性，阐明了犯罪的社会危害性以及我国刑法保护各类法益、保障人权的重要意义。犯罪的一般客体体现了刑法保护客体的最高层

---

[1] 也有学者主张通常所称犯罪客体指被害法益，"盖犯罪莫不以侵害一定法益而成立"，犯罪客体指"犯罪所侵害之法益，而法益指法律所保护之利益。有为有形者，有为无形者，有为有主者，有为无主者"。法益较权利之义更广"。陈瑾昆：《刑法总则讲义》，中国方正出版社2004年版，第72页。随着阶层犯罪论体系的声名日盛，法益越来越受到理论与实务的关注，有学者主张以法益概念取代社会关系。本章还是以通说为准，将社会关系作为犯罪的客体要件。

[2] 高铭暄、马克昌、赵秉志：《刑法学》（第十版），北京大学出版社、高等教育出版社2022年版，第49页。

[3] 高铭暄、马克昌、赵秉志：《刑法学》（第十版），北京大学出版社、高等教育出版社2022年版，第52页。

次，是研究其他层次犯罪客体的基础和起点。从犯罪的一般客体出发，有助于揭示一切犯罪的共同属性，对所有社会关系进行整体系统的分析和判断，进一步认识犯罪的社会危害性。任何犯罪行为都侵犯了刑法所保护的社会关系的整体，犯罪不仅体现了犯罪人和受害人之间的矛盾，而且也体现了犯罪人与国家、社会和人民利益之间的冲突。

（2）犯罪的同类客体，是指某一类犯罪所共同侵犯的客体。同一类客体的社会关系通常具有相同或相近的属性。例如，同属于人身权利的生命权、健康权、性自由权、人格权等。根据同类客体，可以对犯罪做一个科学合理的分类，我国刑法分则依据同类客体的原理而建构。具体而言，我国刑法分则根据犯罪的危害程度，采取由重到轻的排列顺序，并与犯罪分类法相结合，建构了分则体系，将犯罪分为十大类：①危害国家安全罪；②危害公共安全罪；③破坏社会主义市场经济秩序罪；④侵犯公民人身权利、民主权利罪；⑤侵犯财产罪；⑥妨害社会管理秩序罪；⑦危害国防利益罪；⑧贪污贿赂罪；⑨渎职罪；⑩军人违反职责罪。

案情简介：甲某用汽车非法倒卖香烟被工商行政管理机关连车带货扣押。第二天晚上，甲某潜入工商行政管理机关，实施盗窃，试图拿回自己的汽车。

案例分析：本案中甲某的汽车被合法扣押，被扣押的汽车属于"在国家机关管理中的私人财产"，根据《刑法》第九十一条的规定："在国家机关、国有公司、企业、集体企业和人民团体管理、使用或者运输中的私人财产，以公共财产论。"甲某的盗车行为侵犯的是公共财产的所有权，属于侵犯财产罪这一类罪。

（3）犯罪的直接客体，是指具体犯罪所直接侵犯的具体的社会关系。任何犯罪行为，必然直接侵犯具体的社会关系，否则不可能成立犯罪。犯罪的直接客体是决定犯罪性质的关键因素，某种行为被认定为此罪或者彼罪最终由犯罪的直接客体决定。直接客体反映的是具体犯罪所侵害的社会关系的性质和社会危害性程度，对于直接客体，还可以根据内容、数量进一步分为简单客体与复杂客体。简单客体是指一个犯罪行为只侵犯了一种具体的社会关系，如盗窃罪，侵犯的是财产关系，这类犯罪客体在生活中较为常见，大量存在。复杂客体是指一个犯罪行为侵犯了两种以上具体的社会关系，如抢劫罪，侵犯的客体为公私财产所有权和公民人身权利。在复杂客体中，由于各客体的受危害程度以及受刑法保护的状况不同，有主要客体、次要客体、随机客体之分。主要客体是所侵害的复杂客体中程度较严重，而刑法予以重点保护的社会关系，次要客体是相对受到犯罪侵害程度较轻的，刑法进行一般保护的社会关系。随机客体是某一具体犯罪侵害的复杂客体中可能由于某种情形而出现的客体。

犯罪客体与犯罪对象之间存在一定区别。犯罪对象是指刑法分则规定的犯罪行为所直接作用的客观存在的具体人或者物。具体的犯罪行为会直接或间接地对某一具体人或物产生危害，进而阻碍社会的正常运行。犯罪对象是人们认识犯罪过程中最直观的感知，通过犯罪对象进一步认识受到损害的社会关系，确定该行为是否构成犯罪以及构成何种犯罪。犯罪对象具有客观实在性、具体性和可知性，一旦经过犯罪行为影响就成为客观存在，犯罪行为的痕迹也会或多或少地反映在犯罪对象上。正是这一特点，使犯罪对象在刑事诉讼中具有提供证据和检验证据的双重功能。[1]犯罪客体决定犯罪性质，是

---

[1] 高铭暄、马克昌、赵秉志：《刑法学》（第十版），北京大学出版社、高等教育出版社2022年版，第54页。

犯罪构成的必备要件，而犯罪对象仅是犯罪客观方面的选择性要件。犯罪对象虽然是绝大多数犯罪构成的必要要素，但也有极少犯罪没有犯罪对象，如组织、领导、参加恐怖组织罪，脱逃罪等。任何犯罪都会导致犯罪客体受到危害，但犯罪对象自身并不一定受到损害，如盗窃罪的犯罪对象是他人的财物，但这一犯罪对象在犯罪过程中不一定遭到毁坏。

（二）犯罪客观方面

犯罪的第二个构成要件是犯罪客观方面。犯罪客观方面是刑法规定的，说明行为对刑法所保护的社会关系的侵害性，行为成立犯罪所必须具备的客观事实特征。犯罪客观方面具有法定性。在犯罪构成中，犯罪客体回答的是犯罪行为所侵害的是什么样的社会关系，而犯罪客观方面则回答了这一客体在什么样的情况下，通过什么样的行为受到侵害，造成了怎样的危害结果。犯罪客观方面对正确定罪量刑具有重大意义，不仅是区分罪与非罪的、此罪与彼罪的界限，也是区分犯罪完成形态与未完成形态的界限。此外，犯罪客观方面对分析和把握犯罪的主观要件也有积极意义，因为其是犯罪主观方面外部客观化的表现。犯罪客观方面和犯罪客体相结合，共同构成了使行为人承担刑事责任的客观基础。犯罪客观方面具体表现为危害行为、危害结果、行为时间、地点、手段等。

犯罪客观方面分为两类。一类是必要要件，危害行为是任何犯罪都必须具备的要件。另一类是选择要件，该要件只是某些犯罪必须具备的条件。以危害结果为例，在过失行为中，行为必须造成法定的危害结果才成立过失犯罪。任何犯罪都是在一定时间、地点并采取一定的方法实施的行为。在某些犯罪中，特定的时间、地点、方法对定罪量刑产生影响。当法律规定特定的时间、地点和方法是某些犯罪构成的必备要件时，这些因素就对行为是否构成犯罪具有决定作用。例如，《刑法》第四百三十四条的规定："战时自伤身体，逃避军事义务的，处三年以下有期徒刑；情节严重的，处三年以上七年以下有期徒刑。"根据该条文的规定，战时自伤罪中的"自伤行为"，必须发生在战时，战时作为特定时间要素是成立该罪的必要构成要件。有些犯罪要成立，要求特定的犯罪地点。例如，《刑法》第四百四十四条规定："在战场上故意遗弃伤病军人，情节恶劣的，对直接责任人员，处五年以下有期徒刑。"根据该条的规定，战场这一特定地点是遗弃伤病军人罪的必要构成要件。又如，《刑法》第三百四十条规定："违反保护水产资源法规，在禁渔区、禁渔期或者使用禁用的工具、方法捕捞水产品，情节严重的，处三年以下有期徒刑、拘役、管制或者罚金。"根据该条的规定，"禁渔期"这一特定时间以及"禁渔区"这一特定地点是非法捕捞水产品罪的必要构成要件。

1. 危害行为

我国刑法中的危害行为指人在意识或者意志支配下所实施的危害社会的身体动静。这一定义主要反映出作为构成要件的危害行为所具备的三个基本特征。

第一，危害行为是人身体的动静。行为包括人身体的"动"与"静"两方面，"动"是指身体的积极动作，包括四肢活动，如殴打他人；也包括其他身体活动，如以语言伤人。"静"是指身体的相对静止，它虽然没有积极的身体动作，但在特定情况下仍然属于行为的形式。[1]

---

[1] 高铭暄、马克昌、赵秉志：《刑法学》（第十版），北京大学出版社、高等教育出版社2022年版，第60页。

第二，危害行为是在人的意志或意识支配下的身体动静。支配身体动静的意志或意识活动，是危害行为的内在特征，也称为危害行为的有意性特征。我国刑法中危害社会的行为，必须是受人的意志和意识支配的行为。只有这样的危害行为，才可能由刑法调整并达到刑法调整所预期的目的。人的无意志和无意识的身体动静，即使客观上造成损害，也不是刑法意义上的危害行为，不能认定行为人构成犯罪并追究其刑事责任。这类无意志和无意识的身体动静包括：①人在睡梦中或精神错乱状态下的举动。在这些情况下的举动，并不表现人的意志或意识，因而即使在客观上造成了一定的损害后果，也不能认定为刑法中的危害行为。②人在不可抗力作用下的行为。在这种情况下的行动也不表现人的意志，甚至可能是直接违背其意志的。不可抗力作用下的行动即使对社会造成损害，也不视为刑法中的危害行为。③人在身体受强制情况下的行为。在这种情况下的行为是违背行为者主观意愿的，行为人无法排除身体受到的强制，因而该行为不视为刑法意义上的危害行为，对行为造成的损害结果也不能让行为者负刑事责任。例如，被他人突然撞倒而导致身边路过的人因此受到身体伤害，此时致使路人受伤害的行为并不体现该行为人的意志或意识，而是在身体遭到强制的状态下的行动，不是刑法中的危害行为。

第三，危害行为是对社会具有危害性的身体动静。身体动静的社会危害性是危害行为的价值评价特征，也称危害行为的社会性特征。在人的意志或意识支配下实施的身体动静，只是说明了人类行为的一般意义。某一行为在何种情况下可以视为刑法上的危害行为，体现了立法者对人类行为的价值判断和评价。人类行为多种多样，对社会的影响形形色色，各不相同。从人类行为的性质上区分，大致可分为对社会有害的行为和对社会无害的行为两大类。无害于社会的行为，尤其是其中有益于社会的行为，不是我国刑法所惩罚的对象。只有危害社会的行为，才可能被视为我国刑法中犯罪构成的客观要件。

危害行为具体包含两种表现形式：作为与不作为。作为，是指行为人以身体活动实施的违反刑法禁止性规范的危害行为。我国刑法中规定的绝大多数犯罪，都可以由作为实施，其中一些只能以作为形式实施，如抢劫罪、诈骗罪等。作为的行为形式还表现为行为人必须是以身体活动来实施，其所违反的是禁止性规范。例如，故意殴打他人导致他人重伤，从而构成故意伤害罪。行为人就是以作为的方式违反了"不得伤害他人身体健康"的禁止性规范。

不作为是与作为相对应的危害行为的另一种表现形式。不作为，就是指行为人负有实施某种行为的特定法律义务，能够履行而不履行的危害行为。成立不作为犯罪，在客观方面应当具备以下三个条件：①行为人负有实施某种作为的特定法律义务，这是构成不作为的前提条件。②行为人有能力履行特定法律义务，这是不作为成立的重要条件。如果行为人不具有履行特定法律义务的可能性，也不可能成立不作为犯罪。③行为人没有履行作为的特定法律义务，这是不作为成立的关键条件。不作为的三个条件可以整体表述为"当为且能为，而不为"。不作为可以是身体消极静止的状态，也可以是以积极的身体活动来实施该犯罪。例如，遗弃罪是不作为犯罪。《刑法》第二百六十一条规定："对于年老、年幼、患病或者其他没有独立生活能力的人，负有扶养义务而拒绝扶养，情节恶劣的，处五年以下有期徒刑、拘役或者管制。"行为人逃避和拒绝履行法定扶养义务，其能够扶养而不扶养，逃避该义务的具体表现形式既可能是消极的不作为，包括长期不予照顾、不提供生活来源，也可能是采取积极作为方式驱赶、逼迫被抚养人离家，致使被抚养人流离失所或者生存困难。又如，《刑法》第二百零一条规定："纳税人采取欺骗、隐瞒手段进行虚假纳税申报或者不申报，逃避缴纳税款数额较大并且占应纳税额百分之十以上的，处三年以下有期徒刑或者拘役，并处罚金；数额巨大并且占应纳税额百分之三十以上的，处三年以上七年以下有期徒刑，并处罚金。"该条规定了逃税罪。逃税罪是一种不作为犯罪，即行为人负有法定义务而拒绝履行向国家缴纳税款的义务，能够履行而没有履行，逃税数额较大的行为。逃税罪的不作为形式包括通过欺骗、隐瞒等行为达到非法目的。

不作为的义务来源包括四种：一是法律明文规定的义务，这里的法律不仅仅指刑法，还包含国家制定认可并以强制力保障实施的其他行为规范，如宪法、法律和行政法规等。二是职务所要求的义务，如医生抢救危重患者的义务，消防队员扑灭消除火情的义务等。这些职务性的义务一般也表现在相关法律、法规、规章等规范中，但与法律明文规定的一般性义务存在较大区别。三是法律行为所引起的义务，特定的法律行为如果产生了某种积极的义务，而行为人不履行该义务就可能成立不作为犯罪。例如，某人自愿受雇于他人当保姆，则其负有看护好雇主家孩子的义务，若其不负责任致孩子发生意外而伤亡，则需对其不履行义务的行为承担不作为的刑事责任。四是先行行为引起的义务，是指由于行为人的行为导致刑法所保护的社会关系处于危险状态，因此行为人负有采取有效措施消除危险或者防止结果发生的特定义务。行为人不履行该义务就是以不作为形式实施了危害行为，产生此种特定义务的先行行为呈现出多种形式。例如，成年人带未成年小孩游泳，成年人负有保护小孩安全的义务。如果由于成年人疏于照顾，小孩不慎进入深水区域，生命处于危险之中，成年人能够救助而不救助的，就构成不作为犯罪。

2. 危害结果

刑法理论关于危害结果有不尽相同的见解和论述。部分观点认为，危害结果作为危害行为对客体的损害，是构成任何犯罪的客观要件之一，不仅包括客观上已经造成的危害结果，也包括可能造成的危害结果。部分观点认为，危害结果仅仅指危害行为已经造成的实际损害。还有观点认为，有些危害行为一经实施即构成完整犯罪。一般认为，虽然实际发生的有形损害意义上的危害结果并不是一切犯罪的必备构成要件，但这种结果对于具体实践中认定有关犯罪、犯罪完成形态以及量刑具有重要意义。

刑法规定的危害结果具有以下特征。[1] 首先，危害结果的客观性。无论结果以何种形式出现，都应当具备客观存在的现实性。这种现实性既可能是实际损害的现实性，也可能是实际危险的现实性。其次，危害结果的因果性。并非一切客观存在的事实都可以成为危害结果，只有危害行为引起的事实，才可以成为危害结果。危害结果与危害行为之间应当具备因果关系，没有危害行为就没有危害结果，即危害行为是危害结果的成因。最后，危害结果的侵害性。危害结果由危害行为引起，作为一种事实，它表明刑法所保护的社会关系即犯罪客体受到侵害。危害行为对社会可能造成多个结果，但并非每一个结果都是刑法意义的危害结果，只有对社会造成侵害的结果才是危害结果。例如，犯罪人盗窃财物对他人财产造成损失，但对其自身或者家属而言可能是财产的增收。最后，危害结果的多样性。不同的社会关系、危害行为、行为对象和手段可能产生的危害

---

[1] 高铭暄、马克昌、赵秉志：《刑法学》（第十版），北京大学出版社、高等教育出版社2022年版，第70页。

结果是多样的。无论其具体形式表现如何，只要侵犯了刑法所保护的社会关系，都可以成为危害结果。

危害结果作为犯罪客观方面的一个重要因素，具有重要意义。①危害结果是区分罪与非罪的标准之一。当危害结果是犯罪构成要件时，如果行为没有造成法定的危害结果，就不成立犯罪。当危害结果不是构成要件时，是否发生危害结果不影响犯罪的成立。例如，《刑法》第二百六十三条规定："以暴力、胁迫或者其他方法抢劫公私财物的，处三年以上十年以下有期徒刑，并处罚金。"只要行为人实施了以暴力、胁迫或者其他方法抢劫公私财物的行为，无论是否取得财物，都构成抢劫罪。②危害结果是区分犯罪形态的标准之一。不管人们以什么标准区分犯罪的既遂与未遂，只有发生了相应的危害结果，才可能成立犯罪既遂。例如，在故意杀人罪中，没有发生死亡结果的，不可能成立故意杀人既遂。③危害结果是影响量刑轻重的因素之一。在一切犯罪中，危害结果都影响量刑。危害结果反映社会危害性的程度，刑罚的轻重与犯罪的社会危害性程度相适应。

3. 危害行为与危害结果的因果关系[①]

任何人只对自己的危害行为以及造成的危害结果承担刑事责任。为使行为人承担与危害结果相对应的责任，就必须查明其所实施的危害行为与危害结果之间的因果关系。刑法理论上通常所说的因果关系是指危害行为与危害结果之间的客观联系。通常而言，危害行为与危害结果之间的因果关系不难确定，但在某些情况下由于犯罪情况复杂或者罪犯有意制造混乱和假象，查明因果关系就必须依靠科学的分析和论证，有时还要借助科学技术鉴定的手段。

危害行为与危害结果之间的因果关系主要具有以下几方面的特点。

第一，因果关系的客观性。因果关系作为客观现象间引起与被引起的关系，它是客观存在的，并不以人们的主观认识为前提，也不以人的主观意志为转移。例如，甲用力将乙推倒，乙头部正好撞在桌角上，导致乙当场死亡。甲的行为和乙的死亡具有因果关系，这一因果关系是客观存在的，不以人的主观认识为转移。在刑事案件中查明因果关系，要求司法工作人员从实际出发，客观地判断和认定现象之间的关联。不可将犯罪的动机、起因与行为结果之间的关系视为案件的因果关系。

第二，因果关系的相对性。由于客观现象之间具有普遍联系，在某一现象中作为原因的，其本身又可以是另一种现象的结果；其中作为结果的，其本身也可以是另一现象的原因。原因与结果的区别在现象普遍联系的整个链条中只是相对的，而不是绝对的。在认定具体因果关系时，需要从完整的联系链条中抽取其中危害行为与危害结果之间的因果联系。

第三，因果关系的时间序列性。从发生时间上看，原因必定在先，结果只能在后，二者的时间顺序不能颠倒。在刑事案件中判断因果关系时，必须从危害结果发生以前的危害行为中寻找原因。如果查明某人的行为是在危害结果发生之后实施的，则可以判断这个行为与这一危害结果之间并没有因果关系。当然，并非在危害结果之前的所有危害行为都一定是危害结果的原因，两者之间必须具备引起与被引起的作用关系才能证明因果关系。

[①] 参见高铭暄、马克昌、赵秉志：《刑法学》（第十版），北京大学出版社、高等教育出版社2022年版，第74-76页。

第四，因果关系的复杂性。因果关系的复杂性可以具体表现为"多因一果"和"一因多果"。"多因一果"指某一危害结果是由多个原因造成的，主要有如下两种情况：一是责任事故类过失犯罪案件。这类事故的发生通常涉及多人过失，情况复杂。确定这类案件的因果关系，必须厘清主要原因和次要原因、主观原因和客观原因，才能正确解决刑事责任问题。二是共同犯罪案件。共同犯罪中各个共犯的整体危害行为与危害结果之间有因果关系。根据我国刑法的规定，分析案件时应查清每个共犯在共同犯罪中所起作用的大小，以此确定这些共犯各自应承担的刑事责任的大小。"一因多果"是指一个危害行为同时引起多种结果的情况。例如，甲强奸乙后，乙因羞愤自杀。甲的行为不仅侵害了乙的性自由权，而且导致乙因羞愤难当而自杀身亡。在一行为引起的多种结果中，要分析主要结果与次要结果、直接结果与间接结果，对结果的认定会影响定罪量刑。

（三）犯罪主体

犯罪主体是指实施危害社会的行为、依法应当负刑事责任的自然人和单位。自然人主体分为一般主体和特殊主体。达到刑事责任年龄和具备刑事责任能力的自然人是一般主体。特殊主体除了要求具备刑事责任年龄和刑事责任能力外，还要求主体是具有特定身份的人。单位犯罪主体是指实施危害社会行为并依法应负刑事责任的公司、企业、事业单位、机关、团体。

1. 自然人作为犯罪主体

学界围绕自然人作为犯罪主体的相关研究主要体现在以下三个方面，即刑事责任年龄、刑事责任能力和特殊身份。

1）刑事责任年龄

刑事责任年龄是指法律规定的行为人对自己实施的刑法禁止的危害社会的行为承担刑事责任必须达到的年龄。行为人的辨认能力、控制能力、感知能力受到行为人年龄、智力、社会阅历等方面的制约。幼童难以正确认识和理解自己行为的后果和意义，只有达到一定的年龄，他们才能辨认和控制自己的行为，也才能要求其承担相应的法律后果。刑事责任年龄是自然人具备刑事责任能力，从而成为犯罪主体的前提条件。我国以轻刑化和保障人权为指导原则。根据青少年身心发展状况、文化发展水平、智力发展程度，《刑法》第十七条将刑事责任年龄划分为三个阶段：完全负刑事责任年龄阶段、相对负刑事责任年龄阶段和完全不负刑事责任年龄阶段。

（1）完全负刑事责任年龄阶段。《刑法》第十七条第一款规定："已满十六周岁的人犯罪，应当负刑事责任。"已满十六周岁为完全刑事责任年龄阶段。已满十六周岁的未成年人，具备了一定的社会交往经验和社会知识，具备了辨认和控制自己行为的能力，有与自己年龄相符的是非观念，一般能根据法律规范约束自己的行为。因此，已满十六周岁的未成年人原则上应该对其实施的刑法所禁止的行为承担刑事责任。

（2）相对负刑事责任年龄阶段。《刑法》第十七条第二款规定："已满十四周岁不满十六周岁的人，犯故意杀人、故意伤害致人重伤或者死亡、强奸、抢劫、贩卖毒品、放火、爆炸、投放危险物质罪的，应当负刑事责任。"第三款规定："已满十二周岁不满十四周岁的人，犯故意杀人、故意伤害罪，致人死亡或者以特别残忍手段致人重伤造成严重残疾，情节恶劣，经最高人民检察院核准追诉的，应当负刑事责任。""已满十四周岁不满十六周岁""已满十二周岁不满十四周岁"属于相对负刑事责任年龄阶段。已满十四周岁不满十六周岁的未成年人，虽然人生阅历不够，但结合成长经历和教育经历，具备了一定的辨别大是大非的能力，对某些严重危害社会的行为具有辨认和控制能力。对于这个年龄段的人，应该对以上列举的严重危及人身伤亡的犯罪行为承担刑事责任。《中华人民共和国刑法修正案（十一）》在刑事责任年龄上作出了重大修改，将法定最低刑事责任年龄由十四周岁下调至十二周岁。个别刑事责任年龄的下调，使得实施故意杀人等严重暴力犯罪的十二至十四周岁的未成年人不再是刑事"免责人群"。

（3）完全不负刑事责任年龄阶段。不满十二周岁的实施危害社会的行为，不负刑事责任。"不满十二周岁"为完全不负刑事责任年龄阶段。一般认为，不满十二周岁的人，社会成长经历和接受教育程度并不充分，不具备辨认和控制自己行为的能力，难以承担行为的法律后果。因此，不满十二周岁为完全不负刑事责任年龄阶段。

除了上述三类刑事责任年龄阶段的划分外，我国刑法还规定了减轻刑事责任年龄的阶段。七十五周岁以上故意犯罪的，可以从轻或者减轻处罚。过失犯罪的，应当从轻或者减轻处罚。追究刑事责任的不满十八周岁的人，应当从轻或者减轻处罚。因不满十六周岁不予刑事处罚的，责令其父母或者监护人加以管教，在必要的时候，依法进行专门矫治教育。这一规定体现了我国刑法对青少年犯罪强调以教育为主的精神。

2）刑事责任能力

刑事责任能力，是指行为人构成犯罪和承担刑事责任所必须具备的对自己行为的辨认能力与控制能力。刑事责任能力中的辨认能力是指行为人对自己的行为在刑法上的意义、性质、后果具有认知辨别的能力。刑事责任能力中的控制能力是指行为人具备自己决定是否触犯刑法的能力。不具备刑事责任能力者即使实施了危害社会的行为，也不能成为犯罪主体，不能被追究刑事责任。刑事责任能力减弱者，其刑事责任也要适当减轻。我国《刑法》规定了完全无刑事责任能力的精神病人、完全有刑事责任能力的精神病人和限制刑事责任能力的精神病人承担刑事责任的情况。

《刑法》第十八条第一款规定了完全无刑事责任能力的精神病人。该款规定"精神病人在不能辨认或者不能控制自己行为的时候造成危害结果，经法定程序鉴定确认的，不负刑事责任，但是应当责令他的家属或者监护人严加看管和医疗；在必要的时候，由政府强制医疗"。根据这一规定，完全无刑事责任能力的精神病人的认定标准既要符合医学标准，即行为人是因为精神病理学的原因而实施了危害社会的行为，同时还需要符合心理学标准，即由于精神病理的影响，行为人在行为时不能理解自己行为的危害性质和危害后果，丧失了辨认自己行为的能力和控制自己行为的能力。

《刑法》第十八条第二款规定了完全有刑事责任能力的精神病人，该款规定"间歇性的精神病人在精神正常的时候犯罪，应当负刑事责任"。间歇性精神病人是指具有间歇性发作特点的精神病人。既然是间歇性发作，那么在精神疾病没有发作期间，即其在精神正常期间，行为人具有辨认和控制自己行为的能力，应该对其行为承担相应的刑事责任。

《刑法》第十八条第三款规定了限制刑事责任能力的精神病人，该款规定"尚未完全丧失辨认或者控制自己行为能力的精神病人犯罪的，应当负刑事责任，但是可以从轻或者减轻处罚"。限制刑事责任能力的精神病人，是指精神病理状态导致行为人辨认或者控制行为的能力有所减弱，根据实际情况，可以从轻或者减轻处罚。司法实践中，是否对限制刑事责任能力的精神病人从轻或者减轻处罚、从轻或者减轻的幅度如何掌握，应以行为人所实施的犯罪行为是否与辨认或控制行为能力减弱有直接联系以及这种减弱行为有多大的影响为标准。

《刑法》第十八条第四款规定："醉酒的人犯罪，应当负刑事责任。"行为人不能以醉酒失去意识为理由免责。另外，《刑法》第十九规定："又聋又哑的人或者盲人犯罪，可以从轻、减轻或者免除处罚。"

3）特殊身份

特殊身份是指刑法所规定的影响行为人刑事责任的身份上的特殊资格，以及其他与一定的犯罪行为有关的、行为主体在社会关系上的特殊地位或者状态，如性别、亲属关系、国籍、国家工作人员、司法工作人员、证人等。行为人的特殊身份一般是行为人实施危害行为时已经具有的身份或者状态，而不是指行为发生后才获得的某种身份。

刑法将特殊身份规定为某些犯罪的构成要件要素，主要基于以下三个原因。第一，有些犯罪只能由具有特殊身份的人实施，如《刑法》第四百零一条规定的徇私舞弊减刑、假释、暂予监外执行罪，只能由司法工作人员实施。第二，有些行为只有具有特殊身份的人实施，其社会危害性才能达到科处刑罚的程度。例如，《刑法》第二百五十一条规定："国家机关工作人员非法剥夺公民的宗教信仰自由和侵犯少数民族风俗习惯，情节严重的，处二年以下有期徒刑或者拘役。"侵犯少数民族风俗习惯罪的行为主体是国家机关工作人员。当国家机关工作人员实施侵犯少数民族风俗习惯的行为时，人们倾向于把他们的行为与国家法律政策联系起来，可能带来严重后果，必须科处刑罚。第三，有些不作为性质的犯罪，由于相关法律只是对具有特定身份的人规定了相应的法律义务，故只有具有该特定身份的人不履行相应的法律义务，才成立不作为犯罪。例如，《刑法》第三百九十五条第二款规定："国家工作人员在境外的存款，应当依照国家规定申报。数额较大、隐瞒不报的，处二年以下有期徒刑或者拘役；情节较轻的，由其所在单位或者上级主管机关酌情给予行政处分。"该条款表明国家工作人员具有申报境外存款的义务，国家工作人员是故意隐瞒境外存款罪的行为主体。

行为人的特殊身份构成犯罪，包括真正身份犯和非真正身份犯两种类型。真正身份犯是指行为人必须具备某种特殊身份，才能构成犯罪，如刑讯逼供罪的主体必须是司法工作人员，贪污罪的主体必须是国家工作人员。非真正身份犯是指行为人具有某种特殊身份，不影响犯罪的构成，但是影响具体的量刑，如诬告陷害罪的主体是一般主体，但是国家机关工作人员犯该罪则要从重处罚。

2. 单位作为犯罪主体

《刑法》第三十条规定："公司、企业、事业单位、机关、团体实施的危害社会的行为，法律规定为单位犯罪的，应当负刑事责任。"单位犯罪主体具有如下特征：①单位犯罪主体必须是依法成立、拥有一定财产或经费、能以自己名义承担责任的公司、企业、事业单位、机关、团体。②单位犯罪主体以法律明文规定单位可以构成的犯罪为限，并非一切犯罪都可以由单位构成。

对单位犯罪的处罚，在世界各国刑事立法上主要有两种原则：①双罚制，即单位犯罪的，对单位和单位直接责任人员均予以刑罚处罚。②单罚制，即单位犯罪的，只对单位予以刑罚处罚而对直接责任人员不予处罚，或只对直接责任人员予以刑罚处罚而不处罚单位。《刑法》第三十一条规定："单位犯罪的，对单位判处罚金，并对其直接负责的主管人员和其他直接责任人员判处刑罚。本法分则和其他法律另有规定的，依照规定。"据此可以认为，我国刑法对单位犯罪一般采取双罚制，但刑法分则和其他法律规定不采取双罚制而采取单罚制的，则应实行单罚。

（四）犯罪主观方面

犯罪主观方面是指行为人对危害社会的行为及结果所持的心理态度。犯罪主观方面的心理态度，概括起来有故意和过失两种基本形式。主观心理状态是故意还是过失，反映了行为人不同的主观恶性，影响了行为危害社会的严重程度，进一步影响了刑罚的轻重。犯罪故意的不同表现形式、犯罪过失的严重程度、犯罪目的和动机等因素，是行为人主观恶性和人身危险性大小的重要表现，对犯罪案件的危害程度有重要影响，也关系到刑罚目的实现的难易程度，我国刑事立法和司法实践都十分注意这些因素对量刑的影响。

1. 犯罪故意

《刑法》第十四条第一款规定："明知自己的行为会发生危害社会的结果，并且希望或者放任这种结果发生，因而构成犯罪的，是故意犯罪。"故意犯罪是故意实施的犯罪。犯罪故意由两个因素组成：一是认识因素，即明知自己的行为会发生危害社会的结果；二是意志因素，即希望或者放任危害结果的发生的心理态度。一方面，这两个因素必须是现实的、确定的，仅有认识的可能性，不能认为存在故意；另一方面，这两个因素必须有机结合才形成故意。犯罪故意必须同时存在认识因素和意志因素，并且二者之间具有内在联系。

关于故意的学说历来有不同的理论之争，如意志说与认识说的争论以及盖然性说、可能性说、风险理论和容认说的争论。意志说主张意欲实现构成要件内容才成立故意，认识说主张只要对构成要件事实有所认识就成立故意，前者强调的是意志因素，后者强调的是认识因素。盖然性说以认识说为基础，也只从认识因素来区分故意和过失，当行为人认识到结果发生的较大可能性时为故意，只是认识到较小可能性时是过失。可能性说是认识说的另一种学说，不要求行为人认识到较大可能性，只要认识到结果发生的具体可能性即成立故意。容认说与前两者不同，其以意志说为基础，认为行为人对结果的发生可能性有认识时，应根据意志因素区分故意与过失，容认结果发生则为故意，否则是过失。[①]

我国刑法采取了容认说，即行为人明知自己的行为会发生危害社会的结果，希望或者放任该结果发生的，就成立故意。容认说具有一定的合理性。首先，在行为人认识到危害行为与危害结果时，还放任危害结果的发生，就表明行为人不只是消极地不保护社会关系，而是对社会关系持一种积极的否认态度，故与希望结果发生没有本质区别。其次，容认说将主观恶性明显小于间接故意的过于自信的过失，排除在故意之外，又将间接故意归入故意之中，做到了范围适度。

[①] 张明楷：《刑法学（上）》（第六版），法律出版社 2021 年版，第 332-333 页。

根据行为人对危害结果所持态度的不同,犯罪故意分为直接故意与间接故意。

1) 直接故意

直接故意,是指明知自己的行为会发生危害社会的结果,并且希望这种结果发生的心理态度。按照认识因素的不同内容,犯罪的直接故意可以区分为两种表现形式。

第一,行为人明知自己的行为必然发生危害社会的结果,并且希望这种结果发生的心理态度。例如,甲想杀死乙,用刀刺向乙的心口。甲明知持刀刺杀行为必然导致乙的死亡,但仍然希望这种结果发生,并且实施了杀人行为,导致了乙的死亡后果。甲的行为就是直接故意杀人行为。直接故意在强调明知自己的行为会发生危害社会结果的同时,还必须对危害结果持有"希望发生"的意志因素。"希望"是指行为人积极追求结果的发生,也正因此,才将这种故意称为直接故意。

第二,行为人明知自己的行为可能发生危害社会的结果,并且希望这种结果发生的心理态度。明知行为会发生危害社会的结果,既包括知道行为必然会发生危害社会的结果,还包括知道行为可能发生危害社会的结果。例如,在某个深夜,甲想要用枪射杀乙,虽然其枪法不太准,且是在黑夜行凶,增加了瞄准的难度。甲对于是否能将乙射杀并没有把握,但是甲依然不想错过射杀乙的机会,于是实施了射杀行为。此时,甲对于乙是否会死亡并没有十足的信心,危害结果可能发生,也可能不发生,但甲依然希望能发生乙死亡的后果,这种心理状态也属于直接故意。

2) 间接故意

间接故意,是指明知自己的行为可能发生危害社会的结果,并且放任这种结果发生的心理态度。认识因素是明知自己的行为可能发生危害社会的结果。行为人自认为可能发生危害结果并放任这种结果发生,而客观上可能发生危害结果的,成立间接故意。意志因素是放任危害结果发生。"放任"是对结果的一种听之任之的态度,即行为人为了追求某种目的而实施一定行为时,明知该行为可能发生其他的危害结果,但仍然实施该行为,没有采取措施防止其他危害结果的发生,而是听任危害结果的发生。例如,甲为了掩盖贪污大量公款的事实,企图放火烧毁会计室。甲深夜放火时发现乙在会计室睡觉,明知放火行为可能烧死乙,但仍然放火,也没有采取任何措施防止乙的死亡,乙果真被烧死。甲的直接目的在于烧毁账簿,不是希望乙死亡,而是对乙的死亡持听之任之的态度,甲的行为便是放任的心理态度。

在司法实践中,间接故意主要发生在以下三种情况:第一,为了实现某种非犯罪意图而放任危害结果的发生,如狩猎人为了击中野兽,对可能击中他人持放任态度;第二,为了实现某种犯罪意图而放任另一危害结果的发生,例如,丈夫为了杀妻子,在妻子的食物中投放毒药,明知孩子可能分食有毒食物,由于杀妻心切而放任孩子的死亡;第三,瞬间情绪冲动下,不计后果地实施危害行为,放任危害结果发生的,如突发性的持刀伤人事件。

直接故意和间接故意存在以下区别:第一,从认识因素看,二者对危害结果发生的认识程度有所不同。在直接故意的情况下,行为人认识到危害结果发生的可能或者必然性;在间接故意的情况下,行为人认识到危害结果发生的可能性。如果行为人认识到危害结果发生的必然性还执意为之,则行为人对该结果具有直接故意。第二,从意志因素看,二者对危害结果发生的态度明显不同。直接故意是希望这种危害社会结果的发生,对结果是积极追求的态度;间接故意则是放任这种危害社会结果的发生,不是积极追求的态度,而是任凭事态发展。

直接故意与间接故意虽然存在区别,但二者不是对立关系,而且二者在法律上的地位是相同的,应当注重直接故意与间接故意的统一性。第一,某些犯罪既可以由间接故意构成,也可以由直接故意构成。第二,不可轻易认为某种犯罪只能由直接故意构成而不能由间接故意构成。当人们说某种犯罪只能由直接故意构成时,只是根据有限事实所作的归纳,并非法律规定。第三,只要查明行为人认识到了构成要件事实,并且对结果具有放任态度,即使不能查明行为人是否希望结果的发生,或不能查明行为人是否认识到结果必然发生,也能认定为间接故意。①

2. 犯罪过失

《刑法》第十五条第一款规定:"应当预见自己的行为可能发生危害社会的结果,因为疏忽大意而没有预见,或者已经预见而轻信能够避免,以致发生这种结果的,是过失犯罪。"根据犯罪过失心理状态的不同,将过失分为疏忽大意的过失与过于自信的过失。

1) 疏忽大意的过失

疏忽大意的过失,是指应当预见自己的行为可能发生危害社会的结果,因为疏忽大意而没有预见,以致发生这种结果的心理态度。

疏忽大意的过失具有两个特征,或者说包含了两个构成要素。一是"应当预见";二是因为疏忽大意而"没有预见"。应当预见是前提,没有预见是事实。所谓"应当预见",是指行为人在行为时负有预见到行为可能发生危害结果的义务,这也是疏忽大意的过失与意外事件的区别所在。这种预见的义务,来源于法律的规定,或是职务、业务的要求,或是公共生活准则的要求。预见的义务与预见的实际可能是有机联系在一起的,法律不要求公民去做他实际上无法做到的事情,而只是对有实际预见可能的人才赋予预见的义务,行为人由于不可能预见而造成危害结果的,即使结果非常严重,也不能认定他对结果有过失而令其负刑事责任。因疏忽大意而没有预见,指按照行为人行为时的认识能力和客观条件,本该预见到,由于疏忽大意而未能预见,以致造成危害结果。

案情简介:杨某某与本村的庄某某、张某某等5人,给吕某某家砍木料。归途中,发现路边草丛中有一条毒蛇。杨某某在明知是毒蛇的情况下,将其捉到手中。5人成纵队向前行走,杨某某走在最后,距他前边的庄某某仅1米。当庄某某弯腰拿起放在路边的衣服时,杨某某手中的毒蛇将其右腿咬伤,当即中毒肿大,不能行走,被人抬回家。庄某某经手术右腿截肢。

案例分析:杨某某的行为构成犯罪,其主观上属于疏忽大意的过失。对于毒蛇会致人伤亡的事实,杨某某具有认识能力。在玩蛇时,他应当预见到若有不慎可能会发生蛇咬伤、咬死人的结果,但由于沉迷玩耍,没有注意到这种危险性,并未采取一定的预防措施,以致在庄某某弯腰时,毒蛇将其咬伤,导致右腿截肢的严重后果。根据我国《刑法》第二百三十五条的规定:"过失伤害他人致人重伤的,处三年以下有期徒刑或

---

① 张明楷:《刑法学(上)》(第六版),法律出版社2021年版,第345页。

者拘役。"杨某某的行为构成过失致人重伤罪，应当依法承担相应的刑事责任。

2）过于自信的过失

过于自信的过失，是指已经预见自己的行为可能发生危害社会的结果，但轻信能够避免，以致发生这种结果的心理状态。"轻信能够避免"意味着行为人在预见到结果可能发生的同时，又凭借一定的主客观条件，否认结果的发生。轻信能够避免主要表现在以下几种情况：第一，过高估计自己避免结果发生的能力；第二，过高估计相关人员（共同作业人员、被监督者等）避免结果的能力；第三，不当估计了现实存在的客观条件对避免结果的作用。

案情简介：甲带邻居家男孩乙到公园玩，甲想吓唬乙，就提着他的双脚将其倒悬于一座桥的栏杆外。乙边喊救命边挣扎，甲手一滑，乙掉入河中，甲急忙去救，乙已溺水死亡。

案例分析：本案中，甲应该预见到自己行为可能的后果，但对自己的力量认识错误，同时又低估了乙的挣扎力量，从而轻信可以避免伤亡结果的发生。甲对乙的死亡后果所持的主观心理态度是过于自信的过失。

过于自信的过失在认识因素和意志因素上具有如下特征。第一，在认识因素上，行为人已经预见到行为可能发生危害社会的结果。如果行为人行为时，根本没有预见到行为会导致危害结果的发生，则不属于过于自信的过失，而有可能属于疏忽大意的过失或意外事件。如果行为人预见到行为必然发生而不是可能发生危害社会的结果，则属于直接故意的心理态度，而不是过于自信的过失。第二，在意志因素上，行为人之所以实施错误的行为，是轻信能够避免危害结果的发生。"轻信"指行为人过高地估计了可以避免危害结果发生的主观和客观的有利因素，过低地估计了行为导致危害结果发生的可能程度。正是这种"轻信"心理，支配行为人实施了错误的行为而发生了危害结果，也正是这种"轻信"心理，使过于自信的过失得以成立并使之区别于其他罪过形式。

3. 无罪过事件

在犯罪主观方面，除了对罪过的探讨之外，《刑法》还规定了无罪过事件。《刑法》第十六条规定："行为在客观上虽然造成了损害结果，但是不是出于故意或者过失，而是由于不能抗拒或者不能预见的原因所引起的，不是犯罪。"我国刑法中的无罪过事件包括以下两种情形：不可抗力和意外事件。不可抗力是指行为人在客观上虽然造成了损害结果，但不是出于故意或者过失，而是由于不能抗拒的原因所引起的情形。在不可抗拒的情况下，行为人虽然已经认识到危害结果的发生但意志上受到外力的强制，丧失意志自由，因而主观上不具有犯罪心理，不负刑事责任。意外事件是指行为在客观上虽然造成了损害结果，但是不是出于故意或者过失，而是由于不能预见的原因所引起的情形。在意外事件的情况下，行为人不仅对危害结果的发生没有认识，而且根据当时的情况也不可能认识，因而主观上不具备犯罪心理，不负刑事责任。例如，警察甲在执行公务时，突然心脏病发作，目睹歹徒伤人致死而不能采取措施，甲既不是出于故意也不是出于过失，而是由于不能抗拒的原因，故甲的不作为行为不构成犯罪。

4. 犯罪目的与犯罪动机

犯罪目的与犯罪动机是行为人实施犯罪时的心理状态，和犯罪故意、犯罪过失同属于犯罪主观方面的范畴。犯罪目的是指行为人希望通过实施犯罪行为达到某种危害结果的心理态度,引领着犯罪行为的方向,犯罪动机是指引起行为人实施犯罪行为,以达到犯罪目的的内心动因。犯罪目的和犯罪动机反映了行为人的主观恶性及社会危害程度,在实践中影响定罪量刑。

三、正当行为

犯罪构成要件是判断一个行为是否成立犯罪的必要条件。在司法实践中,有些行为客观上造成了一定的损害结果,似乎符合犯罪的构成,但由于实质上没有社会危害性,被排除在犯罪之外。正当行为是指行为客观上造成了一定的损害结果,表面上符合某些犯罪的客观要件,但实际上没有犯罪的社会危害性,并不符合犯罪构成,依法不成立犯罪的行为。

正当行为具有两个基本特征。第一,形式上符合某种犯罪的客观要件。例如,正当防卫是为了制止正在进行的不法侵害而实施的行为,紧急避险是为了保护更大权益而不得不采取造成其他权益受损害的行为,这些行为均对实施对象造成了一定的损害。这类行为与犯罪行为在形式上具有相似之处。第二,实质上不符合犯罪的构成特征,不具备社会危害性,也不具备刑事违法性。正当行为仅仅在客观上造成了一定的损害结果,但并不具备成立犯罪的全部要件。正当行为不具有社会危害性,大多数正当行为对社会有益。正当防卫是为了保护合法利益而对正在进行不法侵害的人造成必要损害,紧急避险是为了保护更大的合法利益而不得已损害较小的合法利益。不具有社会危害性因而自然就不具备刑事违法性,也就不构成犯罪。

正当行为主要包括正当防卫、紧急避险、法令行为、正当业务行为、被害人承诺的行为、自救行为等。我国《刑法》明文规定的正当行为有正当防卫、紧急避险两种。

(一)正当防卫

《刑法》第二十条第一款规定:"为了使国家、公共利益、本人或者他人的人身、财产和其他权利免受正在进行的不法侵害,而采取的制止不法侵害的行为,对不法侵害人造成损害的,属于正当防卫,不负刑事责任。"正当防卫是指为了使国家、公共利益、本人或者他人的人身、财产和其他权利免受正在进行的不法侵害,而对不法侵害者实施的制止不法侵害的行为。正当防卫的特点是制止正在进行的不法侵害、保护法益。正当防卫分为两种:一般正当防卫与特殊正当防卫。前者针对正在进行的一般不法侵害进行防卫,具有防卫限度问题;后者针对的是正在进行的严重危及人身安全的暴力犯罪进行防卫,即使造成犯罪人死亡的结果也不属于防卫过当。

正当防卫是以损害不法侵害人利益的方式实施的,为防止其被滥用,法律严格规定了正当防卫的成立条件,只有符合正当防卫成立条件的行为才属于排除犯罪的事由,不负刑事责任。正当防卫的构成要件包括以下几方面。

第一,必须存在现实的不法侵害行为。现实的不法侵害,是正当防卫的起因条件。不法侵害既包括犯罪行为,也包括其他一般违法行为,但又不是泛指一切违法行为。犯罪行为与一般违法行为都是对法益的损害行为,而法益都受到法律保护,没有理由禁止公民对一般违法行为进行防卫。在紧急状态下,公民一般难以分清甚至无法分清不法侵害究竟是犯罪行为还是一般违法行为。从刑法规定来看，其使用的是"不法侵害"而非"犯罪侵害"。同时，并非对任何违法犯罪行为都可以进行防卫，只是对那些具有攻击性、破坏性、紧迫性、持续性的不法侵害，在采取正当防卫可以减轻或者避免法益被侵害的情况下，才适宜进行正当防卫。对于合法行为不得进行正当防卫，因此对正当防卫不得实行正当防卫。另外，不法侵害必须是现实存在的，而非行为人主观臆测或推测的。客观上并无不法侵害，但行为人误以为存在不法侵害，因而进行防卫的，属于假想防卫。假想防卫不是正当防卫，符合过失成立条件的，以过失犯罪论处；符合意外事件的，则按意外事件处理。

案情简介：某主妇夜晚回家发现家中一片狼藉，意识到家中被盗，便到派出所报警，派出所派了甲、乙两位便衣民警迅速到现场查看。恰逢男主人丙某在此之前到家，见到家中被盗的景象，又闻门外有脚步声，以为是窃犯返回，便拿起一根大棒藏在门后，待甲、乙两人进门，举棒便打。

案例分析：丙的行为属于假想防卫。本案中甲、乙两人是便衣民警，并不存在现实的不法侵害。丙误认为存在不法侵害，因而进行防卫，属于假想防卫。

第二，不法侵害必须正在进行。不法侵害正在进行时，才令法益处于紧迫的危险之中，从而使防卫行为成为保护法益的必要手段。不法侵害正在进行，是指不法侵害已经开始且尚未结束。"已经开始"指侵害人已经着手实施侵害行为，如杀人犯持刀砍向被害人。"尚未结束"指不法侵害行为或危险状态在继续，防卫人可以排除或制止危险的继续发生。例如，纵火犯正在向房屋泼汽油；抢劫犯打昏被害人抢得某物，但尚未离开现场。

在不法侵害尚未开始或者已经结束时进行防卫的是防卫不适时。防卫不适时包括事前防卫和事后防卫。前者是在不法侵害尚处于预备阶段或犯意表示阶段，对合法权益的威胁尚未达到现实状态下对其采取的损害权益的行为。此时，不法侵害人是否实施某种侵害处于或然状态，事先防卫实际上是一种非法侵害，构成犯罪的应当追究刑事责任。后者是在不法侵害已经结束时，采取的损害不法侵害人权益的行为。此时不法侵害已经结束，客观上不法侵害的危险状态已经无法通过防卫行为予以制止，丧失了防卫的时间条件。事后防卫多为报复性侵害，也有可能基于认识错误而实施防卫，应区分不同情况作不同认定。对于报复性的事后防卫，构成犯罪的属于故意犯罪；对于认识错误而事后防卫的，根据其是否具有主观过失以过失犯罪或者意外事件处理。

第三，具有防卫意识。防卫人对正在进行的不法侵害有明确认识，并希望以防卫手段制止不法侵害，保护合法权益。防卫意识包括防卫认识和防卫意志。防卫认识，是指防卫人认识到不法侵害正在进行。防卫意志，是指防卫人出于保护国家、公共利益、本人或者他人的人身、财产和其他权利免受正在进行的不法侵害的目的。在司法实践中，相互斗殴的双方都不是正当防卫；防卫挑拨的一方也不是正当防卫。

第四，必须针对不法侵害人本人进行防卫。防卫行为只能针对不法侵害人本人进行，这是正当防卫的特点决定的。不法侵害是由不法侵害人直接实施的，针对不法侵害人进行防卫，才可能制止不法侵害，保护法益。不法侵害人行为的非法性是法律允许防卫人对其权益进行反击的依据。即使对第三人权益的反击有可能制止不法侵害行为，也不能对不法侵害者以外的第三人进行防卫。

第五，必须没有明显超过必要限度造成重大损害。《刑法》第二十条第二款规定:"正当防卫明显超过必要限度造成重大损害的,应当负刑事责任,但是应当减轻或者免除处罚。"是否超过"必要限度",应以制止不法侵害、保护法益的合理需要为标准。只要是制止不法侵害、保护法益所必需的,就是必要限度之内的行为。是否"必需",应通过全面分析案情得出结论。①

《刑法》第二十条第三款规定:"对正在进行行凶、杀人、抢劫、强奸、绑架以及其他严重危及人身安全的暴力犯罪,采取防卫行为,造成不法侵害人伤亡的,不属于防卫过当,不负刑事责任。"该条款界定了特殊正当防卫。特殊正当防卫与一般正当防卫在成立条件上有两个区别:①特殊正当防卫针对的只能是正在进行行凶、杀人、抢劫、强奸、绑架以及其他严重危及人身安全的暴力犯罪;而一般正当防卫所针对的是需要防卫的任何犯罪与其他一般违法行为。②特殊正当防卫没有必要限度,因而不存在防卫过当。

理解特殊正当防卫,还需要注意以下几点:①并不是对于行凶、杀人、抢劫、强奸、绑架等暴力犯罪进行防卫的都是正当防卫,只有当这些暴力犯罪严重危及人身安全时,才适用特殊正当防卫的规定。②严重危及人身安全的暴力犯罪,并不限于刑法条文所列举的上述犯罪,还包括其他严重暴力犯罪,如抢劫枪支、弹药罪,劫持航空器罪等。③即使是严重危及人身安全的暴力犯罪,但在暴力犯罪已经结束的情况下,不得因为防卫行为原本针对的是严重危及人身安全的暴力犯罪,而继续进行所谓的"防卫"行为。

(二) 紧急避险

根据我国《刑法》的规定,紧急避险是排除犯罪的另一事由。《刑法》第二十一条第一款规定:"为了使国家、公共利益、本人或者他人的人身、财产和其他权利免受正在发生的危险,不得已采取的紧急避险行为,造成损害的,不负刑事责任。"紧急避险是指为使国家、公共利益、本人或者他人的人身、财产和其他权利免受正在发生的危险,不得已采取的损害另一较小或者同等法益的行为。紧急避险的特点是避免现实危险、保护较大或同等法益。紧急避险行为虽然造成了某种法益的损害,但联系到具体事态来观察,从行为的整体来考虑,该行为没有侵害法益。②

紧急避险与正当防卫的最大不同在于,紧急避险是两个法益之间的冲突,是"正当对正当",之所以排除犯罪是由于它保护了更大的或者至少是同等的法益,而正当防卫则是对不法侵害实施的行为,是"正当对不正当"。成立紧急避险必须同时符合以下五个条件。

---

① 在司法实践中,如何结合案情全面分析,得出是否存在防卫过当的判断,并不容易,特别是在疑难案件的分析中,更容易引发争论。例如,在于欢案中,一审判决书认定"被告人于欢犯故意伤害罪,判处无期徒刑,剥夺政治权利终身",参见《山东省聊城市中级人民法院刑事附带民事判决书》(2016)鲁15刑初33号。山东省高级人民法院作出的二审判决认定于欢的行为具有防卫性质,但防卫行为超过了正当防卫的必要限度,构成防卫过当,构成故意伤害罪,判处有期徒刑五年。陈兴良认为,该案关于防卫过当的认定未能充分考量不法侵害的特殊性,不能不说是平衡正与不正双方利益的结果,这是令人遗憾的。陈兴良:《正当防卫如何才能避免沦为僵尸条款——以于欢故意伤害案一审判决为例的刑法教义学分析》,《法学家》2017年第5期。

② 关于紧急避险的实质,有不同的主张。客观说主张,在紧急危难状态下,当法益不能两全时,听任当事人自行解决;主观说主张,在紧急状态下,当行为人丧失自由意志时,不应加以处刑;利益量定说主张,当利益发生冲突时,应保全较大的利益。参见马克昌:《犯罪通论》,武汉大学出版社1999年版,第778-780页。

第一,必须发生了现实危险。必须发生了现实危险,是指法益处于客观存在的危险的威胁之中。危险的来源包括自然力量造成的危险,动物的袭击造成的危险,疾病、饥饿等特殊情况形成的危险,人的危害行为造成的危险,等等。面临危险的既可能是国家利益、公共利益,也可能是本人或者他人的人身、财产和其他权利。现实危险不包括职务上、业务上负有特定责任的人所面临的对本人的危险。例如,执勤的人民警察在面临罪犯的不法侵害时,不能为了自己的利益进行紧急避险;发生火灾时,消防人员不能为了避免火灾对本人的危险,而采取紧急避险。因此,《刑法》第二十一条第三款规定:"第一款中关于避免本人危险的规定,不适用于职务上、业务上负有特定责任的人。"

第二,必须是正在发生的危险。现实危险正在发生,才能实施避险行为。危险正在发生,是指危险已经发生或迫在眉睫并且尚未消除,其实质是法益正处于紧迫的威胁之中,这要根据具体情况进行综合判断。

第三,必须出于不得已损害另一法益。必须出于不得已,是指在法益面临正在发生的危险时,没有其他合理办法可以排除危险,只有损害另一较小或者同等法益,才能保护面临危险的法益。损害另一法益,通常是指损害第三者的法益,例如,在遭遇持枪歹徒追杀的情况下,不得已破门闯入他人住宅藏匿的,属于紧急避险。

第四,具有避险意识。避险意识由避险认识与避险意志构成。避险认识,是指行为人认识到国家、公共利益、本人或者他人的人身、财产和其他权利面临正在发生的危险,认识到只有损害另一法益才能保护较大或同等法益,认识到自己的避险行为是保护法益的正当行为。避险意志,是指行为人出于保护国家、公共利益、本人或者他人的人身、财产和其他权利免受正在发生的危险的目的。

第五,必须没有超过必要限度造成不应有的损害。由于紧急避险是用损害一种法益来保护另一种法益,故不允许通过对一种法益的无限制损害来保护另一种法益,只能在必要限度内实施避险行为。例如,森林发生火灾,为了防止大火蔓延,不得已砍伐树木形成隔离带。若只要10米的隔离带即可,行为人却下令大量砍伐树木形成50米宽的隔离带,这一行为属于超出限度实施避险行为。

法益价值判断是一个重要问题。一般来讲,生命法益重于身体法益,身体法益重于财产法益。进行法益衡量时,还要考虑危险的紧迫性与重大性、危险源的具体情况、损害行为的程度、当事人的忍受义务等。

避险行为超过必要限度造成不应有的损害的,成立避险过当。《刑法》第二十一条第二款规定:"紧急避险超过必要限度造成不应有的损害的,应当负刑事责任,但是应当减轻或者免除处罚。"避险过当不是独立的罪名,所以不能定"避险过当罪",也不能定类似的"避险过当致人死亡罪",而应该根据避险行为所符合的犯罪构成来确定具体的罪名。对于避险过当的,应当酌情减轻或者免除处罚。

四、故意犯罪的形态和共同犯罪

(一)故意犯罪的形态

犯罪行为是一个过程,但并非任何犯罪行为都能顺利得以实施,并非任何犯罪人都能实现预期的目的。有的人为了实行犯罪准备工具、制造条件,由于意志以外的原因未能着手实行;有的人着手实行犯罪后,由于意志以外的原因没有得逞;有的人在犯罪过程中自动有效地防止犯罪结果的发生;有的人则按预定计划实施了行为并发生了预期的犯罪结果。在实施犯罪的过程中,故意犯罪呈现不同的形态。

故意犯罪形态是故意犯罪在其发展过程中,由于某种原因呈现的状态,包括犯罪预备、犯罪未遂、犯罪中止、犯罪既遂四种形态。故意犯罪的预备、未遂、中止和既遂形态都是犯罪的停止形态,它们之间是彼此独立的,不可能相互转化。就同一犯罪行为而言,只能存在一个犯罪停止形态。例如,一个犯罪行为已经出现犯罪中止,则不会再出现犯罪未遂或者预备状态,也不可能转化为既遂状态。

1. 犯罪预备

《刑法》第二十二条第一款规定:"为了犯罪,准备工具、制造条件的,是犯罪预备。"犯罪预备是指为了实行犯罪,准备工具,制造条件,但是由于行为人意志以外的原因而未能着手实行犯罪的形态。

犯罪预备具有四个特征:①主观上为了实行犯罪,预备行为是为实行行为创造条件的。为了实行犯罪表明行为人具有确定的犯罪故意。②客观上实施了犯罪预备行为。作为整个犯罪行为的一部分,如果预备行为未曾因某种原因停顿便会发展为实行行为,因而预备行为已经对刑法保护的社会关系产生了威胁。预备行为包括准备工具与制造条件两类行为。例如,购买了某种物品作为犯罪工具,诱骗被害人前往犯罪场所,排除实行犯罪的障碍,等等。犯罪预备行为对法益已经造成一定的危险,只是危险尚未达到紧迫程度,这是犯罪预备行为与犯意的不同,犯意对法益无危险,只是以口头、文字或其他方式将犯罪意图单纯流露于外部。③事实上未着手实行犯罪。犯罪预备终止于预备阶段,尚未能着手实行,否则将不会是犯罪预备。④未着手实施犯罪是由于行为人意志以外的原因。行为人本欲继续实施犯罪,但由于出现了违背行为人意志的原因,客观上不可能继续实施犯罪行为。这种客观上的不可能除客观上确已无法继续进行,还包括行为人认识到自己客观上已经不可能继续实施预备行为或者着手实行。

符合以上四个特征的就是犯罪预备。针对预备犯的处罚,《刑法》第二十二条第二款规定:"对于预备犯,可以比照既遂犯从轻、减轻处罚或者免除处罚。"预备犯主观上具有犯罪的故意,客观上实施了准备工具、制造条件的预备行为,应受刑罚处罚,只是由于其未能着手实行,相比既遂犯而言危害性较小,因而可以比照既遂犯从轻、减轻或者免除处罚。在司法实践中,处罚犯罪预备是极为例外的情况。

2. 犯罪未遂

《刑法》第二十三条第一款规定:"已经着手实行犯罪,由于犯罪分子意志以外的原因而未得逞的,是犯罪未遂。"犯罪未遂具有以下三个特征:①已经着手实行犯罪。这是犯罪未遂与犯罪预备的根本区别,两者的分界点在于是否着手。行为对法益造成现实、紧迫、直接的危险时,就是着手。着手是指行为人已经开始实施刑法分则规定的具体犯罪构成要件中的犯罪行为。着手是实行行为的起点,意味着犯罪进入了实行阶段。例如,保险诈骗中,行为人制造保险事故后,到保险公司索赔的行为或提出支付保险金的请求时,就是保险诈骗罪的着手。②犯罪未得逞。犯罪未得逞是犯罪未遂与犯罪既遂区别的基本标志。着手实行后没有既遂的,都是犯罪未得逞。犯罪未得逞一般是指未能产生行为人所希望或者放任的实行行为性质决定的危害结果。这并非指没有发生任何危害结果,而是指没有发生特定的危害结果,如故意杀人没有出现致人死亡的结果,而是致人重伤,就是故意杀人罪的未遂。③犯罪未得逞是由于犯罪人意志以外的原因。在犯罪未遂的情况下,行为人始终还是希望、放任发生侵害结果的,这一意志未改变。之所以未出现预期的结果,并非行为人自愿放弃犯罪,而是某种意志以外的原因导致的。例如,行为人入户抢劫时,忽然听到警笛声,以为警察来抓捕自己,被迫逃离现场。即使该车实为救护车或者虽是警车却并非来抓捕行为人的,但由于行为人认为自己客观上不可能继续实行犯罪,仍然属于意志以外的原因。

针对未遂犯的处罚,《刑法》第二十三条第二款规定:"对于未遂犯,可以比照既遂犯从轻或者减轻处罚。"由于未遂犯在主观犯罪心理的支配下已经着手实施了犯罪,所以应当追究其刑事责任,但是因为其社会危害性通常小于既遂犯,所以可以从轻或者减轻处罚。之所以是"可以",而不是"应当",是因为对于少数案件,未遂犯的危害程度不小于既遂犯,不应予以从轻或者减轻的处罚。

3. 犯罪中止

《刑法》第二十四条第一款规定:"在犯罪过程中,自动放弃犯罪或者自动有效地防止犯罪结果发生的,是犯罪中止。"据此,犯罪中止存在两种情况:一是未实行终了的中止,在预备阶段或者实行行为尚未终了时主动放弃犯罪;二是实行终了的中止,在实行行为终了的情况下自动、有效地防止犯罪结果发生。

成立犯罪中止必须符合以下四个条件:①中止的时间性。中止必须发生"在犯罪过程中",在开始实施犯罪行为之后,犯罪呈现结局之前均可中止。中止既可以发生在预备阶段,也可以发生在实行阶段。如果犯罪已经既遂,如犯罪分子已经偷得财物,即使事后返还,也不成立犯罪中止。②中止的自动性。成立犯罪中止,要求行为人"自动"放弃犯罪或者"自动"有效地防止犯罪结果发生。在存在选择余地的情况下,行为人不继续实施犯罪,表明行为人中止犯罪具有自动性。一般依据普通人的看法评判是否具有继续犯罪的可能性。不管行为人基于什么原因、受到什么因素的影响,只要行为人在自认为可以继续实施犯罪时,放弃了继续犯罪的意图的,就可以认定是自动放弃犯罪,如行为人可以继续实施犯罪行为,但担心被发觉而使名誉受损,所以放弃犯罪行为的,行为人的犯罪行为具有中止的自动性。③中止的客观性。中止不只是一种内心状态的改变,还要求客观上有中止行为。中止行为包括自动放弃犯罪行为和自动有效地防止犯罪结果发生。④中止的有效性。行为人必须有效防止了犯罪结果的发生,这里并不是指没有发生任何危害结果,而是指没有发生行为人原本所希望或者放任的、行为性质所决定的犯罪结果。行为人只有在故意犯罪的过程中,自动放弃犯罪,采取了积极措施防止犯罪结果的发生,并且在事实上有效防止了犯罪结果的发生,才能成立犯罪中止。行为人虽然自动放弃犯罪或者自动采取措施以防止犯罪结果发生,但该种结果依然发生了,则不成立犯罪中止。

针对中止犯的处罚,《刑法》第二十四条第二款规定:"对于中止犯,没有造成损害的,应当免除处罚;造成损害的,应当减轻处罚。"中止犯主观上自动中止了犯罪,主观恶性降低,并且客观上有效防止了犯罪结果的发生,其社会危害性减小,刑事责任也相应减轻。例如,甲想打死乙,但是殴打途中放弃,成立故意杀人罪中止。如果乙被殴打至重伤,甲属于"造成损害",此时应当减轻处罚;如果乙被殴打致轻微伤,由于刑法不处罚轻微伤这种损害结果,所以甲属于"没有造成损害",此时应当免除刑事处罚。

4. 犯罪既遂

犯罪既遂,是指行为人实施的行为已经具备了刑法分则对某一具体犯罪所规定的全部构成要件,达到了行为人希望或者放任出现的结果。犯罪既遂是故意犯罪的完成形态,区别于犯罪预备、犯罪未遂和犯罪中止这些未完成形态。

犯罪既遂分为三种形态:①结果犯的既遂,指不仅要实施具体犯罪行为,还必须发生法定的犯罪结果,才构成既遂,如故意杀人罪的既遂标准是发生了被害人的死亡结果。②行为犯的既遂,是指实施了法定犯罪行为,就构成既遂,如脱逃罪的既遂标准是行为人达到了逃脱监禁羁押的状态和程度。③危险犯的既遂,指行为人实施的危险行为造成了法律规定的发生某种危害结果的危险状态,就构成既遂,如放火罪的既遂标准不是达到放火的目的,而是达到了可能造成危害的危险或严重后果的程度。

(二) 共同犯罪

1. 共同犯罪的概念和成立条件

《刑法》第二十五条规定:"共同犯罪是指二人以上共同故意犯罪。二人以上共同过失犯罪,不以共同犯罪论处;应当负刑事责任的,按照他们所犯的罪分别处罚。"一般认为成立共同犯罪应当具备三个条件。

第一,主体必须是两个以上达到刑事责任年龄、具有刑事责任能力的人或单位。换言之,"二人以上"并不是泛指一切人,这里的"人"必须符合犯罪构成的主体要件,就自然人而言,必须是达到刑事责任年龄、具有刑事责任能力的人。

需要注意以下情况:①两个已满 14 周岁不满 16 周岁的人,或者一个已满 16 周岁的人与一个已满 14 周岁的人,共同故意实施《刑法》第十七条第二款规定之罪的,才成立共同犯罪。②一个达到刑事责任年龄、具有刑事责任能力的人,利用没有达到刑事责任年龄、没有刑事责任能力的人实施犯罪行为的,不构成共同犯罪。③在身份犯情况下,不具有构成身份的人与具有构成身份的人共同实施以特殊身份为构成要件的犯罪时,成立共同犯罪。例如,一般公民不可能构成贪污罪,但当其与国家工作人员相勾结,伙同贪污时,成立贪污罪的共犯。[①]④单位之间也有可能构成共同犯罪。例如,甲公司与乙公司共同故意走私,构成单位走私罪的共同犯罪。也有可能出现单位与个人的共同犯罪,如甲教唆乙公司生产、销售伪劣产品,构成单位与个人生产、销售伪劣产品的共同犯罪。

第二,必须两人以上具有共同的犯罪行为,各行为人的行为指向同一犯罪,相互联系、相互配合形成一个统一的犯罪活动整体。首先,各行为人所实施的行为都是犯罪行为,如果共同在正当防卫的情况下实施造成损害的行为,不成立共同犯罪。其次,每一个共同犯罪人的行为都与危害结果之间有因果关系,但是不能孤立地看待每个行为人的行为,还应该将共同犯罪人的行为作为一个整体进行评判。例如,甲、乙事前合谋开枪杀害丙,甲击中了丙的头部致使丙死亡,乙未击中,应当认为甲、乙的行为是一个整体,均与丙的死亡结果有因果关系。

[①] 陈兴良、周光权:《刑法学的现代展开Ⅱ》,中国人民大学出版社 2015 年版,第 386 页。

第三，必须两人以上具有共同的犯罪故意。共同的犯罪故意是指各共同犯罪人认识到共同犯罪行为和行为会发生的危害结果，而希望或放任这种结果发生。"共同故意"包括两个方面的内容：一是各共犯人均有相同的犯罪故意；二是各共犯人之间具有意思联络。意思联络是共同犯罪人各方在犯罪意思上互相沟通。

在共同犯罪的认定中，存在以下不成立共同犯罪的情形：①二人以上共同过失犯罪，根据个人过失犯罪的情况分别定罪量刑，不以共同犯罪论处。例如，两个猎人将前方草丛中的人错认为猎物，将其打死，两人都属于过失致人死亡，不以共同犯罪论处。②二人以上实施危害行为，罪过形式不同的，即一个人为过失犯罪，一个人为故意犯罪，虽然两人的行为共同导致危害结果的发生，但不成立共同犯罪。例如，看守所值班武警擅离职守，导致重大案犯趁机脱逃。值班武警擅离职守是过失行为，重大案犯逃脱是故意行为。两人的行为虽然客观上有联系，但是罪过形式并不一致，不成立共同犯罪。③同时犯不成立共同犯罪。例如，甲、乙二人趁商店失火之际，不谋而合地同时到失火地点窃取商品，甲、乙二人不成立共同犯罪。④超出共同故意之外的犯罪，不是共同犯罪。例如，甲唆使乙盗窃丙女的财物，乙除了实施盗窃财物行为后，还强奸了丙，甲对此毫不知情。甲、乙二人成立盗窃罪的共同犯罪，不成立强奸罪的共同犯罪。⑤实施犯罪时故意内容不同的，不构成共同犯罪。例如，甲、乙共同殴打丙，甲是出于伤害的故意，而乙则出于杀人的故意而殴打丙的要害部位，最终导致丙死亡，两人的故意内容不同，应根据各自的主客观情况分别定罪。⑥事前无通谋的窝藏行为、包庇行为，不构成共同犯罪。

2. 共同犯罪人的分类和刑事责任

由于各共同犯罪人在共同犯罪中的地位和作用不同，对各共同犯罪人处理时需要区别对待，因而有必要对共同犯罪人进行分类。从各国刑法关于共同犯罪的立法例来看，对共同犯罪人的分类主要有以下两种：一是按照分工进行分类。这种分类是以共同犯罪人在共同犯罪活动中的分工为标准，对共同犯罪人进行的分类。一般可分为实行犯、教唆犯和帮助犯。二是根据作用进行分类。这种分类是以共同犯罪人在共同犯罪活动中的分工为标准，对共同犯罪人进行的分类。有的分为主犯和从犯，有的则分为主犯、从犯和胁从犯。我国《刑法》将共同犯罪人分为主犯、从犯、胁从犯和教唆犯。

《刑法》第二十六条第一款规定："组织、领导犯罪集团进行犯罪活动的或者在共同犯罪中起主要作用的，是主犯。"主犯分为两种：①组织、领导犯罪集团进行犯罪活动的犯罪分子，也就是犯罪集团的首要分子。②在共同犯罪中起主要作用的犯罪分子。对这两种主犯，我国《刑法》对其刑事责任分别作出规定，对组织、领导犯罪集团的首要分子，按照集团所犯的全部罪行处罚；对于除此以外的主犯，则应当按照其所参与的或者组织、指挥的全部犯罪处罚。

《刑法》第二十七条第一款规定："在共同犯罪中起次要或者辅助作用的，是从犯。"从犯也分为两种：①在共同犯罪中起次要作用的犯罪分子。在共同犯罪中起次要作用，指虽然参与实行了某一犯罪构成客观要件的行为，但在共同犯罪活动中所起的作用比主犯小。②在共同犯罪中起辅助作用的犯罪分子。辅助作用也是次要作用，因为按照分工对共同犯罪的分类中存在着帮助犯，上述"次要作用"是指次要的实行犯，而"辅助作用"是指帮助犯。《刑法》第二十七条第二款规定："对于从犯，应当从轻、减轻处罚或者免除处罚。"从犯在共同犯罪中起次要作用，社会危害性比主犯小，所以从犯所承担的刑事责任也相对较轻。

根据《刑法》第二十八条的规定，"被胁迫参加犯罪的"是胁从犯。被胁迫参加犯罪活动是指受到暴力威胁或者精神威胁、被迫参加犯罪活动。关于胁从犯的刑事责任，《刑法》规定轻于从犯。如果行为人身体被完全强制、意志自由被完全剥夺，则不构成胁从犯。例如，歹徒用枪胁迫银行柜员打开保险柜，因为银行柜员的意志自由被完全剥夺，所以不构成胁从犯，符合紧急避险情形的，可以成立紧急避险。胁从犯主观上不愿意或较不愿意参加犯罪活动，客观上在共同犯罪中所起的作用较小，罪行也轻。根据《刑法》第二十八条的规定，对胁从犯，"应当按照他的犯罪情节减轻处罚或者免除处罚"。是减轻处罚还是免除处罚，应当综合考虑他参加犯罪的性质、犯罪行为危害的大小、被胁迫程度的轻重，以及在共同犯罪中所起的作用等情况，然后予以确定。

教唆犯是故意唆使他人实行犯罪的人。根据我国《刑法》第二十九条的规定，"教唆他人犯罪的"，是教唆犯。构成教唆犯，需要具备如下条件：①从客观方面说，必须有教唆他人犯罪的行为。教唆是指唆使具有刑事责任能力而没有犯罪故意的他人产生犯罪故意。教唆没有刑事责任能力的人故意犯罪不成立教唆犯，而成立利用其犯罪的间接正犯。教唆的内容必须是犯罪行为，不是犯罪行为则不构成教唆犯。②从主观方面说，必须有教唆他人犯罪的故意。这种故意要求教唆人认识到被教唆人是具备刑事责任能力的人，且被教唆人没有犯罪故意，但会在教唆者的教唆下产生犯罪故意并予以实施。对于教唆犯的刑事责任，《刑法》第二十九条规定："教唆他人犯罪的，应当按照他在共同犯罪中所起的作用处罚。教唆不满十八周岁的人犯罪的，应当从重处罚。如果被教唆的人没有犯被教唆的罪，对于教唆犯，可以从轻或者减轻处罚。"

第四节 刑罚的基本制度

刑罚是指刑法规定的、由国家审判机关依法对犯罪人适用的限制或剥夺其某种权益的最严厉的强制制裁方法。刑法的正当性立足于报应主义和预防主义。"报应主义和预防主义能够在不彻底颠覆犯罪危害程度与刑罚严厉程度之间脆弱平衡——这种平衡通常保证个人利益和公共利益的恰当紧密结合——的基础上结合起来。"[①]刑罚具有以下几个特征：①刑罚的根据在于刑法的明文规定；②刑罚由国家最高权力机关制定；③刑罚只能由国家审判机关依法适用；④刑罚只能对犯罪人适用；⑤刑罚的内容是限制或剥夺某种权益。刑罚权是指国家根据刑法对犯罪人进行处罚的权限，由刑罚创制权、刑罚裁量权、刑罚执行权三部分组成。

---

① [英]威廉姆·威尔逊著，谢望原、罗灿、王波译：《刑法理论的核心问题》，中国人民大学出版社2015年版，第77页。

一、刑罚的目的

刑罚的目的是指国家制定、适用和执行刑罚所追求的效果。刑罚目的理论不仅影响刑罚体系、种类，而且影响量刑和执行等工作。当今刑法理论均将预防犯罪作为刑罚的正当目的。我国刑罚预防犯罪的目的包括特殊预防与一般预防。[1]

（一）特殊预防

特殊预防是指通过对犯罪人适用刑罚，防止他们重新犯罪。特殊预防的对象是犯罪人，即实施了危害社会的行为、依法应当承担刑事责任的人。由李斯特倡导而发展起来的以重新社会化为核心的特殊预防理论证明了刑罚不是要将罪犯赶出社会并在他们身上打上耻辱的烙印，而是要帮助他与社会重新融为一体。[2]

特殊预防包括三个方面：①"剥夺"使其不能再犯；②"惩罚"使其不敢再犯；③"教育改造"使其不愿再犯。具体来说，对于罪行极其严重的犯罪人判处死刑，彻底剥夺其再次犯罪的可能性；对大部分犯罪人，判处剥夺自由刑，使其一定时间内与社会隔离，失去危害社会的机会，并使他们感受到刑罚的痛苦，不敢再次危害社会；对部分犯罪人适用财产刑，剥夺其再次实施犯罪的物质条件，使其感到无利可图而不敢、不愿再次实施犯罪；独立适用资格刑，或者适用限制自由刑时，剥夺了其政治权利或限制了其人身自由，可以在一定程度上预防其再次犯罪，如犯罪人无法担任公职；在刑罚执行中通过教育改造，使犯罪分子成为遵纪守法的人，不致再危害社会。

特殊预防的实现要妥善处理剥夺、惩罚与教育改造三者的辩证关系。[3]反对不要惩罚的教育万能论，也反对忽视教育改造的单纯惩罚主义，把剥夺、惩罚与教育改造结合起来。在刑罚体系与种类方面，充分体现罪责刑相适应原则；在刑罚裁量方面，坚持刑罚个别化原则，考虑犯罪人的人身危险性，使量刑具有针对性和适用性，如规定了累犯从重处罚制度，且对累犯不得适用缓刑和假释；在刑罚执行方面，贯彻惩罚与教育相结合、劳动与改造相结合的方针。

（二）一般预防

一般预防是指通过制定刑罚和对被告人适用刑罚，防止其他社会成员犯罪。一般预防的对象是没有犯罪的其他社会成员，包括：①危险分子，即具有多次违法历史，有犯罪危险的人。②不稳定分子，即自我控制能力较差、免疫力较低，容易受犯罪诱惑或容易被犯罪分子教唆、拉拢，具有犯罪倾向的人。③刑事被害人，即直接受到犯罪行为侵害，可能对犯罪人或者其亲属实施报复的人。④其他社会成员，指除上述三种人以外的广大公民。

一般预防的方式包括：①威慑。通过制定和适用刑罚，威慑潜在的犯罪人，抑制他们的犯罪意念，使他们不敢犯罪。②安抚。通过制定、适用和执行刑罚，惩罚犯罪

---

[1] 张明楷：《刑法学（上）》（第六版），法律出版社2021年版，第674页。
[2] 王世洲：《现代刑罚目的理论与中国的选择》，《法学研究》2003年第3期。
[3] 贾宇：《刑法学（上册·总论）》，高等教育出版社2019年版，第298页。

人，安抚被害人及其亲属，防止报复性犯罪的发生。③教育。通过制定、适用和执行刑罚，提高人民群众的法治观念，鼓励他们积极和犯罪作斗争，预防犯罪的发生。

二、刑罚的体系与种类

刑罚体系是指国家以有利于发挥刑罚的功能、实现刑罚的目的为指导原则，依据刑法的规定而形成的、由一定刑罚种类而组成的序列。根据我国刑法的规定，我国刑罚体系由主刑和附加刑组成。

（一）主刑

主刑是对犯罪分子适用的主要的刑罚方法。主刑只能独立适用，不能附加适用；一个罪行只能适用一个主刑，不能同时适用两个或两个以上主刑，也不能在附加刑独立适用时再适用主刑。我国《刑法》规定的主刑包括管制、拘役、有期徒刑、无期徒刑、死刑五种。

1. 管制

管制是指对犯罪分子不实行关押，交由公安机关管束和人民群众监督，依法实行社区矫正，限制其一定自由的刑罚方法。它是我国独有的一种轻刑。管制作为一种限制人身自由的刑罚，适用于罪行较轻、不需要关押的犯罪分子。《刑法》第三十八条规定："管制的期限，为三个月以上二年以下。判处管制，可以根据犯罪情况，同时禁止犯罪分子在执行期间从事特定活动，进入特定区域、场所，接触特定的人。对判处管制的犯罪分子，依法实行社区矫正。违反第二款规定的禁止令的，由公安机关依照《中华人民共和国治安管理处罚法》的规定处罚。"管制的期限为3个月以上2年以下，数罪并罚时，最高不得超过3年。刑期从判决执行之日起计算；判决执行前先行羁押的，羁押1日折抵刑期2日。

《刑法》第三十九条规定了被管制罪犯的义务与权利，"被判处管制的犯罪分子，在执行期间，应当遵守下列规定：（一）遵守法律、行政法规，服从监督；（二）未经执行机关批准，不得行使言论、出版、集会、结社、游行、示威自由的权利；（三）按照执行机关规定报告自己的活动情况；（四）遵守执行机关关于会客的规定；（五）离开所居住的市、县或者迁居，应当报经执行机关批准。对于被判处管制的犯罪分子，在劳动中应当同工同酬"。

2. 拘役

拘役是指剥夺犯罪分子的短期人身自由，就近执行并实行劳动改造的刑罚。拘役意味着剥夺人身自由，因而比管制严厉；但剥夺人身自由的期限较短，所以比有期徒刑轻，适用于犯罪较轻但仍需短期关押的犯罪分子。

拘役的期限为1个月以上6个月以下。数罪并罚时，最高不得超过1年。刑期从判决执行之日起计算；判决执行以前先行羁押的，羁押1日折抵刑期1日。判处拘役的罪犯，参加劳动的，可以酌量发给报酬；在执行期间，犯罪分子每月可以回家1—2天。

3. 有期徒刑

有期徒刑是指剥夺犯罪分子一定期限的人身自由，实行强制劳动改造的刑罚方法。有期徒刑是我国刑法中适用范围最为广泛的刑种。

有期徒刑的期限一般为 6 个月以上 15 年以下；数罪并罚时，有期徒刑总和刑期不满 35 年的，最高不能超过 20 年，总和刑期在 35 年以上的，最高不能超过 25 年。刑期自判决执行之日起开始计算；判决执行以前先行羁押的，羁押 1 日折抵刑期 1 日。判处死刑缓期执行的，在死刑缓期执行期间，如果确有重大立功表现，2 年期满以后可减为 25 年有期徒刑。

有期徒刑由监狱或者其他执行场所执行。其他执行场所是指监狱之外专门用来执行有期徒刑和无期徒刑的机关，如未成年犯管教所。根据《中华人民共和国监狱法》第十五条第二款和第七十四条的规定，"罪犯在被交付执行刑罚前，剩余刑期在三个月以下的，由看守所代为执行"；"对未成年犯应当在未成年犯管教所执行刑罚"。《刑法》第四十六条规定："被判处有期徒刑、无期徒刑的犯罪分子，在监狱或者其他执行场所执行；凡有劳动能力的，都应当参加劳动，接受教育和改造。"判处有期徒刑的罪犯，有劳动能力的应当参加劳动，监狱对参加劳动的罪犯，应当按照有关规定给予报酬并执行国家有关劳动保护的规定。

4. 无期徒刑

无期徒刑是指剥夺犯罪分子终身自由，并强制劳动改造的刑罚方法。无期徒刑是自由刑中最严厉的刑种，其程度仅次于死刑，适用于那些罪行非常严重而又不至于判处死刑，需要与社会"永久"隔离的犯罪分子。由于法律同时规定了减刑、假释、赦免等制度，因此，被判处无期徒刑的犯罪分子实际上很少终身服刑。

无期徒刑因其剥夺的是犯罪分子的终身自由，所以，判决执行之前先行羁押时间不能折抵刑期。此外，无期徒刑不能独立适用，应当附加剥夺政治权利终身。根据《刑法》第七十八条的规定，被判处无期徒刑的犯罪分子，减刑以后实际执行的刑期不能少于 13 年；根据《刑法》第八十一条的规定，被判处无期徒刑的犯罪分子，实际执行 13 年以上的，才有可能被假释。被判处有期徒刑、无期徒刑的犯罪分子，在监狱或者其他执行场所执行；凡有劳动能力的，都应当参加劳动，接受教育和改造。

5. 死刑

死刑是剥夺犯罪分子生命的刑罚方法。我国保留了死刑这种刑罚手段，但坚持少杀，防止错杀。从立法沿革来看，近年来，我国规定死刑的罪名呈逐步减少的趋势。《刑法修正案（八）》一次性取消了 13 个死刑罪名，《刑法修正案（九）》取消了 9 个死刑罪名，体现了减少死刑的倾向，减少了经济犯罪、没有危及人身安全的财产犯罪的死刑。"保留死刑，严格控制死刑"是我国的基本死刑政策。[①]

[①] 2007 年的 1 月 1 日，最高人民法院统一行使死刑案件核准权，随后又单独或联合其他部门制发《最高人民法院关于贯彻宽严相济刑事政策的若干意见》《最高人民法院 最高人民检察院 公安部 国家安全部 司法部关于办理死刑案件审查判断证据若干问题的规定》《最高人民法院、最高人民检察院、公安部、国家安全部、司法部关于办理刑事案件排除非法证据若干问题的规定》等文件。2019 年 8 月，最高人民法院发布《最高人民法院关于死刑复核及执行程序中保障当事人合法权益的若干规定》，规定了死刑复核阶段被告人有权委托律师，而且在执行死刑前有权会见亲属等，确保死刑案件被告人权利得到有力保障。2019 年召开的第七次全国刑事审判工作会议要求，要严格执行"保留死刑、严格控制和慎重适用死刑"的死刑政策，确保死刑只适用于极少数罪行极其严重、社会危害极大、罪证确实充分、依法应当判处死刑的犯罪分子。人民法院坚决贯彻死刑政策，确保把死刑案件都办成铁案。

死刑是刑罚体系中最严厉的惩罚手段，因而其适用对象受到严格限制：死刑只适用于罪行极其严重的犯罪分子，需要满足犯罪的性质极其严重、犯罪的情节极其严重、犯罪分子的人身危险性极其严重等条件。并且，对于三类人不适用死刑：犯罪的时候不满18周岁的人和审判的时候怀孕的妇女不适用死刑；审判的时候已满75周岁的人，不适用死刑，但以特别残忍手段致人死亡的除外。这里的不适用死刑，是指不能判处死刑，包括死刑立即执行和死刑缓期执行。死刑的适用程序也十分严格，死刑案件只能由中级以上人民法院进行一审，除依法由最高人民法院判处的以外，都应当报请最高人民法院核准。死刑缓期执行的，可以由高级人民法院判决或者核准。

死刑的执行方式有立即执行和缓期执行两种。《刑法》第四十八条第一款规定，对于应当判处死刑的犯罪分子，如果不是必须立即执行的，可以判处死刑同时宣告缓期二年执行。死刑缓期执行的期间，从判决确定之日起计算。死缓的法律后果包括：①在死缓执行期间，如果没有故意犯罪，二年期满以后，减为无期徒刑；②如果确有重大立功表现，二年期满后，减为二十五年有期徒刑；③如果故意犯罪，情节恶劣的，报请最高人民法院核准后执行死刑；④对于故意犯罪未执行死刑的，死刑缓期执行的期间重新计算，并报最高人民法院备案。

《刑法》第五十条第二款规定："对被判处死刑缓期执行的累犯以及因故意杀人、强奸、抢劫、绑架、放火、爆炸、投放危险物质或者有组织的暴力性犯罪被判处死刑缓期执行的犯罪分子，人民法院根据犯罪情节等情况可以同时决定对其限制减刑。"另外，根据《刑法》第三百八十三条第四款与第三百八十六条的规定，对贪污罪、受贿罪的犯罪分子，具有"数额特别巨大，并使国家和人民利益遭受特别重大损失"的情形，在其被判处死刑缓期执行的前提下，人民法院可以根据其犯罪情节等情况同时决定，在死刑缓期执行期满减为无期徒刑后，予以终身监禁，不得减刑、假释。

（二）附加刑

附加刑，是补充主刑适用的刑罚方法。附加刑既可以附加于主刑适用，又可以独立适用。在附加适用时，可以同时适用两个以上附加刑。在独立适用时，主要是针对较轻的犯罪。根据《刑法》第三十四条的规定，附加刑包括罚金、剥夺政治权利、没收财产。根据《刑法》第三十五条的规定，对于犯罪的外国人，可以独立适用或者附加适用驱逐出境。

1. 罚金

罚金是人民法院判处犯罪人向国家缴纳一定数额金钱的刑罚方法。罚金具有广泛的适用性，既可适用于处刑较轻的犯罪，也可适用于处刑较重的犯罪。罚金不同于行政罚款，主要表现在：①性质不同。罚金是刑罚方法；罚款是行政处罚。②适用对象不同。罚金适用于触犯刑法的犯罪个人或单位；罚款适用于一般违法的个人或单位。③适用机关不同。罚金只能由人民法院依照《刑法》的规定适用；罚款则可以由公安机关、海关等行政部门依照有关法规的规定适用。

罚金的适用方式包括单科式、选科式、并科式、并科或单科式四种。①单科式是指只适用罚金，主要针对单位犯罪，如单位受贿罪；②选科式是指要么不适用，要么单独适用,如《刑法》第二百七十五条规定"故意毁坏公私财物,数额较大或者有其他严重情节的,处三年以下有期徒刑、拘役或者罚金";③并科式是指判处主刑的同时并处罚金,如《刑法》第三百二十六条规定"以牟利为目的,倒卖国家禁止经营的文物,情节严重的,处五年以下有期徒刑或者拘役,并处罚金";④并科式或单科式是指既可以附加适用,也可以单独适用,如《刑法》第一百六十五条规定"国有公司、企业的董事、经理利用职务便利,自己经营或者为他人经营与其所任职公司、企业同类的营业,获取非法利益,数额巨大的,处三年以下有期徒刑或者拘役,并处或者单处罚金"。

对于罚金的数额,《刑法》第五十二条规定:"判处罚金,应当根据犯罪情节决定罚金数额。"关于罚金的缴纳,《刑法》第五十三条规定:"罚金在判决指定的期限内一次或者分期缴纳。期满不缴纳的,强制缴纳。对于不能全部缴纳罚金的,人民法院在任何时候发现被执行人有可以执行的财产,应当随时追缴。由于遭遇不能抗拒的灾祸等原因缴纳确实有困难的,经人民法院裁定,可以延期缴纳、酌情减少或者免除。"《刑法》第三十六条第二款规定:"承担民事赔偿责任的犯罪分子,同时被判处罚金,其财产不足以全部支付的,或者被判处没收财产的,应当先承担对被害人的民事赔偿责任。"犯罪分子需要同时承担民事责任与刑事责任时,实行"先民后刑"原则。

2. 剥夺政治权利

剥夺政治权利,是指剥夺犯罪人参加国家管理和政治活动权利的刑罚方法。根据《刑法》第五十四条的规定,剥夺政治权利的内容包括:选举权和被选举权;言论、出版、集会、结社、游行、示威自由的权利;担任国家机关职务的权利;担任国有公司、企业、事业单位和人民团体领导职务的权利。

《刑法》第五十六条第一款规定:"对于危害国家安全的犯罪分子应当附加剥夺政治权利;对于故意杀人、强奸、放火、爆炸、投毒、抢劫等严重破坏社会秩序的犯罪分子,可以附加剥夺政治权利。"剥夺政治权利可以附加适用,也可以独立适用。附加剥夺政治权利分为两种情况:①应当附加剥夺政治权利。应当附加剥夺政治权利的犯罪分子有两类:一是主刑为死刑和无期徒刑的犯罪分子;二是危害国家安全的犯罪分子。②可以附加剥夺政治权利。对故意伤害、盗窃等严重破坏社会秩序的犯罪,犯罪分子主观恶性较深、犯罪情节恶劣、罪行严重的,可以附加剥夺政治权利。

关于剥夺政治权利的期限及刑期计算有以下几种情况:①独立适用剥夺政治权利的,期限为1年以上5年以下,从判决执行之日起计算。②判处管制附加剥夺政治权利的,剥夺政治权利的期限与管制的期限相等,同时执行。③判处有期徒刑、拘役附加剥夺政治权利的,期限为1年以上5年以下,刑期从徒刑、拘役执行完毕之日或者从假释之日起计算,但剥夺政治权利的效力当然施用于主刑执行期间。④对于被判处死刑、无期徒刑的犯罪分子,应当剥夺政治权利终身。在死刑缓期执行减为有期徒刑或者无期徒刑减为有期徒刑的时候,应当把附加剥夺政治权利的期限改为3年以上10年以下。

3. 没收财产

没收财产是将犯罪分子个人所有财产的一部分或者全部强制无偿地收归国有的刑罚方法。

没收财产只能没收犯罪人已经具有、现实存在的财产,而不能没收犯罪人将来可能具有的财产。《刑法》第五十九条规定:"没收财产是没收犯罪分子个人所有财产的一部或者全部。没收全部财产的，应当对犯罪分子个人及其扶养的家属保留必需的生活费用。在判处没收财产的时候，不得没收属于犯罪分子家属所有或者应有的财产。"《刑法》第六十条规定："没收财产以前犯罪分子所负的正当债务，需要以没收的财产偿还的，经债权人请求，应当偿还。"

没收财产的适用方式包括选科式和并科式两种。关于财产刑的并罚问题，《刑法》第六十九条第三款规定："数罪中有判处附加刑的，附加刑仍须执行，其中附加刑种类相同的，合并执行，种类不同的，分别执行。"如果数个犯罪都被判处没收部分财产，对每个没收部分财产的判决都执行；如果数个犯罪有一个被判处没收全部财产，采取吸收原则，只需执行一个没收全部财产。如果一个罪被判处罚金，另一个罪被判处没收部分财产或没收全部财产，应分别执行，不能用没收全部财产吸收罚金。

4. 驱逐出境

驱逐出境，是强迫犯罪的外国人离开中国国（边）境的刑罚方法。驱逐出境是一种专门适用于犯罪的外国人的特殊附加刑，既可独立适用，也可附加适用。独立适用的，从判决确定之日起执行；附加适用的，从主刑执行完毕之日起执行。

三、刑罚裁量制度

刑罚裁量简称量刑，指人民法院根据行为人所犯罪行及刑事责任的轻重，在定罪并找准法定刑的基础上，"依法确定对犯罪人是否判处刑罚、判处何种刑罚以及判处多重刑罚，并决定所判刑罚是否立即执行的审判活动"[①]。

（一）量刑原则

《刑法》第六十一条规定："对于犯罪分子决定刑罚的时候，应当根据犯罪的事实、犯罪的性质、情节和对于社会的危害程度，依照本法的有关规定判处。"量刑原则是以犯罪事实为根据，以刑事法律为准绳。以犯罪事实为依据要求认真查清犯罪事实、准确认定犯罪性质、全面掌握犯罪情节、综合评价危害程度。以刑事法律为准绳要求：①必须依照刑事法律关于各种刑罚方法的适用权限与适用条件的规定裁量刑罚。例如，基层人民法院不得判处无期徒刑与死刑，判处无期徒刑或者死刑的案件，必须由中级以上人民法院审理。又如，死刑只适用于罪行极其严重的犯罪分子；对于危害国家安全的犯罪分子，必须附加剥夺政治权利。②必须依照《刑法》关于刑罚裁量制度的规定裁量刑罚。例如，《刑法》规定了自首制度、立功制度、累犯制度、缓刑制度、数罪并罚制度等，在裁量刑罚时，必须遵循这些制度。③必须依照《刑法》关于各种量刑情节的适用原则裁量刑罚。《刑法》规定了各种从重、从轻、减轻与免除处罚的情节，其中有的是"应当"从轻、减轻或者免除处罚，有的是"可以"从轻、减轻或者免除处罚；从重、从轻、减轻或者免除处罚有其特定含义，人民法院裁量刑罚时，必须遵守《刑法》关于量刑情节的各种规定。④必须依照《刑法》分则规定的法定刑裁量刑罚。行为触犯分则的哪一个条文，就以哪一个条文规定的法定刑为标准；然后在法定刑内选择刑种与

[①] 高铭暄、马克昌、赵秉志：《刑法学》（第六版），北京大学出版社、高等教育出版社2022年版，第248页。

刑度；即使是从重、从轻、减轻处罚，也要以选定的法定刑为标准。

（二）量刑情节

量刑情节，是指在某种行为已经构成犯罪的前提下，人民法院对犯罪人裁量刑罚时应当考虑的、据以决定量刑轻重或者免除刑罚处罚的各种情况。

量刑情节不具有犯罪构成事实的意义、不能说明犯罪基本性质的事实情况。当情节属于犯罪构成要件的内容，则情节成为区分罪与非罪、此罪与彼罪的事实因素。例如，《刑法》第三百一十四条规定："隐藏、转移、变卖、故意毁损已被司法机关查封、扣押、冻结的财产，情节严重的，处三年以下有期徒刑、拘役或者罚金。"这里的"情节严重"是作为犯罪构成要件规定的，因而不是量刑情节。

量刑情节是选择法定刑与决定宣告刑的依据。在一个犯罪具有几个层次的法定刑时，人民法院应当根据刑法规定的情节选择法定刑。例如，《刑法》第二百七十四条规定："敲诈勒索公私财物，数额较大或者多次敲诈勒索的，处三年以下有期徒刑、拘役或者管制，并处或者单处罚金；数额巨大或者有其他严重情节的，处三年以上十年以下有期徒刑，并处罚金；数额特别巨大或者有其他特别严重情节的，处十年以上有期徒刑，并处罚金。"是否"数额巨大或者有其他严重情节"和"数额特别巨大或者有其他特别严重情节"便成为选择法定刑的标准。既然该情节影响法定刑的选择，也就影响量刑。此时，"数额较大或者多次敲诈勒索的""数额巨大或者有其他严重情节""数额特别巨大或者有其他特别严重情节"，属于敲诈勒索罪的量刑情节。

（三）量刑裁量制度

1. 累犯

累犯是指因犯罪受过一定的刑罚处罚，在刑罚执行完毕或者赦免以后的一定时期内，又犯应被判处一定刑罚之罪的犯罪分子。

累犯分为普通累犯和特别累犯。《刑法》第六十五条第一款规定："被判处有期徒刑以上刑罚的犯罪分子，刑罚执行完毕或者赦免以后，在五年以内再犯应当判处有期徒刑以上刑罚之罪的，是累犯，应当从重处罚，但是过失犯罪和不满十八周岁的人犯罪的除外。"普通累犯，是指被判处有期徒刑以上刑罚的犯罪分子，刑罚执行完毕或者赦免以后，在五年以内再犯应当判处有期徒刑以上刑罚之罪的犯罪分子。普通累犯的前后罪都必须是故意犯罪，刑期均为有期徒刑以上，且犯罪行为人已满18周岁。2018年12月25日最高人民检察院发布了《最高人民检察院关于认定累犯如何确定刑罚执行完毕以后"五年以内"起始日期的批复》。该批复规定，认定累犯，确定刑罚执行完毕以后"五年以内"的起始日期，应当从刑满释放之日起计算，不是从刑满释放次日起计算。前罪的刑罚执行完毕是指主刑，即有期徒刑执行完毕，附加刑或者管制是否执行完毕，不影响累犯的成立。[①]前罪的结束方式，不仅包括刑罚执行完毕，也包括赦免。特别累犯，是指因犯危害国家安全犯罪、恐怖活动犯罪、黑社会性质的组织犯罪被判处刑罚，

---

① 张明楷：《刑法学（上）》（第六版），法律出版社2021年版，第732页。

在刑罚执行完毕或者赦免以后，在任何时候再犯上述任一类罪的犯罪分子。对前后罪的刑度和时间间隔没有要求。

对于累犯，应当从重处罚，并不得适用缓刑与假释。从重处罚，必须根据行为人所实施的犯罪行为的性质、情节、社会危害程度，确定其刑罚，不是一律判处法定最高刑。对被判处死刑缓期执行的累犯，人民法院根据犯罪情节等情况可以决定对其限制减刑。

2. 自首、坦白、立功

《刑法》第六十七条规定："犯罪以后自动投案，如实供述自己的罪行的，是自首。对于自首的犯罪分子，可以从轻或者减轻处罚。其中，犯罪较轻的，可以免除处罚。被采取强制措施的犯罪嫌疑人、被告人和正在服刑的罪犯，如实供述司法机关还未掌握的本人其他罪行的，以自首论。犯罪嫌疑人虽不具有前两款规定的自首情节，但是如实供述自己罪行的，可以从轻处罚；因其如实供述自己罪行，避免特别严重后果发生的，可以减轻处罚。"自首，是指犯罪分子在犯罪以后自动投案，如实供述自己罪行的行为。被采取强制措施的犯罪嫌疑人、被告人和正在服刑的罪犯，如实供述司法机关还未掌握的本人其他罪行的，以自首论。

《中华人民共和国刑法修正案（八）》新增了"犯罪嫌疑人虽不具有前两款规定的自首情节，但是如实供述自己罪行的，可以从轻处罚；因其如实供述自己罪行，避免特别严重后果发生的，可以减轻处罚"。坦白，是指犯罪分子虽不具有自首情节，但在被动归案后如实供述自己罪行的行为，其本质在于犯罪分子归案后如实交代罪行的行为。例如，归案后的绑架犯如实供述人质的所在地点，使人质被司法机关解救。

立功，是指犯罪分子检举、揭发他人的犯罪行为，查证属实的，或者提供重要线索，从而得以侦破其他案件等立功表现的，或者阻止他人的犯罪活动，或者协助司法机关抓捕其他犯罪嫌疑人，或者有其他有利于国家和社会的突出表现或重大贡献的行为。犯罪分子有立功表现的，可以从轻或者减轻处罚；有重大立功表现的，可以减轻或者免除处罚。

3. 数罪并罚

数罪并罚，是指对于一人所犯数罪合并处罚的制度。数罪并罚，首先必须认定行为人犯罪的罪数，即区分犯罪人是犯了一罪还是数罪。关于一罪与数罪的标准，刑法理论上有行为标准说、结果标准说、犯意标准说与构成要件标准说等观点。我国刑法主要采用犯罪构成标准说，即以行为符合犯罪构成的个数作为区分一罪与数罪的标准。

根据《刑法》第六十九条、第七十条、第七十一条的规定，结合司法实践经验，数罪并罚主要有以下3种发生情形：①判决宣告以前一人犯数罪的。对犯罪分子因犯有数个罪而被判处的数个刑罚，应按以下原则决定合并执行的刑罚：第一，数罪中有判处死刑、无期徒刑的，采取吸收原则，即只执行数刑中的死刑或无期徒刑，不执行其他主刑。第二，数罪均被判处有期徒刑、拘役或者管制的，采取限制加重原则，即在总和刑期以下、数刑中最高刑期以上，酌情决定执行的刑期；但是管制最高不能超过3年，拘役最高不能超过1年，有期徒刑总和刑期不满35年的，最高不能超过20年，总和刑期在35年以上的，最高不能超过25年。第三，数罪中有判处有期徒刑和拘役的，执行有期徒刑。数罪中有判处有期徒刑和管制，或者拘役和管制的，有期徒刑、拘役执行完毕后，管制仍须执行。第四，数罪既判处主刑，又判处附加刑的，采用并科原则，即对主刑按照一定的原则并罚时，附加刑仍须执行，其中附加刑种类相同的，合并执行，种类不同的，分别执行。②判决宣告以后刑罚执行完毕以前，发现犯罪分子在判决宣告以前还有其他罪没有判决的，应当对新发现的罪作出判决，把前后两个判决所判处的刑罚，依照《刑法》第六十九条的规定，决定执行的刑罚。已经执行的刑期，应当计算在新判决决定的刑期以内。③判决宣告以后刑罚执行完毕以前，犯罪分子又犯罪的，应当对其新犯的罪作出判决，把前罪没有执行的刑罚和后罪所判处的刑罚，依照《刑法》第六十九条的规定，决定执行的刑罚。

4. 缓刑

在我国，《刑法》规定的缓刑具体包括一般缓刑和战时缓刑。一般缓刑，是指对于被判处拘役、三年以下有期徒刑的犯罪分子，如果其犯罪情节较轻、有悔罪表现、没有再犯的危险、宣告缓刑对所居住社区没有重大不良影响的，规定一定的考验期，暂缓刑罚的执行，如果在考验期内没有发生撤销缓刑的法定事由，原判刑罚就不再执行的制度。《刑法》第四百四十九条规定："在战时，对被判处三年以下有期徒刑没有现实危险宣告缓刑的犯罪军人，允许其戴罪立功，确有立功表现时，可以撤销原判刑罚，不以犯罪论处。"适用战时缓刑应当遵守以下条件：①必须是在战时；②只能是被判处3年以下有期徒刑的犯罪军人；③必须是在战争条件下宣告缓刑没有现实危险。

缓刑只是暂缓执行刑罚，即附条件地不再执行刑罚，而非刑罚执行完毕。这与假释的性质不同，假释期满视为刑罚执行完毕。根据《刑法》第七十二条的规定，适用缓刑必须满足以下条件：①缓刑适用的对象必须是被判处3年以下有期徒刑或者拘役的犯罪分子；②缓刑适用的实质条件是犯罪情节较轻、有悔罪表现、没有再犯的危险、宣告缓刑对所居住社区没有重大不良影响。③缓刑不能适用于累犯和犯罪集团的首要分子。一般犯罪人，同时满足上述对象条件和实质条件的，可以宣告缓刑；而对其中不满18周岁的人、怀孕的妇女和已满75周岁的人，应当宣告缓刑。

缓刑的考验期，是指对宣告缓刑的犯罪分子进行考察的一定期限。根据《刑法》第七十三条的规定，拘役的缓刑考验期限为原判刑期以上1年以下，但是不能少于2个月；有期徒刑的缓刑考验期限为原判刑期以上5年以下，但是不能少于1年。缓刑考验期限，从判决确定之日起计算。

根据《刑法》第七十五条的规定，被宣告缓刑的犯罪分子，在缓刑考验期内应遵守以下规定：遵守法律、行政法规，服从监督；按照考察机关的规定报告自己的活动情况；遵守考察机关关于会客的规定；离开所居住的市、县或者迁居，应当报经考察机关批准。《刑法》第七十六条规定，对宣告缓刑的犯罪分子，在缓刑考验期限内，依法实行社区矫正。《刑法》第七十二条规定，对宣告缓刑可以同时适用禁止令，禁止犯罪分子在缓刑考验期限内从事特定活动，进入特定区域、场所，接触特定的人。

缓刑只适用于主刑，犯罪分子被判处附加刑的，附加刑仍须执行。根据《刑法》第七十六条、第七十七条的规定，被判缓刑后可能出现的法律后果有三种：①被宣告缓刑的犯罪分子，在缓刑考验期限内犯新罪或者发现判决宣告以前还有其他罪没有判决的，应当撤销缓刑，对新犯的罪或者新发现的罪作出判决，把前罪和后罪所判处的刑罚，依照《刑法》第六十九条的规定，决定执行的刑罚。②被宣告缓刑的犯罪分子，在缓刑考验期限内，违反法律、行政法规或者国务院有关部门关于缓刑的监督管理规定，或者违反人民法院判决中的禁止令，情节严重的，应当撤销缓刑，执行原判刑罚。③对宣告缓刑的犯罪分子，在缓刑考验期限内没有上述情况，缓刑考验期满，则原判刑罚不再执行，并公开予以宣告。

四、刑罚执行制度

刑罚执行，是指法律规定的刑罚执行机关，依法执行生效刑事判决的各种活动。法院、公安机关、监狱等都是刑罚执行机关。例如，人民法院执行死刑立即执行、没收财产、罚金等刑罚；公安机关执行拘役、剥夺政治权利；监狱执行死刑缓期二年执行、无期徒刑、有期徒刑等刑罚。刑罚执行并不仅仅只是执行生效判决，还需要处理执行过程中产生的其他法律问题，最典型的是减刑和假释。

（一）减刑

减刑，是指对被判处管制、拘役、有期徒刑或无期徒刑的犯罪分子，因其在刑罚执行期间认真遵守监规，接受教育改造，确有悔改或立功表现，而适当减轻其原判刑罚的制度。减刑可以是刑种的减轻，也可以是刑期的减轻。

根据《刑法》第七十八条的规定，适用减刑的条件包括：①减刑的适用对象是被判处管制、拘役、有期徒刑、无期徒刑的犯罪分子。②减刑的实质条件是犯罪分子在刑罚执行期间，认真遵守监规，接受教育改造，确有悔改表现或者立功表现，可以减刑。③有下列重大立功表现之一的，应当减刑：阻止他人重大犯罪活动的；检举监狱内外重大犯罪活动，经查证属实的；有发明创造或者重大技术革新的；在日常生产、生活中舍己救人的；在抗御自然灾害或者排除重大事故中，有突出表现的；对国家和社会有其他重大贡献的。

减刑以后实际执行的刑期不能少于下列期限：①判处管制、拘役、有期徒刑的，不能少于原判刑期的二分之一。②判处无期徒刑的，不能少于十三年。③限制减刑的死刑缓期执行的犯罪分子，缓期执行期满后依法减为无期徒刑的，不能少于二十五年，缓期执行期满后依法减为二十五年有期徒刑的，不能少于二十年。

《刑法》第七十九条规定了减刑的程序，对于犯罪分子的减刑，由执行机关向中级以上人民法院提出减刑建议书。人民法院应当组成合议庭进行审理，对确有悔改或者立功事实的，裁定予以减刑。非经法定程序不得减刑。

（二）假释

假释，是指对判处有期徒刑、无期徒刑的犯罪分子，在执行一定的刑期后，因其认真遵守监规，接受教育改造，确有悔改表现，不致再危害社会，而附条件地予以提前释放的制度。附条件是指被假释的犯罪人，如果遵守一定条件，就认为原判刑罚已经执行完毕；如果没有遵守一定条件，就收监执行剩余刑罚。

根据《刑法》第八十一条的规定，适用假释必须满足以下条件：①假释的对象是被判处有期徒刑、无期徒刑，且已经执行一部分刑罚的犯罪分子。即被判处有期徒刑的犯罪分子，执行原判刑期二分之一以上，被判处无期徒刑的犯罪分子，实际执行十三年以上。如果有特殊情况,经最高人民法院核准,可以不受上述执行刑期的限制。②假释的实质条件是认真遵守监规,接受教育改造,确有悔改表现,没有再犯罪的危险。对犯罪分子决定假释时,应当考虑其假释后对所居住社区的影响。③对累犯以及因故意杀人、强奸、抢劫、绑架、放火、爆炸、投放危险物质或者有组织的暴力性犯罪被判处十年以上有期徒刑、无期徒刑的犯罪分子,不得假释。

假释是附条件的提前释放,因而需要设立一定的考验期限,以便对被假释罪犯继续进行监督改造。根据《刑法》第八十三条的规定,有期徒刑的假释考验期限,为没有执行完毕的刑期;无期徒刑的假释考验期限为十年。假释考验期限,从假释之日起计算。

被宣告假释的犯罪分子,应当遵守下列规定:遵守法律、行政法规,服从监督;按照监督机关的规定报告自己的活动情况;遵守监督机关关于会客的规定;离开所居住的市、县或者迁居,应当报经监督机关批准。

根据《刑法》第八十五条、第八十六条的规定,适用假释后可能出现的法律后果有四种:①被假释的犯罪分子,在假释考验期限内犯新罪,应当撤销假释,依照《刑法》第七十一条的规定实行数罪并罚。②在假释考验期限内,发现被假释的犯罪分子在判决宣告以前还有其他罪没有判决的,应当撤销假释,依照《刑法》第七十条的规定实行数罪并罚。③被假释的犯罪分子,在假释考验期限内,有违反法律、行政法规或者国务院有关部门关于假释的监督管理规定的行为,尚未构成新的犯罪的,应当依照法定程序撤销假释,收监执行未执行完毕的刑罚。④没有上述情形,假释考验期满,就认为原判刑罚已经执行完毕,并公开予以宣告。

根据《刑法》第八十二条、第七十九条的规定,对于犯罪分子的假释,由执行机关向中级以上人民法院提出假释建议书。人民法院应当组成合议庭进行审理,对于符合假释条件的,裁定予以假释。非经法定程序不得假释。

五、刑罚消灭制度

刑罚消灭,是指由于法定或事实的原因,致使国家对犯罪人的刑罚权归于消灭。刑罚消灭的前提是犯罪分子应当适用刑罚或者正在执行刑罚。对犯罪分子而言,刑罚消灭意味着刑事责任的终结;对国家而言,刑罚消灭则是指求刑权、量刑权、行刑权的消灭。导致刑罚消灭的法定原因主要有:超过追诉时效;经特赦令赦免刑罚;告诉才处理的犯罪,没有告诉或者撤回告诉;犯罪嫌疑人或被告人死亡;其他法定事由。下面仅介绍时效和赦免两种刑罚消灭事由。

(一)时效

时效,是指经过一定的期限,对犯罪不得追诉或对所判刑罚不得执行的制度。时效可分为追诉时效与行刑时效。追诉时效,是指依法对犯罪分子追究刑事责任的有效期限。行刑时效,是指法律规定对被判处刑罚的犯罪分子执行刑罚的有效期限。我国《刑法》只规定了追诉时效。

根据《刑法》第八十七条的规定,犯罪经过下列期限不再追诉:法定最高刑为不满五年有期徒刑的,经过五年。法定最高刑为五年以上不满十年有期徒刑的,经过十年。法定最高刑为十年以上有期徒刑的,经过十五年。法定最高刑为无期徒刑、死刑的,经过二十年。如果二十年以后认为必须追诉的,须报请最高人民检察院核准。这里的法定最高刑不是指整个法定刑幅度的最高刑,而是犯罪情节对应的具体的刑格的最高刑。例如,《刑法》第二百六十四条规定,盗窃公私财物,数额较大的,或者多次盗窃、入户盗窃、携带凶器盗窃、扒窃的,处三年以下有期徒刑、拘役或者管制,并处或者单处罚金;数额巨大或者有其他严重情节的,处三年以上十年以下有期徒刑,并处罚金;数额特别巨大或者有其他特别严重情节的,处十年以上有期徒刑或者无期徒刑,并处罚金或者没收财产。若甲盗窃5000元,则法定最高刑是3年,追诉时效是5年;若甲盗窃5000万元,则法定最高刑是无期徒刑,追诉时效是20年。《刑法》第八十九条规定,追诉期限从犯罪之日起计算;犯罪行为有连续或者继续状态的,从犯罪行为终了之日起计算。在追诉期限以内又犯罪的,前罪追诉的期限从犯后罪之日起计算。

《刑法》第八十八条规定了不受追诉时效限制的两种情况:①在人民检察院、公安机关、国家安全机关立案侦查或者在人民法院受理案件以后,逃避侦查或者审判的,不受追诉期限的限制。②被害人在追诉期限内提出控告,人民法院、人民检察院、公安机关应当立案而不予立案的,不受追诉期限的限制。

(二) 赦免

赦免,是指国家对于犯罪分子宣告免予追诉或者免除执行全部或者部分刑罚的法律制度。赦免包括大赦与特赦。大赦,是指国家对不特定的多数犯罪分子的赦免,其效力及于罪与刑两方面。特赦,是指国家对特定的犯罪分子的赦免,只赦免刑罚,不赦免罪行。我国法律只规定了特赦,由全国人民代表大会常务委员会决定,并由国家主席发布特赦令。中华人民共和国成立后,我国共进行过九次特赦。第一次特赦是1959年9月17日,在中华人民共和国成立10周年大庆前夕,对确实改恶从善的蒋介石集团和伪满洲国的战争罪犯、反革命罪犯和普通刑事罪犯实行特赦,这是特赦面最广的一次。第九次特赦是2019年6月29日,为庆祝中华人民共和国成立70周年,全国人大常委会作出了《关于在中华人民共和国成立七十周年之际对部分服刑罪犯予以特赦的决定》。特赦具有严格的程序,其效力只及于刑而不及于罪,被特赦的对象一般在释放后不具有社会危害性。

第五节 刑法分则

一、刑法分则体系

刑法分则体系,是指刑法分则对具体犯罪按照一定的标准进行分类,并按一定的次序进行排列而形成的有机体。我国《刑法》分则按照犯罪的同类客体将犯罪分为十类,规定为十章,并按照由重到轻的顺序进行排列。排序顺序依次为:①危害国家安全罪,指故意危害中华人民共和国国家安全、应受刑罚处罚的行为。②危害公共安全罪,指故意或者过失实施危害不特定或多数人的生命、健康或者重大公私财产安全的行为。

③破坏社会主义市场经济秩序罪，指违反国家市场经济管理法规，干扰国家对市场经济的管理活动，破坏社会主义市场经济秩序，使社会主义市场经济发展遭受严重损害的行为。④侵犯公民人身权利、民主权利罪，指故意或过失侵犯公民的人身权利、民主权利以及与人身有直接关系的其他权利的行为。⑤侵犯财产罪，指非法占有、挪用以及故意毁坏公私财物或者破坏生产经营，依法应受刑罚处罚的行为。⑥妨害社会管理秩序罪，指妨害国家对社会的管理活动，破坏社会秩序，情节严重的行为。⑦危害国防利益罪，指公民或者单位危害国防物质基础，危害军事行动，危害作战，妨害国防管理秩序，拒绝或者逃避履行国防义务的行为。⑧贪污贿赂罪，指国家工作人员利用职务便利，贪污、挪用公共财物，收受贿赂，或者拥有与合法收入差距巨大的财产或支出却不能说明来源，或者私分国有资产或罚没财物，以及其他人员行贿、介绍贿赂的行为。⑨渎职罪，指国家机关工作人员滥用职权、玩忽职守或者徇私舞弊，妨害国家机关的正常活动，致使公共财产或者国家和人民利益遭受重大损失的行为。⑩军人违反职责罪，指军人违反职责，危害国家军事利益，依照法律应当受刑罚处罚的行为。

二、罪状

《刑法》分则条文通常由罪状和法定刑组成。罪状是指分则条文对犯罪具体状况的描述，其用意在于指明适用该分则条文的条件。只有通过对各罪状的剖析，才能掌握各种犯罪的构成特征，明确如何区分罪与非罪、此罪与彼罪的界限。

根据叙述方式的不同，罪状可以分为简单罪状、叙明罪状、引证罪状与空白罪状。

简单罪状是指条文只简单地规定罪名或者简单地描述具体犯罪的基本构成特征。例如，《刑法》第二百三十四条第一款规定，故意伤害他人身体的，处三年以下有期徒刑、拘役或者管制。简单罪状虽然缺乏对犯罪构成特征的具体描述，但条文简练概括，避免烦琐。

叙明罪状是指条文对具体犯罪的基本构成特征作了详细的描述。例如，《刑法》第二百一十七条对侵犯著作权罪的主观方面和客观方面的构成作了详细的描述。在我国《刑法》中，叙明罪状占多数，这是因为叙明罪状有助于对犯罪的认定和统一适用法律。

引证罪状是指引用同一法律中的其他条款来说明和确定某一犯罪的构成特征。例如，《刑法》第二百六十条第一款规定了虐待罪的罪状和法定刑；其第二款规定："犯前款罪，致使被害人重伤、死亡的，处二年以上七年以下有期徒刑。"采用引证罪状是为了避免条款间文字上的重复。

空白罪状是指条文没有直接地规定某一犯罪构成的特征，而是指明确定该罪构成需要参照的法律、法规的规定。例如，《刑法》第三百二十五条第一款规定："违反文物保护法规，将收藏的国家禁止出口的珍贵文物私自出售或者私自赠送给外国人的，处五年以下有期徒刑或者拘役，可以并处罚金。"该条款仅指明在确定非法向外国人出售、赠送珍贵文物罪的构成特征时应当参照文物保护法规的规定。对空白罪状必须与其他相关法律、法规相结合，才能够正确地认定该种犯罪的特征。

三、罪名

1. 罪名的概念与功能

罪名是《刑法》分则所规定的每一种具体犯罪的名称，是对该种具体犯罪行为本质特征的高度概括。罪名反映了一种犯罪与另一种犯罪的本质区别，是区分此罪与彼罪的根本界限。罪名有以下功能：①概括功能，罪名对社会上纷繁复杂的犯罪现象进行了概括。②区分功能，罪名具有区分罪与非罪、此罪与彼罪界限的作用。③评价功能，罪名体现国家对危害社会的行为给予的社会、政治和法律上的否定评价和对行为人的谴责。④威慑功能，为避免罪名所带来的否定评价，社会大众会规范自己的行为不触犯《刑法》所规定的罪名。

2. 罪名的分类

1）类罪名与具体罪名

类罪名是某一类犯罪的总名称。在我国《刑法》中，类罪名是以犯罪的同类客体（或同类法益）为标准进行概括的。在《刑法》分则中，类罪名是章的标题，没有具体的罪状与法定刑，《刑法》对其犯罪构成也没有明确规定，故类罪名不能成为定罪得以引用的根据，不能根据类罪名定罪。

具体罪名是各种具体犯罪的名称。每个具体罪名都有其定义、构成要件与法定刑。例如，《刑法》第二百六十三条规定的抢劫罪、第二百五十八条规定的重婚罪等，都是具体罪名，它们都有其构成要件与法定刑。具体罪名是定罪时得以引用的罪名，即只能根据具体罪名定罪。

2）单一罪名、选择罪名与概括罪名

单一罪名是指所包含的犯罪构成的具体内容单一，只能反映一个犯罪行为，不能分解拆开使用的罪名，如故意杀人罪、故意伤害罪、非法捕捞水产品罪等。

选择罪名是指所包含的犯罪构成的具体内容复杂，反映出多种犯罪行为，既可概括使用，也可分解拆开使用的罪名。选择罪名大致分以下三种情况：第一是行为选择，即罪名中包括多种行为，如引诱、容留、介绍卖淫罪。第二是对象选择，即罪名中包括多种对象，如拐卖妇女、儿童罪。第三是行为与对象同时选择，即罪名中包括多种行为与多种对象，如非法制造、买卖、运输、邮寄、储存枪支、弹药、爆炸物罪。

概括罪名是指其包含的犯罪构成的具体内容复杂，反映出多种犯罪行为，但只能概括使用，不能分解拆开使用的罪名；并且即使行为人同时实施了多个行为类型，也只定一个罪名，不数罪并罚。例如，根据《刑法》第一百九十六条的规定，信用卡诈骗罪，包括以下几种情况：①使用伪造的信用卡，或者使用以虚假的身份证明骗领的信用卡的；②使用作废的信用卡的；③冒用他人信用卡的；④恶意透支的。不管行为人实施其中一种还是数种行为，都定信用卡诈骗罪。

四、法定刑

法定刑是指《刑法》分则条文对各种具体犯罪所规定的刑种与刑罚幅度，它是依照《刑法》总则的规定确定的、与具体犯罪的社会危害性相适应的刑种和刑罚幅度。法定刑不同于宣告刑，宣告刑是人民法院对具体犯罪判决宣告的应当执行的刑罚。法定刑是宣告刑的法律依据。两者的区别在于：法定刑是立法机关制定《刑法》时确定的，是立法上的规定；而宣告刑是人民法院在处理具体案件时确定的，是司法上的运用。法定刑也不同于执行刑，执行刑是对犯罪分子实际执行的刑罚，以宣告刑为根据。

按照学界较为公认的分类方式，以法定刑的刑种、刑度是否确定为标准，将法定刑划分为以下几种：①绝对确定法定刑，是指《刑法》分则之中，对某种罪或者具备某种情节的犯罪，只规定了单一的刑罚种类和量刑幅度，司法机关没有选择的余地。因其过于机械和死板，不利于刑罚个别化，现在很少有国家采用这种立法方式。我国《刑法》分则中没有任何一个具体犯罪只规定一种绝对确定的法定刑，但是，仍然有个别条文针对某种犯罪的特定情节，规定了绝对确定的单一的死刑。例如，《刑法》第一百二十一条规定："以暴力、胁迫或者其他方法劫持航空器的，处十年以上有期徒刑或者无期徒刑；致人重伤、死亡或者使航空器遭受严重破坏的，处死刑。"②绝对不确定法定刑，是指在《刑法》条文中对某种罪只笼统地规定"依法制裁""追究刑事责任"，却未具体规定刑罚的种类和量刑的幅度。这种立法方式因为赋予了审判人员过于宽泛的裁量刑罚权力，不利于适用法律的统一，所以现各国也基本不用。③相对确定法定刑，是指在《刑法》分则条文中明确规定对该种犯罪适用的刑种和刑度，并对最高刑和最低刑作出限制性的规定。相对确定的法定刑有较大的裁量幅度，便于审判机关根据犯罪人的不同情况适用不同的刑罚，已经为世界各国普遍采用，也是我国《刑法》分则条文中普遍采用的形式。

本 章 小 结

刑法学是研究犯罪及其刑事责任的科学，它是重要的部门法学科之一。本章以现行刑法为研究对象，主要介绍了刑法的基本问题、刑法的基本原则、犯罪的基本理论、刑罚的基本制度和刑法分则等相关内容。刑法的基本问题介绍了刑法的概念、刑法的渊源、刑法的性质、刑法解释及刑法的适用范围等内容。刑法的基本原则介绍了刑法的三大基本原则。犯罪的基本理论分析了犯罪的概念和特征、犯罪构成、正当行为、故意犯罪的形态和共同犯罪等问题。刑罚的基本制度阐释了刑罚的目的、刑罚的体系与种类、刑罚裁量制度、刑罚执行制度和刑罚消灭制度。刑法分则介绍了刑法分则体系、罪状、罪名、法定刑。

刑法作为国家的基本法律，在法律规范体系中具有重要地位。刑法学是法学教育的基础课程，也是法学学科的核心课程之一。本章的内容仅涉及刑法总论和分则中的基础知识，主要呈现的是学界通说。刑法学界对刑法诸问题的解释有多种纷争，正是这些纷争推动了刑法学的蓬勃发展。如果有兴趣进一步了解以上各知识点的丰富内涵和不同观点，可以参阅本章主要参考文献。

主要参考文献：

贝卡里亚. 2002. 论犯罪与刑罚. 黄风译. 北京：中国法制出版社.
陈瑾昆. 2004. 刑法总则讲义. 北京：中国方正出版社.

陈兴良, 周光权. 2015. 刑法学的现代展开Ⅱ. 北京: 中国人民大学出版社.

陈兴良. 2017. 正当防卫如何才能避免沦为僵尸条款——以于欢故意伤害案一审判决为例的刑法教义学分析. 法学家, (5): 89-104, 178.

弗里德曼. 2005. 选择的共和国: 法律、权威与文化. 高鸿均, 等译. 北京: 清华大学出版社.

高铭暄, 马克昌. 2022. 刑法学. 10版. 北京: 北京大学出版社, 高等教育出版社.

考夫曼. 2004. 法律哲学. 刘幸义, 等译. 北京: 法律出版社.

刘宪权. 2020. 刑法学. 5版. 上. 上海: 上海人民出版社.

洛克. 1964. 政府论. 下. 瞿菊农, 叶启芳译. 北京: 商务印书馆.

马克昌. 1999. 犯罪通论. 武汉: 武汉大学出版社.

孟德斯鸠. 2002. 论法的精神（上卷）. 张雁深译. 北京: 商务印书馆.

王世洲. 2003. 现代刑罚目的理论与中国的选择. 法学研究, 25(3): 107-131.

威廉姆·威尔逊. 2015. 刑法理论的核心问题. 谢望原, 罗灿, 王波译. 北京: 中国人民大学出版社.

《刑法学》编写组. 2019. 刑法学·上册·总论. 北京: 高等教育出版社.

张明楷. 1999. 刑法格言的展开. 北京: 法律出版社.

张明楷. 2021. 刑法学. 6版. 上、下. 北京: 法律出版社.

张志钢. 2017. 转型期中国刑法立法的回顾与展望——"历次刑法修正评估与刑法立法科学化理论研讨会"观点综述. 人民检察, (21): 53-55.

赵秉志. 2019. 改革开放40年我国刑法立法的发展及其完善. 法学评论, 37(2): 17-27.

周光权. 2016. 刑法总论. 3版. 北京: 中国人民大学出版社.

周光权. 2022. 我国应当坚持统一刑法典立法模式. 比较法研究, (4): 57-71.

第五章 刑事诉讼法

思维导图：

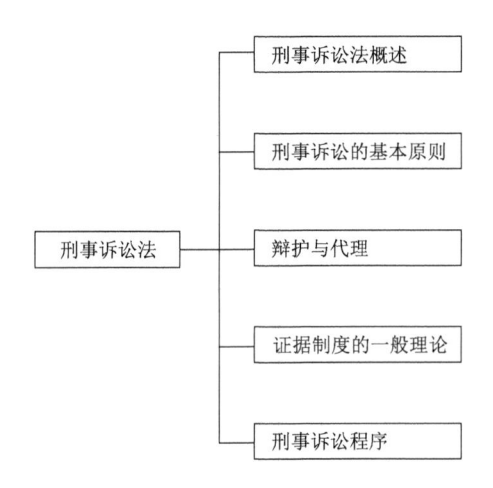

刑事诉讼法
- 刑事诉讼法概述
- 刑事诉讼的基本原则
- 辩护与代理
- 证据制度的一般理论
- 刑事诉讼程序

主要问题：

1. 什么是刑事诉讼，它有何特征？
2. 简述刑事诉讼法关于惩罚犯罪与保障人权的关系。
3. 如何看待国际刑事诉讼基本原则对我国刑事诉讼的影响？
4. 如何理解"侦查权、检察权、审判权由专门机关依法行使原则"的含义，以及该原则在司法实践中存在的问题？
5. 如何理解人民法院、人民检察院依法独立行使职权原则？
6. 我国辩护权的实现方式有哪些？
7. 什么是法律援助，它有哪些特点？
8. 试述刑事证据的概念和属性。
9. 试述非法证据排除规则的概念以及我国对此的规定。
10. 不起诉有哪几种？其性质与特点是什么？
11. 哪些机关和人员有权提起审判监督程序？

重要概念：

刑事诉讼；刑事诉讼法；刑事诉讼基本原则；刑事辩护；刑事代理；刑事法律援助；值班律师；刑事证据；证明责任；立案；侦查；提起公诉；判决宣判；死刑复核程序；审判监督程序

重要法律：

《中华人民共和国刑事诉讼法》　　《中华人民共和国人民法院组织法》　　《中华人民共和国人民检察院组织法》

典型案例：

第一节　刑事诉讼法概述

诉讼以国家强制力为后盾，是解决纠纷和冲突的专门活动。刑事诉讼是国家主导的解决被指控者与国家之间的刑事纠纷的特定活动。不同于民事诉讼和行政诉讼，刑事诉讼是为解决犯罪人的刑事责任而进行的诉讼活动，具有特殊性。本节将介绍刑事诉讼和刑事诉讼法的相关概念，包括刑事诉讼的概念、特征以及刑事诉讼法的概念、法律渊源、基本理念等相关内容。

一、刑事诉讼的概念和特征

诉讼，由"诉"和"讼"两个字组成。从词义上说，"诉，告也"，"讼，争也"。"诉"，在字形上从言从斥，以言辞斥责，有叙说、告诉、告发、控告之意；"讼"，在字形上从言从公，将争议或纠纷提交给官府，有争辩是非曲直之意。诉讼就是原告对被告提出告诉，由裁判机关解决双方的争议。"诉讼"英语为 procedure，源自拉丁语 procedere，意思是向前推进、过程、程序的意思。[1]诉讼法（procedure law），也可直译为程序法。由此，"诉讼"可以从两个层面理解：一是由原告、被告和裁判者构成基本诉讼主体的专门活动；二是一系列不断向前推进的程序化活动。

现代诉讼，可分为刑事诉讼、民事诉讼和行政诉讼三种。刑事诉讼是指国家专门机关在当事人及其他诉讼参与人的参加下，依照法律规定的程序，追诉犯罪，解决被追诉者刑事责任的活动。[2]我国刑事诉讼具有以下四个特征。[1]

---

[1] 陈光中：《刑事诉讼法》（第七版），北京大学出版社、高等教育出版社 2021 年版，第 1 页。

[2] 法律社会学家科特威尔提出法院依法裁判并不主要是为了纠纷解决，而应当是对规范秩序的确认。劳伦斯·弗里德曼和罗伯特·帕西瓦尔的研究表明，美国法院的基本功能已经从纠纷解决转向了日常案件的行政处理；夏皮罗对美国刑事司法体系有如下描述："美国大约 90%的刑事案件是通过有罪答辩或者类似方式解决的，其结果往往是一个明确的或者默示的辩诉交易……美国刑事法院的主要业务并不是三方结构下的纠纷解决……法院的时间都花在处理那些申请有罪答辩的人身上。"[英]罗杰·科特威尔著，彭小龙译：《法律社会学导论》（第 2 版），中国政法大学出版社 2015 年版，第 210 页。

首先，刑事诉讼是由国家专门机关主持进行的司法活动。国家专门机关主要是指人民法院、人民检察院和公安机关，还包括国家安全机关、军队保卫部门、监狱、海关缉私部门、中国海警局等。它们在刑事诉讼中分别行使一定的专门职权，其中人民法院行使审判权，人民检察院行使公诉权、审查批准逮捕权、少数案件的侦查权及法律监督权，公安机关主要行使侦查权。

其次，刑事诉讼是实现国家刑罚权、解决被追诉者刑事责任的活动。刑事诉讼的具体内容是依法查明犯罪事实，弄清谁实施了犯罪以及如何追诉犯罪并正确适用法律。

再次，刑事诉讼是在当事人和其他诉讼参与人的参加下进行的活动。任何刑事诉讼都必须有犯罪嫌疑人、被告人参加。为了在诉讼中证明案件事实，保护犯罪嫌疑人、被告人和被害人的合法权益，也需要被害人、辩护人、证人、鉴定人、代理人等参加诉讼。

最后，刑事诉讼是严格依照法律规定的程序进行的活动。刑事诉讼的结果直接关系到公民的生命、人身自由和财产权利。专门机关与诉讼参与人都应当严格遵守刑事诉讼程序，严格依照法律规定的程序有利于防止专门机关滥用权力、侵犯人权，有利于保障诉讼参与人的权益。

根据《刑事诉讼法》的规定，我国刑事诉讼划分为立案、侦查、提起公诉、审判和执行等阶段。此外，还有特别程序，包括未成年人刑事案件诉讼程序，当事人和解的公诉案件诉讼程序，缺席审判程序，犯罪嫌疑人、被告人逃匿、死亡案件违法所得的没收程序，依法不负刑事责任的精神病人的强制医疗程序等。诉讼程序受诉讼阶段制约，不同的诉讼阶段采取不同的诉讼程序。例如，在第一审阶段，设立开庭前准备、法庭调查、法庭辩论、被告人最后陈述、评议和宣判等具体审判程序。第一审刑事案件可以采用普通程序、简易程序、速裁程序等不同程序。以速裁程序为例，根据《刑事诉讼法》第二百二十二条的规定，对于基层人民法院管辖的可能判处三年有期徒刑以下刑罚的案件，案件事实清楚，证据确实、充分，被告人认罪认罚并同意适用速裁程序的，可以适用速裁程序，由审判员一人独任审判。

二、刑事诉讼法的概念和法律渊源

刑事诉讼法就是规范刑事诉讼的法律，是国家制定或认可的有关规范专门机关和诉讼参与人进行刑事诉讼活动的法律规范的总称。

刑事诉讼法有狭义和广义之分。狭义的刑事诉讼法指统一的成文的刑事诉讼法典。[②]广义的刑事诉讼法指一切有关刑事诉讼程序的法律规范，既包括狭义的刑事诉讼法，也包括宪法、法律、法规、条例、规定和司法解释中有关刑事诉讼程序的规范。一般从广义上理解刑事诉讼法。

广义的刑事诉讼法的法律渊源包括：①宪法。刑事诉讼法是根据宪法制定的，宪法还规定了一些与刑事诉讼有关的原则和制度，如人民法院、人民检察院依法独立行使

---

① 叶青：《刑事诉讼法学》（第四版），上海人民出版社、北京大学出版社2020年版，第6-7页。
② 1808年颁布的《法国刑事诉讼法典》（又称《拿破仑刑事诉讼法典》）是世界上第一部刑事诉讼法典。陈岚：《法国检察官的"准量刑官"角色》，《检察日报》2020年11月12日，第3版。

审判权、检察权制度，审判公开制度，被告人享有辩护权制度等。宪法的这些规定成为刑事诉讼法的基本原则和重要内容。②刑事诉讼法典。我国现行的刑事诉讼法典是《刑事诉讼法》。[1]它是基本法，是我国刑事诉讼法的主要法律渊源。③有关法律规定。有关法律规定是指全国人民代表大会及其常务委员会制定的有关刑事诉讼的法律规定，如《中华人民共和国人民法院组织法》《中华人民共和国人民检察院组织法》《中华人民共和国国家安全法》《中华人民共和国人民警察法》《中华人民共和国检察官法》《中华人民共和国法官法》《中华人民共和国律师法》《中华人民共和国监狱法》《中华人民共和国社区矫正法》《中华人民共和国法律援助法》等法律中涉及刑事诉讼的规定。④行政法规和规章。行政法规是指国务院颁布的行政法规中有关刑事诉讼程序的规范，如国务院于2012年4月1日起施行的《拘留所条例》。规章是指国务院下属各部门和其他部门就本部门业务工作中与刑事诉讼有关的问题所作的规定，如公安部发布的《公安机关办理刑事案件程序规定》等。⑤地方性法规。地方性法规是指地方人民代表大会及其常务委员会颁布的地方性法规中关于刑事诉讼程序的规定。⑥法律解释。根据有权解释的主体不同，我国刑事诉讼法的法律解释包括立法解释、司法解释和行政解释。由于《刑事诉讼法》的规定比较概括，具体条文不能满足司法实践的需要，司法解释是细化或补充法律条文的重要形式。司法解释是指最高人民法院、最高人民检察院就审判工作和检察工作中如何具体运用刑事诉讼法所作的解释、通知、批复等。例如，2012年12月26日颁布的《最高人民法院 最高人民检察院 公安部 国家安全部 司法部 全国人大常委会法制工作委员会关于实施刑事诉讼法若干问题的规定》；2020年12月7日最高人民法院审判委员会第1820次会议通过，自2021年3月1日起施行的《最高人民法院关于适用〈中华人民共和国刑事诉讼法〉的解释》等。⑦国际条约、公约。国际条约是我国的法律渊源之一。例如，2003年12月10日中国签署了《联合国反腐败公约》，该公约是联合国历史上通过的第一个指导国际反腐败斗争的法律文件，内容多处涉及刑事程序的相关规定。[2]又如，截至2021年，中国加入或批准26项国际人权文书，包括6项核心人权公约，为《发展权利宣言》《维也纳宣言和行动纲领》等多个重要国际人权文书的制定发挥了建设性作用。[3]再如，《联合国打击跨国有组织犯罪公约》于2000年11月15日经第55届联合国大会通过，2000年12月12日开放供各国签署。该公约是联合国过去20多年来在刑事司法领域制定的重要国际法律文书，旨在加强国际合作与交流，促进更有效地预防和打击跨国有组织犯罪。该公约中的相关规定构成了刑事诉讼的国际标准，其基本精神是防止国家滥用权力，保障人权，实现司法公正。2003年9月23日，中国政府向联合国秘书长

---

[1] 该法典的制定及修正过程如下：1979年7月1日第五届全国人民代表大会第二次会议通过；根据1996年3月17日第八届全国人民代表大会第四次会议《关于修改〈中华人民共和国刑事诉讼法〉的决定》第一次修正；根据2012年3月14日第十一届全国人民代表大会第五次会议《关于修改〈中华人民共和国刑事诉讼法〉的决定》第二次修正；根据2018年10月26日第十三届全国人民代表大会常务委员会第六次会议《关于修改〈中华人民共和国刑事诉讼法〉的决定》第三次修正。

[2] 《联合国反腐败公约》履约工作，参见中央纪委国家监委网https://www.ccdi.gov.cn/special/lygz/，2023年6月26日访问。

[3] 《中国联合国合作立场文件》，《人民日报》2021年10月23日，第6版。

交存批准书，公约于 2003 年 10 月 23 日对中国生效。[①]

三、刑事诉讼法的基本理念[②]

我国刑事诉讼法的基本理念包括：惩罚犯罪与保障人权相结合；程序公正与实体公正动态并重；坚持控审分离、控辩平等对抗和审判中立；追求诉讼效率与诉讼公正。

首先，惩罚犯罪与保障人权相结合。惩罚犯罪是指国家通过刑事诉讼活动，在准确、及时查明案件事实的基础上，对构成犯罪的被告人公正适用刑法，抑制犯罪。惩罚犯罪是刑事诉讼直接目的的一个方面，刑事诉讼目的的另一个方面是保障人权。[③]

保障人权包括三层含义：保障无罪的人不受刑事法律的追究，防止有罪的人受到不公正处罚；所有诉讼参与人的诉讼权利得到充分保障；通过惩罚犯罪保护普通民众的权益。《刑事诉讼法》第二条规定："中华人民共和国刑事诉讼法的任务，是保证准确、及时地查明犯罪事实，正确应用法律，惩罚犯罪分子，保障无罪的人不受刑事追究，教育公民自觉遵守法律，积极同犯罪行为作斗争，维护社会主义法制，尊重和保障人权，保护公民的人身权利、财产权利、民主权利和其他权利，保障社会主义建设事业的顺利进行。""尊重和保障人权"是《刑事诉讼法》的一项重要任务，《刑事诉讼法》还规定未经人民法院判决对任何人都不得确定有罪、非法证据排除规则等一系列尊重和保障人权的原则和制度。

惩罚犯罪和保障人权构成了刑事诉讼目的两个方面的对立统一体，不可片面强调一面而忽视另一面。这一理念在中央政法机关文件中多次得到体现。例如，2007 年 3 月 9 日最高人民法院、最高人民检察院、公安部、司法部印发的《关于进一步严格依法办案确保办理死刑案件质量的意见》中明确指出，办理死刑案件应当遵循的原则要求中，第一条就是"坚持惩罚犯罪与保障人权相结合"。

其次，程序公正与实体公正动态并重。《中共中央关于全面推进依法治国若干重大问题的决定》明确了"公正是法治的生命线。"司法公正是法的公平正义原则在司法活动中的体现，具体表现为一整套被社会伦理所普遍认同的司法制度及其运作状况，是程序公正和实体公正的统一。

程序公正，即过程公正，指诉讼程序方面体现的公正。刑事诉讼过程中，程序公正的具体要求包括：①严格遵守刑事诉讼法的规定；②认真保障当事人和其他诉讼参与人，尤其是犯罪嫌疑人、被告人和被害人的诉讼权利；③禁止刑讯逼供和以非法手段取证；④司法机关依法独立行使职权；⑤诉讼程序的公开性与透明度；⑥在审判程序中，控辩双方平等对抗，法庭居中裁判；⑦依照法定期限办案、结案。

[①]《联合国打击跨国有组织犯罪公约》，参见中华人民共和国外交部网 https://www.fmprc.gov.cn/web/wjb_673085/zzjg_673183/gjs_673893/gjzz_673897/lhg_684120/zywj_684132/200804/t20080408_10410426.shtml，2023 年 6 月 26 日访问。

[②] 参见陈光中：《刑事诉讼法》（第七版），北京大学出版社、高等教育出版社 2021 年版，第 11-17 页。

[③] 拉德布鲁赫指出，自从有刑法以来，自从国家代替受害人实施报复以来，国家就承担着双重使命：国家的任何行动不仅要保护共同体更好地对抗犯罪，而且还要保护犯罪人不受受害人的报复，刑法不仅要保护国家免遭罪犯侵害，而且要保护"罪犯"免遭国家的侵害；它不仅要保护公民免遭犯罪人的侵害，而且要保护公民免遭检察官的侵害，成为公民反对法官专断和法官错误的大宪章。[德]拉德布鲁赫著，米健译：《法学导论》，商务印书馆 2013 年版，第 141 页。

实体公正,即结果公正,指案件的结果所体现的公正。实体公正的具体要求包括:①据以定罪量刑的犯罪事实证据确实充分;②正确适用刑法,准确认定犯罪嫌疑人、被告人是否犯罪以及罪名;③认定犯罪嫌疑人、被告人有罪或罪重在事实、法律上存在疑问的,应从有利于被追诉人方面作出处理;④依照罪刑相适应原则,依法适度判定刑罚;⑤合理有效执行已生效的裁判;⑥错案及时纠正、及时赔偿或者补偿。

程序公正和实体公正,总体上说是统一的,但有时不可避免地发生矛盾。在两者发生矛盾时,需要根据利益权衡的原则作出选择。在一些情况下,应当采取程序优先的原则,如适用非法证据排除规则;在另一些情况下,又应当采取实体优先的原则,如一旦发现错判错杀,应尽可能纠错平反,不受终局程序和诉讼时限的限制。

再次,坚持控审分离、控辩平等对抗和审判中立。刑事诉讼的基本职能分为控诉、辩护和审判。在刑事诉讼中,这三种基本职能的相互关系可概括为控审分离、控辩平等对抗和审判中立的理念。控审分离是指控诉职能和审判职能必须分别由不同机关来承担,如果没有法定控诉机关或者个人的起诉,法院不能主动审判任何刑事案件,即法院要遵循不告不理原则。控审分离有利于审判机关中立化,保证其客观公正地审理和裁判案件。控辩平等对抗是实现保障人权的方式之一。在刑事诉讼中,控诉职能主要由国家专门机关行使,辩护职能由犯罪嫌疑人、被告人及其委托的辩护人行使。由于行使控诉权的国家专门机关,在权力、物质条件等方面优于被追诉人,故国家制定刑事诉讼法时必须构建能够使辩护职能与控诉职能平等对抗的制度,以保证辩护职能的有效发挥。审判中立是对审判的基本要求。审判中立不仅指审判者不能由控辩双方的主体或与案件有利害关系的人担任,还指审判者必须与控辩双方保持同等的合理距离。只有保证审判中立才能保证审判公正。

最后,追求诉讼效率与诉讼公正。现代诉讼都把效率视为诉讼中的基本理念。多年来,西方国家在效率理念的指导下,对诉讼程序进行了许多改革。例如,美国大力推行辩诉交易,德国扩大有罪不起诉的案件范围。我国《刑事诉讼法》第二条规定了"准确、及时地查明犯罪事实",其他条文从诉讼期限、轻罪不起诉和简易程序等多方面体现了诉讼效率理念。2018年修正的《刑事诉讼法》将刑事速裁程序、认罪认罚从宽制度一并纳入。认罪认罚从宽作为我国刑事诉讼的一项基本原则予以确立,同时修改后的《刑事诉讼法》规定"基层人民法院管辖的可能判处三年有期徒刑以下刑罚的案件,案件事实清楚,证据确实、充分,被告人认罪认罚并同意适用速裁程序的,可以适用速裁程序",即对于认罪认罚案件中的轻微、简单案件,可以适用速裁程序进行审理。这里将轻微案件的标准限定为"可能判处三年有期徒刑以下刑罚的案件",呼应了刑法中的相关规定;而简单案件则可以理解为"案件事实清楚,证据确实、充分"并且"被告人认罪认罚并同意适用速裁程序"的案件,此类案件控辩双方对于案件中的事实问题和法律问题往往均无争议,司法机关处理难度较小,因而被视为"简单案件"。《刑事诉讼法》对于轻微、简单案件和重大、复杂、疑难案件,遵循"简案快审、繁案精审"的原则进行分流处理,以追求公正与效率之间的平衡[①],缓解案件数量增多与司法资源有限之间的矛盾。诉讼效率意味着快捷、速度,此时可能与公正产生矛盾。

---

① 熊秋红:《刑事速裁程序立法兼顾现实性与正当性》,《检察日报》2018年11月9日,第3版。

公正与效率是刑事诉讼追求的两个价值取向。一方面，两者具有内在的一致性：有时诉讼高效是实现诉讼公正的必要条件。另一方面，两者存在冲突：对于诉讼公正的高度追求会降低诉讼效率，而过度关注诉讼效率将有损诉讼公正的实现。当两者发生冲突时，应当坚持公正第一、效率第二的原则。①在保证司法公正的前提下追求效率，脱离公正追求效率是无意义的。

第二节 刑事诉讼的基本原则

刑事诉讼基本原则是由刑事诉讼法规定的，贯穿于刑事诉讼的全过程或主要诉讼阶段，公安机关、人民检察院、人民法院和诉讼参与人进行刑事诉讼活动所必须遵循的基本行为准则。刑事诉讼基本原则反映了刑事诉讼的基本规律，体现了刑事诉讼的基本理念，对刑事诉讼立法和司法具有重大的指导意义。本节介绍国际上通行的刑事诉讼原则以及我国刑事诉讼的基本原则的相关内容。

一、国际上通行的刑事诉讼原则

国际上通行的刑事诉讼原则是各国刑事诉讼司法经验的总结，反映了刑事诉讼的基本规律和要求，表达了多数国家在刑事诉讼上的共同价值诉求。虽然国际通行的刑事诉讼原则并没有统一的规定，但是多数国家的立法中已经确立了国际上通行的刑事诉讼原则，很多国际公约也对这些原则予以确认。我国现行立法对这些原则没有作出明确的规定，但是很多具体制度设计体现了原则的要求。②

（一）国家追诉原则

根据国家追诉原则，检察官代表国家向法院提出公诉，要求法院通过审判确定被告人的刑事责任；检察官是否提起公诉，不以被害人的意志为转移。相对于个人起诉，国家追诉更有利于有效惩治犯罪。一方面，国家追诉避免了很多无法确定被害人的犯罪被追究；另一方面，国家更有能力和资源搜集证据、指控犯罪。

（二）控审分离原则

控审分离原则的主要内容包括：刑事追诉权和裁判权分别由警察、检察机关和法院各自独立行使；法院的审判必须在检察机关提出合法起诉的前提下才能启动；法院不得超越起诉书记载的对象和范围进行审理。国家追诉有利于有效惩治犯罪，控审分离则

---

① 陈光中：《公正与真相：现代刑事诉讼的核心价值观》，《检察日报》2016年6月16日，第3版。

② 不同教材对国际通行刑事诉讼原则的内涵理解并不完全一致。叶青主编的教材认为，国际刑事诉讼中普遍适用的基本原则主要有程序法定原则、司法独立原则、无罪推定原则、有效辩护原则、平等对抗原则、诉讼及时原则、禁止重复追究原则、国家追诉原则。叶青：《刑事诉讼法学》（第四版），上海人民出版社、北京大学出版社2020年版，第84页。本书参照了陈光中主编的教材，认为国际通行的刑事诉讼原则包括国家追诉原则、控审分离原则、无罪推定原则、公正审判原则、禁止强迫自证其罪原则、禁止双重危险原则。陈光中：《刑事诉讼法》（第七版），北京大学出版社、高等教育出版社2021年版，第93-98页。

有利于保障刑事审判客观、公正,践行保障人权理念。

(三) 无罪推定原则

无罪推定原则最早出现在英国的普通法中,是指任何人在未被依法确定为有罪前,应被推定或者假定为无罪。无罪推定原则对于确保被告人获得公正审判具有重大意义。在审判阶段,无罪推定原则有三项要求:①被告人不得被强迫自证其罪;②检察官负有证明被告人有罪的责任;③疑罪从无。无罪推定原则对于确保被告人获得公正审判具有重大意义,在很多国家都被视为刑事诉讼制度的基石之一。

(四) 公正审判原则

公正审判原则的历史渊源主要有两个:一是英国的自然正义理论;二是《美利坚合众国宪法》第五修正案、第十四修正案的正当法律程序条款,"不经正当程序,不得剥夺任何人的生命、自由和财产"。判断某一审判程序是否符合公正审判原则的要求,要看它是否使那些可能受到裁判结果不利影响的人平等、公正地参与到审判过程中。

(五) 禁止强迫自证其罪原则

在几乎所有法治国家的宪法中,禁止强迫自证其罪都被确立为公民的基本权利,成为公民自由、生命、财产等权益免受公共权力机构任意剥夺的基本法律保障。联合国大会 1966 年 12 月 16 日通过的《公民权利及政治权利国际公约》第十四条规定,"受刑事控告之人,未经依法确定有罪以前,应假定其无罪""不得强迫被告自供或认罪"[①]。不被强迫自证其罪的权利被规定为被告人获得公正审判的最低限度程序保障之一。我国《刑事诉讼法》第五十二条规定:"审判人员、检察人员、侦查人员必须依照法定程序,收集能够证实犯罪嫌疑人、被告人有罪或者无罪、犯罪情节轻重的各种证据。严禁刑讯逼供和以威胁、引诱、欺骗以及其他非法方法收集证据,不得强迫任何人证实自己有罪。必须保证一切与案件有关或者了解案情的公民,有客观地充分地提供证据的条件,除特殊情况外,可以吸收他们协助调查。"这一规定对于维护犯罪嫌疑人、被告人的诉讼主体地位,保障其合法权益,防止刑讯逼供等违法行为具有重要意义。

(六) 禁止双重危险原则

英美法系国家普遍设立了禁止双重危险原则。该原则规定,任何人不得因同一行为而受到两次以上的刑事起诉、审判和判刑。与英美法系国家中的禁止双重危险原则类似,大陆法系国家中的一事不再理原则也有防止国家滥用追诉权的功能。禁止双重危险原则与一事不再理原则存在差异,禁止双重危险原则更强调任何人不得因同一行为受到"双重危险",一事不再理原则更强调法院不能对同一事实作出前后矛盾的裁判从而维护司法权威。

[①] 公民权利及政治权利国际公约,参见联合国网 https://www.un.org/zh/node/182157,2023 年 6 月 27 日访问。

二、我国刑事诉讼的基本原则[①]

我国《刑事诉讼法》将刑事诉讼基本原则作为一项重要内容作了专门规定，足见其在《刑事诉讼法》中的重要地位。《宪法》中也有一些条款规定了刑事诉讼基本原则，如第一百三十条规定："人民法院审理案件，除法律规定的特别情况外，一律公开进行。被告人有权获得辩护。"该条款规定了审判公开原则和有权获得辩护原则。我国刑事诉讼基本原则是公安司法机关在长期工作实践中对优良传统和科学经验的总结，反映了刑事诉讼的客观规律和基本要求，对我国刑事诉讼立法和实践具有重大的指导意义。刑事诉讼基本原则的主要特点包括：①体现刑事诉讼活动的基本规律；②必须由法律明确规定；③贯穿于刑事诉讼全过程或主要阶段，具有普遍指导意义；④具有法律约束力。

根据我国《宪法》《刑事诉讼法》的规定，刑事诉讼基本原则主要包括：侦查权、检察权、审判权由专门机关依法行使原则；严格遵守法定程序原则；人民法院、人民检察院依法独立行使职权原则；依靠群众原则；以事实为根据，以法律为准绳原则；一切公民在适用法律上一律平等原则；分工负责，相互配合，相互制约原则；人民检察院依法对刑事诉讼实行法律监督原则；审判公开原则；公民有权使用本民族语言文字进行诉讼原则；犯罪嫌疑人、被告人有权获得辩护原则；未经人民法院依法判决对任何人都不得确定有罪原则；保障当事人和其他诉讼参与人辩护权和其他诉讼权利原则；认罪认罚从宽原则；依法不追诉原则；追究外国人刑事责任适用我国法律原则。

对比国际通行的刑事诉讼原则和我国刑事诉讼的基本原则，发现我国刑事诉讼基本原则的内容涵盖了国际通行原则的基本内容。我国刑事诉讼贯彻了惩罚犯罪和保障人权的双重目标。本节将重点介绍以下五项基本原则。

（一）侦查权、检察权、审判权由专门机关依法行使原则

《刑事诉讼法》第三条规定："对刑事案件的侦查、拘留、执行逮捕、预审，由公安机关负责。检察、批准逮捕、检察机关直接受理的案件的侦查、提起公诉，由人民检察院负责。审判由人民法院负责。除法律特别规定的以外，其他任何机关、团体和个人都无权行使这些权力。人民法院、人民检察院和公安机关进行刑事诉讼，必须严格遵守本法和其他法律的有关规定。"该条规定了侦查权、检察权、审判权由专门机关依法行使的原则。可以从以下三个方面理解该原则：①办理刑事案件的职权具有专属性和排他性，只有公安机关、人民检察院、人民法院三机关有权行使侦查权、检察权和审判权，其他机关、团体和个人都无权行使这些权力。依据法律的例外规定，特定机关可以针对特定范围、特定性质的刑事案件行使侦查权。例如，《刑事诉讼法》第四条规定："国家安全机关依照法律规定，办理危害国家安全的刑事案件，行使与公安机关相同的职权。"第三百零八条规定："军队保卫部门对军队内部发生的刑事案件行使侦查权。中国海警局履行海上维权执法职责，对海上发生的刑事案件行使侦查权。对罪犯在监狱内犯罪的案件由监狱进行侦查。军队保卫部门、中国海警局、监狱办理刑事案件，适用本法的有关规定。"②公安机关、人民检察院、人民法院依照法律行使职权，必须遵守

[①] 参见陈光中：《刑事诉讼法》（第七版），北京大学出版社、高等教育出版社2021年版，第98页。

《刑事诉讼法》规定的各项制度和程序，不得违反《刑事诉讼法》的规定。③公安机关、人民检察院、人民法院三机关只能分别行使各自的职权，不能混淆或相互取代。该原则不仅有利于提高刑事诉讼的效率，更好地打击犯罪，而且有利于防止司法机关滥用职权造成冤假错案，是打击犯罪与保障人权的要求。

（二）人民法院、人民检察院依法独立行使职权原则

《刑事诉讼法》第五条规定："人民法院依照法律规定独立行使审判权，人民检察院依照法律规定独立行使检察权，不受行政机关、社会团体和个人的干涉。""审判独立"在西方又称"司法独立"（judicial independence）。司法独立原则作为现代法治的一项基本原则，源于资产阶级启蒙思想中的三权分立学说。作为一项宪政原则，司法独立原则与国家的政治体制和结构有着密切联系，调整着国家司法机关与立法机关、行政机关的关系；作为一项司法审判原则，它确保法院审判权的公正行使，防止法官的审判过程和结果受到来自其他政府权力或外界力量的干涉和影响。在党的二十大报告中，党中央提出："规范司法权力运行，健全公安机关、检察机关、审判机关、司法行政机关各司其职、相互配合、相互制约的体制机制。"[①]法院独立行使职权是落实公正司法的关键所在，能够使法院真正成为抵制专制权力、维护公民人权的最重要的，也是最后一道屏障。

我国人民法院和人民检察院独立行使审判权和检察权与西方国家的司法独立并不相同，差异表现在以下三个方面：①我国人民法院、人民检察院依法独立行使职权，必须坚持党的领导。②人民法院、人民检察院由立法机关产生、对立法机关负责。③我国实行的是人民法院、人民检察院的整体独立。

正确贯彻和实现人民法院、人民检察院独立行使审判权、检察权原则必须处理好以下三种关系：①处理好人民法院、人民检察院依法独立行使职权与中国共产党领导的关系。中国共产党的领导是中国特色社会主义最本质的特征，是社会主义法治最根本的保证。把党的领导贯彻到依法治国的全过程和各方面，是我国社会主义法治建设的一条基本经验。党对司法工作的领导，主要是方针、政策的领导。党的方针、政策是国家制定法律的依据，依法独立审判同正确执行党的方针、政策是一致的，各级法院必须在工作中积极贯彻党的路线、方针和政策，接受党的领导和监督。②处理好人民法院、人民检察院与国家权力机关——人民代表大会监督的关系。人民法院、人民检察院是由各级国家权力机关产生的，向同级权力机关负责并报告工作，接受国家权力机关的监督。权力机关监督人民法院、人民检察院的工作，一般是通过听取工作报告的方式，但也不排除在发现人民法院办案错误时提出意见和建议，人民代表可以对人民法院提出质询案。③处理好人民法院、人民检察院依法独立行使职权与社会和人民群众监督的关系。人民法院在依法独立审判、人民检察院在行使检察权时，还必须自觉接受社会和人民群众的监督，但是不允许社会和群众干预法院审判活动。

[①] 习近平：高举中国特色社会主义伟大旗帜 为全面建设社会主义现代化国家而团结奋斗——在中国共产党第二十次全国代表大会上的报告，参见中华人民共和国人力资源和社会保障部网 http://www.mohrss.gov.cn/SYrlzyhshbzb/dongtaixinwen/shizhengyaowen/202210/t20221026_488979.html，2022年12月31日访问。

(三) 审判公开原则

《刑事诉讼法》第十一条规定："人民法院审判案件，除本法另有规定的以外，一律公开进行。"审判公开是指人民法院必须公开审理案件和宣告判决，既要允许公民到法庭旁听，又要允许记者采访和报道。审判公开原则也有例外情况。根据《刑事诉讼法》第一百八十八条的规定，下列案件不公开审理：①涉及国家秘密的案件，不公开审理。这是为了防止泄露国家秘密，危害国家安全或其他国家利益。②有关个人隐私的案件，不公开审理。这是为了保护当事人的名誉和防止对社会产生不良的影响和后果。③涉及商业秘密的案件，当事人申请不公开审理的，可以不公开审理。这是为了保护其正常商事经营活动。另外，《刑事诉讼法》第二百八十五条对未成年人刑事案件的不公开审理作出规定，"审判的时候被告人不满十八周岁的案件，不公开审理。但是，经未成年被告人及其法定代理人同意，未成年被告人所在学校和未成年人保护组织可以派代表到场"。

2016年11月，《最高人民法院关于深化司法公开、促进司法公正情况的报告》中指出，以建设审判流程公开、庭审活动公开、裁判文书公开、执行信息公开四大平台为载体，司法公开得到了全面深化。[①]为了巩固司法公开工作取得的成果，推动形成全面深化司法公开新格局，2018年11月，最高人民法院发布了《最高人民法院关于进一步深化司法公开的意见》，要求"坚持以习近平新时代中国特色社会主义思想为指导，全面贯彻党的十九大和十九届一中、二中、三中全会精神，紧紧围绕'努力让人民群众在每一个司法案件中感受到公平正义'的工作目标，高举新时代改革开放旗帜，进一步深化司法公开，不断拓展司法公开的广度和深度，健全完善司法公开制度机制体系，优化升级司法公开平台载体，大幅提升司法公开精细化、规范化、信息化水平，推进建设更加开放、动态、透明、便民的阳光司法机制，形成全面深化司法公开新格局，促进实现审判体系和审判能力现代化，大力弘扬社会主义核心价值观，促进增强全民法治意识，讲好中国法治故事，传播中国法治声音"。

在法律政策的指导下，我国各级法院纷纷实施了旨在强化审判公开的改革措施。例如，很多地方法院允许18周岁以上的公民在持有和出示身份证的前提下，到法院旁听庭审过程；未能到现场旁听的公民，也可以通过"中国庭审公开网"旁听庭审过程。

(四) 犯罪嫌疑人、被告人有权获得辩护原则

《刑事诉讼法》第十一条规定："被告人有权获得辩护，人民法院有义务保证被告人获得辩护。"犯罪嫌疑人和被告人是对因涉嫌犯罪而受到刑事追诉的人在不同诉讼阶段的称谓。涉嫌犯罪者在被检察机关向法院提起公诉前，被称为"犯罪嫌疑人"。依据该项原则，犯罪嫌疑人、被告人在整个诉讼过程中都应当享有充分的辩护权。

---

① 尽管中国裁判文书网公布了海量裁判文书，但司法公开的程度在各地并不完全一致。权威、市场化水平和公众信任三个外部因素对代表司法公开程度的上网率高低有影响。其中，权威和市场化水平与司法公开程度存在正向关系，而公众信任对司法公开程度没有影响。唐应茂：《司法公开及其决定因素：基于中国裁判文书网的数据分析》，《清华法学》2018年第4期。

为保障犯罪嫌疑人、被告人辩护权的充分实现，《刑事诉讼法》、《中华人民共和国法律援助法》（以下简称《法律援助法》）、《关于依法保障律师职业权利的规定》及相关司法解释从以下方面完善了辩护制度：①将委托辩护扩展到侦查阶段。《刑事诉讼法》第三十四条规定，犯罪嫌疑人自被侦查机关第一次讯问或者采取强制措施之日起，有权委托辩护人；在侦查期间，只能委托律师作为辩护人。被告人有权随时委托辩护人。②扩大法律援助的范围。根据《法律援助法》第二十五条的规定，犯罪嫌疑人、被告人是未成年人，视力、听力、言语残疾人，不能完全辨认自己行为的成年人，可能被判处无期徒刑、死刑的人，申请法律援助的死刑复核案件被告人，缺席案件的被告人，以及法律法规规定的其他人员，公检法机关应当通知法律援助机构指派律师为其提供辩护。其他适用普通程序审理的刑事案件，被告人没有委托辩护人的，人民法院可以通知法律援助机构指派律师担任辩护人。③会见权得到进一步保障。根据《关于依法保障律师职业权利的规定》，除危害国家安全犯罪、恐怖活动犯罪、特别重大贿赂犯罪案件外，保证辩护律师在 48 小时内见到在押的犯罪嫌疑人、被告人。辩护律师会见犯罪嫌疑人、被告人时不被监听，公检法机关不得派员在场。④阅卷规则的完善。《关于依法保障律师职业权利的规定》第十四条规定，辩护律师自人民检察院对案件审查起诉之日起，可以查阅、摘抄、复制本案的案卷材料，人民检察院检察委员会的讨论记录、人民法院合议庭、审判委员会的讨论记录以及其他依法不能公开的材料除外。律师阅卷时间和范围得到了拓展。⑤辩护律师发挥作用的范围扩大。在案件的审查起诉、未成年人案件的逮捕、速裁程序宣判、申请非法证据排除等活动中，都应当听取辩护人的意见。

（五）认罪认罚从宽原则

《刑事诉讼法》第十五条规定："犯罪嫌疑人、被告人自愿如实供述自己的罪行，承认指控的犯罪事实，愿意接受处罚的，可以依法从宽处理。"2014 年 10 月党的十八届四中全会通过的《中共中央关于全面推进依法治国若干重大问题的决定》明确指出要"完善刑事诉讼中认罪认罚从宽制度"。2016 年 9 月，全国人大常委会授权"两高"在 18 个城市开展认罪认罚从宽制度试点。2018 年《刑事诉讼法》修订，增加了认罪认罚从宽原则。认罪认罚从宽是一项刑事法政策和法律原则，它的确立和推行为中国刑事司法的结构性变迁奠定了重要基础，这种变迁将会是一种持续性、影响各方利益格局的渐变过程，如何在这一重要节点上平衡权力与权利之间、公正和效率之间的关系，是我们必须要认真思考和应对的时代命题。[①]具体而言，该原则包含以下内容。

首先，"认罪"是指犯罪嫌疑人、被告人自愿如实供述自己的罪行，对指控的犯罪事实没有异议。承认指控的犯罪事实是指承认指控的主要犯罪事实，犯罪嫌疑人、被告人对个别事实情节提出异议、对行为性质提出辩解，但表示接受司法机关认定意见的，不会影响"认罪"的认定。此外，若犯罪嫌疑人、被告人犯数罪，则要求承认每个罪的主要犯罪事实，仅如实供述其中一罪或部分罪名的，对于全案不

---

① 陈卫东：《认罪认罚从宽制度的理论问题再探讨》，《环球法律评论》2020 年第 2 期。

应做"认罪"处理。①

其次,"认罚"指犯罪嫌疑人、被告人真诚悔罪,愿意接受处罚。在不同的诉讼阶段,认罚的表现会有所不同:在侦查阶段表现为表示愿意接受处罚;在审查起诉阶段表现为接受人民检察院做出的是否起诉的决定、认可人民检察院提出的量刑决定、签署认罪认罚具结书;在审判阶段表现为当庭确认自愿签署的具结书,愿意接受刑罚处罚。②

最后,"从宽"既包括实体法上的从宽,也包括程序法上的从宽。不同阶段的认罪认罚会影响从宽的幅度,如犯罪嫌疑人、被告人在侦查阶段认罪认罚,侦查机关会记录在案,随案移送,并向人民检察院建议适用速裁程序;在审查起诉阶段,人民检察院应考虑是否符合酌定不起诉、认罪认罚特别不起诉的条件,若决定提起公诉则应提出较为确定的从宽的量刑建议,并向人民法院建议适用速裁程序。

认罪认罚从宽原则在我国刑事诉讼中具有重要意义,一方面,有利于实现司法资源的合理配置,通过量刑从宽吸引被告人尽快尽早认罪认罚,采用快速简易的诉讼程序处理,节约诉讼资源。这种量刑激励机制使得司法资源更多集中在疑难案件,实现资源的合理有效配置。另一方面,有利于满足多方利益需求,对于人民检察院来说,犯罪嫌疑人、被告人认罪认罚既避免了其作出无罪辩解、提出程序争议的可能,也避免了量刑建议被法院拒绝、案件作无罪处理的可能;对犯罪嫌疑人、被告人来说,认罪认罚意味着规避诉讼风险,获得量刑上的利好;对于法院来说,采用简化的审判程序加快案件处理,避免上诉、重判、改判的可能。

第三节 辩护与代理

现代刑事诉讼制度建立在控审分离、控辩平等对抗、审判中立的诉讼结构基础上。为真正落实"控辩平等对抗",需要建立和保障刑事辩护与刑事代理制度,使犯罪嫌疑人、被告人能够充分行使辩护权,实现司法公正。本节介绍刑事辩护、刑事代理及刑事法律援助的基本内容。

一、刑事辩护

刑事辩护是犯罪嫌疑人、被告人及其辩护人在刑事诉讼中,针对侦查、检察机关

---

① 学界关于"认罪"的理解有不同的观点。第一种观点,"认罪"就是"认事",即承认主要的犯罪事实。胡云腾:《认罪认罚从宽制度的理解与适用》,人民法院出版社2018年版,第77-78页。第二种观点,"认罪"既包括"认事",也包括"认罪名",即被告人认罪是指被告人对人民检察院指控的犯罪事实和罪名给予了认可。周新:《认罪认罚从宽制度立法化的重点问题研究》,《中国法学》2018年第6期。第三种观点,"认罪"的解释,应当从实体法、程序法和证据法三个维度进行,犯罪嫌疑人、被告人必须同时满足三种法律意义上的"认罪",才符合适用认罪认罚从宽制度中的"认罪"条件。孙长永:《认罪认罚从宽制度的基本内涵》,《中国法学》2019年第3期。

② 关于认罚的理解也有不同的观点,如陈卫东认为认罚不仅包括犯罪嫌疑人、被告人愿意接受处罚,也包括其接受诉讼程序简化的安排,还包括退赃退赔的行为。犯罪嫌疑人、被告人只有与检察机关达成了有效的认罪协议,并满足以上三项条件才能被认定为"认罚"。陈卫东:《认罪认罚从宽制度研究》,《中国法学》2016年第2期。

的追诉及自诉人的自诉，提出有利于犯罪嫌疑人、被告人的事实和理由，维护犯罪嫌疑人、被告人合法权益的一系列诉讼活动的总和。辩护制度拥有悠久的历史，其萌芽于古罗马共和国时代，近代意义上的辩护制度产生于资产阶级革命之后，二战后从保护人权的理念出发，辩护制度快速发展，各个国家和多个国际性条约都有规定。

我国《宪法》第一百三十条规定"被告人有权获得辩护"，这说明被告人享有辩护权是一项宪法性的基本权利，同时辩护权在犯罪嫌疑人、被告人的各项诉讼权利中居于核心地位。根据《刑事诉讼法》第三十三、三十四、三十五条的规定，我国刑事诉讼中的辩护种类有三种：①自行辩护。自行辩护是指犯罪嫌疑人、被告人自己针对指控进行反驳、申辩和解释。任何公民一旦被追诉，进入刑事诉讼程序，就自动享有了自行辩护权。②委托辩护。委托辩护是指犯罪嫌疑人、被告人依法委托律师或法律规定的其他公民担任辩护人，协助其进行辩护。委托辩护可以分为两种，一是犯罪嫌疑人、被告人直接委托辩护人，可以委托一至二人作为辩护人。可以被委托为辩护人的有：律师；人民团体或者犯罪嫌疑人、被告人所在单位推荐的人；犯罪嫌疑人、被告人的监护人、亲友。根据《刑事诉讼法》第三十四条的规定，犯罪嫌疑人自被侦查机关第一次讯问或者采取强制措施之日起，有权委托辩护人；被告人则有权随时委托辩护人。另外一种是犯罪嫌疑人、被告人的监护人、近亲属可以代为委托辩护人。根据《刑事诉讼法》第三十四条的规定，犯罪嫌疑人、被告人在押的，也可以由其监护人、近亲属代为委托辩护人。③指派辩护。指派辩护是指犯罪嫌疑人、被告人没有委托辩护人，存在法定情形，由法律援助机构指派律师为其提供辩护。《刑事诉讼法》第三十五条以及《法律援助法》对法律援助辩护的情形和程序进行了专门规定。

辩护人依法为犯罪嫌疑人、被告人辩护，维护犯罪嫌疑人、被告人的合法权益。辩护人的责任具体表现为：一是从实体上为犯罪嫌疑人、被告人进行辩护，维护犯罪嫌疑人、被告人的合法权益。围绕犯罪嫌疑人、被告人的行为在实体法上是否构成犯罪、构成什么犯罪、是否应当处罚、如何进行处罚，根据法律和事实提出无罪、罪轻或减轻、免除刑事责任的证据材料，进行论证并发表意见。二是从程序上为犯罪嫌疑人、被告人进行辩护，当犯罪嫌疑人、被告人的诉讼权利、人身财产权益受到侵犯或者剥夺时，依法向有关机关提出意见，要求依法纠正或改变。三是为犯罪嫌疑人、被告人提供其他法律帮助，提供法律咨询、代写诉讼文书、提出诉讼方案或者建议等。

辩护人在刑事诉讼中是完全独立的诉讼参与人，辩护人依法享有独立的诉讼权利、承担独立的诉讼义务，这是辩护人顺利开展辩护活动的重要保证。依据《刑事诉讼法》《中华人民共和国律师法》及相关的司法解释，辩护人主要享有以下几项权利：①职务保障权；②阅卷权；③会见与通信权；④调查取证权；⑤提出意见权；⑥依法提供辩护权；⑦法律规定的其他权利。在诉讼过程中，辩护人需履行的诉讼义务主要包括：①认真履行职务义务；②依法辩护义务；③部分证据展示义务；④保密义务；⑤遵守诉讼纪律义务。

二、刑事代理

刑事诉讼中的代理，是指代理人接受公诉案件的被害人及其法定代理人或者近亲属、自诉案件的自诉人及其法定代理人、附带民事诉讼的当事人及其法定代理人的委托，以被代理人的名义参加诉讼活动，进行诉讼行为，由被代理人承担代理行为法律后果的一项法律制度。从代理关系的产生来看，可以分为委托诉讼代理和法定诉讼代理。委托诉讼代理基于被代理人对代理人的委托授权行为而产生诉讼代理关系，法定诉讼代理则是按照法律规定的条件产生诉讼代理关系。

《刑事诉讼法》第四十六条规定："公诉案件的被害人及其法定代理人或者近亲属，附带民事诉讼的当事人及其法定代理人，自案件移送审查起诉之日起，有权委托诉讼代理人。自诉案件的自诉人及其法定代理人，附带民事诉讼的当事人及其法定代理人，有权随时委托诉讼代理人。人民检察院自收到移送审查起诉的案件材料之日起三日以内，应当告知被害人及其法定代理人或者其近亲属、附带民事诉讼的当事人及其法定代理人有权委托诉讼代理人。人民法院自受理自诉案件之日起三日以内，应当告知自诉人及其法定代理人、附带民事诉讼的当事人及其法定代理人有权委托诉讼代理人。"根据该条规定，刑事诉讼中的代理主要包括三种情况：①公诉案件中被害人的代理。公诉案件的被害人及其法定代理人或者近亲属，自案件移送审查起诉之日起，有权委托诉讼代理人。②自诉案件中自诉人的代理。自诉案件中的自诉人可以随时委托诉讼代理人。③刑事附带民事诉讼中原告人和被告人的代理。附带民事诉讼的当事人及其法定代理人，自案件移送审查起诉之日起，有权委托诉讼代理人。

与刑事辩护相比，刑事代理的诉讼权利受到委托人授权和法律规定的权限范围的限制，代理人只能在授权范围内从事诉讼活动，但是刑事代理既可以涉及刑事诉讼活动，也可以涉及刑事附带民事诉讼活动，涉及的诉讼领域、承担的诉讼职能也更多元化。

三、刑事法律援助

法律援助是国家对因经济困难或因其他因素而难以获得一般意义上的法律救济手段保障自身权利的社会弱者，减免收费，提供法律帮助的一种法律保障制度。刑事诉讼关乎公民的生命、自由等重要权益，刑事法律援助制度是法律援助制度中的重要组成部分。

法律援助的适用前提是犯罪嫌疑人、被告人没有委托辩护人。依据情况不同，刑事法律援助分为以下两类：①申请法律援助。根据《法律援助法》第二十四条的规定，刑事案件的犯罪嫌疑人、被告人因经济困难或者其他原因没有委托辩护人的，本人及其近亲属可以向法律援助机构申请法律援助。②强制法律援助。根据《法律援助法》第二十五条的规定，刑事案件的犯罪嫌疑人、被告人是未成年人，视力、听力、言语残疾人，不能完全辨认自己行为的成年人，可能被判处无期徒刑、死刑的人，申请法律援助的死刑复核案件被告人，缺席审判案件的被告人及法律法规规定的其他人员，没有委托辩护人的，人民法院、人民检察院、公安机关应当通知法律援助机构指派律师担任辩护人。

另外，《刑事诉讼法》规定了值班律师制度。值班律师制度是一种特殊的刑事法律援助制度形式，是指法律规定的关于犯罪嫌疑人、被告人没有委托辩护人，法律援助机构也没有指派律师为其提供辩护的,由派驻在看守所、人民法院等场所的值班律师为犯罪嫌疑人、被告人提供法律帮助的一系列规则的总称。值班律师能够为刑事追诉者提供法律咨询、程序选择建议、申请变更强制执行、对案件处理提出意见等法律帮助,但并不享有法庭辩护权,不能调查收集证据,也不能出席法庭发表意见,因此值班律师是法律帮助者,而不是辩护人。值班律师在提供法律帮助时,同样应当遵守《刑事诉讼法》《最高人民法院 司法部关于开展刑事案件律师辩护全覆盖试点工作的办法》《关于适用认罪认罚从宽制度的指导意见》《法律援助值班律师工作办法》等相关法律法规的规定,严守执业纪律和职业道德。

第四节 证据制度的一般理论

"证据"一词,在日常生活中被广泛使用,通常是指"能够证明某事物的真实性的有关事实和材料"。作为法律术语的"证据",受到证据法及其他相关法律的规范,有其特殊性。我国《刑事诉讼法》第五十条规定:"可以用于证明案件事实的材料,都是证据。证据包括:(一)物证;(二)书证;(三)证人证言;(四)被害人陈述;(五)犯罪嫌疑人、被告人供述和辩解;(六)鉴定意见;(七)勘验、检查、辨认、侦查实验等笔录;(八)视听资料、电子数据。证据必须经过查证属实,才能作为定案的根据。"结合法条规定,刑事证据是指用以确定犯罪嫌疑人、被告人有罪或无罪,罪轻或罪重或免予刑事处分的一切实体事实和相应程序事实的载体。[①]本节介绍刑事证据的属性、证据的种类、证据的理论规则、证据规则及举证责任等基本内容。

一、刑事证据的属性

属性是指事物固有的本性或者特征。关于证据的属性问题,学界存在不同的理论。根据我国传统的证据属性理论,刑事证据具有以下三个紧密联系的基本属性。

首先,证据的客观性。证据的客观性,又称真实性、确实性,是指证据必须是客观存在的事实,不以人的主观意志为转移,任何主观想象、虚构、猜测、假设、臆断、梦境以及来源不清的道听途说等并非客观存在的材料,都不能成为刑事诉讼中的证据。证据的客观性是刑事证据的首要属性和最本质的特征,它是由刑事案件本身的客观性决定的。任何一种犯罪行为都是在一定的时间和空间发生的,只要有行为的发生,就必然留下各种痕迹和印象并形成证据,这是不以人的意志为转移的客观存在。虽然证据要经过公安司法人员、当事人及其辩护人、诉讼代理人的收集,含有收集主体的主观因素,如要讯问犯罪嫌疑人、被告人,询问证人并制作笔录,实物证据要加以固定、保全,现场勘验也要制作笔录等,但公安司法人员、当事人及其辩护人、诉讼代理人的主观因素不能歪曲客观,不能因此而改变证据客观性的本质属性。犯罪嫌疑人供述与辩解、被害人陈述和证人证言等言词证据虽然含有人的主观因素,是客观与主观的统一,但不能因此改变证据客观性的本质属性。《刑事诉讼法》第五十条第三款规定:"证据必须经过

[①] 叶青:《刑事诉讼法学》(第四版),上海人民出版社、北京大学出版社2020年版,第139页。

查证属实，才能作为定案的根据。"证据的客观性要求公安司法人员在证据调查过程中避免任何主观臆测，认真收集和把握能够如实反映案件情况的证据，善于鉴别和排除虚假的材料。

其次，证据的关联性。关联性也称为相关性，是指证据必须与案件事实有客观联系，对证明刑事案件事实具有某种实际意义；反之，与本案无关的事实或材料，都不能成为刑事证据。关联性是证据的一种客观属性，是根源于证据事实同案件事实之间的客观联系。证据与案件事实相关联的形式是多种多样、十分复杂的。其中，最常见的是因果联系，即证据事实是犯罪的原因或结果的事实；其次是与犯罪相关的空间、时间、条件、方法、手段的事实。它们或者反映犯罪的动机，或者反映犯罪的手段，或者反映犯罪过程和实施犯罪的环境、条件，或者反映犯罪后果，或者反映犯罪事实不存在或犯罪并非犯罪嫌疑人、被告人所为等。关联性是证明力的原因。证据对案件事实有无证明力以及证明力的大小，取决于证据本身与案件事实有无联系以及联系的紧密、强弱程度。一般来说，如果证据与案件事实之间的联系紧密，则该证据的证明力较强，在诉讼中所起的作用也较大。

最后，证据的合法性。合法性是指必须依法收集和运用证据。证据的合法性是证据客观性和关联性的重要保证，也是证据具有法律效力的重要条件。证据的合法性主要包括以下内容：①主体合法。只有法律规定的有权主体收集、运用的证据才能作为认定案件事实的根据。②方式合法。证据的提供、收集和审查，必须符合法定的程序要求。无论是公安司法人员收集证据，还是当事人或其他诉讼参与人提供证据，都应当合法，如不能通过刑讯逼供的方式获取犯罪嫌疑人供述。③证据的形式应当合法。作为证明案件事实的证据材料形式上必须符合法律要求。《刑事诉讼法》第五十条规定了包括物证、书证、证人证言等在内的八类证据。除了证据的种类要符合法律的规定外，证据提出的形式也应当符合法律的要求，如物证、书证必须附卷，不能附卷的要通过照相、录像、制作模型等方式附卷；证人证言，被害人陈述，犯罪嫌疑人、被告人供述和辩解，应当以书面形式加以固定，并经核对无误后，由证人、被害人、犯罪嫌疑人、被告人签名盖章；鉴定意见必须采用书面形式，由鉴定人签名盖章；勘验、检查笔录、现场笔录，根据需要分别采用书面笔录、绘图、照相、录像等形式，书面笔录要由勘验人员、现场见证人签名盖章。④程序合法。证据必须经法定程序出示和查证。证人证言必须在法庭上经过公诉人、被害人和被告人、辩护人双方询问、质证；物证必须当庭出示，让当事人辨认；未到庭的证人的证言笔录、鉴定意见、勘验、检查等笔录和其他作为证据的文书，应当当庭宣读，听取公诉人、当事人和辩护人、诉讼代理人的意见。未经法庭查证属实的材料，均不得作为定案的根据。

为了保障证据的合法性，《刑事诉讼法》第五十二条规定："审判人员、检察人员、侦查人员必须依照法定程序，收集能够证实犯罪嫌疑人、被告人有罪或者无罪、犯罪情节轻重的各种证据。严禁刑讯逼供和以威胁、引诱、欺骗以及其他非法方法收集证据，不得强迫任何人证实自己有罪。必须保证一切与案件有关或者了解案情的公民，有客观地充分地提供证据的条件，除特殊情况外，可以吸收他们协助调查。"

综上所述，刑事诉讼证据具有客观性、关联性和合法性三个基本属性，三者是互相联系、缺一不可的。客观性和关联性涉及的是刑事证据的内容，合法性涉及的是刑事证据的形式。刑事证据的客观性、关联性需要通过诉讼程序来审查和检验，而刑事证据的合法性是刑事证据客观性和关联性的法律保证。客观性、关联性和合法性表明了刑事证据内容和形式的统一。

二、证据的种类

证据的种类，也称证据的法定形式，指法律规定的证据的不同表现形式，根据我国《刑事诉讼法》第五十条第二款规定："证据包括：（一）物证；（二）书证；（三）证人证言；（四）被害人陈述；（五）犯罪嫌疑人、被告人供述和辩解；（六）鉴定意见；（七）勘验、检查、辨认、侦查实验等笔录；（八）视听资料、电子数据。"

（1）物证，是指以物质属性、外部特征、存在状况等证明案件事实的物品和痕迹。物证一般具有较强的客观性和稳定性。在司法实践中，一般采用拍摄或者制作模型的方式固定和保全难以移动或容易消失的物品和痕迹，但作为物证发挥作用的不是这些照片和模型本身，而是原物和痕迹。

（2）书证，是指以其记载的思想内容来证明案件事实的书面材料或其他物质材料。书证不限于书写材料，作为载体的可以是纸张、墙壁等，形式可以是文字，也可以是图形、符号。书证与物证的区别主要在于证明方式不同：书证以内容证明案件事实，物证则以物质属性和外观特征证明案件事实。当一个物体同时以内容、思想和物质属性、外部特征发挥证明作用时，它就既是书证又是物证。譬如一封信件，可以通过阅读内容了解案件情况，此时是书证，而如果是通过信件的笔迹来判断案件嫌疑人时则属于物证。

（3）证人证言，是指证人就其所了解的案件情况向公安司法机关所作的陈述。证人证言的特点包括：①犯罪嫌疑人、被告人和被害人以外的人所作的陈述；②亲身感知的事实；③容易受到主观因素和客观条件的影响；④具有不可替代性。证人证言在刑事诉讼中能够直接或者间接证明案件的有关事实或者提供线索，与被告人、被害人的言词相比更具有客观性，证明力较强。

（4）被害人陈述，是指刑事被害人就其受害情况和其他与案件有关的情况向公安司法机关所作的陈述。被害人与案件结果有直接的利害关系，所以被害人一般能够充分陈述案件情况，揭露犯罪事实，但是也可能存在虚假陈述、夸大或者缩小犯罪事实等情况。

（5）犯罪嫌疑人、被告人供述和辩解，又称"口供""自白"，主要包括犯罪嫌疑人、被告人承认自己有罪的供述和说明自己无罪、罪轻的辩解，还包括犯罪嫌疑人、被告人检举揭发其他人犯罪行为的供述。犯罪嫌疑人、被告人是最了解案件情况的人，犯罪嫌疑人、被告人如实供述，有利于呈现案件事实。当然，犯罪嫌疑人、被告人为了逃避刑事责任，也可能存在掩盖真相的虚假陈述。

（6）鉴定意见，是指国家专门机关为了解决案件中某些专门性的问题，指派或聘请具有专门知识和技能的人进行鉴定后所出具的书面意见。鉴定意见只能是书面形式的鉴定书，由鉴定人本人签名并加盖单位公章，具有特定书面形式、专门性、技术性等特征。

（7）勘验、检查、辨认、侦查实验等笔录，包括勘验笔录、检查笔录、辨认笔录和侦查实验笔录。勘验笔录的对象是与犯罪有关的场所、物品和尸体等。检查笔录则是对被害人、犯罪嫌疑人、被告人的人身进行检验和观察后的客观记载。辨认笔录是指在侦查人员的主持下,由被害人、证人、犯罪嫌疑人对犯罪嫌疑人、与案件有关的物品、尸体、场所进行识别认定后所作的客观记载。侦查实验笔录是侦查机关对侦查实验的试验条件、过程和结果的客观记载。不同于其他的证据,这些笔录是案发之后由司法机关的办案人员制作,对于所见情况进行客观记载,大多是解决案件中的一般性问题。

(8)视听资料、电子数据。视听资料是指以录音、录像、计算机磁盘等记载的音像信息来证明案件事实的资料。电子数据是指以电子形式存在的、用以证明案件事实的一切材料和派生物。在科学技术高速发展的今天,视听资料、电子数据作为高科技含量的证据,具有技术优势,发挥越来越重要的作用。视听资料和电子数据虽然存在区别,但是我国《刑事诉讼法》将它们合并为一种证据种类进行立法,其目的在于解决司法实践当中两者难以完全区分的难题。最高人民法院、最高人民检察院、公安部于2016年9月联合下发《关于办理刑事案件收集提取和审查判断电子数据若干问题的规定》,进一步规范电子数据的收集提取和审查判断,提高刑事案件的办案质量。该规定强调,人民检察院、人民法院应当围绕真实性、合法性、关联性审查和判断电子数据。

三、证据的理论分类

证据的理论分类是指按照不同标准在理论上将证据划分为不同的类别。与证据的种类不同,证据的理论分类不具有法律约束力,只是在理论上对证据进行的学术归类,一般来说会划分为以下几类。

(1)按照证据的来源不同,分为原始证据和传来证据。原始证据是指直接来源于案件事实的证据材料,即通常所称的"一手证据"。传来证据是指通过转手、摘抄、复制、转述而来的证据,即通常所称的"二手证据"。

(2)按照证明内容和证明作用的不同,分为有罪证据和无罪证据。顾名思义,能证明犯罪嫌疑人、被告人实施了犯罪行为的为有罪证据,否定犯罪事实存在,或者证明犯罪行为不是犯罪嫌疑人、被告人所谓的证据为无罪证据。

(3)按照证据的表现形式不同,分为言词证据和实物证据。言词证据是以人的言词为表现形式,包括证人证言、被害人陈述、犯罪嫌疑人及被告人的供述和辩解、鉴定意见、辨认笔录。实物证据则是以各种实物、痕迹等为载体和客观存在的自然状况为表现形式,包括物证、书证、视听资料、电子数据等。

(4)按照证据与案件主要事实的证明关系不同,分为直接证据和间接证据。直接证据是能够仅依靠该证据直接单独地反映案件主要事实的证据,间接证据则需要同其他证据相结合才能反映出案件的主要事实。

四、证据规则[①]

刑事证据规则是指在刑事诉讼中,规范证据的收集、审查、评价等诉讼证明活动

---

① 参见陈光中:《刑事诉讼法》(第七版),北京大学出版社、高等教育出版社2021年版,第198-215页。

的准则。证据规则大体分为两类：一是调整证据能力的规则，如传闻证据规则、非法证据排除规则、意见证据规则、最佳证据规则等；二是调整证明力的规则，如关联性规则、补强证据规则等。证据规则对于限制裁判者的裁量权、规范控辩双方庭审举证及质证具有重要意义。

（一）关联性规则

关联性规则，又称相关性规则，是指证据必须与待证事实有关，从而具有能够证明案件待证事实的属性。关联性规则与证据的关联性密切相关，没有关联的证据不具有可采性，关联程度的强弱会影响证据的证明力。我国《刑事诉讼法》未对证据的关联性作出明确规定，但在一些规定中包含了关联性的内容。例如，《刑事诉讼法》第五十条第一款规定："可以用于证明案件事实的材料，都是证据。"该条款体现了证据应当同案件事实有关联。

（二）非法证据排除规则

非法证据排除规则，是指在刑事诉讼中，以非法手段取得的证据，不得被采纳为认定被告人有罪的根据。《刑事诉讼法》第五十六条、五十七条、五十八条及相关司法解释对非法证据排除规则作了规定，如第五十六条规定："采用刑讯逼供等非法方法收集的犯罪嫌疑人、被告人供述和采用暴力、威胁等非法方法收集的证人证言、被害人陈述，应当予以排除。收集物证、书证不符合法定程序，可能严重影响司法公正的，应当予以补正或者作出合理解释；不能补正或者作出合理解释的，对该证据应当予以排除。"此外，2017 年 6 月，最高人民法院、最高人民检察院、公安部、国家安全部、司法部联合印发《关于办理刑事案件严格排除非法证据若干问题的规定》，深化、细化非法证据排除规则，以规范司法行为，促进司法公正。

（三）传闻证据规则

传闻证据规则，又称传闻证据排除规则，是指如果一个证据被定义为传闻证据，并且没有法定的例外情况可以适用，则该证据不得被法庭采纳。例如，证人所陈述的非亲身经历的事实，以及证人未出庭作证时向法庭提交的文件中的主张，原则上不能作为认定犯罪事实的依据。传闻证据规则的基本要义在于排斥陈述者在法庭外的陈述，因此，要求陈述者向法庭以言词方式作出陈述，并接受诉讼双方的口头发问。一般认为，传闻证据规则是英美法系证据法中的规定，大陆法系国家则确立了直接言词原则。

我国没有照搬传闻证据规则，但立法中体现了传闻证据规则的一些因素。《刑事诉讼法》第一百九十二条规定："公诉人、当事人或者辩护人、诉讼代理人对证人证言有异议，且该证人证言对案件定罪量刑有重大影响，人民法院认为证人有必要出庭作证的，证人应当出庭作证。人民警察就其执行职务时目击的犯罪情况作为证人出庭作证，适用前款规定。公诉人、当事人或者辩护人、诉讼代理人对鉴定意见有异议，人民法院认为鉴定人有必要出庭作证的，鉴定人应当出庭作证。经人民法院通知，鉴定人拒不出庭作证的，鉴定意见不得作为定案的根据。"《最高人民法院关于适用〈中华人民共和国刑事诉讼法〉的解释》第九十一条规定:"证人当庭作出的证言,经控辩双方质证、法庭查证属实的,应当作为定案的根据。证人当庭作出的证言与其庭前证言矛盾,证人能够作出合理解释,并有其他证据印证的,应当采信其庭审证言;不能作出合理解释,而其庭前证言有其他证据印证的,可以采信其庭前证言。经人民法院通知,证人没有正当理由拒绝出庭或者出庭后拒绝作证,法庭对其证言的真实性无法确认的,该证人证言不得作为定案的根据。"

(四)最佳证据规则

最佳证据规则,又称原始文书规则,是指书证的提供者应尽量提供原件,如果是非原始材料必须提供充足的理由加以说明。我国《刑事诉讼法》对最佳证据规则没有作出明确规定,但在司法解释中体现了最佳证据规则的一些精神。例如《最高人民法院关于适用〈中华人民共和国刑事诉讼法〉的解释》第八十二条规定:"对物证、书证应当着重审查以下内容:(一)物证、书证是否为原物、原件,是否经过辨认、鉴定;物证的照片、录像、复制品或者书证的副本、复制件是否与原物、原件相符……"第八十四条第二款规定:"对书证的更改或者更改迹象不能作出合理解释,或者书证的副本、复制件不能反映原件及其内容的,不得作为定案的根据。"

(五)意见证据规则

意见证据规则,是指证人在作证过程中,只能就其自身感知的事实提供证言,不得以其感知、观察得出的推断或意见发表意见。我国《刑事诉讼法》并未明确规定意见证据规则,但《最高人民法院关于适用〈中华人民共和国刑事诉讼法〉的解释》第八十八条第二款规定体现了意见证据规则的精神:"证人的猜测性、评论性、推断性的证言,不得作为证据使用,但根据一般生活经验判断符合事实的除外。"

(六)补强证据规则

补强证据规则,是指为了防止错误认定案件事实或发生其他危险性,而在运用某些证明力薄弱的证据认定案情时,必须有其他证据补充、强化其证明力,才能被法官采信为定案根据。补强证据规则的目的在于防止错误认定案件事实或者发生其他危险,其主要适用于言词证据。一般而言,需要补强的证据包括犯罪嫌疑人、被告人的供述和辩解、证人证言和被害人陈述。例如,《刑事诉讼法》第五十五条规定:"对一切案件的判处都要重证据,重调查研究,不轻信口供。只有被告人供述,没有其他证据的,不能认定被告人有罪和处以刑罚;没有被告人供述,证据确实、充分的,可以认定被告人有罪和处以刑罚。"《最高人民法院关于适用〈中华人民共和国刑事诉讼法〉的解释》第九十六条、第一百四十一条、第一百四十三条的规定也体现了补强证据规则。

五、举证责任

举证责任又称证明责任,是指证明主体就其诉讼主张承担的提供证据予以证明的责任,当其没有提供证据或所提供的证据不足以证明其诉讼主张时,要承受其诉讼主张不被裁判者采纳的风险。[①]司法机关或当事人有义务提供证据证明自己的主张,并在无法证明时承担败诉风险的责任。刑事诉讼中的举证责任分为公诉案件的举证责任和自诉案件的举证责任。《刑事诉讼法》第五十一条规定:"公诉案件中被告人有罪的举证责任由人民检察院承担,自诉案件中被告人有罪的举证责任由自诉人承担。"

公诉案件中的证明责任由人民检察院承担。公诉案件的证明责任由公诉机关承担,这主要是由无罪推定原则决定的。如果公诉人不举证,或者举证达不到法律规定的证明要求,法庭就会对被告人做出无罪判决。所谓证明要求,又称证明标准,是指按照法律规定认定案件事实所要求达到的程度或标准。我国刑事诉讼证明标准在立法上表述为"犯罪事实清楚,证据确实充分"。

自诉案件中证明责任由自诉人承担。《刑事诉讼法》第二百一十一条规定:"缺乏罪证的自诉案件,如果自诉人提不出补充证据,应当说服自诉人撤回自诉,或者裁定驳回。"《最高人民法院关于适用〈中华人民共和国刑事诉讼法〉的解释》第三百二十一条规定:"对已经立案,经审查缺乏罪证的自诉案件,自诉人提不出补充证据的,人民法院应当说服其撤回起诉或者裁定驳回起诉。"这意味着自诉案件中的证明责任由自诉人承担,同时自诉人在起诉的时候,还必须提供"确实、充分"的证据证明被告人有罪,否则其诉讼请求会被人民法院驳回。

第五节 刑事诉讼程序

以公诉案件为例,刑事诉讼主要包括立案、侦查、提起公诉、审判和执行等阶段。

一、立案

刑事诉讼中的立案是指公安司法机关对于报案、控告、举报、自首以及自诉人的起诉等材料,按照各自的职能管辖范围进行审查后,认为有犯罪事实发生并需要追究刑事责任时,决定将其作为刑事案件进行侦查或审判的一种诉讼活动。立案的任务主要在于是否启动刑事诉讼程序,通过对案件线索和材料的审查确定犯罪事实的有无,确定是否需要依法追究刑事责任,从而确定是否启动刑事诉讼程序。

立案材料是指公安司法机关发现的有关单位、组织或个人向公安司法机关提交的有关犯罪事实和犯罪嫌疑人情况的材料,公安司法机关进行审查,决定是否立案的事实依据。从我国《刑事诉讼法》的规定和司法实践的情况来看,立案材料的来源主要有以下几种渠道:①公安机关或人民检察院发现的犯罪事实或者获得的犯罪线索;②单位和个人的报案或举报;③被害人的报案或控告;④犯罪人的自首;⑤其他来源。

公安司法机关接收或获取有关犯罪事实和犯罪嫌疑人的材料后,应先对相关材料进行审查,在确认符合立案条件后才予以立案。《刑事诉讼法》一百一十二条规定:"人民法院、人民检察院或者公安机关对于报案、控告、举报和自首的材料,应当按照管辖范围,迅速进行审查,认为有犯罪事实需要追究刑事责任的时候,应当立案;认为

[①] 《刑事诉讼法学》编写组:《刑事诉讼法学》(第四版),高等教育出版社2022年版,第167页。

没有犯罪事实，或者犯罪事实显著轻微，不需要追究刑事责任的时候，不予立案，并且将不立案的原因通知控告人。控告人如果不服，可以申请复议。"根据该条的规定，刑事诉讼立案的条件包括：①有犯罪事实。有犯罪事实是指有《刑法》规定的犯罪事实发生，并且该犯罪事实的发生有一定的证据证明，这是立案的首要条件。②需要追究刑事责任。我国《刑事诉讼法》第十六条规定了不予追究刑事责任的几种情形，需要查明是否存在不需要追究刑事责任的情形。③符合管辖的规定。有犯罪事实和需要追究刑事责任是立案需具备的实体条件，而特定的公安司法机关对某个案件是否具有管辖权则是立案的程序条件。

除了由检察机关提起公诉的案件外，我国《刑事诉讼法》还规定被害人享有自行起诉的权利。《刑事诉讼法》第一百一十四条规定："对于自诉案件，被害人有权向人民法院直接起诉。被害人死亡或者丧失行为能力的，被害人的法定代理人、近亲属有权向人民法院起诉。人民法院应当依法受理。"自诉案件指当事人直接到法院起诉的案件，包括侮辱、诽谤案件（严重危害社会秩序和国家利益的除外）、暴力干涉婚姻自由案件、虐待案件、侵占案件等。

立案是刑事诉讼的必经程序，公安司法机关只有在审查了有关材料，依法认定有犯罪事实发生并需要追究刑事责任而作出立案决定后，其进行的侦查、提起公诉、审判等诉讼行为才具有合法依据，否则便是程序违法。

二、侦查

侦查是指公安机关、人民检察院及其他有侦查职能的机关对于刑事案件，为收集、查明、证实犯罪和缉获犯罪人而依法采取的专门调查工作和有关的强制性措施。

侦查是刑事诉讼的一个重要阶段。根据《刑事诉讼法》第二条关于刑事诉讼任务的规定和第一百一十五、一百一十六条关于侦查的一般规定，侦查的主要任务有以下三个方面：①收集证据、查明犯罪事实、查获犯罪嫌疑人。经过侦查，对有证据证明存在犯罪嫌疑的人，为了防止其阻碍诉讼的正常进行，如防止犯罪嫌疑人串供、毁灭证据、逃跑、自杀等情形，可以采取强度不同的强制措施，常见的如取保候审、拘留、逮捕等。为了弄清事实真相和收集证据，有权采取讯问犯罪嫌疑人和询问证人，进行勘验、检查、搜查，扣押物证、书证，组织鉴定，发布通缉令等侦查措施。②保障无罪的人不受刑事追究，尊重和保障人权，保障犯罪嫌疑人和其他诉讼参与人的诉讼权利。《刑事诉讼法》第二条规定"保障无罪的人不受刑事追究""尊重和保障人权"，第十四条规定"应当保障犯罪嫌疑人、被告人和其他诉讼参与人依法享有的辩护权和其他诉讼权利"。侦查机关经过一系列侦查活动，对于侦查过程中发现不应对犯罪嫌疑人追究刑事责任的，应当作出撤销案件的决定，并制作撤销案件决定书。犯罪嫌疑人已被逮捕的，应当立即释放，并发给释放证明。在侦查中不得采用刑讯逼供及其他非法的方式收集证据，不得强迫任何人证实自己有罪。③教育公民自觉遵守法律、积极同犯罪行为作斗争。

《刑事诉讼法》规定的侦查行为主要包括：讯问犯罪嫌疑人；询问证人；勘验、检查；搜查；查封、扣押物证、书证；鉴定；技术侦查措施；通缉；侦查终结；人民检察院对直接受理的案件的侦查；等等。犯罪嫌疑人自被侦查机关第一次讯问或者采取强制措施之日起，有权委托辩护人；在侦查期间，只能委托律师作为辩护人。

经过一系列侦查活动后，若侦查机关认为案件事实已经基本查清，证据确实充分，犯罪性质和罪名认定正确，依法应当追究犯罪嫌疑人刑事责任的，应写出起诉意见书，连同案卷材料、证据，一并移送同级人民检察院审查决定；同时将案件移送情况告知犯罪嫌疑人及其辩护律师。若认为犯罪情节轻微，依法不需要判处刑罚或者免除处罚的，在移送审查起诉时，可以注明具备不起诉的条件，由人民检察院审查决定起诉或者不起诉。

对于因某种原因没有完成侦查或者案件部分事实不清的，或者部分证据不足的，公安机关或者检察机关依照法定程序还会进行补充侦查。补充侦查是在特殊情况下对于原侦查工作的补救措施，根据我国《刑事诉讼法》的规定，补充侦查发生在审查批捕阶段、审查起诉阶段以及法庭审理阶段，可以采取退回补充侦查和人民检察院自行补充侦查两种方式，不同的阶段采取不同的补充侦查方式。

三、提起公诉

人民检察院接到侦查机关移送的案件以后，案件进入审查起诉阶段。提起公诉是指人民检察院对于侦查终结或者监察机关调查终结移送起诉的案件，经审查认为符合起诉条件的，依法作出起诉决定，代表国家将犯罪嫌疑人提交人民法院审判的一种诉讼活动。

根据我国《刑事诉讼法》和相关司法解释的规定，人民检察院对移送起诉案件审查的基本步骤和方法是：①审查案卷材料，必要时制作阅卷笔录。②讯问犯罪嫌疑人。在审查起诉阶段讯问犯罪嫌疑人的目的在于通过听取犯罪嫌疑人的供述辩解，核实侦查阶段的证据是否可靠，查清犯罪事实，同时更好了解犯罪嫌疑人的动态。③听取辩护人或者值班律师、被害人及其诉讼代理人的意见。《刑事诉讼法》第一百七十三条第一款规定："人民检察院审查案件，应当讯问犯罪嫌疑人，听取辩护人或者值班律师、被害人及其诉讼代理人的意见，并记录在案。辩护人或者值班律师、被害人及其诉讼代理人提出书面意见的，应当附卷。"④补充侦查、调查。补充侦查、调查的目的在于查清事实和证据，以决定是否要将犯罪嫌疑人交付审判。

人民检察院对案件进行审查后，认为犯罪事实已经查清，证据确实、充分，依法应当追究刑事责任的，应当作出起诉决定，按照审判管辖的规定，向人民法院提起公诉，并将案卷材料、证据移送人民法院。若认为犯罪嫌疑人的行为不符合起诉条件或者不需要起诉的，依法作出不起诉的决定。我国《刑事诉讼法》规定的不起诉制度可以分为五种：法定不起诉、酌定不起诉、证据不足不起诉、附条件不起诉及特殊不起诉。①法定不起诉是指《刑事诉讼法》第一百七十七条第一款规定的情形，即"犯罪嫌疑人没有犯罪事实，或者有本法第十六条规定的情形之一的，人民检察院应当作出不起诉决定"。②酌定不起诉是指《刑事诉讼法》第一百七十七条第二款规定的情形，"对于犯罪情节轻微，依照刑法规定不需要判处刑罚或者免除刑罚的，人民检察院可以作出不起诉决定"。③证据不足不起诉是指《刑事诉讼法》第一百七十五条第四款规定的情形，"对于二次补充侦查的案件，人民检察院仍然认为证据不足，不符合起诉条件的，应当作出不起诉的决定"。④附条件不起诉是指《刑事诉讼法》第二百八十二条针对未成年人的规定，对于符合不起诉条件的犯罪行为，人民检察院可以作出不起诉决定的情形。⑤特殊不起诉是指《刑事诉讼法》第一百八十二条第一款规定的特殊情形下，经过特殊程序可以不起诉的情形。

除了人民检察院代表国家提起公诉的案件外，自诉案件由自诉人向法院提出。相对于公诉而言，刑事诉讼中的自诉是指按照法律规定享有自诉权的个人直接向人民法院提起的刑事诉讼。根据《刑事诉讼法》和相关司法解释的规定，我国的自诉案件包括三类：①告诉才处理的案件，包括侮辱、诽谤案，但是严重危害社会秩序和国家利益的除外；暴力干涉婚姻自由案；虐待案，但被害人没有能力告诉或者因受到强制、威吓无法告诉的除外；侵占案。②人民法院没有提起公诉，但被害人有证据证明的轻微刑事案件。③被害人有证据证明对被告人侵犯自己的人身权利、财产权利的行为应当追究刑事责任，且有证据证明曾经提出控告，而公安机关或者人民检察院不予追究被告人刑事责任的案件。自诉人提起自诉必须符合法律规定的案件范围、管辖、主体等条件，提起自诉时应当向人民法院提交刑事自诉状，如果提起附带民事诉讼的还应当提交刑事附带民事自诉状。

四、审判

案件经过立案、侦查、提起公诉或自诉人提起自诉后，即进入审判阶段。审判阶段是控诉、辩护、审判三种职能同时发挥作用的重要阶段，是一个居于中心地位，具有决定意义的诉讼阶段。审判是指人民法院在控、辩双方及其他诉讼参与人参加下，依照法定的权限和程序，对于依法向其提出诉讼请求的刑事案件进行审理和裁判的诉讼活动。

公诉案件第一审程序包括庭前审查、审判前的准备和法庭审判几个主要部分。庭前审查是对案卷材料和全部证据进行形式审查。审判前的准备主要包括确定合议庭组成人员或者独任庭的审判员、送达诉讼文书以及通知开庭地点、时间等程序，也可能召开庭前会议就程序性问题了解情况，听取意见。法院在收到并审查人民检察院移送起诉的案件后，除涉及国家秘密、个人隐私以及被告人审判时未成年人的案件外，一般会公开开庭审理。依据《刑事诉讼法》的规定，法庭审判程序大致分为开庭、法庭调查、法庭辩论、被告人最后陈述、评议和宣判五个步骤。此外，根据案件类型的不同，《刑事诉讼法》第二百一十四、二百二十二条规定了可以适用简易程序及速裁程序审理的情形。

法庭审理后，根据已经查明的事实、证据和有关的法律规定，分别作出以下裁判。①案件事实清楚，证据确实、充分，依据法律认定被告人有罪的，作出有罪判决。②指控的事实清楚，证据确实、充分但指控罪名不当的，应按照法律和审理认定的事实作出有罪判决。③案件事实清楚，证据确实、充分，依据法律认定被告人无罪的，作出无罪判决。④证据不足，不能认定被告人有罪的，作出证据不足、指控的犯罪不能成立的无罪判决。⑤对案件事实不清、证据不足部分，不予认定。⑥被告人因未达刑事责任年龄，不予刑事处罚的，应当判决宣告被告人不负刑事责任。⑦被告人是精神病人，在不能辨认或控制自己行为时造成危害结果不予刑事处罚的，应当判决宣告被告人不负刑事责任；被告人符合强制医疗条件的，根据《最高人民法院关于适用〈中华人民共和国刑事诉讼法〉的解释》第二十六章的规定进行审理并作出判决。⑧已过追诉时效且不是必须追诉或者经特赦令免除刑罚的,应当裁决终止审理。⑨告诉才处理的案件应当裁定终止审理,并告知被害人有权提起自诉。⑩被告人死亡的,应当裁定终止审理;但有证据证明被告人无罪的,经缺席审判确认无罪的,应当判决宣告被告人无罪。

判决宣判又分为当庭宣判和定期宣判。当庭宣判由审判长当庭宣告判决结果。定期宣判是合议庭休庭评议作出决定后,或因案情疑难、复杂、重大,合议庭认为难以作出决定提请院长决定提交审判委员会讨论决定,而另行确定日期宣告判决结果。无论案件是否公开审理,宣告判决一律公开进行。判决宣告后,如被告人和人民检察院不提出上诉或抗诉,则该判决在 10 日后生效并交付执行。被告人如果对判决不服,可以在 10 日内以口头或书状形式提出上诉;不服裁定的,可以在 5 日内提出上诉,从接到判决书、裁定书的第 2 日起算。人民检察院不服判决可以提起抗诉。

第二审法院对不服第一审判决的上诉、抗诉案件进行审理后,应按下列情形分别作出处理。①原判决认定事实正确,证据确实、充分,适用法律正确,量刑适当的,应当裁定驳回上诉或抗诉,维持原判。②原判决认定事实没有错误,但适用法律有错误或者量刑不当的,应当撤销原判决,直接改判。③原判决事实不清或者证据不足的,可查清事实后改判,也可以裁定撤销原判,发回重审。④原审法院审判过程中违反程序的,撤销原判,发回重审。我国实行两审终审制,一个案件经过两级人民法院审理,普通审判程序即告终结。两审终审制也有例外,如最高人民法院审理的第一审案件为一审终审,其判决、裁定一经作出,立即发生法律效力。

同时,在刑事诉讼中坚持上诉不加刑原则,即第二审人民法院审判被告人一方上诉的案件,不得以任何理由加重被告人的刑罚。《刑事诉讼法》第二百三十七条规定:"第二审人民法院审理被告人或者他的法定代理人、辩护人、近亲属上诉的案件,不得加重被告人的刑罚。第二审人民法院发回原审人民法院重新审判的案件,除有新的犯罪事实,人民检察院补充起诉的以外,原审人民法院也不得加重被告人的刑罚。"上诉不加刑原则有利于保障被告人的上诉权,维护上诉制度,促使人民检察院认真履行审判监督、依法抗诉职责。

五、执行

执行是刑事诉讼的最后阶段,也是刑罚权实现的关键程序。执行是指人民法院、人民检察院、公安机关以及其他刑罚执行机关将已经发生法律效力的判决、裁定所确定的内容依法付诸实施以及解决实施中出现的变更执行等问题而进行的诉讼活动。执行主要具有以下几个特点:①合法性。即刑罚执行机关所执行的对象必须是已经发生法律效力的判决和裁定,执行必须按照法律规定进行。②及时性。只有及时有效地执行生效判决,才能使犯罪分子受到应有惩罚,才能使国家及个人的人身、财产权益得到保护,因而刑罚执行机关在人民法院的判决和裁定发生法律效力后,应立即执行,不得拖延。③强制性。已经发生法律效力的判决和裁定具有普遍的约束力,任何机关、团体或个人都应当执行。被判刑人抗拒执行,情节严重的将依法承担刑事责任。④执行主体的广泛性。在我国,有权力和责任行使刑事执行的主体,除人民法院、人民检察院和公安机关外,还包括社区矫正机构、监狱、未成年犯管教所、拘役所、看守所等,执行主体具有广泛性。

执行作为刑事诉讼的最终程序，与侦查、起诉、审判等程序相互联系、密不可分。如果没有执行，生效裁判将会变成一纸空文，国家刑罚权无从实现。合法及时有效执行刑罚对于实现刑事诉讼目的和完成刑事诉讼任务具有重要意义，既能惩罚和教育犯罪分子，也能预防犯罪，有效保护公民的合法权益，保障公民的人身、财产权益。根据我国《刑法》、《刑事诉讼法》和《中华人民共和国人民法院组织法》的规定，人民法院是将生效裁判交付执行的机关，根据已生效裁判确定的内容及刑罚执行方式不同，交由不同执行机关执行。执行机关是指生效裁判所确定的刑罚付诸实施的机关，包括人民法院、监狱、未成年犯管教所、看守所、公安机关、社区矫正机关、罪犯所在单位及其居住地基层组织等。人民检察院是刑事执行的监督机关，我国《刑事诉讼法》以及相关的司法解释规定了人民检察院对执行是否合法的监督责任。

执行主要包括：死刑立即执行判决的执行；死缓、无期徒刑、有期徒刑和拘役判决的执行；有期徒刑缓刑、拘役缓刑的执行；管制、剥夺政治权利的执行；罚金、没收财产的执行；无罪判决和免除处罚判决的执行。在执行机关对生效判决交付执行或执行的过程中出现法定需要改变刑罚种类或执行方法的情形后，依照法定程序予以改变的活动是执行的变更。执行的变更程序包括死刑执行的变更（停止执行死刑和暂停执行死刑）、死缓执行的变更、监外执行、减刑、假释等。

除了以上普通诉讼程序外，我国《刑事诉讼法》还规定了死刑复核程序和审判监督程序。

死刑复核程序是人民法院对判处死刑的案件进行复查核准所遵循的一种特别审判程序。死刑是剥夺犯罪分子生命的刑罚，是《刑法》所规定的诸刑种中最严厉的一种。我国一方面把死刑作为打击犯罪、保护人民的有力武器，另一方面又强调严格控制死刑的适用。因此，除在实体法中规定了死刑不适用于未成年人、怀孕妇女等限制性要求外，还在程序法中对判处死刑的案件规定了一项特别的审查核准程序——死刑复核程序。

死刑复核程序适用于两类案件：①判处死刑立即执行的案件。判处死刑立即执行的案件由最高人民法院核准，核准时应由审判员三人组成合议庭，遵循全面审查原则。复核方式强调控辩双方的参与，最高人民法院复核死刑案件应当进行全面审查，讯问被告人、审查核实案卷材料、听取辩护律师的意见。根据《刑事诉讼法》第二百五十条的规定："最高人民法院复核死刑案件，应当作出核准或者不核准死刑的裁定。对于不核准死刑的，最高人民法院可以发回重新审判或者予以改判。"②判处死刑缓期二年执行的案件。判处死刑缓期二年执行的案件由高级人民法院核准，核准时应由审判员三人组成合议庭，遵循全面审查原则。高级人民法院复核死刑缓期二年执行的案件，应当讯问被告人、审查核实案卷材料、听取辩护律师的意见。复核死刑缓期执行案件，不得加重被告人的刑罚。在缓刑期内故意犯罪、情节恶劣并且查证属实的，经最高人民法院核准仍可以执行死刑。

正确执行死刑复核程序对于保证办案质量，坚持少杀慎杀，防止错杀，切实保障人权、保障社会的长治久安均有重要意义。为了保证死刑案件的复核质量，《刑事诉讼法》第二百五十一条规定："在复核死刑案件过程中，最高人民检察院可以向最高人民法院提出意见。最高人民法院应当将死刑复核结果通报最高人民检察院。"最高人民检察院对死刑复核程序实行法律监督,确保死刑复核程序的客观公正。

审判监督程序,又称再审程序,是指人民法院、人民检察院对已经发生法律效力的判决和裁定,发现在认定事实或适用法律上确有错误,依法提起并对案件进行重新审判的程序。

审判监督程序是使刑罚权得以正确行使的可靠保障。通过审判监督程序,可依法纠正已经发生法律效力的错误判决、裁定,有利于正确实施法律,准确有效地惩罚犯罪分子,充分体现和贯彻实事求是、有错必纠的方针政策;有利于加强最高人民法院对地方各级人民法院,上级人民法院对下级人民法院以及人民检察院对人民法院审判工作的监督,及时发现审判中存在的问题,改进审判工作方法和作风,提高审判人员的素质;有利于保障当事人的合法权益。

有权提起审判监督程序的主体有两类。一类是人民法院:①各级人民法院院长对本院已经发生法律效力的判决和裁定,如果发现在认定事实或者适用法律上确有错误的,必须提交审判委员会讨论是否再审;②最高人民法院对各级人民法院已经发生法律效力的判决和裁定,上级法院对下级法院已经发生法律效力的判决和裁定,如果发现确有错误的,有权提审或者指令下级法院再审。另一类是人民检察院,最高人民检察院对各级人民法院已经发生法律效力的判决和裁定,上级人民检察院对下级法院已经发生法律效力的判决和裁定,如果发现确有错误的,有权向同级人民法院提起抗诉。需要指出的是,除人民检察院抗诉的以外,再审一般不得加重原审被告人的刑罚。再审决定书或者抗诉书只针对部分原审被告人的,不得加重其他同案原审被告人的刑罚。

本 章 小 结

诉讼是国家公权力机关代表解决社会冲突的过程。刑事诉讼是解决犯罪人刑事责任的诉讼活动。《刑事诉讼法》是一部程序法。程序对于实现法治和保障人权具有重要意义。本章以现行《刑事诉讼法》为研究对象,主要介绍刑事诉讼法的基本问题、刑事诉讼的基本原则、辩护与代理、证据制度的一般理论和刑事诉讼程序等内容。刑事诉讼法的基本问题介绍了刑事诉讼的概念和特征、刑事诉讼法的概念和法律渊源、刑事诉讼法的基本理念等内容。刑事诉讼的基本原则阐释了国际上通行的刑事诉讼原则和我国刑事诉讼的基本原则。辩护与代理介绍了刑事辩护、刑事代理、刑事法律援助等问题。证据制度的一般理论介绍了刑事证据的属性、证据的种类、证据的理论分类、证据规则及举证责任等内容。

刑事诉讼法学是法学专业的核心课程之一。刑事诉讼法规定了用什么方法、采取什么程序以及如何揭露犯罪和惩罚罪犯。刑事诉讼法的任务是为了保证刑法的正确实施,惩罚犯罪,保护人民,保障国家安全和社会公共安全,维护社会主义社会秩序。本章主要介绍刑事诉讼法的基础知识,并未介绍刑事诉讼法的整个知识体系,也未对有争议的观点进行全面分析。有兴趣深入学习该部门法的同学,可以进一步阅读本章主要参考文献。

主要参考文献：

陈光中. 2016-06-16. 公正与真相：现代刑事诉讼的核心价值观. 检察日报, 第3版.

陈光中. 2021. 刑事诉讼法. 7版. 北京：北京大学出版社, 北京：高等教育出版社.

陈岚. 2020-11-12. 法国检察官的"准量刑官"角色. 检察日报, 第3版.

胡云腾. 2018. 认罪认罚从宽制度的理解与适用. 北京：人民法院出版社.

拉德布鲁赫. 2013. 法学导论. 米健译. 北京：商务印书馆.

罗杰·科特威尔. 2015. 法律社会学导论. 2版. 彭小龙译. 北京：中国政法大学出版社.

孙长永. 2019. 认罪认罚从宽制度的基本内涵. 中国法学, (3): 204-222.

唐应茂. 2018. 司法公开及其决定因素：基于中国裁判文书网的数据分析. 清华法学, 12(4): 35-47.

《刑事诉讼法学》编写组. 2022. 刑事诉讼法学. 4版. 北京：高等教育出版社.

熊秋红. 2018. 刑事速裁程序立法兼顾现实性与正当性. 检察日报, 第3版.

中华人民共和国外交部. 2008.联合国打击跨国有组织犯罪公约. https://www.fmprc.gov.cn/web/wjb_673085/zzjg_673183/gjs_673893/gjzz_673897/lhg_684120/zywj_684132/200804/t20080408_10410426.shtml[2023-06-26].

周新. 2018. 认罪认罚从宽制度立法化的重点问题研究. 中国法学, (6): 172-193.

第六章 民 法

思维导图：

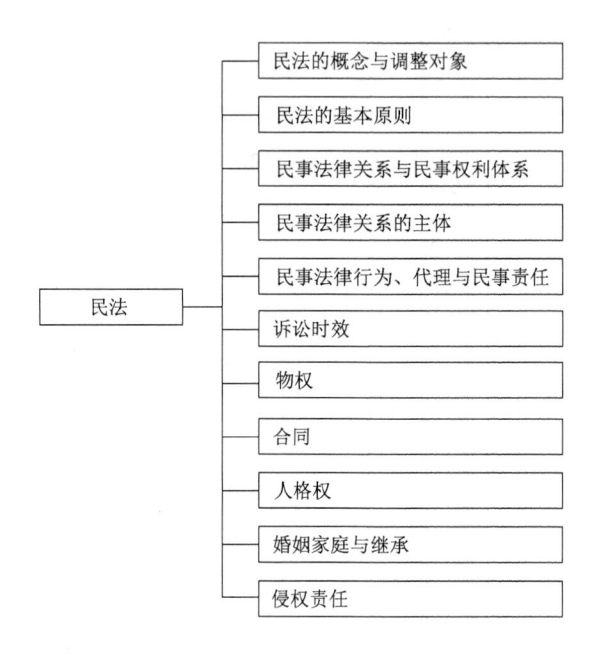

```
         ┌─ 民法的概念与调整对象
         ├─ 民法的基本原则
         ├─ 民事法律关系与民事权利体系
         ├─ 民事法律关系的主体
         ├─ 民事法律行为、代理与民事责任
  民法 ──┼─ 诉讼时效
         ├─ 物权
         ├─ 合同
         ├─ 人格权
         ├─ 婚姻家庭与继承
         └─ 侵权责任
```

主要问题：

1. 如何理解民法的调整对象？
2. 如何理解民法平等原则？
3. 如何理解民法自愿原则？
4. 如何理解民法公平原则的基本要求及其具体表现？
5. 如何理解民法诚信原则？
6. 如何理解民法公序良俗原则？
7. 如何理解人身权利和财产权利的主要内容？
8. 如何理解自然人的民事行为能力及其分类？
9. 如何理解民事责任的构成要件？
10. 如何理解普通诉讼时效和最长诉讼时效？
11. 如何理解要约与要约邀请的区别？
12. 如何理解合同履行的原则？
13. 如何理解侵害名誉权的抗辩事由？
14. 如何理解婚姻家庭的基本原则？
15. 如何理解结婚的条件和准予离婚的法定条件？

16. 如何理解法定继承中的适用范围和遗产分配规则？

重要概念：

民法；民法的基本原则；民事法律关系；民事权利体系；民事法律关系的主体；民事权利能力；民事行为能力；民事法律行为；代理；民事责任；诉讼时效；物权；合同；人格权；个人信息；结婚；法定继承；遗嘱；遗产管理人；侵权责任

重要法律：

《中华人民共和国民法典》

典型案例：

民法是仅次于宪法的重要法律部门。民法与社会生活息息相关，每个人的生老病死、衣食住行都离不开民法；每个企业的设立终止、生产经营都与民法密切相关。

改革开放以来，我国从计划经济体制向社会主义市场经济体制转轨，民法的地位和作用日益重要。1986年4月12日，第六届全国人民代表大会第四次会议通过了我国全面调整民事法律关系的基本法律《中华人民共和国民法通则》，1987年1月1日起施行。此后，我国相继出台了《中华人民共和国合同法》《中华人民共和国物权法》《中华人民共和国侵权责任法》等重要法律，在保障民事主体的民事权利、维护社会公平正义、促进社会主义市场经济体制发展中发挥了重大作用。

党的十八届四中全会提出"编纂民法典"，建立与小康社会相适应的民事法律制度，为实现中华民族伟大复兴的中国梦提供法治保障。2020年5月28日，第十三届全国人民代表大会第三次会议通过了《中华人民共和国民法典》（以下简称《民法典》），包括第一编总则、第二编物权、第三编合同、第四编人格权、第五编婚姻家庭、第六编继承、第七编侵权责任等，于2021年1月1日施行。

本章主要结合《民法典》总则的规定和典型案例，学习我国民法的基本理论和制度，包括：民法的概念与调整对象，民法的基本原则，民事法律关系与民事权利体系，民事法律关系的主体，民事法律行为，代理，民事责任与诉讼时效等内容。同时也对《民法典》的物权、合同、人格权、婚姻家庭、继承、侵权责任等各编的内容作一简要介绍。

第一节　民法的概念与调整对象

一、民法的概念

"民法"一词源于古罗马法中的市民法。现代汉语中的"民法"一词源自日本。我国在清朝末年,进行法律改革,聘请日本学者起草民法典草案,始有现代民法。一般认为,民法是调整平等主体之间的人身关系和财产关系的法律规范的总称。

二、民法的调整对象

《民法典》第二条规定:"民法调整平等主体的自然人、法人和非法人组织之间的人身关系和财产关系。"从该规定可见,民法的调整对象有以下三个特点。

第一,在主体上,民法所调整的社会关系主要发生在自然人、法人和非法人组织之间。

第二,在客体的内容上,民法所调整的社会关系是人身关系和财产关系。

人身关系是指与民事主体的人身密不可分的、不具有直接财产内容的社会关系。这里的"人"是指人格,"身"是指身份,合称为"人身"。民法调整人身关系是分别就人格权和身份权作出规定。人格关系表现为就姓名、生命、健康、婚姻自主、肖像、名誉、荣誉、隐私等权利发生的社会关系,其中包含的权利是每一个人生存和发展的必要条件。身份关系产生的主要领域是社会最基本的细胞——家庭,身份关系是就亲权、配偶权等权利发生的社会关系,其中包含的权利是维系每一个家庭存续发展、完成其功能的必要条件。

财产关系是指以财产为媒介而产生的社会关系。这里的财产必须具备三个条件:一是必须有效用,能满足人的需要;二是必须具有稀缺性,不能无限量地使用;三是必须具有人力可支配性。财产关系主要有财产所有关系、财产流转关系等。在现实生活中,人身关系往往是财产关系产生的前提,财产关系往往是人身关系的自然延伸。

第三,在客体的性质上,民法调整的是平等主体间的人身关系和财产关系。

平等主体是指在自然人、法人和非法人组织之间,当事人互不隶属、处于平等的地位。其核心要素是:当事人可以保持自己独立的意志自由。凡是以平等、自愿为基础的财产关系和人身关系都是民法的调整对象。

第二节　民法的基本原则

一、民法基本原则的含义和功能

（一）民法基本原则的含义

民法的基本原则是贯穿于民法始终的根本准则,是克服法律局限性的重要工具。

(二)民法基本原则的功能

(1)立法准则功能。民法的基本原则,是贯穿于整个民事立法,对各项民法制度和民法规范起统率和指导作用的立法方针。我国民法的基本原则,是中国社会主义经济政治制度、经济管理体制、经济政策在法律上的集中反映,是中国民法所调整的社会关系本质特征的集中反映。其他民事法规不能违反民法的基本原则。

(2)行为准则功能。民法的基本原则,既是一切民事主体应遵循的行为准则,又是执法机关、司法机关在执法、司法中必须遵循的原则。

(3)法律补充功能。在没有现行法规定的某些领域,可依据民法的基本原则来确定法律的适用,补充立法的不足。

民法的基本原则,具有普遍意义,其他民事法律均应反映这些原则。

二、我国民法的基本原则

《民法典》从第四条至第十一条规定了民法的基本原则,具体包括:平等原则、自愿原则、公平原则、诚信原则、公序良俗原则、绿色生态原则等。

(一)平等原则

平等原则,是指在民事活动中一切当事人法律地位平等,任何一方不得将自己的意志强加给对方。同时法律对当事人提供平等的法律保护。《民法典》第四条规定:"民事主体在民事活动中的法律地位一律平等。"

平等是民法区别于其他部门法的重要标志,是"法律面前人人平等"的宪法原则在民法中的具体体现,是民法的首要原则和核心原则。平等原则的基本内容主要包括以下三点。

(1)民事主体地位平等。民事活动中各方当事人的法律地位一律平等,无高低贵贱之分。民事主体中自然人不因事实上存在的如性别、种族、宗教信仰、民族、财产多寡等不同而不同,法人不因权利能力范围的不同而不同,都有资格参与到各种民事法律关系中,享有从事某种民事活动的权利。民事主体任何一方都不享有特权,不得将自己的意志强加给别人。即使是享有公权力的国家机关,在参加民事活动时,也和其他自然人、法人、非法人组织一样,不享有任何特权。例如:政府机关在签订建筑合同、办公用品买卖合同等活动中,双方地位完全平等。

(2)民事主体平等地享有权利、承担义务。在民事法律关系中,当事人的权利义务无论是法律规定的还是当事人约定的,作为民事主体的当事人都平等地享有权利,平等地履行义务。

(3)民事主体的合法权益平等地受法律保护。当民事权益受到侵害时,权利人有权请求相对人采取补救措施或承担民事责任,必要时可申请国家机关给予保护,相关国家机关应对任何民事主体的合法权益依法给予保护。这充分体现了私法神圣的精神。

(二)自愿原则

自愿原则,是指民事主体从事民事活动时意志独立、意愿自由和行为自主。自愿原则是民法私法性的集中体现。《民法典》第五条规定：民事主体从事民事活动，应当遵循自愿原则，按照自己的意思设立、变更、终止民事法律关系。自愿原则与平等原则紧密相关，平等是自愿的基础和前提，自愿是平等的表现和延伸。没有平等就没有自由，同样，没有自由也就没有平等。

自愿是民事主体意志自由的体现。传统民法通行的表述为"意思自治"，"意思自治"是现代民法的三大基石之一，是指民事主体从事民事活动时能够充分根据自己的内心意愿，自由地设立、变更、终止民事法律关系，不受其他民事主体和国家权力的非法干预。一方面，由于民事主体地位平等，一方无权干预另一方的行为；另一方面，国家原则上也不得干涉，只有在当事人的行为触犯国家和社会公共利益时，国家强制力才予以干预。

自愿原则的基本含义主要包括以下三点：①民事主体是否进行某项民事活动，完全由个人决定，否则该行为无效或者可撤销。②民事主体与什么人、以何种方式、进行何种活动，也完全由个人决定。③民事主体对自己的民事行为的后果承担风险和责任。既然是否进行、怎样进行某项民事活动完全由个人决定，那么该民事活动产生的后果也应由个人自己承担。法律赋予和保护每个人的自由，同时，法律也要求每个人都要对自己的自由的行为负责。

自愿原则也是有限制的，当事人根据自己的意志从事某项活动，不得违反法律的规定，不得损害国家利益和社会公共利益。

（三）公平原则

公平原则，是指民事法律行为内容的确定，应当遵循公平的原则。《民法典》第六条规定："民事主体从事民事活动，应当遵循公平原则，合理确定各方的权利和义务。"

公平是民法的基本价值和基本精神。在当前依法治国的伟大实践中，弘扬社会主义的正义价值观，反映在民法基本原则上就是公平原则。公平是以利益的均衡作为价值判断标准来调整民事主体之间的权利义务关系。因此，公平原则的基本要求是：在民事权利不可侵犯的前提下，民事主体的权利、义务和责任要相对平衡。具体表现为以下两点。

（1）在民事活动中，享有权利与承担义务不能显失公平。在具体的民事法律制度中，显失公平的民事行为属于可撤销的民事行为就是公平原则的具体体现。

（2）在民事司法活动中，民事责任的承担也要做到公平。民事主体行使权利时，应当履行法律规定的和当事人约定的义务。民事主体不履行义务的，应当承担民事责任。在具体的民事法律制度中，无过错责任原则、公平责任原则等都是公平原则的具体体现。比如：甲从一大楼下面走过，被楼上掉下的一个花盆砸伤，甲向法院提起诉讼，在无证据确认花盆的主人且楼上各住户不能证明自己家无花盆或不能证明自己家花盆具有有效的防护措施等情况下，法院可以根据公平原则判决大楼二楼以上所有住户按份共同赔偿甲的损失。

（四）诚信原则

诚信原则，即诚实信用原则，是指民事主体在进行民事活动，行使民事权利和履行民事义务时，应本着善意、诚实的态度，恪守承诺，不欺不诈，在不损害他人利益和社会利益的前提下追求自己的利益。《民法典》第七条规定："民事主体从事民事活动，应当遵循诚信原则，秉持诚实，恪守承诺。"

自愿原则，"意思自治"强调意志自由。但是，在法治社会中，并不是无限制地强调"意思自治"，否则会导致为所欲为。因此，"意思自治"是有限制的。但是，如果这种限制来自外部，来自公共权力，那么就不是自愿了，因此，这种限制和约束只能来自当事人的内心。来自对当事人"意思自治"时主观方面的引导，是对其心态的引导，要求当事人在"意思自治"时做到"诚实信用"。因此，有学者认为，"诚实信用"应该是"意思自治"的题中应有之义。

诚信原则是民法的"帝王条款"。诚信原则的基本要求主要包括以下三点：①民事主体参加民事活动，行使民事权利、履行民事义务时，应当持有善意，不规避法律。简言之，就是要"与人为善""出于善意"。②民事主体在行使权利时不得损害他人利益，履行义务时也应考虑他人利益。简言之，就是要"换位思考"，多替对方考虑。③民事主体所做的意思表示要真实、不欺不诈、讲究信义、恪守诺言。

诚信原则是一切市场活动参与者所应遵循的基本准则。民事诉讼活动同样应当遵循诚信原则。当事人违反诚信原则，恶意取得并行使权利、扰乱市场正当竞争秩序的行为均属于权利滥用，其相关权利主张不应得到法律的保护和支持。

诚信原则的目的是在当事人之间的利益关系和当事人与社会之间的利益关系中实现平衡。实质在于，当出现立法未预见的新情况新问题时，即法律规定不足时，人民法院可据此行使公平裁量权，直接调整当事人之间的权利与义务关系。当合同、遗嘱等民事法律行为约定不清楚时，也可依此对其进行正确的解释。

（五）公序良俗原则

公序良俗是"公共秩序"和"善良风俗"的全称。公序良俗原则，是指一切民事活动应当遵守"公共秩序"和"善良风俗"。《民法典》第八条规定："民事主体从事民事活动，不得违反法律，不得违背公序良俗。"

在现代市场经济条件下，公序良俗原则有利于维护社会公共利益和一般道德观念，是社会主义核心价值观的体现。公序良俗原则的基本含义主要包括以下三点：①民事主体遵循社会公共秩序，遵循社会成员所普遍认同的道德准则。②违反公序良俗的行为无效。③在法律适用上，遇有损害社会公共利益和社会道德秩序的行为，而又缺乏相应的禁止性法律规定时，人民法院可以违反公序良俗为由判决该行为无效。

《民法典》第十条规定："处理民事纠纷，应当依照法律；法律没有规定的，可以适用习惯，但是不得违背公序良俗。"该条规定是我国立法上的重大突破。已在四川泸州"二奶"遗赠案中得到了具体的体现。

（六）绿色生态原则

《民法典》第九条规定："民事主体从事民事活动，应当有利于节约资源、保护生态环境。"这是一项新的民法原则，是具有重大意义的创举。既传承了天地人和、人与自然和谐相处的传统文化理念，又体现了"绿水青山就是金山银山"的绿色发展理念和新的科学发展思想，有利于缓解我国不断增长的人口、经济社会的发展与自然资源生态的矛盾。绿色生态原则的提出，是《民法典》回应环境问题挑战的一个鲜明标志，也是中国制定面向生态文明新世纪的《民法典》的应有态度。

第三节　民事法律关系与民事权利体系

一、民事法律关系的概念和特点

（一）民事法律关系的概念

民事法律关系是平等主体之间发生的、符合民事法律规范的、以权利义务为内容的社会关系。

（二）民事法律关系的特点

（1）主体的平等性，民事法律关系只能是平等主体之间的法律关系。
（2）民事法律关系的形成和变化是由民事主体协商决定的，在很大程度上具有任意性。
（3）民事法律关系主要是具体的财产关系，如所有权关系，也有很多人身关系。
（4）对破坏民事法律关系的制裁措施，如《民法典》所规定的排除损害、恢复原状等，均具有补偿性。

二、民事法律关系的构成要素

（一）民事法律关系的主体

民事法律关系的主体是指民事法律关系的参加者，即民事权利的享有者和民事义务的承担者。《民法典》规定的民事主体主要包括自然人、法人、非法人组织。

（二）民事法律关系的客体

民事法律关系的客体是指民事权利义务所共同指向的对象。民事法律关系的客体具有多样性。一般认为，民事法律关系的客体包括：物、行为、智力成果、人身利益等。随着现代科技和文明的发展，民事法律关系的客体的多样性将日益扩大。

（三）民事法律关系的内容

民事法律关系的内容主要是民事权利与民事义务。
民事权利是指由法律所承认并加以保护的主体为获取某种正当利益的可能性。
民事义务是指民事主体为他人获得某种利益而实施或不实施某种行为的必要性。
民事主体行使权利时，应当履行法律规定的和当事人约定的义务，体现了权利与义务的一致性。

三、民事权利体系

民事权利是民事立法的重要任务。《民法典》第三条规定:"民事主体的人身权利、财产权利以及其他合法权益受法律保护,任何组织或者个人不得侵犯。"这是民法"权利本位"理念的体现,是宪法"尊重和保障人权"原则在民法中的落实。《民法典》的这一规定意义重大。我国封建社会中,漠视民事权利,权利观念十分薄弱。要依法治国、建设法治中国,有必要树立"民法是保障民事主体合法权益的法"这一理念。

《民法典》作为民事权利的宣言书,集中列举民事权利,是我国民事立法的一大特色。《民法典》总则第五章以专章列举的方式,全面系统地规定了民事主体享有的各项民事权利。这为贯彻落实党中央关于实现公民权利保障法治化和完善产权保护制度的要求,加强对民事权利的保护,为《民法典》各分编和民商事特别法具体规定民事权利的立法奠定了基础、提供了指南。其中,对一般人格权、个人信息、股权和其他投资性权利、数据和虚拟财产等的规定是《民法典》总则的亮点。

(一)人身权利

人身权利是民事主体对自己的人身享有的合法权益,包括人格权和身份权。

(1)自然人的人身权。①自然人的人身自由、人格尊严受法律保护。这是对一般人格权的规定。②自然人享有生命权、身体权、健康权、姓名权、肖像权、名誉权、荣誉权、隐私权、婚姻自主权等权利。③自然人的个人信息受法律保护。任何组织和个人需要获取他人个人信息的,应当依法取得并确保信息安全,不得非法收集、使用、加工、传输他人个人信息,不得非法买卖、提供或者公开他人个人信息。这一规定使得个人信息有了民法保障。例如,2016年山东徐玉玉遭遇电信诈骗猝死案,其源头就在于其个人信息的泄露。黑客杜某非法获取2016年山东省高考考生个人信息64万余条,并向陈某出售考生信息10万余条。陈某利用购买的上述信息实施电信诈骗活动,造成徐玉玉死亡。最终,杜某以非法获取公民个人信息罪受到刑事制裁。今后对于类似案件,我们还可以同时追究其民事责任。④自然人因婚姻、家庭关系等产生的人身权利受法律保护。

(2)法人、非法人组织享有名称权、名誉权、荣誉权等权利。

(二)财产权利

财产权利是民事主体对自己的财产所享有的权益。主要包括以下三种。

(1)物权。物权是权利人依法对特定的物享有直接支配和排他的权利,包括所有权、用益物权和担保物权。物包括不动产和动产,物权的种类和内容由法律规定。为了公共利益的需要,依照法律规定的权限和程序征收、征用不动产或者动产的,应当给予公平、合理的补偿。

(2)债权。债权是因合同、侵权行为、无因管理、不当得利以及法律的其他规定,权利人请求特定义务人为或者不为一定行为的权利。

(3)股权和其他投资性权利。

这些财产权利的规定,对增强人民群众的财富安全感、维护社会公平正义、激发人民群众创造财富的积极性有重大的现实意义。

(三) 其他合法权益

其他合法权益主要是指其他不宜概括在人身权和财产权范围内的合法权益，以及随着社会发展而产生的新权益。主要包括以下几种。

(1) 知识产权。《民法典》第一百二十三条规定："民事主体依法享有知识产权。知识产权是权利人依法就下列客体享有的专有的权利：（一）作品；（二）发明、实用新型、外观设计；（三）商标；（四）地理标志；（五）商业秘密；（六）集成电路布图设计；（七）植物新品种；（八）法律规定的其他客体。"这种概括性规定对于促进科技创新、建设创新型国家、统领各知识产权单行法律意义重大。

(2) 自然人依法享有继承权。自然人合法的私有财产，可以依法继承。

(3) 数据、网络虚拟财产保护规定。

大数据的运用已经高度嵌入人们的生活，网络虚拟财产也随着互联网的发展日渐多样化。网络虚拟财产是指网络中的虚拟货币如 Q 币、宝物、装备以及电子设备之电磁记录等。《民法典》将数据、网络虚拟财产作为法律保护的对象，体现了大数据和互联网时代发展的需要，为互联网产业长远健康发展提供了法律保障。

未来，随着科技和社会的发展，将会产生更多的新权益。

第四节 民事法律关系的主体

民事法律关系的主体，简称民事主体，是民事法律关系的参加者，即民事权利的享有者和民事义务的承担者。《民法典》规定，我国民事主体主要包括自然人、法人和非法人组织。

一、自然人

自然人是指基于自然状态而出生的人。这里的自然是指自然规律、自然状态。

自然人成为民事法律关系的主体，必须具备民事权利能力和民事行为能力。

(一) 自然人的民事权利能力

自然人的民事权利能力是指自然人能以自己的名义取得民事权利、承担民事义务的资格。自然人的民事权利能力一律平等。

《民法典》第十三条规定："自然人从出生时起到死亡时止，具有民事权利能力，依法享有民事权利，承担民事义务。"因此，自然人的民事权利能力始于出生、终于死亡。

1. 出生标准

关于出生，其标准一般有：露出说、断带说、独立呼吸说等。我国采用的是"活着出生"即"独立呼吸说"，胎儿完全脱离母体、独立于母体之外为"出"，脱离母体后能独立自主呼吸为"生"。

对于出生前的胎儿的权利保护，《民法典》第十六条规定："涉及遗产继承、接受赠与等胎儿利益保护的，胎儿视为具有民事权利能力。但是，胎儿娩出时为死体的，其民事权利能力自始不存在。"可见，胎儿原则上无民事权利能力，但享有继承权、受赠与权等权利。

2. 死亡标准

关于死亡，分为生理死亡与宣告死亡。

生理死亡是自然人生命的绝对消灭。生理死亡的标准有心跳停止说、呼吸停止说、脑死亡说等。脑死亡，指脑干或脑干以上中枢神经系统永久性地丧失功能。临床诊断为深昏迷、脑干反射消失，无自主呼吸。目前，世界上有多个国家或地区承认脑死亡。我国采取的是呼吸、心跳、脉搏停止，瞳孔放大的死亡标准。

此外，为了稳定社会秩序，及时结束以失踪人为中心的法律关系，保护利害关系人的合法权利，法律规定了宣告死亡和宣告失踪。宣告死亡是指自然人下落不明达到一定期限，经利害关系人申请，法院宣告其死亡的制度。宣告死亡产生同生理死亡同样的法律后果，即被宣告死亡人的权利能力消灭，婚姻关系终结，财产继承产生。

宣告死亡必须具备 4 个条件：一是被宣告的人必须处于持续下落不明的状态。二是自然人下落不明满 4 年；因意外事件，下落不明满 2 年，且因意外事件下落不明，经有关机关证明该自然人不可能生存的，不受 2 年时间的限制。三是须有利害关系人向法院申请，利害关系人包括失踪人的近亲属和与失踪人有民事权利义务关系的人两大类。四是须经法院依法宣告。

宣告失踪是指自然人下落不明达到一定期限，经利害关系人提出申请，法院宣告其为失踪人的制度。失踪宣告后，以失踪人为中心的法律关系处于暂时中止状态，财产发生代管。宣告失踪必须具备的条件与宣告死亡相比，主要的区别是自然人下落不明的期限是否满 2 年。宣告死亡、宣告失踪是两项独立的法律制度，宣告死亡不以宣告失踪为前提。

（二）自然人的民事行为能力

自然人的民事行为能力是自然人能以自己的行为取得民事权利、承担民事义务的资格。

1. 自然人的民事行为能力的分类

《民法典》根据自然人的认识能力的不同，将自然人的民事行为能力分为三类。

1）无民事行为能力人

包括不满 8 周岁的未成年人和不能辨认自己行为的成年人，由其法定代理人代理实施民事法律行为。不能辨认自己行为的成年人包括精神病人、智能障碍者和失能老人等。

2）限制民事行为能力人

包括 8 周岁以上不满 18 周岁的未成年人和不能完全辨认自己行为的成年人，实施民事法律行为由其法定代理人代理或者经其法定代理人同意、追认，但是可以独立实施纯获利益的民事法律行为或者与其年龄、智力相适应的民事法律行为。比如：10 周岁的小学生甲在一福利彩票抽奖处花 2 元钱抽奖，结果中了 10 万元大奖，主办单位认为这是个小孩子，抽奖无效，不予兑奖。但是根据法律规定，抽奖中奖属于纯获利的行为，所以10周岁的小学生甲的抽奖中奖行为有效，主办单位应该予以兑奖。

3）完全民事行为能力人

包括18周岁以上的成年人和16周岁以上以自己的劳动收入为主要生活来源的未成年人。比如：17周岁的甲父母早逝，独自在外打工谋生，视为完全民事行为能力人。

2. 监护

为保护无民事行为能力人、限制民事行为能力人的合法利益，法律规定了监护制度。《民法典》总则规定，未成年人的监护人是他们的父母；祖父母、外祖父母；兄、姐；其他愿意担任监护人的个人或者组织，但是须经未成年人住所地的居民委员会、村民委员会或者民政部门同意。

无民事行为能力或者限制民事行为能力的成年人，由下列有监护能力的人按顺序担任监护人：配偶；父母、子女；其他近亲属；其他愿意担任监护人的个人或者组织，须经被监护人住所地的居民委员会、村民委员会或者民政部门同意。

监护人的职责是代理被监护人实施民事法律行为，保护被监护人的人身权利、财产权利以及其他合法权益。所以，监护权虽名为"权"，但其实质是监督和保护，强调的是职责而非权利。

近年来，虐童事件时有发生，《民法典》第三十六条规定："监护人有下列情形之一的，人民法院根据有关个人或者组织的申请，撤销其监护人资格，安排必要的临时监护措施，并按照最有利于被监护人的原则依法指定监护人：（一）实施严重损害被监护人身心健康的行为；（二）怠于履行监护职责，或者无法履行监护职责且拒绝将监护职责部分或者全部委托给他人，导致被监护人处于危困状态；（三）实施严重侵害被监护人合法权益的其他行为。"由此可知，虐待孩子的监护人会被撤销监护资格。

《民法典》以家庭监护为基础，以社会监护为补充，以国家监护为兜底，对监护制度作了完善。扩大被监护人的范围，将智力障碍者和因疾病等原因丧失或者部分丧失辨识能力的成年人也纳入监护范围，这是为了更好地应对人口老龄化问题，更好地维护老年人的权益。同时，还完善了撤销监护，增设了临时监护等。这不仅实现了对无民事行为能力人和限制民事行为能力人的全方位的呵护，还体现了对广大人民群众的保护和对特殊群体的关爱，是彰显了人文关怀和人情味的科学立法。

二、法人

《民法典》第五十七条规定："法人是具有民事权利能力和民事行为能力，依法独立享有民事权利和承担民事义务的组织。"

与自然人相比，法人具有以下三个特点：①组织性，法人是一种社会组织；②独立性，法人拥有独立的意志，独立的财产，能独立承担民事责任；③合法性，法人应当依法成立，才能取得法人资格。

法人的民事权利能力和民事行为能力，从法人成立时产生，到法人终止时消灭。

法人分为营利法人、非营利法人、特别法人。以取得利润并分配给股东等出资人为目的成立的法人，为营利法人。包括有限责任公司、股份有限公司和其他企业法人等。为公益目的或者其他非营利目的成立，不向出资人、设立人或者会员分配所取得利润的法人，为非营利法人。包括事业单位、社会团体、基金会、社会服务机构等。机关法人、农村集体经济组织法人、城镇农村的合作经济组织法人、基层群众性自治组织法人，为特别法人。这是从中国实际出发，充分体现了中国特色的法人制度。

三、非法人组织

非法人组织是指不具有法人资格，但是能够依法以自己的名义从事民事活动的组织，包括个人独资企业、合伙企业、不具有法人资格的专业服务机构等。

第五节 民事法律行为、代理与民事责任

一、民事法律行为

（一）民事法律行为的概念和特点

1. 民事法律行为的概念

根据《民法典》第一百三十三条的规定，民事法律行为是民事主体通过意思表示设立、变更、终止民事法律关系的行为。

2. 民事法律行为的特点

（1）民事主体具有平等性。

（2）民事法律行为以民事权利和民事义务的设立、变更和终止为目的。

（3）民事法律行为是一个或数个意思表示的外在表现，即行为。

通俗地说，意思是指行为人内心的想法和愿望，即希望发生某种法律效果的意图；表示是指以一定的方式表现于外部，并足以被外界所客观了解的行为。意思表示就是表意人将其期望发生某种法律效果的内在意图以一定方式表现于外部的过程。例如，订立遗嘱中所作的意思表示就是订立遗嘱的法律行为。

（4）民事法律行为是一种客观存在的法律事实。

（二）民事法律行为的表现形式

《民法典》第一百三十五条规定："民事法律行为可以采用书面形式、口头形式或者其他形式；法律、行政法规规定或者当事人约定采用特定形式的，应当采用特定形式。"

1. 口头形式

口头形式是指以对话方式进行意思表示的行为。

2. 书面形式

书面形式是指以书面文件的方式进行意思表示的行为，包括一般书面形式和特殊书面形式。一般书面形式除包括合同书、书信外，还包括传真、电子邮件以及其他数据电文等形式；特殊书面形式主要包括公证形式、审核批准形式、登记形式等。

3. 默示方式

默示方式是指通过沉默方式进行意思表示的行为。沉默只有在有法律规定、当事人约定或者符合当事人之间的交易习惯时，才可以视为意思表示。《民法典》第一千一百二十四条规定："继承开始后，继承人……没有表示的，视为接受继承。"这一规定即是对默示的承认。

4. 其他形式

我国最高人民法院有关司法解释规定，当事人以录音、录像等视听资料形式实施的民事行为，如有两个以上无利害关系人作为证人或有其他证据证明该民事行为符合法律规定的实质有效要件的，可以认定有效。此外，还有公告方式等。

（三）民事法律行为的成立与效力

1. 民事法律行为的成立

民事法律行为的成立是指某种法律行为符合法律行为的构成要素而被视为一种客观存在的法律事实。民事法律行为成立的构成要素分为一般构成要素和特殊构成要素。

（1）意思表示是法律行为的一般构成要素。一般情形下，意思表示一经作出，行为即告成立。

（2）特殊构成要素，是指成立某一具体法律行为，除一般构成要素外，依法还须具备的其他特殊要素。如合同成立除双方当事人作出意思表示外，还要求双方达成合意，即双方意思表示达成一致，合意就是合同这一法律行为的特殊构成要素。

2. 民事法律行为的效力

首先要弄清楚一个概念，就是民事法律行为的生效，是指已成立的民事法律行为符合法律规定的生效要件而取得法律上认可的效力，能产生行为人预期的法律效果。

1）民事法律行为的生效要件

民事法律行为的生效要件是指民事行为生效必须符合的条件，分为一般生效要件和特殊生效要件。

（1）一般生效要件是指已成立的行为能发生法律效果的普遍性共同条件。《民法典》第一百四十三条规定："具备下列条件的民事法律行为有效：（一）行为人具有相应的民事行为能力；（二）意思表示真实；（三）不违反法律、行政法规的强制性规定，不违背公序良俗。"

（2）特殊生效要件。特殊生效要件主要包括两种情况。一是附条件的民事法律行为，即行为人将未来要发生的具有不确定性的合法妥当的事实作为条件，并以条件的成就与否作为确定行为效力的依据。比如：你今年如果考上大学，我将负担你一年的学费。二是附期限的民事法律行为，即行为人可以把某一期限的到来即未来确定客观到来的合法事实设定为行为效力发生的依据。

此外，还有批准或登记生效、交付生效等。

2）民事法律行为的效力类型

（1）完全符合生效要件的民事法律行为，我们称之为有效的民事法律行为。

（2）不符合生效要件的民事法律行为，我们称之为有瑕疵的民事法律行为。主要有以下三种。

第一，无效的民事法律行为。无效的民事法律行为是指虽然已经成立，但因其在内容上违反了法律、行政法规的强制性规定和公序良俗而应当被宣告无效的法律行为。欠缺的要件主要是一般生效要件中的第三项，涉及社会公共利益。主要包括以下两种情形：一是无民事行为能力人实施的民事法律行为无效。二是违反法律、行政法规的强制性规定和违背公序良俗的民事法律行为无效。

第二，效力未定的民事法律行为。效力未定的民事法律行为是指已经成立但欠缺有效要件，其效力能否发生尚未确定，只有经过权利人追认才能有效的法律行为。欠缺的要件主要是一般生效要件中的第一项，这仅是程序上的欠缺，有补上的余地。主要包括：限制民事行为能力人实施的其他民事法律行为经法定代理人同意或者追认后有效等。

第三，可撤销的民事法律行为。可撤销的民事法律行为是指已经成立，但意思表示不真实，从而可因享有撤销权的当事人行使撤销权使其效力归于消灭的法律行为。欠缺的要件主要是一般生效要件中的第二项意思表示真实，所谓真实，就是指内心的意图和外在的表示是一致的，否则就是不真实，仅涉及当事人之间的利益。主要包括以下五种情形：一是基于重大误解实施的民事法律行为。如基于错误认识，使意思表示的内容出现错误，如误认 A 型汽车为 B 型汽车；或者是不知道，通常指笔误、口误，如将 10 000 写成 1000，从而意思表示不一致。二是一方以欺诈手段，使对方在违背真实意思的情况下实施的民事法律行为。三是第三人实施欺诈行为，使一方在违背真实意思的情况下实施的民事法律行为。四是一方或者第三人以胁迫手段，使对方在违背真实意思的情况下实施的民事法律行为。以上二、三、四种是受到欺诈、胁迫等，因意思表示不自由，致使意思表示不一致。五是一方利用对方处于危困状态、缺乏判断能力等情形，致使民事法律行为成立时显失公平的民事法律行为。

二、代理

在现实生活中，由于能力的、时间的、空间的以及各方面的局限性，一个人不可能事事都亲力亲为，这时，我们该怎样才能实现我们的民事权利呢？民法规定了代理制度。《民法典》第一百六十一条规定：民事主体可以通过代理人实施民事法律行为。

（一）代理的概念和特征

1. 代理的概念

代理，是指代理人在代理权限范围内，以被代理人的名义独立与第三人进行民事法律行为，由此产生的法律效果直接由被代理人承担的法律制度。

《民法典》第一百六十二条规定："代理人在代理权限内，以被代理人名义实施的民事法律行为，对被代理人发生效力。"在代理关系中，以他人名义为他人实施民事法律行为的人称为代理人；由他人代替自己实施民事法律行为的人称为被代理人，也叫本人。与代理人实施民事法律行为的人称为相对人或第三人。

2. 代理的特征

代理的特征包括：①代理应有三方当事人存在，即被代理人、代理人和第三人。②代理人以被代理人的名义实施代理行为；③代理人在代理权限内实施代理行为；④代理人在代理权限内可以独立进行代理行为；⑤代理人代理的是民事法律行为；⑥代理人实施代理行为的法律后果直接由被代理人承担。

（二）代理的种类

《民法典》第一百六十三条规定："代理包括委托代理和法定代理。"

1. 委托代理

委托代理是代理人依据被代理人的委托授权而产生的代理。委托人委托的代理事项须具有合法性。委托代理授权采用书面形式的，授权委托书应当载明代理人的姓名或者名称、代理事项、权限和期间，并由被代理人签名或者盖章。

2. 法定代理

法定代理是直接根据法律的规定而产生的代理。主要是为无行为能力人和限制行为能力人行使其民事权利或履行其民事义务而设立的。如无行为能力人、限制行为能力人的监护人就是其法定代理人。

（三）代理权的行使

代理权是指代理人能够以被代理人的名义独立与第三人进行民事法律行为，由此产生的法律效果直接归被代理人承担的法律资格。

1. 代理权行使的原则

代理的宗旨和目的是达到被代理人所希望的法律后果或者客观上符合被代理人的利益。因此，代理权的行使必须遵守以下三个原则：①须维护被代理人的利益；②须在代理权限范围内行使代理权；③须尽代理人谨慎和勤勉之义务。

2. 代理权的滥用

（1）代理权的滥用是指违背代理权的设定宗旨和代理行为的基本准则，有损被代理人利益的行使代理权的行为。

（2）代理权的滥用主要包括以下四个要件：①代理人有代理权，这是滥用代理权的前提；②代理人已经实施了代理行为；③代理人行为违背代理权的设定宗旨和基本行为准则；④代理人的行为有损被代理人的利益。

（3）常见的滥用代理权行为，主要有以下三种情况：①自己代理。即代理人以被代理人的名义对自己为法律行为，或者自己对被代理人为法律行为而又以被代理人的名义予以受领；《民法典》第一百六十八条规定：代理人不得以被代理人的名义与自己实施民事法律行为，但是被代理人同意或者追认的除外。②双方代理。即代理双方当事人为同一民事行为，即代理人以一方当事人的名义对他方为民事行为，同时又以他方当事人的名义受领其行为后果。③串通代理。串通代理是指代理人与第三人恶意串通，损害被代理人利益的行为。

3. 无权代理

行为人没有代理权而进行代理行为，构成无权代理，包括三种情形：一是自始无代理权的"代理"；二是超越代理权限的"代理"；三是代理权终止后的"代理"。《民法典》第一百七十一条规定："行为人没有代理权、超越代理权或者代理权终止后,仍然实施代理行为,未经被代理人追认的,对被代理人不发生效力。"但是,行为人没有代理权、超越代理权或者代理权终止后,仍然实施代理行为,相对人有理由相信行为人有代理权的,代理行为有效。这就是表见代理。

三、民事责任

为了引导民事主体强化自觉履行法定或者约定义务的意识,预防并制裁违反民事义务的行为,切实保护民事主体的民事权益,民法规定了民事责任制度。

(一)民事责任的概念和特点

1. 民事责任的概念

民事责任,即民事法律责任,是指由民法规定的、民事主体违反法律规定和当事人约定,不履行民事义务依法应承担的法律后果。《民法典》第一百七十六条规定:"民事主体依照法律规定或者按照当事人约定,履行民事义务,承担民事责任。"

2. 民事责任的特点

(1)违反义务性,这是承担民事责任的前提。民事义务具有法律上的约束性,表现为不履行义务会导致法律责任。只有当民事主体违反民事义务导致他人合法权益受到侵害时,才能产生民事责任。

(2)财产性,民事责任以财产责任为主,非财产责任为辅。违反民事义务给他人造成财产或精神上的损害,通常通过财产性赔偿的方式进行调整。但对人身权的侵害,仅通过财产赔偿难以完全消除侵害造成的后果,因此,《民法典》总则还规定了一些辅助性的非财产措施,如赔礼道歉等。

(3)补偿性,指追究民事责任的目的是对受害人进行补偿,而不是惩罚。受害人原则上不能通过追究行为人的责任来获利。

(4)任意性,表现在两方面:一是行为人给受害人造成损失的,受害人是否追究行为人责任,取决于受害人的意愿,法院、仲裁机关不得主动干预;二是受害人可以与行为人就责任的承担进行协商。这是由民法的自愿原则所决定和引申出来的。

(二)民事责任的承担方式

民事责任的承担方式是指行为人承担民事责任的具体方式。对受害人而言,是指其受到的损害得到恢复的方式。

《民法典》第一百七十九条规定:"承担民事责任的方式主要有:(一)停止侵害;(二)排除妨碍;(三)消除危险;(四)返还财产;(五)恢复原状;(六)修理、重作、更换;(七)继续履行;(八)赔偿损失;(九)支付违约金;(十)消除影响、恢复名誉;(十一)赔礼道歉。法律规定惩罚性赔偿的,依照其规定。本条规定的承担民事责任的方式,可以单独适用,也可以合并适用。"这一规定相较于《中华人民共和国民法通则》增加了"继续履行"的方式。其中,"消除影响、恢复名誉,赔礼道歉"涉及人的名誉问题,称为人身责任。其他九种为财产责任。

(三) 民事责任的构成要件

民事责任的构成要件是指行为人承担民事责任所必须具备的条件，主要包括以下四要件。

1. 损害行为

损害行为，即行为人的行为损害了国家利益、公共利益或他人合法权益。

2. 损害后果

只有损害行为造成了损害事实，行为人才承担民事责任；如果行为人虽然实施了损害行为，但没有损害事实，则不承担民事责任。损害事实是指受到的损失和伤害的事实，包括对人身的、财产的、精神的损失和伤害。

3. 因果关系

因果关系，即损害行为与损害后果之间的因果关系。如果损害后果不是因损害行为产生的，行为人不承担民事责任。

4. 行为人主观上应存在过错

过错即承担民事责任的主观故意或者过失。

在大多数场合，一般民事责任的构成，法律如没有特别规定，应同时具备这四个要件，缺一不可。

四、民事责任的归责原则

民事责任的归责原则是指作为认定承担民事责任根据的基本原则。依行为人主观心理的不同，我国民法实行的是以过错责任原则为主，以无过错责任原则为辅的归责原则。

过错责任原则是民事责任的一般归责原则。它是以行为人主观上的过错作为承担民事责任的依据，行为人仅在有过错的情况下，才承担民事责任。

无过错责任原则是指不论行为人主观上有无过错，法律特别规定要由其对受害人受到损害的民事权益承担民事责任的原则。这是基于损害的客观存在而作出的特别规定。比如：未成年人致人损害的，监护人按照无过错责任原则，承担民事责任。

五、承担民事责任的特殊规定

为匡正社会风气，弘扬社会主义核心价值观，《民法典》总则对承担民事责任的特殊情形也作了规定。这成为《民法典》总则的又一亮点，主要包括以下内容。

（1）《民法典》第一百八十一条规定："因正当防卫造成损害的，不承担民事责任。正当防卫超过必要的限度，造成不应有的损害的，正当防卫人应当承担适当的民事责任。"

（2）《民法典》第一百八十三条规定："因保护他人民事权益使自己受到损害的，由侵权人承担民事责任，受益人可以给予适当补偿。没有侵权人、侵权人逃逸或者无力承担民事责任，受害人请求补偿的，受益人应当给予适当补偿。"

（3）《民法典》第一百八十四条规定："因自愿实施紧急救助行为造成受助人损害的，救助人不承担民事责任。"

以上规定，给善良的做好事的人一剂定心丸，是社会主义核心价值观在民法中的体现。

（4）旗帜鲜明地规定了对英雄烈士名誉、荣誉的保护。英雄烈士是一个国家和民族精神的体现，是引领社会风尚的标杆，加强对英烈的姓名、名誉、荣誉、肖像的保护，对于促进全社会尊崇英烈、扬善抑恶、维护社会公共利益、弘扬社会主义核心价值观意义重大。《民法典》第一百八十五条规定："侵害英雄烈士等的姓名、肖像、名誉、荣誉，损害社会公共利益的，应当承担民事责任。"

（5）优先承担民事责任的规定。《民法典》第一百八十七条规定："民事主体因同一行为应当承担民事责任、行政责任和刑事责任的，承担行政责任或者刑事责任不影响承担民事责任；民事主体的财产不足以支付的，优先用于承担民事责任。"

第六节 诉讼时效

为督促权利人及时行使权利、稳定法律关系，也为方便人民法院调查取证、及时处理民事纠纷，民法规定了诉讼时效制度。

一、时效与诉讼时效

（一）时效概述

时效制度是指一定的事实状态，持续一定的时间后即发生一定的法律后果的法律制度。时效分为取得时效和消灭时效两种。因经过一定时间而产生某种权利的时效称为取得时效。例如，《德国民法典》第937条规定：自主占有动产经过10年的人取得其所有权。即取得时效的规定。因经过一定时间而使某种已经取得的权利消失的时效为消灭时效。诉讼时效就是消灭时效。

（二）诉讼时效的概念和特征

1. 诉讼时效的概念

诉讼时效是指权利人在法律规定的时间内不行使权利，即丧失请求人民法院依法保护其民事权利的制度。

2. 诉讼时效的特征

①诉讼时效以权利人不行使权利为前提。②诉讼时效具有强制性，诉讼时效的期间、计算方法以及中止、中断的事由由法律规定，当事人约定无效。当事人对诉讼时效利益的预先放弃无效。③诉讼时效期间届满后，并不排除义务人自愿履行其义务。义务人同意履行的，权利人仍有权接受履行；义务人已自愿履行的，不得请求返还。④诉讼时效期间届满后，权利人丧失的是请求人民法院依法保护其权利的胜诉权。在我国，诉讼时效所消灭的只是程序意义上的部分诉权，即胜诉权。⑤人民法院不得主动适用诉讼时效的规定。

二、诉讼时效期间

诉讼时效期间与诉讼时效的种类密切相关。《民法典》总则主要规定了普通诉讼时效和最长诉讼时效。

（一）普通诉讼时效

普通诉讼时效又称一般诉讼时效，是指由民法统一规定，适用于一般民事权利的诉讼时效，其效力具有普遍的意义。《民法典》第一百八十八条第一款规定："向人民法院请求保护民事权利的诉讼时效期间为三年。"因此，我国普通诉讼时效期间为三年。

（二）最长诉讼时效

最长诉讼时效是指被侵害的民事权利受到法律保护的最长期限。《民法典》第一百八十八条第二款规定："自权利受到损害之日起超过二十年的，人民法院不予保护。"即权利人在 20 年内任何时候发现其权利受到损害，均可请求人民法院保护。这是针对那些不知道或者不应当知道其权利被侵害的受害人所给予的特别保护措施。

三、诉讼时效的起算

诉讼时效的起算是指从何时开始计算诉讼时效期间的问题，即确定诉讼时效期间的开始时间点。诉讼时效开始后，权利人就可以向法院起诉，要求义务人履行义务。诉讼时效的起算可分为一般标准与事实标准。

（一）诉讼时效起算的一般标准

《民法典》第一百八十八条第二款规定："诉讼时效期间自权利人知道或者应当知道权利受到损害以及义务人之日起计算。"适用于普通诉讼时效。

（二）诉讼时效起算的事实标准

诉讼时效起算的事实标准是指从权利被侵害之日开始计算诉讼时效。《民法典》第一百八十九条规定："当事人约定同一债务分期履行的，诉讼时效期间自最后一期履行期限届满之日起计算。"第一百九十条规定："无民事行为能力人或者限制民事行为能力人对其法定代理人的请求权的诉讼时效期间，自该法定代理终止之日起计算。"

针对近年来出现的性侵未成年人的案件，为保护受性侵害的未成年人的合法权益，《民法典》第一百九十一条规定："未成年人遭受性侵害的损害赔偿请求权的诉讼时效期间，自受害人年满十八周岁之日起计算。"

四、诉讼时效的中止、中断和延长

（一）诉讼时效的中止

诉讼时效的中止是指在诉讼时效进行的最后六个月内，因法定事由的出现而使权利人不能行使权利的，则暂时停止计算诉讼时效期间，待阻碍诉讼时效进行的法定事由消除后，继续进行诉讼时效期间的计算。

《民法典》第一百九十四条规定："在诉讼时效期间的最后六个月内，因下列障碍，不能行使请求权的，诉讼时效中止：（一）不可抗力；（二）无民事行为能力人或者限制民事行为能力人没有法定代理人，或者法定代理人死亡、丧失民事行为能力、丧失代理权；（三）继承开始后未确定继承人或者遗产管理人；（四）权利人被义务人或者其他人控制；（五）其他导致权利人不能行使请求权的障碍。自中止时效的原因消除之日起满六个月，诉讼时效期间届满。"

（二）诉讼时效的中断

诉讼时效的中断是指在诉讼时效进行的过程中，因法定事由的出现而使已经经过的时效期间全部归于无效，待法定事由消除后，诉讼时效期间重新开始计算。

《民法典》第一百九十五条规定："有下列情形之一的，诉讼时效中断，从中断、有关程序终结时起，诉讼时效期间重新计算：（一）权利人向义务人提出履行请求；（二）义务人同意履行义务；（三）权利人提起诉讼或者申请仲裁；（四）与提起诉讼或者申请仲裁具有同等效力的其他情形。"

（三）诉讼时效的中止、中断的异同

诉讼时效的中止、中断的相同点是：二者都是在诉讼时效开始后基于一定的事由而产生的，该事由必须由法律明确规定，当事人约定无效。

诉讼时效的中止、中断的不同点有三点：①法定事由的性质不同，引起诉讼时效中止的只能是客观事实，而引起诉讼时效中断的则是主观行为。②发生的时间不同，诉讼时效中止只能发生在诉讼时效期间的最后六个月内，而诉讼时效中断则可以发生在诉讼时效期间的任何时候。③法律后果不同，诉讼时效中止前的时效期间仍然有效，只是暂时停止期间的进行；而诉讼时效的中断则使已经经过的诉讼时效期间统统归于无效，诉讼时效期间重新开始计算。诉讼时效的中止、中断主要适用于普通诉讼时效。

（四）诉讼时效延长

诉讼时效延长是指人民法院对于已经届满的诉讼时效期间给予适当的延长。《民法典》第一百八十八条第二款规定："自权利受到损害之日起超过二十年的，人民法院不予保护，有特殊情况的，人民法院可以根据权利人的申请决定延长。"可见，诉讼时效延长只能适用于20年最长诉讼时效期间。这作为一种弹性条款，只能由人民法院决定。

第七节 物 权

《民法典》物权编是维护我国社会主义基本经济制度的重要法律规定，不仅确认和保护所有制关系，而且规范市场经济关系。物权编下设通则、所有权、用益物权、担保物权、占有五分编。本节将结合《民法典》物权编的规定，重点阐释物权的概念、特点和类型。

一、物权的概念和特点

（一）物权的概念

《民法典》第一百一十四条第二款明确规定："物权是权利人依法对特定的物享

有直接支配和排他的权利，包括所有权、用益物权和担保物权。"

（二）物权的特点

（1）物权是对世权，由特定的权利人享有。物权的权利主体特定，义务主体不特定。除权利人外，任何不特定的人都负有不得侵犯权利人所享有的物权的义务。

（2）物权是支配权，是权利人直接支配物的权利，即权利人可以依自己的意志就标的物直接行使其权利，无须他人的意思或者义务人的行为介入。物权人直接支配标的物是物权的基本内容。任何种类的物权都以权利人对于物的直接支配为特征。但是，支配范围的大小依物权的种类而定。

（3）物权客体具有特定性，如果物没有特定化，权利人对其无法支配，而且在物权发生转移时也无法登记及交付。

物权的客体是物。《民法典》第一百一十五条规定："物包括不动产和动产。法律规定权利作为物权客体的，依照其规定。"首先，物原则上是指有体物，有体物包括不动产、动产，以及虽然不占据一定空间或具备一定形状，但是能够为人力所控制的电、气、光波、磁波等物。权利成为物权的客体，仅限于法律有特别规定的情形，如权利质权。其次，权利人对物的直接支配权性质决定了，如果物权的标的物不特定化，物权人无从对其进行直接的支配，因而物权的客体必须为特定物，即以物单独所具有的特征加以确定的物，它既是某个独一无二的物，也可以是特定化了的种类物。最后，物权的客体一般应是独立物及能够单独个别存在的物，只有是独立物，物权人才可以对之进行直接的支配，也才能用交付、登记等形式公示物上的权利状态。

（4）物权是权利人直接享有物质利益的权利，物权作为财产权，是一种具有物质内容的直接体现为财产利益的权利。这里的利益包括，一是物的属性，二是物的利用，三是就物的价值而设立的债务的担保。物的归属，明确物在法律上的所有人，规定所有人对物进行总括的、全面的支配的范围和方法。物的利用是取得物上的使用利益，以满足权利人生产或者生活的需要。随着现代社会信用制度的发展，标的物的担保利益日益重要。物权的内容因对标的物的利益的不同，存在所有权、用益物权和担保物权的区别。

（5）物权是排他性的权利。物权为权利人直接支配物的权利，必须具有排他性。首先，物权人有权排除他人对其行使物上权利的干涉，可以对抗一切不特定的人，所以物权是一种对世权。其次，同一物上不许有内容不相容的物权并存。例如，一间房屋上不能同时有两个所有权，一块耕地上不能同时设定两个土地承包经营权。物权的排他性，说明了物权不仅是人对物的关系，而且还具有人对于人的关系。

（6）物权是一种绝对权。物权不需要义务人为积极行为协助就能在法定范围内实现权利，义务人负有的是不作为义务，即不得对物权人的支配实施非法干涉。

二、物权的类型

（一）物权法定主义

物权的创设，有两种立法例。一是放任主义，即物权的创设，依当事人的意思，法律上不予限制；二是法定主义，即法律规定物权的种类和内容，不允许当事人依其意思设定与法律规定不同的物权。现代各国民法大多采取法定主义而排斥放任主义。我国民法采取的是法定主义。《民法典》第一百一十六条规定："物权的种类和内容，由法律规定。"

（二）民法学上物权的分类

在理论上往往根据不同的分类标准对物权做出分类。

（1）自物权与他物权。这是根据物的权利主体的不同所做的分类。自物权是权利人对于自己所有的财产所享有的权利，因其与他人之物无关，故称作自物权。所有权是最典型的自物权。他物权是在他人所有的物上设定的物权。他物权是对他人财产享有的权利，其内容是在占有、使用、收益或者处分某一方面对他人之物的支配。

（2）动产物权与不动产物权。这是根据物权的客体是动产还是不动产所做的分类，不动产所有权、地上权、永佃权、典权、不动产抵押权等是不动产物权，而动产所有权、动产质权、留置权则是动产物权。

（3）本权与占有。占有以对物的实际控制、占有为依据。因此，无论占有人在法律上有没有支配物的权利，都可以成立。占有人基于占有制度，在事实上控制物，并在法律上享有排除他人妨害其占有的权利以及其他效力，乃是一种与物权的性质相近的权利，故应为物权的内容。与占有相对的本权是占有事实以外的所有权、地上权、地役权、质权、留置权等。另外，依其内容应为占有的债权，如租赁使用债权、借用债权等，亦为本权。

（三）民法上物权的种类

基于物权法定主义原则，各国民法都对物权作出明确的规定。因社会经济制度和历史文化传统的不同，各国民法上规定的物权种类参差不齐，但大多可以归纳为所有权、用益物权、担保物权和占有四类。《民法典》第一百一十四条第二款明确规定：物权是权利人依法对特定的物享有直接支配和排他的权利，包括所有权、用益物权和担保物权。

1. 所有权

1）所有权的概念和特点

所有权是财产所有人在法律规定的范围内，对属于他的财产享有的占有、使用、收益、处分的权利。

所有权具有以下特点：第一，所有权为一种自物权；第二，所有权是绝对权；第三，所有权具有排他性；第四，所有权是一种最完全的物权。所有权是所有人对于其所有物进行一般的、全面的支配，内容最全面、最充分的物权，它不仅包括对于物的占有、使用、收益，还包括对于物的最终处分权。第五，所有权具有弹力性，所有权人在其所有的财产上为他人设定地役权、抵押权等权利，虽然占有、使用、收益甚至处分权都能与所有人发生全部或者部分的分离，但只要没有发生使所有权消灭的法律事实，如转让、所有物灭失，所有人仍然保持着对于其财产的支配权，所有权并不消灭。当所有物上设定的其他权利消灭,所有权的负担除去的时候,所有权仍然恢复其圆满的状态,即分离出去的权能仍然复归于所有权人,这称为所有权的弹力性。第六,所有权具有恒久性,只要所有权的客体未被消耗、损毁,所有权就不会消灭,具有永久性。

2)所有权的内容

所有权的内容是指财产所有人在法律规定的范围内,对于其所有的财产可以行使的权能,又称为所有权的权能。权能是指权利人在实现权利时所能实施的行为。《民法典》第二百四十条规定:"所有权人对自己的不动产或者动产,依法享有占有、使用、收益和处分的权利。"可见,所有权的权能包括占有、使用、收益和处分。

占有是所有权人对于财产实际上的占领、控制;使用是依照物的性能和用途,不损毁其物或变更其性质而加以利用;收益就是收取所有物的利益,包括孳息和利润;处分是决定财产事实上的和法律上命运的权能。占有、使用、收益和处分四项权能一起构成所有权的内容。但在实际生活中,占有、使用、收益、处分四项权能都能够并且经常与所有权发生分离,而所有人仍不丧失对于财产的所有权。例如,保管人可以占有交付保管的财产,承租人可以占有、使用租赁物,而行纪人可以占有、处分委托出售的财产。所有权是对财产的统一的和总括的支配权,而不是占有、使用、收益和处分权能的简单总和。

此外,当所有权的行使受到非法干涉时,所有权人可以行使物上请求权,请求行为人返还原物、排除妨害和消除危险,以恢复其对物的支配的圆满状态。这种排除他人非法干涉的权能,即为所有权的消极权能。

3)所有权的类型

根据不同的标准,可以将所有权划分为不同的类型。根据《民法典》的规定,主要有以下两种不同的分类。

第一,国家所有权、集体所有权与私人所有权。国家所有权是指中华人民共和国对全民所有的财产享有的所有权。矿产、水流、海域、野生动植物资源等属于国家专有。根据我国法律,由国务院代表国家行使国家财产的所有权。

第二,自然人所有权,法人所有权与非法人组织所有权,单独所有权与共有。

4)所有权的取得

所有权可以以多种方式和途径取得。以所有权的取得与原所有人权利的关系为标准,可以将所有权的取得分为原始取得和继受取得。原始取得是指所有权的第一次产生,即直接依照法律规定,不以原所有人的所有权和意志而取得所有权的一种方式。生产、没收、添附等是所有权的原始取得方式。继受取得也称传来取得,是指从原所有权人手里取得所有权的一种方式。买卖、继承、赠与等均是继受取得的常见方式。

5)所有权的消灭

所有权的消灭,是指因某种法律事实,致使财产所有人丧失其所有权。实践中,所有权消灭的原因主要包括:第一,所有权的转让,出让人的所有权归于消灭;第二,所有权客体的消灭;第三,作为所有权人的自然人死亡,法人破产等导致所有权主体的消灭;第四,抛弃所有权;第五,国家用强制的手段征用、征收,导致原所有权人丧失所有权。

2. 用益物权

1)用益物权的概念和特点

用益物权,是对他人所有的物在一定范围内进行占有、使用、收益、处分的他物权。

用益物权具有以下特点：

第一，用益物权以对标的物的使用、收益为其主要内容，并以对物的占有为前提。用益物权之"用益"就是对物的使用、收益，以取得物的使用价值。

第二，用益物权是他物权、限制物权和有期限物权。用益物权是在他人所有物上设定的物权，是非所有人根据法律的规定或者当事人的约定，对他人所有物享有的使用、收益的权利。因而从其法律性质上讲，用益物权属于他物权；用益物权是一种限制物权，它只是在一定方面支配标的物的权利，没有完全的支配权；用益物权有一定的期限，在其存续期限届满时，用益物权即当然归于消灭。

第三，用益物权的客体主要是不动产。不动产一般是指土地及其定着物（主要是房屋），用益物权的标的物主要是土地，如建设用地使用权、地役权等权利都是以土地为其标的物。

第四，用益物权主要是以民法为依据。由于用益物权的物权属性，因不动产或者动产被征收、征用致使用益物权消灭或者影响用益物权行使的，用益物权人有权依照法律规定获得相应补偿。

2）用益物权的种类

基于土地公有制与城乡二元结构，《民法典》规定了土地承包经营权、建设用地使用权、宅基地使用权、居住权和地役权。

第一，土地承包经营权。土地承包经营权是反映我国经济体制改革中农村承包经营关系的新型物权。土地承包经营权就是承包人（个人或组织）因从事种植业、林业、畜牧业、渔业生产或者其他生产经营项目而承包使用、收益集体所有或者国家所有的土地或者森林、山岭、草原、荒地、滩涂、水面的权利。《民法典》第三百三十一条规定，土地承包经营权人依法对其承包经营的耕地、林地、草地等享有占有、使用和收益的权利，有权从事种植业、林业、畜牧业等农业生产。

土地承包经营权的特点包括：一是土地承包经营权是存在于集体所有或者国家所有的土地或者森林、山岭、草原、荒地、滩涂、水面的权利。二是土地承包经营权是承包使用、收益集体所有或者国家所有的土地或者森林、山岭、草原、荒地、滩涂、水面的权利。三是土地承包经营权是为种植业、林业、畜牧业、渔业生产或者其他生产经营项目而承包使用、收益集体所有或者国家所有的土地等生产资料的权利。四是土地承包经营权是有一定期限的权利。根据《民法典》第三百三十二条的规定，耕地的承包期为三十年。草地的承包期为三十年至五十年。林地的承包期为三十年至七十年。承包期限届满，由土地承包经营权人依照农村土地承包的法律规定继续承包。

第二，建设用地使用权。建设用地使用权是因建筑物或者构筑物及其他附属设施而使用国家所有的土地的权利。建设用地使用权的特点包括：一是建设用地使用权是存在于国家所有的土地上的物权；二是建设用地使用权是以保存建筑物或者构筑物及其他附属设施为目的的权利；三是建设用地使用权是使用他人土地的权利。

第三，宅基地使用权。宅基地使用权指的是农村集体经济组织的成员依法享有的在农村集体所有的土地上建造个人住宅的权利。宅基地使用权的特点包括：一是宅基地使用权的主体只能是农村集体经济组织的成员；二是宅基地使用权的用途仅限于村民建造个人住宅；三是宅基地使用权实行严格的一户一宅制。

第四，居住权。居住权是指出于生活居住的需要，对他人所有之住宅为占有、使用的用益物权。居住权的特点包括：一是居住权的性质是设立在他人住宅之上的用益物权；二是居住权的功能原则上限于满足生活居住需要；三是就对住宅的使用而言，原则上只能自用。

第五，地役权。地役权是以他人土地供自己土地便利而使用以提高自己不动产效益的权利。地役权的特点包括：一是地役权是使用他人土地的权利；二是地役权是为自己土地的便利的权利；三是地役权具有从属性和不可分性。

3. 担保物权

1）担保物权的概念和特点

担保物权是为了担保债的履行在债务人或第三人的特定财产上设定的物权。

担保物权，是指除法律另有规定外，担保物权人在债务人不履行到期债务或者发生当事人约定的实现担保物权的情形时，依法享有的就担保财产优先受偿的权利。

《民法典》物权编第四分编所规定的担保物权，其主要特点包括：一是设立目的具有特殊性。担保物权的设定，以担保主债权的实现为目的。顾名思义，担保物权就是为担保债权而设定的物权。二是具有从属性。是指在一般情况下，担保物权是从属于主债权的从权利，其在效力上必须依附于被担保的主债权。三是客体原则上是特定物或权利。担保物权以债务人或第三人一定的财产或财产权利为客体。四是支配的对象具有特殊性。对其他物权而言，权利人不仅可以直接支配其物，而且可以直接依法享有对物的占有、使用等权能，并可以排除他人的非法干涉，而担保物权人所支配的是交换价值。

2）担保物权的种类

《民法典》物权编主要规定了抵押权、质权、留置权等。

第一，抵押权。抵押权是指债权人对于债务人或者第三人不移转占有而提供担保的财产，在债务人不履行债务时，依法享有的就担保的财产变价并优先受偿的权利。《民法典》第三百九十四条第一款规定："为担保债务的履行，债务人或者第三人不转移财产的占有，将该财产抵押给债权人的，债务人不履行到期债务或者发生当事人约定的实现抵押权的情形，债权人有权就该财产优先受偿。"这就在法律上明确了抵押权的概念、性质和特征。抵押权素有"担保之王"的美誉。包括以下特点：一是抵押权是一种担保物权；二是抵押权是为了担保债权的实现而提供特定的财产担保；三是抵押权是不移转标的物占有的担保物权；四是抵押权是以抵押财产的变价，而优先受偿的权利。抵押权，包括一般抵押权和最高额抵押权。

第二，质权。质权是指为了担保债权的履行，债务人或者第三人将其动产或者权利移交债权人占有，当债务人不履行债务时，债权人有就其占有的财产优先受偿的权利。质权的特点包括：一是质权是为担保债权的履行而设定的，它是从属于主债权的担保物权；二是质权是一种动产物权，对不动产不能设定质权；三是质权需移转质物的占有，质权是以占有标的物为成立条件。质权，包括动产质权和权利质权。

第三，留置权。留置权是债权人在先合法占有债务人的财产，在债务人逾期不履行债务时，有留置该财产以迫使债务人履行债务，并在债务人仍不履行债务时，就该财产优先受偿的权利。

《民法典》所规定的留置权具有以下特征：一是留置权是一种法定担保物权；二

是留置权是债权人留置债务人动产的权利；三是留置权具有从属性、不可分性和物上代位性等担保物权的共同属性。

4. 占有

占有是指对物的控制、占领。占有究竟是一种单纯的事实，还是一种权利，各国的立法不一致，有的认为是权利，还有的认为占有是受法律保护的一种事实状态。《民法典》物权编，在所有权、用益物权及担保物权之后，单独规定了占有制度。由于占有是在事实上对物的控制、占领，因此它不要求占有人有占有物的权利；同时，占有人的占有并不以占有人对于物的亲自支配为必要。

第八节　合　　同

《民法典》合同编调整因合同产生的民事关系，下设通则、典型合同、准合同三分编。合同编是《民法典》中条文数量最多的一编。本节将结合《民法典》合同编的规定，重点阐释合同的概念和特点、合同的订立、合同的效力、合同的履行以及违约责任等问题。

一、合同的概念和特点

（一）合同的概念

《民法典》第四百六十四条第一款规定："合同是民事主体之间设立、变更、终止民事法律关系的协议。"

（二）合同的特点

（1）合同是一种民事法律行为，因此，《民法典》关于民事法律行为的一般规定，如意思表示规则、民事法律行为成立与生效规则、民事法律行为无效与可撤销事由及其后果等，均适用于合同。

（2）合同是一种双方或多方的民事法律行为。首先，合同需有双方或多方当事人。其次，合同的成立需各方当事人相互为意思表示。最后，当事人的意思表示必须达成一致，也就是所谓的合意。

（3）合同是平等主体之间的民事法律行为。平等原则是《民法典》的一项基本原则，《民法典》第四条规定："民事主体在民事活动中的法律地位一律平等。"因此，合同是平等主体之间的民事法律行为。法律地位不平等的主体间的协议，如行政合同不属于《民法典》调整的范围。

（4）合同是明确当事人之间民事权利义务关系的民事法律行为。合同以设立、变更、终止民事法律关系为目的。设立民事法律关系是指合同依法成立后，即在当事人之间原始地发生一定的民事权利义务关系。变更民事法律关系是指当事人通过成立合同使他们之间原有的民事权利义务关系内容发生变化。终止民事法律关系是指当事人通过成立合同使他们之间原有的民事权利义务关系归于消灭。

（5）合同是具有法律约束力的民事法律行为。合同是当事人依法订立的协议，当事人的主体资格、合同标的及内容、订立合同的目的等各方面都必须符合国家法律法规的规定。依法成立的合同受法律保护，对当事人具有法律约束力。

二、合同的订立

（一）合同订立的含义

合同的订立是指两个或两个以上的当事人在平等自愿的基础上，就合同的内容，经过协商达成协议的法律行为和过程。

（二）合同订立的形式

合同订立的形式，是指当事人合意的外在表现形式，即合同内容的载体形式。《民法典》第四百六十九条规定："当事人订立合同，可以采用书面形式、口头形式或者其他形式。"书面形式是合同书、信件、电报、电传、传真等可以有形地表现所载内容的形式。以电子数据交换、电子邮件等方式能够有形地表现所载内容，并可以随时调取查用的数据电文，视为书面形式。

1. 书面形式

书面形式是指以文字表现合同内容的合同形式。具有记载明确、易于举证等优点，因而得到普遍的采用。合同的书面形式主要表现为：①合同书，即载有合同内容，并由当事人签章的书面文件，也可称为协议书等。②信件，即记载当事人缔约过程与合同内容的往来函件。③数据电文，即以电子、光学、磁或者类似手段生成、发送或者储存的信息。具体包括电报、电传、传真、电子数据交换、电子邮件等形式，是信息时代广泛应用的合同订立方式。④其他书面形式，保险合同可采取保险单和保险凭证形式。

2. 口头形式

口头形式是指以直接对话的方式做出意思表示，订立合同，而不以文字记载合同内容的合同形式。包括当面对话、电话、视频对话等。口头形式简便易行，多适用于即时清结、标的额小及基于人身信任关系订立合同的场合。

3. 其他形式

其他形式是指书面形式、口头形式之外的合同表现形式，主要指推定形式。推定形式是指合同当事人以某种表明法律意图的行为间接地表示合同的存在及内容的形式。这种形式的特点在于：当事人不是通过语言文字，而是通过积极行动来进行意思表示订立合同，而其他人只能通过这一行为来推定合同的存在与内容。例如，顾客投币于自动售货机，即可推定买卖合同成立。

（三）合同的内容

合同的内容，在实质意义上是指合同当事人的权利义务，在形式意义上为合同的条款。根据《民法典》的规定，合同的内容分为一般条款和格式条款。

1. 一般条款

根据《民法典》第四百七十条第一款的规定，合同一般包括下列条款。

（1）当事人的姓名或者名称和住所。这使当事人得以特定化，是一切合同的主要条款。

（2）标的。标的是合同当事人权利义务共同指向的对象，是一切合同所必须具备的条款。对标的的约定应该明确、确定、合法。

（3）数量。数量是用数字和计量单位来衡量标的的尺度，是决定当事人权利义务大小的依据，也是合同不可缺少的条款。

（4）质量。质量是标的内在素质和外观形态优劣的标志，是决定产品和劳务价格的重要依据。

（5）价款或者报酬。价款是指取得标的物一方向对方支付的一定数额的货币；报酬是指提供劳务或完成一定工作的一方向对方收取的一定数额的酬金。

（6）履行期限、地点和方式。履行期限是指合同当事人完成合同规定的各自义务的时间界限，是衡量合同是否按时履行的标准，期限应该具体明确。履行地点是指合同当事人完成合同规定的各自义务的地方或场所。合同履行地在确定案件的管辖上具有非常重要的意义。履行方式是指当事人履行合同义务的方式。按履行期次的不同，履行的方式可分为一次履行和分期履行；按合同标的交付方式的不同，履行方式可以分为交易现场直接交付式、送货式、代办托运式、买受方自提式、邮寄式等。

（7）违约责任。

（8）解决争议的方法。当事人可以在合同中约定仲裁条款、选择诉讼法院的条款、涉外合同中的法律适用条款等。

2. 格式条款

根据《民法典》第四百九十六条的规定，格式条款是当事人为了重复使用而预先拟定，并在订立合同时未与对方协商的条款。

采用格式条款订立合同的，提供格式条款的一方应当遵循公平原则确定当事人之间的权利和义务，并采取合理的方式提示对方注意免除或者减轻其责任等与对方有重大利害关系的条款，按照对方的要求，对该条款予以说明。提供格式条款的一方未履行提示或者说明义务，致使对方没有注意或者理解与其有重大利害关系的条款的，对方可以主张该条款不成为合同的内容。

根据《民法典》第四百九十七条的规定，格式条款无效的情形有：①具有《民法典》第一编第六章第三节和本法第五百零六条规定的无效情形；②提供格式条款一方不合理地免除或者减轻其责任、加重对方责任、限制对方主要权利；③提供格式条款一方排除对方主要权利。

根据《民法典》第四百九十八条的规定，对格式条款的理解发生争议的，应当按照通常理解予以解释。对格式条款有两种以上解释的，应当作出不利于提供格式条款一方的解释。格式条款和非格式条款不一致的，应当采用非格式条款。

3. 合同的必要条款

合同的必要条款是指根据合同的性质和法律规定必须具备的条款。如果欠缺该条款，合同便不能成立。合同的必要条款因合同种类的不同而有所不同，如标的物的数量、价款是买卖合同的必要条款，租金条款则是租赁合同的必要条款。

（四）合同订立的步骤

根据《民法典》第四百七十一条的规定，当事人订立合同，一般经过要约、承诺两个步骤。

1. 要约

1）要约的含义与条件

要约是希望与他人订立合同的意思表示。要约也称发盘、报价。发出要约的一方称为要约人，要约所指向的人称为受要约人、相对人。

要约应当符合下列条件：一是内容具体确定，"具体"主要是指要约的内容应包括足以使合同成立的主要条款，"确定"主要是指要约的内容必须清楚、明确、肯定，能让受要约人准确理解其订立合同的目的及各项条款的含义。二是表明经受要约人承诺，要约人即受该意思表示约束。

2）要约与要约邀请

要约邀请是希望他人向自己发出要约的表示。拍卖公告、招标公告、招股说明书、债券募集办法、基金招募说明书、商业广告和宣传、寄送的价目表等为要约邀请。

要约与要约邀请的区别主要表现为以下两个方面。

第一，要约的内容包括足以使合同成立的必要条款，内容具体确定；而要约邀请的内容对于合同来说是不完整、不确定的。

第二，要约是一种有法律约束力的意思表示，要约生效后，要约人要受到要约的约束，一经受要约人承诺，要约人则应承担要约所约定的义务。而要约邀请只是诱使他人主动向自己发出邀请，只是传达一种信息，并不发生要约的法律约束力。

商业广告和宣传的内容符合要约条件的，构成要约。

3）要约生效的时间

以对话方式作出的要约，相对人知道其内容时生效。

以非对话方式作出的要约，到达相对人时生效。以非对话方式作出的采用数据电文形式的要约，相对人指定特定系统接收数据电文的，该数据电文进入该特定系统时生效；未指定特定系统的，相对人知道或者应当知道该数据电文进入其系统时生效。当事人对采用数据电文形式的要约的生效时间另有约定的，按照其约定。

4）要约的撤回

要约的撤回是指要约人在发出要约后，于要约到达受要约人之前取消其要约的行为。要约可以撤回。撤回要约的通知应当在要约到达受要约人前或者与要约同时到达受要约人。

5）要约的撤销

要约的撤销是指在要约发生效力后，要约人取消要约，从而使要约归于消灭的行为。要约可以撤销。撤销要约的意思表示以对话方式作出的，该意思表示的内容应当在受要约人作出承诺之前为受要约人所知道；撤销要约的意思表示以非对话方式作出的，应当在受要约人作出承诺之前到达受要约人。

在要约人以确定承诺期限或者其他形式明示要约不可撤销；或者受要约人有理由认为要约是不可撤销的，并已经为履行合同做了合理准备工作的情况下，要约不可撤销。

6）要约失效

要约的失效是指已经生效的要约因出现法定事由而丧失了法律约束力。要约失效的法定事由主要包括：要约被拒绝；要约被依法撤销；承诺期限届满，受要约人未作出承诺；受要约人对要约的内容作出实质性变更。

2. 承诺

1）承诺的概念和要件

承诺是受要约人同意要约的意思表示，也称为接盘。做出承诺的受要约人称为承诺人。承诺的目的在于接受要约人提出的缔约建议与条件，与之建立合同关系。承诺应当具备以下要件：一是承诺必须由受要约人向要约人做出；二是承诺是受要约人决定与要约人订立合同的意思表示；三是承诺应当在一定期限内到达要约人；四是承诺的内容必须与要约的内容完全一致；五是承诺的方式必须符合要约的要求。

2）承诺的生效时间

首先，以通知的方式作出的承诺，其生效时间是：以对话方式作出的承诺，在相对人知道其内容时生效；以非对话方式作出的承诺，到达相对人时生效。以非对话方式作出的采用数据电文形式的承诺，相对人指定特定系统接收数据电文的，该数据电文进入该特定系统时生效；未指定特定系统的，相对人知道或者应当知道该数据电文进入其系统时生效。当事人对采用数据电文形式的承诺的生效时间另有约定的，按照其约定。

其次，承诺不需要通知的，根据交易习惯或者要约的要求作出承诺的行为时生效。

3）承诺的法律效力

承诺生效时合同成立，但是法律另有规定或者当事人另有约定的除外。

4）承诺的撤回

承诺的撤回是指受要约人在其承诺生效之前做出的阻止其承诺发生法律效力的意思表示。承诺可以撤回。撤回承诺的通知应当在承诺到达要约人前或者与承诺同时到达要约人。

5）承诺的迟延

承诺的迟延是指承诺因为未在承诺期限内发出或其他原因而未能及时到达要约人。《民法典》规定了承诺的通常迟延和承诺的非正常迟延。

一是承诺的通常迟延。《民法典》第四百八十六条规定："受要约人超过承诺期限发出承诺，或者在承诺期限内发出承诺，按照通常情形不能及时到达要约人的，为新要约；但是，要约人及时通知受要约人该承诺有效的除外。"

二是承诺的非正常迟延。《民法典》第四百八十七条规定："受要约人在承诺期限内发出承诺，按照通常情形能够及时到达要约人，但是因其他原因致使承诺到达要约人时超过承诺期限的，除要约人及时通知受要约人因承诺超过期限不接受该承诺外，该承诺有效。"

（五）合同的成立

1. 合同的成立的概念

合同的成立，是指合同当事人经过订立合同的步骤，就合同的内容达成协议而建立了合同关系。

2. 合同的成立的条件

合同的成立一般要符合以下条件：①需有双方或多方当事人；②合同各方当事人的意思表示一致；③当事人一致的意思表示，包含了合同得以成立的主要条款；④在形式上应符合要约人或法律对合同成立形式的特别约定。根据《民法典》的规定，承诺生效时合同成立。这是对合同成立时间的原则规定，即承诺生效的时间就是合同成立的时间。

三、合同的效力

（一）合同的生效

1. 合同生效的含义

合同生效是指已经成立的合同符合法律、行政法规规定的有效要件，按协议的内容，在当事人之间产生了一定的法律约束力。

2. 合同生效与合同成立的区别

合同成立是合同生效的逻辑前提。在大多数情况下，合同的成立与合同的生效在时间上是一致的。两者的区别主要包括以下几个方面。

（1）两者解决的问题不同。合同的成立主要是解决合同是否存在的问题，强调当事人是否就合同的内容达成了协议。合同的生效主要是解决合同的法律效力问题，强调合同对当事人的约束力。

（2）两者体现的意志不同。合同的成立是当事人合意的成果，体现的是当事人的意志。合同的生效反映的是国家对合同关系的肯定评价，体现的是国家意志。合同的成立是一个事实判断，而合同的生效是一种价值判断。

（3）两者的法律后果不同。合同生效后，当事人的义务主要是约定义务，违反这些义务将主要承担违约责任。合同成立后不能生效，当事人将主要承担缔约过失责任；合同被确认无效后，还可能引起行政责任，甚至刑事责任。

3. 合同生效的要件

合同生效的要件是指使已经成立的合同发生法律效力所应当具备的法律条件。根据《民法典》第一百四十三条的规定，合同生效必须符合以下条件：①行为人具有相应的民事行为能力；②意思表示真实；③不违反法律、行政法规的强制性规定，不违背公序良俗。

（二）合同的效力及合同的效力状态

1. 合同的效力的含义

合同的效力又称为合同的法律效力，是指依法成立的合同，在当事人之间产生一定的法律约束力。合同的法律约束力主要体现在两个方面，一是对合同当事人的约束力，二是对第三人的约束力。

2. 合同的效力状态

1）有效合同

有效合同指已成立的合同因具备了合同生效的要件，能依合同的约定产生相应法律约束力的合同。当事人应当按照合同的约定和法律规定全面履行自己的义务，不得擅自变更或解除合同，否则应依法承担相应的违约责任。

2）无效合同

无效合同是指已经成立的合同因不符合法律、行政法规规定的合同有效要件，自始不具有法律约束力的合同。无效合同的特征主要包括：一是具有违法性；二是具有不得履行性；三是自始无效；四是确定无效；五是当然无效。

根据《民法典》的相关规定，合同无效的情形主要包括：无民事行为能力人实施的合同无效；行为人与相对人以虚假的意思表示实施的合同无效；违反法律、行政法规的强制性规定的合同无效，但该强制性规定不导致该合同无效的除外；违背公序良俗的合同无效；行为人与相对人恶意串通，损害他人合法权益的合同无效。

合同部分无效，不影响其他部分效力的，其他部分仍然有效。

3）可撤销合同

可撤销合同是指已经成立的合同，因当事人意思表示不真实，法律允许享有撤销权的当事人在一定期限内予以撤销的合同。

可撤销合同具有以下特征：一是导致合同可撤销的主要原因是当事人意思表示不真实；二是对可撤销合同的撤销，要由撤销权人通过行使撤销权来实现；三是可撤销合同在被撤销以前是有效的，一旦被撤销则自始无效。

根据《民法典》的相关规定，可撤销合同主要包括：基于重大误解实施的合同，行为人有权请求人民法院或者仲裁机构予以撤销；一方以欺诈手段，使对方在违背真实意思的情况下实施的合同，受欺诈方有权请求人民法院或者仲裁机构予以撤销；第三人实施欺诈行为，使一方在违背真实意思的情况下实施的合同，对方知道或者应当知道该欺诈行为的，受欺诈方有权请求人民法院或者仲裁机构予以撤销；一方或者第三人以胁迫手段，使对方在违背真实意思的情况下实施的合同，受胁迫方有权请求人民法院或者仲裁机构予以撤销；一方利用对方处于危困状态、缺乏判断能力等情形，致使合同成立时显失公平的，受损害方有权请求人民法院或者仲裁机构予以撤销。

撤销权必须在法定的期间内行使，否则撤销权消灭。根据《民法典》的规定，撤销权消灭的情形包括：一是当事人自知道或者应当知道撤销事由之日起一年内、重大误解的当事人自知道或者应当知道撤销事由之日起九十日内没有行使撤销权；二是当事人受胁迫，自胁迫行为终止之日起一年内没有行使撤销权；三是当事人知道撤销事由后明确表示或者以自己的行为表明放弃撤销权。

当事人自民事法律行为发生之日起五年内没有行使撤销权的，撤销权消灭。

4）效力待定合同

效力待定合同是指因已经成立的合同不完全符合合同有效的要件，其效力能否发生尚未确定，一般需经权利人表示追认才能生效的合同。

效力待定合同的特征有：一是导致合同效力待定的主要原因是合同主体资格的欠缺；二是效力待定合同经权利人追认后自始有效；三是效力待定合同在权利人追认前处于效力未确定的状态。

根据《民法典》的相关规定，效力待定的合同主要包括：限制民事行为能力人订立的其依法不能独立订立的合同；无权代理人订立的合同；无处分权的人订立的处分合同。

效力待定合同，经权利人追认后自始有效，未经追认的自始无效。效力待定合同的相对人可以催告限制民事行为能力人的法定代理人、无权代理中的本人在收到通知之日起一个月内予以追认。法定代理人本人到期未作表示的，视为拒绝追认。相对人如果是善意的，在法定代理人、本人追认前，可以以通知的方式撤销该合同。

3. 合同效力的特殊规则

1）无权代理合同的默示追认

《民法典》第五百零三条规定："无权代理人以被代理人的名义订立合同，被代理人已经开始履行合同义务或者接受相对人履行的，视为对合同的追认。"

2）越权订立合同的效力

《民法典》第五百零四条规定："法人的法定代表人或者非法人组织的负责人超越权限订立的合同，除相对人知道或者应当知道其超越权限外，该代表行为有效，订立的合同对法人或者非法人组织发生效力。"

3）超越经营范围合同的效力

《民法典》第五百零五条规定："当事人超越经营范围订立的合同的效力，应当依照本法第一编第六章第三节和本编的有关规定确定，不得仅以超越经营范围确认合同无效。"

4）无效免责条款

免责条款是指当事人在合同中约定免除或者限制将来可能发生的民事责任的条款。对此，《民法典》第五百零六条规定："合同中的下列免责条款无效：（一）造成对方人身损害的；（二）因故意或者重大过失造成对方财产损失的。"根据本条规定，对于人身损害免责条款一律无效，对于财产损失仅免除故意或者重大过失致害责任的免责条款无效。

5）争议解决方法条款的效力规则

《民法典》第五百零七条规定："合同不生效、无效、被撤销或者终止的，不影响合同中有关解决争议方法的条款的效力。"该条确立了争议解决方法条款效力的独立性规则，即此类条款不因合同不生效、无效、被撤销或者终止而无效或失效，对当事人仍具有拘束力。

四、合同的履行

（一）合同履行的概念和意义

1. 合同履行的概念

合同履行是指合同当事人按照合同的约定或者法律的规定，全面完成各自承担的合同义务，实现合同约定权利的行为。合同履行以有效的合同为前提和依据，当事人应当按照合同约定的内容全面履行其合同义务。

2. 合同履行的意义

合同的履行是合同法律效力最集中的体现。合同义务的全面履行是合同权利义务终止的最主要、最理想的原因。

（二）合同履行的原则

根据《民法典》第五百零九条的规定，合同履行的原则包括以下三个方面。

（1）全面履行原则，主要包括依约履行，即当事人应当按照约定全面履行自己的义务。履行义务的内容包括主给付义务、从给付义务和附随义务。

（2）协作履行原则。协作履行原则是诚信原则在合同的履行环节的体现，要求当事人在合同的履行过程中互助合作，协力完成合同的履行。主要要求包括：一是债务人履行合同义务以债权人的某一行为为必要条件的，债权人应当完成该行为，协助债务人履行义务；二是债权人依据法律规定或者合同约定，对债务人履行合同义务进行监督的，债务人应当予以协助配合；三是债务人履行合同义务时，债权人应适当地受领给付，以协助债务人完成履行义务行为；四是债务人因故不能履行或者不能完全履行合同义务时，债权人应当采取适当措施，防止损失扩大。

（3）节约资源与保护生态环境原则。

（三）双务合同履行中的抗辩权

1. 同时履行抗辩权

同时履行抗辩权是指双务合同当事人双方未约定义务履行先后顺序，一方当事人在对方未为对待给付之时，有权拒绝履行自己合同义务的权利。

同时履行抗辩权的构成要件包括：一是双方当事人因同一商务合同互负债务；二是双方互负的债务属于同时履行的情况，且均已届清偿期；三是对方未履行债务或对方部分履行或履行不适当；四是对方的债务是可能履行的。

同时履行抗辩权为双务合同当事人双方都享有的一项权利，由当事人自己决定是否行使。同时履行抗辩权的效力在于当事人在对方不履行合同义务时，可以暂时不履行自己的义务，而不承担违约责任。当对方为对待给付提供了有效的担保或者已全部履行合同债务时，同时履行抗辩权的效力终止，主张同时履行抗辩权的当事人一方应履行自己的合同义务。

2. 不安抗辩权

不安抗辩权是指双务合同的先给付义务人，在有证据证明后给付义务人存在丧失或者可能丧失履行债务能力的情形时，有权终止履行其合同义务的权利。

不安抗辩权成立的条件包括：一是双方当事人因同一双务合同而互负债务；二是当事人约定一方应先履行债务即当事人履行债务存在先后顺序；三是后给付义务人的履行能力丧失或明显降低，有不能为对待给付的现实危险；四是后履行合同义务的一方没有对其债务提供适当的担保。

不安抗辩权由先履行合同义务的当事人行使。该当事人在主张不安抗辩权时，应承担两项附随义务：一是及时通知对方的义务；二是证明对方丧失或者可能丧失履行债务能力情况的举证义务。

不安抗辩权属于延期的抗辩权，其行使仅发生中止履行合同的效力，而不具有终止或者解除合同的效力。后履行义务一方在合理期限内恢复了履行能力或者提供了适当担保的，行使不安抗辩权的一方应当恢复履行义务，一方在合理期限内未恢复履行能力并且未提供适当担保的，中止履行合同的一方可以解除合同，当事人没有确切证据行使不安抗辩权而中止履行合同的，应当承担违约责任。

3. 顺序履行抗辩权

顺序履行抗辩权，也称先履行抗辩权，是指当事人互负债务，有先后履行顺序的，先履行一方履行之前，后履行一方得拒绝其履行请求，先履行一方履行债务不符合约定的，后履行一方得拒绝其相应的履行请求的权利。

顺序履行抗辩权的成立要件包括：一是双方当事人基于同一双务合同互负对待给付义务；二是双方债务有先后履行顺序；三是双方债务均已到期；四是先履行一方未履行债务或其履行不符合约定；五是对方的债务可能履行。

顺序履行抗辩权，由后履行合同义务的当事人一方行使。顺序履行抗辩权的效力在于：后履行义务的一方当事人可以拒绝先履行义务一方相应的履行请求。先履行抗辩权属于延期的抗辩权，当先履行义务的一方完全履行了合同债务时，先履行抗辩权即消灭。

（四）电子合同的履行

根据《民法典》第五百一十二条的规定，通过互联网等信息网络订立的电子合同，当事人对交付商品或提供服务的时间、方式有约定的，按照其约定，当事人没有约定的，根据标的的不同类别确定交付时间或提供服务时间。

（1）标的为交付商品并采用快递物流方式交付的，收货人的签收时间为交付时间。

（2）标的为提供服务的，生成的电子凭证或者实物凭证中载明的时间为提供服务时间；前述凭证没有载明时间或者载明时间与实际提供服务时间不一致的，以实际提供服务的时间为准。

（3）标的物为采用在线传输方式交付的，合同标的物进入对方当事人指定的特定系统且能够检索识别的时间为交付时间。

五、违约责任

（一）违约责任的概念和特征

1. 违约责任的概念

违约责任是违反合同的民事责任的简称，是指合同当事人一方不履行合同义务或履行合同义务不符合合同约定或法律规定所应承担的民事责任。《民法典》合同编第八章第五百七十七条至五百九十四条，对违约责任做了专门规定。

2. 违约责任的特征

①违约责任是一种民事责任，以违反合同义务为前提。②违约责任是合同当事人一方对另一方承担的责任，具有相对性。③违约责任是当事人不履行合同义务或履行合同义务不符合约定的责任。④违约责任是一种财产性的民事责任。⑤违约责任具有补偿性和一定的任意性。

（二）违约责任的归责原则和构成要件

1. 违约责任的归责原则

违约责任的归责原则是指据以确定当事人承担违约责任的基本准则。在理论上主要存在过错责任和严格责任两种违约责任的归责原则。过错责任是指以违约方的过错作为其承担违约责任的必要条件,若无主观过错,即使存在违约行为,也无须承担违约责任。严格责任是指不以当事人主观过错作为违约责任的构成要件,只要存在违约行为,无论有无过错,若无其他免责事由,均需承担违约责任。

《民法典》第五百七十七条规定:"当事人一方不履行合同义务或者履行合同义务不符合约定的,应当承担继续履行、采取补救措施或者赔偿损失等违约责任。"在该规定中,并未提及违约的成立是否考虑违约方的主观过错。因此,一般认为,我国民法上违约责任的成立并不以当事人的过错为要件。也就是说,《民法典》采取的是严格责任原则。

2. 违约责任的一般构成要件

违约责任的一般构成要件,是指违约责任的产生所应满足的一般性条件,主要包括以下两个方面。

第一,积极要件。积极要件主要就是违约行为,即《民法典》第五百七十七条规定的"当事人一方不履行合同义务或者履行合同义务不符合约定的"行为。根据违约行为发生的时间不同,可以分为预期违约与实际违约。根据违约行为的特点,对实际违约可进一步分为履行不能、迟延履行、瑕疵履行和不当履行。

第二,消极要件。消极要件就是违约责任的免责事由。免责事由也称为免责条件,是指当事人对其违约行为免予承担违约责任的事由。若存在此等事由,当事人虽有违约行为,也可免负违约责任。违约责任的免责事由可分为法定免责事由和约定免责事由。法定免责事由是指由法律直接规定,不需要当事人约定即可沿用的免责事由,主要为不可抗力。约定免责事由是指当事人约定的免责条款。除完全免责事由外,《民法典》还将守约方有过失作为减轻违约方责任的事由。

(三) 违约责任的形式

1. 继续履行

(1) 继续履行的概念。继续履行也称实际履行,是指违约方根据对方当事人的请求继续履行合同义务的违约责任形式。

(2) 继续履行的特点。第一,继续履行是一种违约责任形式,以债务人违约为前提,不同于一般意义上的合同履行。第二,继续履行的内容表现为按合同约定的标的履行义务,这与一般履行并无不同。第三,继续履行的适用以对方当事人即守约方的请求为条件,法院或仲裁机构不得径行裁判违约方继续履行。第四,继续履行可以与违约金损害赔偿和定金责任并用,但不能与解除合同的方式并用,原因在于解除合同将使合同关系不复存在,债务人不再承担履行义务,所以解除合同与继续履行是矛盾的补救方式。

2. 补救措施

(1) 补救措施的含义和形式。补救措施作为一种独立的违约责任形式,是指各种矫正合同不适当履行、使履行缺陷得以消除的具体措施。这种责任形式与继续履行和赔偿损失具有互补性。根据《民法典》第五百八十二条的规定,作为违约责任具体形式的补救措施包括修理、重作、更换、退货、减少价款或者报酬等违约责任。

（2）补救措施适用的特点。第一，标的物存在瑕疵。根据《民法典》第五百八十二条的规定，适用补救措施的前提是"履行不符合约定"，对此应解释为标的物存在瑕疵，而不包括迟延履行、部分履行等违约形态。第二，补救措施的适用以合同对质量不合格的违约责任没有约定或者约定不明确，而依《民法典》第五百一十条仍不能确定违约责任为前提。第三，违约方已将标的物交付给守约方。第四，守约方对补救措施享有选择权，但选定的措施应当合理可行。

3. 赔偿损失

（1）赔偿损失的概念。赔偿损失，也称为违约损害赔偿，是指违约方以支付金钱的方式弥补守约方因违约行为所减少的财产或者所丧失的利益的责任形式。赔偿损失是最重要的违约责任形式。

（2）赔偿损失的特点。第一，赔偿损失是以支付金钱的方式弥补守约方损失。第二，赔偿损失是由违约方赔偿守约方因违约所遭受的损失。第三，赔偿损失责任具有一定的任意性。

（3）赔偿损失的适用条件。第一，存在有效合同关系。第二，有违约行为，即当事人一方不履行合同义务或者履行合同义务不符合约定或法律规定。第三，守约方受到损失。第四，违约行为与守约方所受损失之间存在因果关系，即损失的发生因违约行为所致，而不是守约方自身过错或第三人行为所造成的。

4. 违约金

1）违约金的概念

违约金是指根据法律规定或者当事人约定一方违约时，应当向对方支付的一定数量的金钱或其他财物。违约金既有担保债务履行的作用，又有补偿和惩罚功能，故成为违约责任的重要形式。《民法典》第五百八十五条第一款规定："当事人可以约定一方违约时应当根据违约情况向对方支付一定数额的违约金，也可以约定因违约产生的损失赔偿额的计算方法。"

2）违约金的特点

第一，违约金是一方违约后应向另一方支付的一定数额的金钱，但法律不禁止当事人约定以其他财物作为违约金。第二，违约金的数额或计算方法，由当事人双方通过事先约定而确定，可在订立合同时约定或合同生效后补充约定。第三，违约金的支付是独立于合同履行行为之外的给付，其支付以违约行为发生为条件，与定金、押金的支付时间不同。第四，违约金条款具有从属性和相对独立性。从属性是指违约金条款属于合同内容的一部分，相对于合同义务而言，具有从属性，合同不成立、无效或者被撤销的违约金条款也不具有法律效力。相对独立性是指在合同解除情形下，违约金条款并不当然失效，而是作为结算清理条款继续有效。

3）违约金与损害赔偿的区别

第一，适用条件不同。违约金的适用一般不以损害的发生为要件，损害赔偿则以损害的发生为要件。第二，数额的确定不同。违约金的数额主要由当事人预先约定，与违约造成的实际损失可能不一致；损害赔偿则以实际损失和可得利益损失作为计算依据。第三，惩罚功能不同。对违约金的惩罚功能，法律持认可态度。对于损害赔偿的惩罚功能，法律则作为完全赔偿原则的例外情形予以严格限制。

4）违约金的种类

按照违约金的产生方式不同，可以将违约金分为约定违约金与法定违约金，约定违约金由当事人约定，法定违约金由法律明确规定。

按照违约金的功能不同，可以将违约金分为补偿性违约金和惩罚性违约金。补偿性违约金以补偿守约方损失为主旨，违约金是当事人双方预估的损害赔偿总额，原则上，违约方支付违约金后可免负赔偿责任，守约方也不得另行主张损害赔偿。惩罚性违约金旨在惩罚违约行为，如果守约方因违约而遭受财产损失，违约方除支付违约金外，尚需赔偿对方损失。

5）违约金的调整

违约金作为对损害赔偿额的预先约定，既可能高于违约造成的损失，也可能低于违约造成的损失，畸高或畸低均会导致不公平结果。因此，《民法典》第五百八十五条第二款规定，约定的违约金低于造成的损失的，人民法院或者仲裁机构可以根据当事人的请求予以增加；约定的违约金过分高于造成的损失的，人民法院或者仲裁机构可以根据当事人的请求予以适当减少。从而确立了违约金调整规则。

6）迟延履行违约金与继续履行责任

《民法典》第五百八十五条第三款规定："当事人就迟延履行约定违约金的，违约方支付违约金后，还应当履行债务。"

5. 定金

（1）定金的概念。定金是指在合同设定违约定金担保的情形下，违约方根据定金罚则所承担的责任。根据《民法典》第五百八十六条第一款的规定，当事人可以约定一方向对方给付定金作为债权的担保。债务人履行债务的，定金应当抵作价款或者收回。给付定金的一方不履行约定的债务的，无权要求返还定金；收受定金的一方不履行约定的债务的，应当双倍返还定金。

（2）定金责任的适用条件。第一，主要适用于违约定金。第二，定金合同已生效。第三，发生违约行为。

（3）定金责任与违约金责任。当合同既有违约金条款，又设有定金担保的情况下，一方违约时，按照《民法典》第五百八十八条确立的规则处理。

第一，当事人既约定违约金又约定定金的，一方违约时，对方可以选择适用违约金或者定金条款。据此，定金与违约金原则上不能并用。

第二，约定的定金不足以弥补一方违约造成的损失的，对方可以请求赔偿超过定金部分的损失，即适用定金罚则后，守约方损失仍未得到充分补偿的，可就超出的数额部分向违约方请求赔偿。

第九节　人　格　权

民法调整平等主体之间的人身关系和财产关系，其中人身关系又具体包括人格权关系和身份权关系。《民法典》第四编人格权调整因人格权的享有和保护产生的民事关系。人格权编单独成编成为《民法典》的亮点。人格权编在一般规定的基础上，分别就生命权、身体权和健康权，姓名权和名称权，肖像权，名誉权和荣誉权，隐私权和个人信息保护作了规定。本节将结合《民法典》人格权编的规定，重点从人格权概述和具体人格权方面进行阐释。

一、人格权概述

（一）人格权的概念和分类

1. 人格权的概念和特点

1）人格权的概念

人格权是指民事主体依法对其人格要素享有其利益并排除他人非法侵害的、以维护和实现人格尊严和人格自由为目的的权利。

人格权主要是一种精神性权利，但部分人格权也包含一定的财产利益，权利人可以许可他人对其人格要素进行利用，并据此获得一定的经济利益。例如，《民法典》第九百九十三条规定，个人的肖像、姓名等可以成为许可使用的对象。人格权的主体包括自然人、法人、非法人组织；人格权的客体是民事主体的人格要素，包括个人的尊严、人身自由等一般性的人格利益，也包括个人的姓名、肖像等具体的人格利益，还包括主体获得良好社会评价以及个人的私生活秘密等；人格权的内容体现为权利人对其人格利益的享有和抵御外来侵害的权利。

2）人格权的特点

第一，人格权具有固有性，人格权是权利人与生俱来的权利。人格权的固有性还体现为人格权的不可剥夺性，即任何主体不得非法剥夺他人的人格权，除基于人民法院生效的死刑判决而剥夺个人的生命权等极其个别情形外，人格权具有不可剥夺性。人格权作为一项民事权利，具有可限制性，其可能受到公共利益、他人权利等的限制。

第二，人格权具有专属性，是指人格权与权利主体不可分离，只能为特定的权利人所享有。现代社会人格权的专属性出现了一定的松动，人格权原则上不得转让，但权利人可以依法许可他人对其人格要素进行利用。

第三，人格权具有对世性，权利人之外的任何人都负有不得非法侵害其人格权的义务。而且，权利人行使其人格权不需要义务人的协助即可实现。人格权是绝对权。权利人是特定的，而义务人是权利人之外一切不特定的人。

第四，人格权兼有防御性和积极利用的权能。传统意义上的人格权具有消极防御的效力，在人格权遭受侵害时，权利人才能主张其人格权遭受侵害，从而排除行为人的不法侵害行为。随着经济社会的发展，许多人格权都具有积极利用的权能，权利人可以积极行使。

第五，人格权具有体系开放性。随着社会的发展，新型的人格权益不断产生。

2. 人格权与身份权

1）身份权的概念

按照权利性质的不同，可以将民事权利分为人身权与财产权，而人身权又可以分为人格权与身份权。身份权是指自然人所享有的与其身份有关的一些人身权利。这里的身份主要是基于当事人之间的婚姻家庭关系而产生的身份。

2）人格权与身份权的联系与区别

人格权与身份权之间关系密切，二者都属于人身权，具有人身专属性；都属于对世权；救济方式也具有相似性。但是二者也有明显的区别，主要包括以下几个方面。

第一，权利主体的范围不同。人格权主体范围十分广泛，自然人、法人以及非法人组织均为人格权的主体，而身份权与权利人以具有一定的身份关系为前提，因此其主体仅限于自然人。

第二，权利客体不同。人格权的客体为人格利益，身份权的客体为身份利益。

第三，权利取得的条件不同。人格权具有固有性，与生俱来；而许多身份权需要行为人实施一定的行为才能取得相关的身份权，如基于婚姻关系的身份权需要实施结婚行为。

第四，权利存续的条件不同。人格权与权利人的主体资格不可分离，只要权利人处于生存状态，其就可以享有人格权。身份权的存在，以权利人具有一定的身份关系为前提，该身份关系消灭，相关的身份权也随之消灭。

3）人格权保护规则准用于身份权

由于人格权与身份权关系密切，因此，根据《民法典》的规定，人格权保护规则准用于身份权。

3. 人格权的分类

1）一般人格权与具体人格权

根据人格权的内容和客体的不同，可以将人格权分为一般人格权和具体人格权。

一般人格权是指以个人人身自由、人格尊严为内容的抽象的、概括性的权利。《民法典》第九百九十条第二款规定："除前款规定的人格权外，自然人享有基于人身自由、人格尊严产生的其他人格权益。"这是对一般人格权做出的规定。一般人格权是具体人格权的兜底条款，在可以适用具体人格权的规则时，应当优先适用具体人格权的规则，无法适用具体人格权的规则时，可以援引一般人格权的规则。

具体人格权是指以生命、身体健康、姓名、名称等特定人格利益为内容的人格权。根据我国《民法典》人格权编的相关规定，具体人格权包括生命权、身体权、健康权、姓名权、名称权、肖像权、名誉权、荣誉权、隐私权等权利。

2）自然人人格权、法人人格权与非法人组织人格权

根据人格权的主体不同，可以将人格权区分为自然人人格权、法人人格权与非法人组织人格权。自然人人格权是指自然人所享有的以其人身自由、人格尊严以及生命、身体、健康等人格利益为内容的人格权。法人人格权是指法人对其名称、名誉等所享有的人格权。非法人组织人格权是指非法人组织对其名称、名誉等所享有的人格权。

3）物质性人格权与精神性人格权

根据保护的人格利益的性质的不同，可以将人格权区分为物质性人格权与精神性人格权。物质性人格权，是指自然人对其生命、身体、健康等物质性人格利益所享有的人格权，主要包括《民法典》规定的生命权、身体权、健康权三种。精神性人格权，是指民事主体对其姓名、名称、肖像等精神性人格利益所享有的人格权。根据《民法典》的规定，除生命权、身体权、健康权之外，其他人格权均为精神性人格权。

(二) 人格权保护的一般规则

1. 人格要素的许可使用和人格利益的合理使用

1) 人格要素的许可使用。《民法典》第九百九十三条规定:"民事主体可以将自己的姓名、名称、肖像等许可他人使用,但是依照法律规定或者根据其性质不得许可的除外。"

2) 人格利益的合理使用。《民法典》第九百九十九条规定:"为公共利益实施新闻报道、舆论监督等行为的,可以合理使用民事主体的姓名、名称、肖像、个人信息等;使用不合理侵害民事主体人格权的,应当依法承担民事责任。"

2. 人格权的延伸保护

(1) 胎儿的人格利益保护。《民法典》第十六条规定:"涉及遗产继承、接受赠与等胎儿利益保护的,胎儿视为具有民事权利能力。但是,胎儿娩出时为死体的,其民事权利能力自始不存在。"

(2) 死者的人格利益保护。死者人格利益是指自然人死亡后,其姓名、肖像、名誉、隐私等利益,《民法典》第九百九十四条规定:"死者的姓名、肖像、名誉、荣誉、隐私、遗体等受到侵害的,其配偶、子女、父母有权依法请求行为人承担民事责任;死者没有配偶、子女且父母已经死亡的,其他近亲属有权依法请求行为人承担民事责任。"

3. 人格权请求权与诉讼时效

《民法典》第九百九十五条规定:"人格权受到侵害的,受害人有权依照本法和其他法律的规定请求行为人承担民事责任。受害人的停止侵害、排除妨碍、消除危险、消除影响、恢复名誉、赔礼道歉请求权,不适用诉讼时效的规定。"

4. 违约责任与人格权保护

《民法典》第九百九十六条规定:"因当事人一方的违约行为,损害对方人格权并造成严重精神损害,受损害方选择请求其承担违约责任的,不影响受损害方请求精神损害赔偿。"

5. 人格权的禁令保护

《民法典》第九百九十七条规定:民事主体有证据证明行为人正在实施或者即将实施侵害其人格权的违法行为,不及时制止将使其合法权益受到难以弥补的损害的,有权依法向人民法院申请采取责令行为人停止有关行为的措施。

二、具体人格权

(一) 生命权、身体权和健康权

1. 生命权、身体权和健康权的概念和特点

1) 生命权的概念和特点

生命权是指以维护个人生命安全与生命尊严为内容的人格权。《民法典》第一千零二条规定:"自然人享有生命权。自然人的生命安全和生命尊严受法律保护。任何组织或者个人不得侵害他人的生命权。"

生命权的特点包括：第一，生命权的主体限于自然人。第二，生命权在整个民事权利体系中具有最高的地位。第三，生命权具有固有性和专属性。第四，生命权具有平等性。

2）身体权的概念和特点

身体权是指个人所享有的维护自身身体完整以及维持个人行动自由的权利。《民法典》第一千零三条规定："自然人享有身体权。自然人的身体完整和行动自由受法律保护。任何组织或者个人不得侵害他人的身体权。"

身体权的特点包括：第一，权利主体限于自然人。第二，具有固有性和人身专属性。第三，具有有限的支配性。

3）健康权的概念和特点

健康权是指维护个人身体机能的正常运转以及心理的良好状态的权利。《民法典》第一千零四条规定："自然人享有健康权。自然人的身心健康受法律保护。任何组织或者个人不得侵害他人的健康权。"

健康权的特点有：第一，权利主体限于自然人。第二，具有固有性和人身专属性。第三，同时包括维护生理健康和心理健康的权利。

2. 生命权、身体权和健康权的保护

（1）负有法定救助义务的主体的及时施救义务。《民法典》第一千零五条规定："自然人的生命权、身体权、健康权受到侵害或者处于其他危难情形的，负有法定救助义务的组织或者个人应当及时施救。"

（2）不得强迫、欺骗、利用权利人捐献其人体细胞、人体组织、人体器官、遗体。《民法典》第一千零六条规定：完全民事行为能力人有权依法自主决定无偿捐献其人体细胞、人体组织、人体器官、遗体。任何组织或者个人不得强迫、欺骗、利诱其捐献。完全民事行为能力人依据前款规定同意捐献的，应当采用书面形式，也可以订立遗嘱。自然人生前未表示不同意捐献的，该自然人死亡后，其配偶、成年子女、父母可以共同决定捐献，决定捐献应当采用书面形式。《民法典》第一千零七条规定："禁止以任何形式买卖人体细胞、人体组织、人体器官、遗体。违反前款规定的买卖行为无效。"

（3）从事人体医学临床试验应当符合法定的条件和程序。《民法典》第一千零八条规定："为研制新药、医疗器械或者发展新的预防和治疗方法，需要进行临床试验的，应当依法经相关主管部门批准并经伦理委员会审查同意，向受试者或者受试者的监护人告知试验目的、用途和可能产生的风险等详细情况，并经其书面同意。进行临床试验的，不得向受试者收取试验费用。"

（4）从事与人体基因、人体胚胎等有关的医学和科研活动受到严格规制。《民法典》第一千零九条规定："从事与人体基因、人体胚胎等有关的医学和科研活动，应当遵守法律、行政法规和国家有关规定，不得危害人体健康，不得违背伦理道德，不得损害公共利益。"

（5）禁止实施性骚扰行为。《民法典》第一千零一十条规定："违背他人意愿，以言语、文字、图像、肢体行为等方式对他人实施性骚扰的，受害人有权依法请求行为人承担民事责任。机关、企业、学校等单位应当采取合理的预防、受理投诉、调查处置等措施，防止和制止利用职权、从属关系等实施性骚扰。"

（二）姓名权和名称权

1. 姓名权和名称权的概念和特点

1）姓名权的概念和特点

姓名权是自然人在不违背公序良俗的前提下，依法决定、使用、变更或者许可他人使用自己的姓名，并要求他人尊重自己姓名的权利。姓名权的特点包括：第一，主体限于自然人。第二，客体是姓名。第三，内容包括姓名决定权、姓名使用权、姓名变更权、许可他人使用姓名的权利以及要求他人尊重自己姓名的权利。

2）名称权的概念和特点

名称权是指法人、非法人组织对其用以确定和代表自身并区别于他人的符号和标记所享有的权利。名称权的特点包括：第一，主体为法人和非法人组织。第二，名称权应当通过法定程序取得。第三，名称权包括名称使用权、名称变更权、名称转让权和许可他人使用自己名称的权利。

2. 姓名权和名称权的保护

（1）禁止他人以干涉、盗用、假冒等方式侵害他人的姓名权或者名称权。《民法典》第一千零一十四条规定：任何组织或者个人不得以干涉、盗用、假冒等方式侵害他人的姓名权或者名称权。

（2）自然人姓氏的选取。《民法典》第一千零一十五条规定："自然人应当随父姓或者母姓，但是有下列情形之一的，可以在父姓和母姓之外选取姓氏：（一）选取其他直系长辈血亲的姓氏；（二）因由法定扶养人以外的人扶养而选取扶养人姓氏；（三）有不违背公序良俗的其他正当理由。少数民族自然人的姓氏可以遵从本民族的文化传统和风俗习惯。"

（3）笔名、艺名、网名、译名、字号、姓名和名称的简称等的保护。《民法典》一千零一十七条规定："具有一定社会知名度，被他人使用足以造成公众混淆的笔名、艺名、网名、译名、字号、姓名和名称的简称等，参照适用姓名权和名称权保护的有关规定。"

（三）肖像权

1. 肖像权的概念和特点

肖像权是指自然人以其肖像所体现的精神利益以及财产利益为内容的权利。肖像权的特点包括：第一，肖像权的主体限于自然人。第二，肖像权的客体为肖像。《民法典》第一千零一十八条第二款规定："肖像是通过影像、雕塑、绘画等方式在一定载体上所反映的特定自然人可以被识别的外部形象。"第三，肖像权中同时包含精神利益与财产利益。第四，肖像权的内容包括依法制作肖像的权利、依法使用肖像的权利、依法公开肖像的权利以及许可他人使用肖像的权利。

2. 肖像权的保护

（1）不得以丑化、污损或者利用信息技术手段伪造等方式侵害肖像权。《民法典》第一千零一十九条规定："任何组织或者个人不得以丑化、污损，或者利用信息技术手段伪造等方式侵害他人的肖像权。未经肖像权人同意，不得制作、使用、公开肖像权人的肖像，但是法律另有规定的除外。未经肖像权人同意，肖像作品权利人不得以发表、复制、发行、出租、展览等方式使用或者公开肖像权人的肖像。"

（2）肖像权的合理使用。肖像权的合理使用，是指在符合法律规定的条件时，相关主体在使用他人肖像时，即便未经权利人同意，也不构成对肖像权的侵害。根据《民法典》第一千零二十条的规定：合理实施下列行为的，可以不经肖像权人同意：为个人学习、艺术欣赏、课堂教学或者科学研究，在必要范围内使用肖像权人已经公开的肖像；为实施新闻报道，不可避免地制作、使用、公开肖像权人的肖像；为依法履行职责，国家机关在必要范围内制作、使用、公开肖像权人的肖像；为展示特定公共环境，不可避免地制作、使用、公开肖像权人的肖像；为维护公共利益或者肖像权人合法权益，制作、使用、公开肖像权人的肖像的其他行为。

（3）肖像权许可使用。肖像权许可使用，是指权利人通过合同的方式许可他人对其肖像进行使用。

（四）名誉权和荣誉权

1. 名誉权和荣誉权的概念和特点

1）名誉权的概念和特点

名誉权是指民事主体对其名誉所享有的不受他人侵害的权利。名誉权的特点包括：第一，主体包括自然人、法人和非法人组织；第二，客体为名誉；第三，具有人身专属性。

2）荣誉权的概念和特点

荣誉权是指民事主体对自己已经获得或者可能获得的荣誉称号等依法享有的不受他人非法侵害的权利。荣誉权的特点包括：第一，主体包括自然人、法人和非法人组织。第二，客体为荣誉。第三，具有人身专属性。第四，荣誉权是民事主体对其良好评价所享有的权利。

2. 名誉权和荣誉权的保护

1）侵害名誉权、荣誉权的主要行为方式

侵害名誉权的方式。《民法典》第一千零二十四条规定："民事主体享有名誉权。任何组织或者个人不得以侮辱、诽谤等方式侵害他人的名誉权。"可见，侵害名誉权的方式主要有侮辱、诽谤和其他方式。

侵害荣誉权的方式。《民法典》第一千零三十一条第一款规定："民事主体享有荣誉权。任何组织或者个人不得非法剥夺他人的荣誉称号，不得诋毁、贬损他人的荣誉。"可见，侵害荣誉权的方式主要包括非法剥夺他人的荣誉称号；诋毁、贬损他人的荣誉。

2）侵害名誉权的抗辩事由

第一，行为人为公共利益实施新闻报道、舆论监督等行为构成侵犯名誉权的抗辩事由。《民法典》第一千零二十五条规定："行为人为公共利益实施新闻报道、舆论监督等行为，影响他人名誉的，不承担民事责任。"

第二，新闻报道、舆论监督等行为构成侵害名誉权的情形主要包括：捏造、歪曲事实；对他人提供的严重事实内容未尽到合理审核义务；使用侮辱性言辞等贬损他人名誉。

3）名誉权、荣誉权遭受侵害后的救济方式

第一，请求更正、删除不实内容。《民法典》第一千零二十八条规定："民事主体有证据证明报刊、网络等媒体报道的内容失实，侵害其名誉权的，有权请求该媒体及时采取更正或者删除等必要措施。"

第二，查询信用评价、提出异议并请求更正、删除错误信用评价。《民法典》第一千零二十九条规定："民事主体可以依法查询自己的信用评价；发现信用评价不当的，有权提出异议并请求采取更正、删除等必要措施。信用评价人应当及时核查，经核查属实的，应当及时采取必要措施。"

第三，请求记载荣誉称号以及更正错误荣誉称号记载。《民法典》第一千零三十一条第二款规定："获得的荣誉称号应当记载而没有记载的，民事主体可以请求记载；获得的荣誉称号记载错误的，民事主体可以请求更正。"

（五）隐私权和个人信息保护

1. 隐私权和个人信息的概念和特点

（1）隐私权的概念和特点。隐私权是指个人免于外界公开干扰以及维护个人私密和私生活安宁状态的权利。隐私权的特点包括：第一，主体限于自然人。第二，具有固有性和人身专属性。第三，主要是一项精神性权利，具有消极防御的效力。第四，内容包括私人生活安宁、私密空间、私密活动以及私密信息。

（2）个人信息的概念和特点。个人信息，是指以电子或者其他方式记录的，能够单独或者与其他信息结合识别特定自然人的各种信息，包括自然人的姓名、出生日期、身份证件号码、生物识别信息、住址、电话号码、电子邮箱信息、健康信息、行踪信息等。个人信息的特点包括：第一，个人信息是一种重要的人格利益。第二，个人信息能够直接或者间接识别个人的身份。第三，个人信息范围十分宽泛。第四，个人信息同时包含精神利益与财产利益。

2. 隐私权和个人信息的保护

（1）行为人不得以刺探、侵扰、泄露、公开等方式侵害他人的隐私权。《民法典》第一千零三十二条规定："自然人享有隐私权。任何组织或者个人不得以刺探、侵扰、泄露、公开等方式侵害他人的隐私权。"

（2）个人信息的处理应当遵循合法、正当、必要原则，并符合法律规定的条件。

（3）处理个人信息的免责事由包括：一是在该自然人或者监护人同意的范围内合理实施的行为。二是合理处理该自然人自行公开的或者其他已经合法公开的信息，但是该自然人明确拒绝或者处理该信息侵害其重大利益的除外。三是为维护公共利益，或者该自然人合法权益，合理实施的其他行为。

（4）个人享有查询、复制其个人信息的权利，并有依法提出异议、请求更正与删除的权利。

（5）个人信息处理者负有保护个人信息的义务。《民法典》第一千零三十八条规定："信息处理者不得泄露或者篡改其收集、存储的个人信息；未经自然人同意，不得向他人非法提供其个人信息,但是经过加工无法识别特定个人且不能复原的除外。信息处理者应当采取技术措施和其他必要措施,确保其收集、存储的个人信息安全,防止信息泄露、篡改、丢失;发生或者可能发生个人信息泄露、篡改、丢失的,应当及时采取补救措施,按照规定告知自然人并向有关主管部门报告。"

(6)国家机关承担行政职能的法定机构及其工作人员的保密义务。《民法典》第一千零三十九条规定:国家机关、承担行政职能的法定机构及其工作人员对于履行职责过程中知悉的自然人的隐私和个人信息,应当予以保密,不得泄露或者向他人非法提供。

第十节 婚姻家庭与继承

一、婚姻家庭

《民法典》第五编婚姻家庭调整因婚姻家庭产生的民事关系。婚姻家庭编在一般规定的基础上,分别就结婚、家庭关系、离婚、收养作了规定。本节将结合《民法典》婚姻家庭编的规定,重点阐释婚姻家庭概述、结婚和离婚、家庭关系、收养等问题。

(一)婚姻家庭概述

1. 婚姻家庭的概念和特点
1)婚姻的概念和特点

婚姻是法律所确认的男女两性互为配偶的结合。其特点为:首先,婚姻是男女两性的结合。其次,婚姻是男女双方以夫妻身份的结合,具有终身共同生活的目的。最后,婚姻是法律所确认的男女的结合。男女双方必须按照《民法典》婚姻家庭编所确立的法定条件和程序结合。

2)家庭的概念和特点

婚姻形成家庭。家庭是由一定范围内的亲属所构成的社会生活单位。家庭的特点包括:第一,家庭是社会生活的单位。第二,家庭由一定范围内的亲属构成。亲属是基于婚姻、血缘、法律拟制而产生的人与人之间的社会关系,包括配偶、血亲和姻亲。根据《民法典》第一千零四十五条的规定:配偶、父母、子女、兄弟姐妹、祖父母、外祖父母、孙子女、外孙子女为近亲属。作为家庭成员的亲属,以婚姻关系和血缘关系为纽带,范围限于近亲属但不包括全部近亲属。配偶、父母、子女和其他共同生活的近亲属为家庭成员。

婚姻家庭受国家保护。

2. 婚姻家庭的基本原则
1)婚姻自由原则

婚姻自由又称婚姻自主,是指自然人有权在法律规定的范围内,自主、自愿地决定自己的婚姻的权利,不受他人强制或干涉。婚姻自由的内容既包括结婚自由,也包括离婚自由。禁止包办、买卖婚姻和其他干涉婚姻自由的行为。禁止借婚姻索取财物。

2）一夫一妻原则

一夫一妻是指婚姻为一个男子和一个女子的结合。一夫一妻制是一男一女结为夫妻、互为配偶的婚姻制度，也称个体婚制、单偶制。禁止重婚。禁止有配偶者与他人同居。

3）男女平等原则

男女平等是指男女两性在婚姻家庭中地位平等，享有同等的权利，承担同等的义务。主要内容包括：第一，在婚姻关系方面，男女双方在结婚、离婚方面享有平等的权利。第二，在家庭关系方面，在夫妻关系上，男女结婚后彼此地位平等；在父母子女关系上，《民法典》婚姻家庭编关于父母子女权利义务的规定，对父和母、子和女平等适用；在其他家庭成员关系方面，祖父母和孙子女之间、外祖父母和外孙子女之间、兄弟姐妹之间，男性和女性亲属的权利义务也是平等的。

4）保护妇女、未成年人、老年人、残疾人的合法权益原则

保护妇女合法权益在《民法典》婚姻家庭编中有许多规定，如在离婚程序方面，男方提出离婚的权利受到一定的限制，即女方在怀孕期间、分娩后一年内或者终止妊娠后六个月内，男方不得提出离婚，但是女方提出离婚或者人民法院认为确有必要受理男方离婚请求的除外。

保护未成年人合法权益包括：未成年人有接受抚养的权利；父母离婚时在子女抚养方面保护未成年人的利益；未成年人有继承父母遗产的权利；婚生子女、非婚生子女、养子女、受继父或继母抚养教育的继子女，法律地位一概平等；在收养方面，保护被收养的未成年人的利益。

保护老年人合法权益包括：老年人享有接受赡养的权利；尊重老年人的婚姻自由。

保护残疾人的合法权益包括：禁止遗弃残疾人；夫妻一方因受到人身损害获得的赔偿或者补偿，被明确规定为夫妻一方个人财产；通过离婚经济帮助对残疾人提供保护；放宽对残疾未成年人的收养条件。

保护妇女、未成年人、老年人、残疾人合法权益的共同措施有禁止家庭暴力、禁止家庭成员间的虐待和遗弃。

5）夫妻应当互相忠实、互相尊重原则

夫妻互相忠实，狭义上说是指夫妻不得为婚外之性交、维持夫妻间性关系专属性和排他性，重婚、与他人同居、通奸、嫖娼、卖淫等与婚外他人性交的行为，都属于违反夫妻间忠实义务的行为。广义上说，夫妻间互相忠实还包括夫妻双方在婚姻生活的各个方面都互相忠实。夫妻相互尊重，是男女平等原则的必然要求。

6）家庭成员应当敬老爱幼、互相帮助原则

家庭成员应当敬老爱幼是指晚辈家庭成员对长辈家庭成员应予以尊重、奉养，为其晚年生活提供良好的条件，使之愉快地度过晚年；长辈家庭成员对晚辈家庭成员应当予以爱护、抚育，使其健康成长。家庭成员应当相互帮助。家庭应当树立优良家风，弘扬家庭美德，重视家庭文明建设。维护平等、和睦、文明的婚姻家庭关系。

7）收养应当遵循最有利于被收养人的原则

《民法典》第一千零四十四条规定："收养应当遵循最有利于被收养人的原则，保障被收养人和收养人的合法权益。禁止借收养名义买卖未成年人。"

（二）结婚和离婚

1. 结婚

1）结婚的概念和特点

结婚是指男女双方依据法律规定的条件和程序确定夫妻关系的民事法律行为。结婚的特点包括：第一，结婚行为的主体必须是男女双方。第二，结婚行为必须依照法律规定的条件和程序进行。第三，结婚行为的法律后果是确立夫妻关系。

2）结婚的条件

结婚的条件是结婚行为作为民事法律行为应当具备的条件，包括实质条件和程序条件。根据《民法典》婚姻编的规定，结婚的实质要件包括：结婚应当男女双方完全自愿，禁止任何一方对另一方加以强迫，禁止任何组织或者个人加以干涉；达到结婚年龄，男不得早于二十二周岁，女不得早于二十周岁；直系血亲或者三代以内的旁系血亲禁止结婚。结婚的程序条件是：要求结婚的男女双方应当亲自到婚姻登记机关申请结婚登记。符合法律规定的，予以登记，发给结婚证。完成结婚登记，即确立婚姻关系。未办理结婚登记的，应当补办登记。登记结婚后，按照男女双方约定，女方可以成为男方家庭的成员，男方可以成为女方家庭的成员。

3）婚姻无效的情形

根据《民法典》第一千零五十一条的规定，婚姻无效的情形包括：重婚；有禁止结婚的亲属关系；未到法定婚龄。

4）婚姻可撤销的情形

（1）因胁迫而结婚。《民法典》第一千零五十二条规定："因胁迫结婚的，受胁迫的一方可以向人民法院请求撤销婚姻。请求撤销婚姻的，应当自胁迫行为终止之日起一年内提出。被非法限制人身自由的当事人请求撤销婚姻的，应当自恢复人身自由之日起一年内提出。"

（2）婚前未告知重大疾病。《民法典》第一千零五十三条规定："一方患有重大疾病的，应当在结婚登记前如实告知另一方；不如实告知的，另一方可以向人民法院请求撤销婚姻。请求撤销婚姻的，应当自知道或者应当知道撤销事由之日起一年内提出。"

5）婚姻无效和被撤销的法律后果

无效的或者被撤销的婚姻自始没有法律约束力，当事人不具有夫妻的权利和义务。同居期间所得的财产，由当事人协议处理；协议不成的，由人民法院根据照顾无过错方的原则判决。对重婚导致的无效婚姻的财产处理，不得侵害合法婚姻当事人的财产权益。当事人所生的子女，适用法律关于父母子女的规定。

婚姻无效或者被撤销的，无过错方有权请求损害赔偿。

2. 离婚

1）离婚的概念

离婚是指夫妻依照法定的条件和程序解除婚姻关系，属于婚姻关系终止的法定事由。

2）离婚的种类

按照离婚方式的不同，离婚可以分为协议离婚和诉讼离婚。

（1）协议离婚。

第一，协议离婚的概念。协议离婚是指夫妻双方自愿离婚，并就子女抚养、财产处理等离婚的法律后果达成协议，经过婚姻登记机关认可并办理离婚登记的离婚方式。也称登记离婚、行政离婚。

第二，协议离婚的条件，包括：一是协议离婚的双方为一男一女，双方已经登记结婚取得结婚证，即协议离婚以存在婚姻关系为前提；二是双方当事人必须就以协议离婚方式结束婚姻关系达成一致；三是双方当事人已经签订书面离婚协议；四是双方当事人具有完全民事行为能力；五是双方当事人离婚的意思表示真实且自愿；六是双方当事人应当亲自、同时、共同到婚姻登记机关申请离婚登记。

第三，协议离婚的程序，包括：申请、受理、冷静期、审查和登记五个环节。关于离婚冷静期，《民法典》第一千零七十七条规定："自婚姻登记机关收到离婚登记申请之日起三十日内，任何一方不愿意离婚的，可以向婚姻登记机关撤回离婚登记申请。前款规定期限届满后三十日内，双方应当亲自到婚姻登记机关申请发给离婚证；未申请的，视为撤回离婚登记申请。"

（2）诉讼离婚。

第一，诉讼离婚的概念。

诉讼离婚是指夫妻双方对是否离婚、离婚后子女抚养或财产分割等问题不能达成协议，由一方向人民法院提起离婚诉讼，人民法院依诉讼程序审理后调解或判决解除婚姻关系的离婚方式。

第二，离婚调解。

根据《民法典》第一千零七十九条的规定，夫妻一方要求离婚的，可以由有关组织进行调解或者直接向人民法院提起离婚诉讼。由有关组织进行调解，属于诉讼外调解。因此，夫妻一方要求离婚的，可以先经当事人所在单位、群众团体、村民委员会或居民委员会、基层调解组织、婚姻登记机关等有关部门组织调解。诉讼外调解不是人民法院判决离婚的必经程序，当事人可以不经诉讼外调解，直接向人民法院提起离婚诉讼。

根据《民法典》第一千零七十九条的规定，人民法院审理离婚案件，应当进行调解。因此，在离婚诉讼中，调解是人民法院审理离婚案件的必经程序，也称诉讼内调解、司法调解。诉讼内调解可能出现三种结果：一是双方当事人和好，原告撤诉，人民法院可以不制作调解书，但应当将和好协议记入笔录，由双方当事人、审判人员、书记员签名或者盖章。二是双方当事人达成离婚协议，由人民法院制作调解书，写明诉讼请求、案件的事实和调解结果，并由审判人员、书记员署名，加盖人民法院印章，送达双方当事人签收后，即具有法律效力，婚姻关系解除。三是调解无效，双方当事人无法达成一致，由人民法院依法判决。

第三，准予离婚的法定条件。

人民法院审理离婚案件，如果夫妻感情确已破裂，调解无效的，人民法院应当准予离婚。因此，夫妻感情确已破裂，是我国人民法院准予离婚的法定条件。根据《民法典》第一千零七十九条的规定，认定感情确已破裂的具体情形包括：一是重婚或者与他人同居；二是实施家庭暴力或者虐待、遗弃家庭成员；三是有赌博、吸毒等恶习屡教不改；四是因感情不和分居满二年；五是其他导致夫妻感情破裂的情形。

此外，一方被宣告失踪，另一方提起离婚诉讼的，应当准予离婚。经人民法院判决不准离婚后，双方又分居满一年，一方再次提起离婚诉讼的，应当准予离婚。

第四，离婚的法律后果。

离婚的法律后果是指离婚在身份关系和财产关系等方面引起的后果。完成离婚登记或者离婚判决书、调解书生效，男女双方的婚姻关系即被解除。在夫妻人身关系方面，男女双方基于夫妻身份而确定的配偶关系终止。在财产关系方面，男女双方不再互负抚养义务，不再互相享有继承的权利、日常家事代理权；在特定情形下，离婚还会产生离婚损害赔偿、经济补偿和经济帮助等法律后果。在父母子女关系方面，父母与子女间的关系，不因父母离婚而消除。

（三）家庭关系

家庭关系是指家庭成员之间基于婚姻或血缘关系而产生的社会关系。在家庭关系中，最主要的关系是夫妻关系和父母子女关系。

1. 夫妻关系

夫妻又称夫妇或配偶，是指婚姻关系中的男女双方。夫妻关系包括人身关系和财产关系。

夫妻人身关系是指与夫妻的身份相联系、不具有经济内容的权利义务关系，即夫妻双方在家庭中的地位、人格及身份的权利义务关系。夫妻人身关系主要包括夫妻双方的姓名权、夫妻双方的人身自由权、夫妻的婚姻住所决定权、夫妻之间的忠实义务、生育权等。

夫妻财产关系是指夫妻间具有经济内容的权利义务关系，即夫妻双方在财产、扶养及遗产继承等方面的权利义务关系。

2. 父母子女关系

父母子女关系是指父母子女间在法律上的权利义务关系，又称为亲子关系。根据血亲形成的原因，可分为自然血亲的父母子女关系和拟制血亲的父母子女关系。

自然血亲的父母子女关系是基于子女出生的事实而发生的父母子女关系，包括婚生的父母子女关系、非婚生的父母子女关系。除了子女被他人收养外，这种父母子女关系，因血缘关系的存在而不能被人为解除。因此，自然血亲的父母子女关系是直系血缘关系，且在所有的直系血缘关系中是最近的。拟制血亲的父母子女关系是基于法律的拟制形成的父母子女关系，包括有抚养教育关系的继父母子女关系、收养形成的养父母子女关系，这种父母子女关系可以依法被人为解除。

父母子女间依法具有的权利和义务主要包括：一是父母有抚养、教育和保护未成年子女的权利和义务；二是成年子女对父母负有赡养、扶助和保护的义务；三是父母子女有相互继承遗产的权利。这里要注意，无论是婚生子女还是非婚生子女、继子女、养子女，他们之间的法律地位是平等的，即非婚生子女、继子女、养子女与婚生子女一样，享有共同的权利，承担同等的义务。

3. 其他近亲属关系

其他近亲属关系是指父母子女之外，其他近亲属之间在法律上的权利义务关系。根据《民法典》的规定，其他近亲属关系主要包括祖父母、外祖父母与孙子女、外孙子女关系和兄弟姐妹关系。

（四）收养

1. 收养的概念

收养是指自然人依法领养他人子女为自己子女，使没有父母子女关系的当事人之间产生法律拟制的父母子女关系的民事法律行为。领养他人子女为自己子女的人为收养人，即养父和养母；被他人收养的人为被收养人，即养子或养女；将子女或儿童送给他人收养的自然人或者社会组织为送养人。

2. 收养行为生效的要件

（1）收养人、被收养人、送养人适格，即符合法律规定的条件。

（2）当事人意思表示真实。

（3）不违反法律、行政法规的强制性规定，不违背公序良俗。

3. 被收养人、送养人、收养人的条件

（1）被收养人应当具备的条件。①须为未成年人。②须为丧失父母的孤儿或者查找不到生父母的未成年人，或者生父母有特殊困难无力抚养的子女。

（2）送养人的条件。送养人应当属于下列自然人或者社会组织：①是孤儿的监护人。②是儿童福利机构。③是有特殊困难无力抚养子女的生父母。④是特殊情形下未成年人的监护人。未成年人的父母均不具备完全民事行为能力，且可能严重危害该未成年人的，该未成年人的监护人可以将其送养。

（3）收养人应当具备的条件。①无子女或者只有一名子女。②有抚养、教育和保护被收养人的能力。③未患有在医学上认为不应当收养子女的疾病。④无不利于被收养人健康成长的违法犯罪记录。⑤年满30周岁。

4. 收养的限制规则

（1）对送养人的限制。①监护人送养孤儿的，应当征得有抚养义务的人同意。②生父母送养子女，应当双方共同送养。生父母一方不明或者查找不到的，可以单方送养。

（2）对收养人的限制。①收养子女的人数限制，除被收养人为孤儿、残疾未成年人、儿童福利机构抚养的查找不到生父母的未成年人外，无子女的收养人可以收养两名子女，有子女的收养人只能收养一名子女。②收养程序，有配偶者收养子女，应当夫妻共同收养。③无配偶者收养异性子女的，收养人与被收养人的年龄应当相差40周岁以上。

5. 收养关系的成立时间

收养应当向县级以上人民政府民政部门登记。收养登记程序分为申请、审查和登记三个环节。收养关系自登记之日起成立。

6. 收养的效力

收养的效力是指收养产生的法律效果。根据《民法典》的相关规定，收养的效力可以分为拟制效力和解销效力。

收养的拟制效力是指收养依法创设新的亲属关系及其权利义务关系的效力。收养在养父母、养子女之间形成拟制直系血亲的父母子女关系效力，与自然血亲的父母子女关系相同。

收养的解销效力是指收养依法消灭原有的亲属关系及其权利义务关系的效力。养子女与生父母以及其他近亲属间的权利义务关系因收养关系的成立而消除。但是，收养

消除的是养子女与生父母之间法律意义上的父母子女关系,而非自然意义上的父母子女关系。养子女与生父母之间的血缘关系无法被消除。

7. 收养关系的解除

收养关系的解除是收养关系的终止事由之一。根据《民法典》的相关规定,收养关系可以解除。主要的方式有两种,即协议解除和诉讼解除。

二、继承

《民法典》第六编继承调整因继承产生的民事关系。继承编在一般规定的基础上,分别就法定继承、遗嘱继承和遗赠、遗产的处理作了规定。本节将结合《民法典》继承编的规定,重点阐释继承概述、法定继承、遗嘱继承和遗赠、遗产的处理等问题。

(一)继承概述

1. 继承的概念和特点

(1)继承的概念。继承是指自然人死亡时遗留的个人合法财产,由法律规定的或者由死者指定的人取得的制度。遗留财产的死者是被继承人,被继承人只能是自然人,其他民事主体不能作为被继承人。被继承人死亡时所遗留的个人合法财产是遗产。取得遗产的人,可能是继承人、受遗赠人或者酌情分得遗产的人。

(2)继承的特点。第一,继承因被继承人死亡而开始。第二,继承的结果是遗产的权利转移。《民法典》第一千一百二十三条规定:"继承开始后,按照法定继承办理;有遗嘱的,按照遗嘱继承或者遗赠办理;有遗赠扶养协议的,按照协议办理。"

2. 继承权的概念和特点

(1)继承权的概念。继承权是自然人依照法律规定或被继承人生前有效遗嘱的指定所享有的取得被继承人遗产的权利。继承人依法取得遗产的权利是继承权,受遗赠人取得遗产的权利是受遗赠权。

(2)继承权的特点。第一,继承权是一项独立的民事财产权利。第二,继承权的主体只能是被继承人法定继承人范围之内的自然人。

(二)法定继承

1. 法定继承的概念、特点和适用范围

1)法定继承的概念和特点

法定继承是指由法律直接规定继承人的范围、继承顺序以及遗产分配的基本原则的继承方式。

法定继承最重要的特点是继承人范围、继承顺序以及遗产分配的规则,均由法律直接规定。

2)法定继承的适用范围

根据《民法典》第一千一百二十三条和第一千一百五十四条的规定,继承开始后适用法定继承的情形包括:一是被继承人没有订立遗嘱和遗赠扶养协议;二是遗嘱继承人放弃继承权或者受遗赠人放弃受遗赠权;三是遗嘱继承人丧失继承权,或者受遗赠人丧失受遗赠权;四是遗嘱继承人、受遗赠人先于遗嘱人死亡或者终止;五是有遗嘱无效部分所涉及的遗产;六是有遗嘱未处分的遗产。

2. 法定继承人的范围和顺序

法定继承人的范围是指适用法定继承时,何人可以作为继承人取得被继承人的遗产。

法定继承人的顺序是法定继承人参加继承的先后顺序。

1)法定继承人的范围

法定继承人包括第一顺序和第二顺序的继承人,也包括依法可以代位继承的代位继承人。我国的法定继承人都是被继承人的亲属,但亲属并不都是继承人。

我国法定继承人的范围包括:①配偶;②近血亲,包括父母子女、兄弟姐妹、祖父母、外祖父母、子女的直系晚辈血亲、兄弟姐妹的子女;③有抚养关系的特定姻亲,姻亲是以婚姻为中介而形成的亲属关系,可分为直系姻亲和旁系姻亲。直系姻亲如公婆与儿媳、岳父母与女婿、继父母与继子女,旁系姻亲如继兄弟姐妹等。具体而言,有抚养关系的特定姻亲包括有扶养关系的继父母,有扶养关系的继子女;有抚养关系的继兄弟姐妹;对公婆、岳父母尽了主要赡养义务的丧偶儿媳、女婿。

2)法定继承人的顺序

法定继承的顺序是指法定继承人继承遗产的先后次序,通常根据法定继承人与被继承人的亲疏远近关系来确定。

(1)第一顺序。

根据《民法典》的规定,被继承人的配偶、子女、父母为其第一顺序的法定继承人。

被继承人的子女先于被继承人死亡的,被继承人子女的直系晚辈血亲代其位取得被继承人的遗产,被继承人子女的直系晚辈血亲为代位继承人,在第一顺序参加继承。

对公婆、岳父母尽了主要赡养义务的丧偶儿媳、女婿是独立的第一顺序的法定继承人,其参与继承不影响其子女代位继承。

(2)第二顺序。

根据《民法典》的规定,被继承人的兄弟姐妹、祖父母、外祖父母为其第二顺序的法定继承人。被继承人的兄弟姐妹先于被继承人死亡的,被继承人兄弟姐妹的子女代其位取得被继承人的遗产,被继承人兄弟姐妹的子女为代位继承人,在第二顺序参加继承。

3. 法定继承中的遗产分配规则

遗产分配的基本规则是解决法定继承人为数人时如何在继承人之间确定遗产份额问题的法律依据。《民法典》第一千一百三十条规定:"同一顺序继承人继承遗产的份额,一般应当均等。对生活有特殊困难又缺乏劳动能力的继承人,分配遗产时,应当予以照顾。对被继承人尽了主要扶养义务或者与被继承人共同生活的继承人,分配遗产时,可以多分。有扶养能力和有扶养条件的继承人,不尽扶养义务的,分配遗产时,应当不分或者少分。继承人协商同意的,也可以不均等。"

(三)遗嘱继承和遗赠

1. 遗嘱继承的概念、特点和适用条件

1)遗嘱继承的概念和特点

遗嘱继承,是指按照被继承人生前遗嘱,由其指定的继承人取得遗嘱确定的遗产份额的继承方式。生前订立遗嘱的被继承人是遗嘱人，遗嘱中指定有权取得遗产的法定继承人中的人是遗嘱继承人。

遗嘱继承的特点包括：一是遗嘱继承的发生需要两个法律事实，即被继承人死亡和被继承人生前订立了有效遗嘱；二是遗嘱继承在适用上优先于法定继承，但是如果还另有遗赠扶养协议则优先适用遗赠扶养协议；三是遗嘱继承人均为法定继承人范围之内的人，但不受法定继承顺序和法定应继份的限制，由遗嘱指定的继承人取得遗嘱确定的应继份；四是遗嘱继承不适用代位继承。

2）遗嘱继承的适用条件

遗嘱继承的适用条件包括：一是被继承人生前订立了合法有效的遗嘱；二是遗嘱人死亡；三是没有遗赠扶养协议或遗嘱未与遗赠扶养协议抵触；四是遗嘱继承人未放弃继承，也未丧失继承权；五是遗嘱人先于遗嘱继承人死亡。

2. 遗嘱的概念、特点和形式

1）遗嘱的概念和特点

遗嘱是自然人生前对个人财产进行处分，并于其死亡后生效的单方民事法律行为。

遗嘱的特点包括：一是遗嘱是单方民事法律行为；二是遗嘱于遗嘱人死亡时生效；三是遗嘱不得代理；四是遗嘱是要式法律行为。

2）遗嘱的形式

根据《民法典》的规定，遗嘱的形式主要包括自书遗嘱、代书遗嘱、打印遗嘱、录音录像遗嘱、口头遗嘱和公证遗嘱。遗嘱形式是遗嘱的有效要件，遗嘱未能按照法定形式订立的，不产生法律效力。

3. 遗赠扶养协议

1）遗赠的概念和特点

遗赠是自然人以遗嘱的方式将其个人财产赠与国家、集体或法定继承人以外的人，并于其死亡后生效的单方民事法律行为。遗嘱人是遗赠人，接受遗产的国家、集体或法定继承人以外的人是受遗赠人。

遗赠的特点包括：一是受遗赠人是法定继承人之外的人；二是遗赠须由受遗赠人在法定期间表示接受。

2）遗赠扶养协议的概念和特点

根据《民法典》第一千一百五十八条的规定，遗赠扶养协议是被扶养人与继承人以外的扶养人之间订立的以扶养人对被扶养人生养死葬的义务，以及将个人财产遗赠给扶养人为内容的协议。遗赠扶养协议的效力优先于遗嘱继承和遗赠。遗赠扶养协议是我国特有的扶养和遗赠相结合的法律制度。

遗赠扶养协议的特点包括：一是遗赠扶养协议是双方法律行为；二是遗赠扶养协议是有偿法律行为；三是遗赠扶养协议在协议成立时生效；四是遗赠扶养协议的扶养人是继承人之外的组织或者个人；五是遗赠扶养协议效力优先于遗嘱和法定继承。

3）遗赠扶养协议的解除

遗赠扶养协议可以解除。根据《民法典》的规定，遗赠扶养协议可以协议解除，或者因一方不履行协议而解除。

（四）遗产的处理

1. 遗产的概念、特点和范围

1）遗产的概念和特点

遗产是被继承人死亡时遗留的个人合法财产。遗产是继承法律关系的客体。

遗产的特点包括：一是被继承人死亡时遗留的财产；二是被继承人的个人合法财产；三是依照法律规定或者根据其性质不得继承的遗产，不得继承。

2）遗产的范围

根据《民法典》的规定，财产权利包括物权、债权、知识产权、继承权、股权和其他投资性权利等。遗产的范围包括物权、债权、知识产权中的财产性权利、继承权和受遗赠权、股权和其他投资性权利以及其他依法可以作为遗产的财产。

2. 遗产管理人

（1）遗产管理人的概念。遗产管理人是保护和管理被继承人遗产的人。

（2）遗产管理人的确定。根据《民法典》的规定，遗产管理人可以通过遗嘱指定、继承人推选、法律规定以及法院指定来确定。

（3）遗产管理人的职责。根据《民法典》第一千一百四十七条的规定，遗产管理人负责清理遗产并制作遗产清单，向继承人报告遗产情况，采取必要措施防止遗产毁损、灭失，处理被继承人的债权债务，按照遗嘱或者依照法律规定分割遗产，以及实施与管理遗产有关的其他必要行为。

3. 遗产分割和债务清偿

1）遗产分割

遗产分割是指存在数个继承人共同继承时，按照遗嘱指定或法定应继份，将遗产分配给各继承人的行为。在遗产分割中应对缺乏劳动能力又没有生活来源的继承人予以保护；为胎儿保留继承份额；依法发生转继承，根据《民法典》第一千一百五十二条的规定，继承开始后，继承人于遗产分割前死亡，并没有放弃继承的，该继承人应当继承的遗产转给其继承人，但是遗嘱另有安排的除外。

2）债务清偿

被继承人死亡后，其生前应当偿还的公法和私法上的债务并不消灭，应由其继承人承担清偿被继承人债务的责任。我国实行法定的限定继承制度，继承人以所得遗产实际价值为限，清偿被继承人依法应当缴纳的税款和债务；超过遗产实际价值部分，继承人自愿偿还的，不在此限。

第十一节 侵权责任

《民法典》第七编侵权责任调整因侵害民事权益产生的民事关系。侵权责任编在一般规定的基础上，分别就损害赔偿、责任主体的特殊规定、产品责任、机动车交通事故责任、医疗损害责任、环境污染和生态破坏责任、高度危险责任、饲养动物损害责任、建筑物和物件损害责任作了规定。本节将结合《民法典》侵权责任编的规定，重点阐释侵权责任概述、特殊侵权责任等问题。

一、侵权责任概述

(一) 侵权责任的概念和分类

1. 侵权责任的概念

侵权责任也称侵权行为的民事责任，是指民事主体因自己的行为或者由其负责的他人的行为或由其管理的物件，致使他人民事权益遭受侵害而应承担的各种民事法律后果。实施侵权行为的主体称为加害人，享有侵权责任请求权的主体称为受害人。

2. 侵权责任的特点

第一，侵权责任是违反法定义务产生的民事责任。第二，侵权责任以存在侵权行为这一事实为前提。第三，侵权责任的形式具有多样性。第四，侵权责任具有强制性。

3. 侵权责任的分类

根据责任的成立是否以行为人具有过错为要件和表现形式上的不同，侵权责任可以分为一般侵权责任和特殊侵权责任。一般侵权责任是指行为人因过错侵害他人民事权益而应承担的侵权责任。特殊侵权责任是指行为人侵害他人民事权益，无论其是否具有过错，依法律的规定均应承担的侵权责任。

(二) 侵权责任的归责原则

侵权责任的归责原则，是指行为人或侵权人因自己的行为或者由其负责的他人行为或者由其管理的物件，致使他人民事权益遭受损害后，确定其应承担侵权责任的依据。《民法典》所规定的侵权责任的归责原则主要是过错责任原则，此外还包括过错推定责任、无过错责任和公平责任原则。

1. 过错责任原则

过错责任原则，也称过失责任原则，是指行为导致损害事实的发生以行为人主观上具有过错为承担侵权责任的必要条件。过错责任原则的特点包括：一是以过错作为侵权责任的构成要件；二是以过错作为损害转移的正当性基础，无过错即无责任；三是遵循"谁主张，谁举证"的原则，受害人需对行为人主观上是否存在过错负举证责任，行为人无须证明自己没有过错；四是过错决定侵权责任的成立与否。过错是过错责任的归责基础，过错责任原则适用于一般侵权行为。在法律没有特别规定适用无过错责任或公平责任的场合，均适用过错责任原则。

2. 过错推定责任原则

过错推定责任，是指行为造成损害事实时，行为人不能证明自己没有过错的，推定其具有过错，并承担相应的侵权责任。过错推定责任是过错责任的一种特殊形式。《民法典》第一千一百六十五条第二款规定："依照法律规定推定行为人有过错，其不能证明自己没有过错的，应当承担侵权责任。"

过错推定责任的特点包括：①过错推定属于过错责任原则，是过错责任原则中的一种特殊情形；②过错推定责任采取举证责任倒置的方式；③过错推定责任仅适用于特殊侵权行为。

3. 无过错责任原则

无过错责任，又称无过失责任，是指行为造成损害，归责时是不以行为人主观上具有过错作为承担侵权责任的必要条件。《民法典》第一千一百六十六条规定："行为人造成他人民事权益损害，不论行为人有无过错，法律规定应当承担侵权责任的，依照其规定。"

无过错责任的特点包括：①无过错责任不以行为人主观上具有过错为责任的构成要件；②受害人在请求行为人承担侵权责任时，对加害人主观上是否具有过错不负举证责任，其只要证明存在加害行为损害后果及因果关系等客观构成要件即可；③无过错责任并非结果责任，行为人也有权依据法律规定的免责事由或者减轻责任的事由进行抗辩；④无过错责任，尤其是以危险为归责事由的无过错责任中，通常存在赔偿的最高限额；⑤无过错责任对行为人而言是一种加重责任，应有法律对其适用范围加以严格的限制。

4. 公平责任原则

公平责任，又称衡平责任，是指在当事人双方对损害的发生均无过错，法律又未特别规定适用无过错责任，让一方当事人承担损失有违公平时，根据民法公平原则，由行为人对受害人的财产损害给予适当的补偿，当事人合理分担损失的一种责任类型。《民法典》第一千一百八十六条规定："受害人和行为人对损害的发生都没有过错的，依照法律的规定由双方分担损失。"

公平责任的适用必须有法律的明文规定。

（三）侵权责任的构成要件

侵权责任的构成要件，是指行为人的行为致使他人民事权益遭受损害，依照法律应当承担侵权责任所必须具备的法定条件。一般侵权责任的构成要件包括加害行为、损害事实、因果关系和主观过错。特殊侵权责任的构成要件包括加害行为、损害事实和因果关系。

一般侵权责任的构成要件包括以下四种。

1. 加害行为

加害行为，是指民事主体在其意志支配下所实施的侵害他人民事权益的行为。加害行为的特征包括：①加害行为是事实行为；②加害行为是侵害他人民事权益的行为；③加害行为是在人的意识支配下实施的行为。

2. 损害事实

损害事实，是指受害人所遭受的某种消极影响，包括财产损害和非财产损害。非财产损害又包括人身损害和精神损害。这种消极影响通常表现为财产的减少、利益的丧失、名誉的毁损、精神痛苦或者身体疼痛、知识产权损害等。损害的特征包括：①损害是民事权益遭受侵害的后果；②损害具有确定性；③损害具有可救济性。

3. 因果关系

因果关系，是指侵权行为与损害结果之间引起和被引起的关系。因果关系的特征包括：①因果关系具有客观性；②因果关系具有规范性；③因果关系具有时间性与相对性；④因果关系具有复杂性。

4. 主观过错

主观过错，是指侵权行为人在主观上具备的可责难性，即对行为人通过其违法行为所表现出来的主观状态的法律评价。主观过错的形式包括故意和过失。

（四）侵权责任的免除和减轻责任事由

（1）受害人过错。受害人过错，又称混合过错或者过失相抵，是指当受害人对于损害的发生或者损害结果的扩大，也具有过错时，依法减轻赔偿义务人的损害赔偿责任。《民法典》第一千一百七十三条规定："被侵权人对同一损害的发生或者扩大有过错的，可以减轻侵权人的责任。"

（2）受害人故意。受害人故意，是指受害人明知自己的行为会对自身造成损害，而希望或者放任此种结果的发生。《民法典》第一千一百七十四条规定："损害是因受害人故意造成的，行为人不承担责任。"

（3）第三人过错。第三人过错，是指当事人之外的第三人对被侵权人损害的发生或扩大具有过错。《民法典》第一千一百七十五条规定："损害是因第三人造成的，第三人应当承担侵权责任。"

（4）自甘风险。自甘风险，是指受害人有意识地使自己置于他人所管领的一定危险之中，从而导致损害的情形。《民法典》第一千一百七十六条规定："自愿参加具有一定风险的文体活动，因其他参加者的行为受到损害的，受害人不得请求其他参加者承担侵权责任；但是，其他参加者对损害的发生有故意或者重大过失的除外。"

（5）自助行为。自助行为，是指特殊情况下，权利人为了保护自己的权利，对他人的财物采取扣留等措施的行为。《民法典》第一千一百七十七条规定："合法权益受到侵害，情况紧迫且不能及时获得国家机关保护，不立即采取措施将使其合法权益受到难以弥补的损害的，受害人可以在保护自己合法权益的必要范围内采取扣留侵权人的财物等合理措施；但是，应当立即请求有关国家机关处理。受害人采取的措施不当造成他人损害的，应当承担侵权责任。"

（五）侵权责任的承担方式

侵权责任的承担方式是指侵权人依法应当对侵权损害承担的不利法律后果的形式和类别。侵权责任属于法律规定的民事责任。根据《民法典》第一百七十九条第一款的规定，承担侵权责任的主要方式有八种，即停止侵害、排除妨碍、消除危险、返还财产、恢复原状、赔偿损失、赔礼道歉，以及消除影响、恢复名誉。根据《民法典》第一百七十九条第三款的规定，以上侵权责任承担方式可以单独适用，也可以合并使用。

二、特殊侵权责任

（一）特殊责任主体的责任

1. 监护人责任

监护人责任，是指无民事行为能力人或者限制民事行为能力人造成他人损害时，其监护人依法应当承担的侵权责任。

监护人责任的归责原则采用无过错责任的归责原则。只要是无民事行为能力人、限制民事行为能力人造成他人损害的，无论监护人对此有无过错，都应承担侵权责任。

监护人责任的构成要件包括：①造成他人损害的主体是被监护人；②被监护人造成他人损害；③被监护人的行为与受害人的损害之间具有因果关系；④被监护人没有独立财产。

2. 用人者责任

用人者责任，是指雇佣他人为自己提供劳务，提供劳务者在提供劳务的过程中自身遭受损害或者造成他人损害时，接受劳务者所应当承担的侵权责任。《民法典》第一千一百九十一条和第一千一百九十二条分别对单位用工责任和个人用工责任进行了规定。

用人者责任的归责原则适用无过错责任原则。无论用人者在主观上是否存在过错，都应当对提供劳务者所造成的他人损害承担赔偿责任。

用人者责任的构成要件包括：①存在用工关系；②侵权行为由工作人员或提供劳务一方实施；③提供劳务一方因执行工作任务或提供劳务而造成他人损害。

3. 网络侵权责任

网络侵权是指行为人在互联网上实施的侵害他人民事权益的行为。网络侵权是一切发生于互联网空间的侵权行为。网络侵权所侵害的民事权益常见的有侵害他人知识产权、肖像权、名誉权、隐私权、网络虚拟财产等。网络侵权责任的归责原则是过错责任原则。

4. 违反安全保障义务的侵权责任

违反安全保障义务的侵权责任，是指宾馆、商场、银行、车站、机场、体育场馆、娱乐场所等经营场所、公共场所的经营者、管理者或者群众性活动的组织者，对于进入场所或参加活动的人负有保障其人身和财产安全的义务，但没有尽到安全保障义务，并造成他人损害的，应当承担侵权责任。

违反安全保障义务责任的构成要件包括：①责任主体是安全保障义务人；②安全保障义务主体没有尽到安全保障义务；③他人遭受损害；④他人遭受的损害和义务人未尽到安全保障义务之间有因果关系。

5. 教育机构的侵权责任

教育机构的侵权责任，是指无民事行为能力人或者限制民事行为能力人在幼儿园、学校或者其他教育机构学习、生活期间受到人身损害后，幼儿园、学校或者其他教育机构所应当承担的侵权责任。

教育机构侵权责任的责任主体是教育机构，包括幼儿园、学校及其他类型的教育机构。教育机构侵权责任的受害人是在教育机构学习、生活的无民事行为能力人或者限制民事行为能力人，具体包括在幼儿园、学校或者其他教育机构学习、生活的无民事行为能力人和限制民事行为能力人。受害人遭受的侵害仅限于人身损害。

教育机构侵权责任的归责原则，根据受害人是无民事行为能力人还是限制民事行为能力人的不同而有所不同。具体来说，教育机构对无民事行为能力人侵权责任的归责原则是过错推定原则，教育机构对限制民事行为能力人侵权责任的归责原则是一般的过错责任原则。

（二）产品责任

产品责任，是指因产品存在缺陷而致人损害时，产品的生产者、销售者等相关主体所应当承担的侵权损害赔偿责任。

产品责任的归责原则实行无过错责任原则。《民法典》第一千二百零二条规定："因产品存在缺陷造成他人损害的，生产者应当承担侵权责任。"一旦因为产品缺陷而发生损害，则不必考察生产者的过错因素。无论其是否有过错，无论受害人是否能够证明其过错，只要受害人能够证明产品存在缺陷，均可追究生产者的侵权责任。

产品责任的构成要件包括：①产品存在缺陷；②存在缺陷产品造成他人损害的事实；③缺陷产品与造成的损害事实之间存在因果关系。

（三）机动车交通事故责任

机动车交通事故责任，是指因机动车在交通中产生事故而造成他人人身或财产权益损害时，机动车一方所应承担的侵权责任。机动车是指以动力装置驱动或者牵引，上道路行驶的供人员乘用或者用于运送物品以及进行工程专项作业的轮式车辆。《民法典》第一千二百零八条规定："机动车发生交通事故造成损害的，依照道路交通安全法律和本法的有关规定承担赔偿责任。"

机动车交通事故责任针对不同主体之间的交通事故采取不同的归责原则。机动车之间发生交通事故，适用过错责任原则。机动车与非机动车驾驶人、行人之间发生交通事故，适用无过错责任原则。

机动车交通事故责任的构成要件包括：①机动车交通事故必须发生在道路上；②交通事故由机动车一方造成；③交通事故造成了他人损害；④机动车交通事故与损害之间具有因果关系。

（四）医疗损害责任

医疗损害责任，是指医疗机构及其医务人员在诊疗活动中，因过错造成患者损害或者因缺陷医疗产品或输入不合格的血液导致患者遭受损害，所需要承担的侵权损害赔偿责任。

医疗损害侵权适用过错责任原则，《民法典》第一千二百一十八条规定："患者在诊疗活动中受到损害，医疗机构或者其医务人员有过错的，由医疗机构承担赔偿责任。"

医疗损害责任的构成要件包括：①医疗机构或者其医务人员进行了诊疗活动；②患者在诊疗活动中遭受了损害；③医疗机构及其医务人员存在过错；④过错与损害之间具有因果关系。

（五）环境污染和生态破坏责任

环境污染和生态破坏责任，是指行为人因从事了污染环境、破坏生态的行为而应当承担的侵权责任。《民法典》第一千二百二十九条规定："因污染环境、破坏生态造成他人损害的，侵权人应当承担侵权责任。因此，实施污染环境、破坏生态行为而造成他人损害的，侵权人应当承担侵权责任。"对行为人责任的判断不以具有过错为条件。《民法典》对污染环境、破坏生态的归责原则采取的是无过错责任原则。

环境污染和生态破坏责任的构成要件包括：①行为人实施了污染环境和破坏生态的行为；②对生态环境造成污染和破坏；③行为人的行为与损害后果之间具有因果关系。

（六）高度危险责任

高度危险责任，是指因从事高度危险作业造成他人损害而应当承担的侵权责任。《民法典》第一千二百三十六条规定："从事高度危险作业造成他人损害的，应当承担侵权责任。"

高度危险作业包括高度危险活动和高度危险物品。高度危险活动包括高空、高压、地下挖掘活动或者使用高速轨道运输工具的作业。高度危险物品，包括民用核设施，民用航空器、易燃、易爆、剧毒、高放射性、强腐蚀性、高致病性等高度危险物。

高度危险责任的归责原则是无过错责任原则，即只要高度危险作业，造成了他人人身、财产权益的损害，则无论行为人是否有过错，都要承担侵权责任。

高度危险责任的构成要件包括：①行为人实施了高度危险作业；②受害人遭受了损害；③高度危险作业与受害人损害之间具有因果关系。

（七）饲养动物损害责任

饲养动物损害责任是指饲养的动物造成他人损害时，动物饲养人或者管理人所应当承担的侵权责任。

根据《民法典》第一千二百四十五条、一千二百四十六条的规定，饲养动物损害责任的归责原则采取无过错责任原则，即无论动物饲养人或管理人有无过错，只要饲养的动物造成他人损害或者违反管理规定未对动物采取安全措施，造成他人损害，动物饲养人或者管理人就应当承担侵权责任。只有基于被侵权人故意或重大过失造成自身损害的情形下，才可以减轻或者免除饲养人或管理人的责任。

饲养动物损害责任的构成要件包括：①致人损害的动物是饲养的动物；②饲养的动物造成了他人的损害；③饲养的动物与被侵权人的损害后果之间具有因果关系。

（八）建筑物和物件损害责任

建筑物和物件损害责任是指建筑物、构筑物或者其他设施、林木、道路及地下设施等人工物发生倒塌、坠落等现象造成他人损害时，相关人工物的所有人、管理人、使用人等主体所应承担的侵权责任。

建筑物和物件损害责任的归责原则采用过错责任中的过错推定原则，即一旦建筑物和物件造成他人损害的后果，就先推定建筑物和物件的所有人或管理人等主体具有过错，如果所有人或管理人等主体认为自己没有过错，则必须承担举证责任，证明其并无过错，才能免于承担侵权责任。

本 章 小 结

本章重点结合《民法典》总则的规定和典型案例，阐述了民法的概念与调整对象，民法的基本原则，民事法律关系与民事权利体系，民事法律关系的主体，民事法律行为，代理，民事责任与诉讼时效等内容，并对物权、合同、人格权、婚姻家庭、继承、侵权责任等相关内容作了简要介绍，从而使我们对我国民法的基本理论和制度有一个初步的了解。

主要参考文献：

傅楚昉. 2018. 民法概论（精品·公开课件）. https://max.book118.com/html/2018/1107/7166006026001156.shtm[2022-12-15].

国家统一法律职业资格考试辅导用书编辑委员会. 2021. 民法. 北京: 法律出版社.

梁慧星. 2017. 民法总论. 北京: 法律出版社.

王利明. 2024. 民法. 10 版. 北京: 中国人民大学出版社.

吴汉东. 2023. 法学通论. 8 版. 北京: 北京大学出版社.

姚辉. 1998. 以案说法: 民法篇. 北京: 中国人民大学出版社.

第七章 民事诉讼法

思维导图：

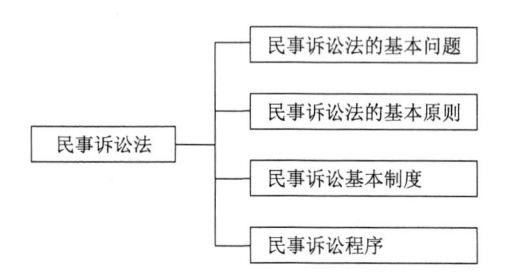

民事诉讼法
- 民事诉讼法的基本问题
- 民事诉讼法的基本原则
- 民事诉讼基本制度
- 民事诉讼程序

主要问题：

1. 民事诉讼与其他民事纠纷解决方式有哪些不同？
2. 如何理解民事诉讼法对民事实体法实现的保障作用？
3. 如何理解当事人诉讼平等原则？
4. 如何理解自愿、合法的调解原则？
5. 如何评价我国人民陪审制度？
6. 怎样理解回避事由？
7. 简述简易程序与普通程序的区别。
8. 审理前的准备有哪些功能？

重要概念：

民事诉讼；民事诉讼法；纠纷；诚信原则；处分原则；辩论原则；调解；检察监督；合议制度；回避制度；公开审判制度；两审终审制度；陪审制度

重要法律：

《中华人民共和国民事诉讼法》

典型案例：

第一节 民事诉讼法的基本问题

在社会发展过程中,由于利益诉求和个体主观意识的差异,纠纷的发生在所难免。诉讼是一种能有效解决社会纠纷的机制,具有正式性、规范性和权威性。民事纠纷又称民事冲突、民事争议,是社会纠纷的一种,是常见的社会现象。本节主要介绍民事诉讼与民事诉讼法的几个基本问题:民事诉讼的概念和特征,以及民事诉讼法的概念和性质。

一、民事诉讼的概念

民事诉讼,是指人民法院在当事人和其他诉讼参与人的参加下,依法审理和解决民事案件所进行的各种诉讼活动以及由此产生的各种法律关系的总和。

民事诉讼的主要功能是解决民事案件。民事案件分为两大类:①平等主体之间因人身关系和财产关系所产生的民事纠纷案件,这是典型的民事案件,适用诉讼程序解决。②不具有民事权利义务之争的非诉民事案件。这类案件不具有纠纷性,只是需要由人民法院按照民事法律来确认某种事实或某种事实的状态,如宣告公民死亡、认定公民无民事行为能力等,适用非诉程序解决。非诉程序包括特别程序(选民资格案件除外)、督促程序和公示催告程序。

民事诉讼活动的主体,是指人民法院、当事人和其他诉讼参与人。其中,人民法院和当事人是最基本的诉讼主体,缺少其中任何一个主体,诉讼就不能成立。根据诉讼活动的需要,在有些诉讼活动中,可能有证人、鉴定人、翻译人等参加诉讼。

民事诉讼的内容,包括诉讼主体的诉讼活动,以及由这些活动所产生的各种诉讼法律关系。诉讼活动既包括人民法院依法进行的诉讼活动,如受理案件、开庭审理、作出裁判等;也包括当事人和其他诉讼参与人依法进行的诉讼活动,如当事人起诉与应诉、法庭质证、辩论等。由于人民法院的诉讼活动是基于审判职能而实施的,故又称为审判活动。

二、民事诉讼的特征

民事诉讼是民事纠纷解决机制的重要组成部分,与其他民事纠纷解决方式(如和解、民间调解)相比,具有强制性、程序性、终局性、权威性等特征。具体而言,其特征主要表现在以下几个方面。

(一)民事诉讼以国家强制力为后盾解决民事纠纷

民事诉讼作为一种公力救济,以国家强制力为后盾,是一种规范的纠纷解决手段。人民法院作出的裁判体现国家意志。当事人必须服从人民法院作出的生效判决,主动履行裁判所确定的义务。如果不主动履行义务,人民法院可依申请强制执行。同时,人民法院在诉讼中可以对破坏诉讼秩序,妨碍诉讼进行的当事人或有关人员依法采取民事强制措施。

（二）民事诉讼要严格遵循法定的程序解决民事纠纷

为了保障双方当事人平等地行使诉讼权利，同时也为了保障裁判者公正地裁判案件，从而达到国家法律统一实施和维护法律秩序的目的，民事诉讼法规定了一套严格的程序规范。人民法院、当事人以及其他诉讼参与人都必须严格遵守法定的程序和方式，违反了法定的程序和方式，可能导致诉讼行为的无效；严重违反诉讼程序的，还会受到法律的制裁。

（三）民事诉讼具有纠纷解决的终局性

民事诉讼具有终局性不仅意味着生效的裁判文书对当事人和宣告判决的法院有拘束力，也意味着对其他社会机构有拘束力。人民法院以国家公权力为后盾作出的生效裁判终局性地明确了当事人之间的权利义务关系，其他程序不能变更或者推翻。除非符合再审要求，民事诉讼的生效判决都应该被执行。

（四）民事诉讼具有权威性

民事诉讼是人民法院依据国家制定的法律解决民事纠纷的过程，其结果具有权威性，无论当事人同意与否，都必须接受人民法院的裁判结果。一方不履行人民法院作出的生效裁判，另一方可以申请强制执行。

三、民事诉讼法的概念

民事诉讼法，是指国家制定或者认可的，规范民事诉讼活动和调整民事诉讼法律关系的法律规范的总称。民事诉讼法既是人民法院审理案件和强制执行的程序规范，又是当事人及诉讼参与人进行诉讼活动的程序规范。

民事诉讼法有狭义和广义之分。狭义的民事诉讼法，即民事诉讼法典，又称形式意义上的民事诉讼法，是指国家最高权力机关制定的关于民事诉讼的专门的规范性文件。1991年4月9日第七届全国人民代表大会第四次会议通过并公布施行的《中华人民共和国民事诉讼法》（以下简称《民事诉讼法》），就是狭义的民事诉讼法，该法于2007年10月28日第一次修正，2012年8月31日第二次修正，2017年6月27日第三次修正，2021年12月24日第四次修正，2023年9月1日第五次修正。广义的民事诉讼法，又称实质意义上的民事诉讼法，是指除民事诉讼法典外，还包括在宪法、其他法律法规、我国参加的国际条约和国际公约中有关民事诉讼的规定，如《中华人民共和国人民法院组织法》《中华人民共和国人民检察院组织法》等法律中涉及民事诉讼程序的规定；此外，最高人民法院、最高人民检察院以及最高人民法院与其他有关机关联合发布的指导民事诉讼的司法解释也属于广义的民事诉讼法。

四、民事诉讼法的性质

我国民事诉讼法是社会主义性质的法律，是国家上层建筑的组成部分之一。民事诉讼法的性质主要表现在以下几个方面。

（1）民事诉讼法是基本法。在我国的法律体系中，依各个法律的地位和作用不同，可将其分为根本法、基本法和一般法，基本法的效力低于宪法但高于一般法。宪法是我国的根本法。民事诉讼法是由国家最高权力机关制定与修订的基本法律，是其他民事程序法制定的依据。

（2）民事诉讼法是公法。民事诉讼法是对民事诉讼活动和民事诉讼法律关系进行规范的法律，属于公法范畴。尽管民事诉讼解决的是平等主体之间的私权之争，但其是以公权力的方式解决民事纠纷，涉及国家审判权的行使。由此，民事诉讼程序具有强制性和程序性，裁判结果具有终局性和权威性，人民法院、当事人和其他诉讼参与人都应该遵守民事诉讼法的各项程序规定。

（3）民事诉讼法是程序法。根据法律规定的具体内容的不同，可以将法律分为实体法和程序法。相对于民法、刑法等实体法，民事诉讼法以民事诉讼程序和制度为内容，是程序法。

第二节　民事诉讼法的基本原则

民事诉讼法的基本原则，是指贯穿在民事诉讼的整个过程中，对民事诉讼活动起指导作用的根本性准则。它是立法者制定法律的指导思想和要求，是本部门法精神实质和价值要求的集中体现，是民事诉讼法条文活的灵魂，是人民法院、当事人和其他诉讼参与人进行民事诉讼活动必须遵循的根本规则。民事诉讼法基本原则的内涵，一般以《民事诉讼法》的第一章为依据，将第一章除任务、适用范围之外的内容作为基本原则。本节主要阐述同等原则与对等原则、当事人诉讼权利平等原则、法院调解原则、辩论原则、诚信原则、处分原则、检察监督原则、支持起诉原则。

一、同等原则与对等原则

《民事诉讼法》第五条规定："外国人、无国籍人、外国企业和组织在人民法院起诉、应诉，同中华人民共和国公民、法人和其他组织有同等的诉讼权利义务。外国法院对中华人民共和国公民、法人和其他组织的民事诉讼权利加以限制的，中华人民共和国人民法院对该国公民、企业和组织的民事诉讼权利，实行对等原则。"

同等原则赋予在我国人民法院起诉、应诉的外国人、无国籍人、外国企业和组织同我国公民、法人和其他组织同等的诉讼权利与义务，对他们既不优待，也不歧视；既不限制他们的诉讼权利，也不增加他们的诉讼义务。这不仅有利于解决各类涉外民事纠纷，也有利于发展我国与世界各国人民之间的友好关系，并且也符合当代民事诉讼立法的总趋势。

对等原则是指外国法院对我国公民、法人和其他组织的民事诉讼权利加以限制的，我国人民法院对该国公民、企业和组织的民事诉讼权利加以同样的限制。实行对等原则的目的，是为了维护我国的尊严和我国公民、法人和其他组织的正当权益。对等原则是基于主权国家间在司法上应平等对待原则而确立的一项基本原则，该原则是为各国所公认的一项诉讼原则。如果外国法院对我国公民、法人和其他组织在该国的民事诉讼权利加以限制，我国人民法院也将对该国公民、企业和组织的民事诉讼权利采取相同的限制措施。这样以限制对抗限制在我国司法制度上就体现了国家之间的平等互利。

同等原则与对等原则是同一问题的两个方面，两者之间的关系紧密相连，不可分割。一国法院要求他国法院对自己国家的当事人提供诉讼上的方便，应当以自己国家的法院对他国当事人的诉讼权利不加以限制、诉讼义务不予增加为前提。否则，将会产生相互限制的情况。因此，同等原则只有在对等原则得到保障的情形下才可以适用。[①]

二、当事人诉讼权利平等原则

《民事诉讼法》第八条规定："民事诉讼当事人有平等的诉讼权利。人民法院审理民事案件，应当保障和便利当事人行使诉讼权利，对当事人在适用法律上一律平等。"这一原则包含以下三层含义。

第一，双方当事人的诉讼地位平等。诉讼当事人在民事诉讼中，虽有原告、被告、第三人等不同的称谓，但在有关诉讼过程中的诉讼地位是平等的。当事人的诉讼权利平等，在民事诉讼中表现为两种情况：一是双方当事人享有相同的诉讼权利，如双方当事人都有委托代理、申请回避、提供证据、请求调解、进行辩论、提起上诉、申请执行等权利；二是双方当事人享有对等的诉讼权利，如原告有提起诉讼的权利，被告有提出反驳和反诉的权利。

第二，人民法院平等地保障双方当事人行使诉讼权利。人民法院在民事诉讼中处于主导地位，起组织、领导和决定性的作用，保障当事人平等地实现诉讼权利，是人民法院的职责。一方面，人民法院应在诉讼中为当事人行使诉讼权利提供机会，使当事人的诉讼权利能够充分行使。例如，在合议庭组成人员确定后，应当在三日内告知双方当事人，使他们有时间考虑是否申请审判人员回避。另一方面，在当事人行使诉讼权利存在实际困难时，人民法院应当尽量创造条件，提供方便。例如，当事人因客观原因不能自行收集的证据，可申请人民法院调查收集。

第三，当事人在适用法律上一律平等。一切诉讼当事人，不分民族、种族、性别、职业、社会出身、宗教信仰、受教育的程度、财产状况等差异，在适用法律上一律平等。任何公民，都应毫无例外地遵守法律，享受法律规定的权利，履行法律规定的义务。一切当事人的合法权利都应受到保护，一切当事人的违法行为都应受到制裁。只有这样，才能切实保护当事人的合法权益。

三、法院调解原则

《民事诉讼法》第九条规定："人民法院审理民事案件，应当根据自愿和合法的原则进行调解；调解不成的，应当及时判决。"根据这一规定，人民法院审理民事案件时，对于能够调解解决的纠纷，在双方当事人自愿的基础上，通过说服劝导的方式，促使双方达成协议，解决纠纷。可以从以下几个方面理解调解原则。

第一，法院调解原则以当事人的处分权为基础，是处分权的重要体现。调解的过

[①] 宋朝武：《民事诉讼法学》（第六版），中国政法大学出版社2021年版，第72页。

程，就是双方当事人不断妥协、纠纷不断消除的过程，在这一过程中，没有当事人对民事权利的处分行为是不可能的。

第二，法院调解应当坚持自愿、合法原则。自愿是指双方当事人愿意接受人民法院的调解，自愿接受调解协议。合法是指人民法院对民事案件进行调解时，必须依法进行，在程序上不得违反自愿原则，在实体上调解协议的内容不得违反法律的基本精神。

第三，调解不成，应及时判决。如果当事人不愿意接受调解方式或经调解无法达成协议，人民法院应当及时判决，不能久调不判。

四、辩论原则

《民事诉讼法》第十二条规定："人民法院审理民事案件时，当事人有权进行辩论。"辩论原则是指在人民法院主持下，当事人有权就案件事实和争议问题，各自陈述主张和理由，互相反驳和答辩，维护自己的合法权益。作为原则，辩论原则从一个方面界定了法院和当事人之间的关系，对法院和当事人均有相应的约束力，所以，其被称为"约束性辩论原则"。约束性辩论原则的基本含义：第一，直接决定法律效果发生或消灭的必要事实必须在当事人的辩论中出现，没有在当事人的辩论中出现的事实不能作为法院裁判的依据。第二，当事人一方提出的事实，对方当事人无争议的，法院应将其作为裁判的依据。基于这一点，也就自然产生了自认制度。第三，法院对案件证据的调查只限于当事人双方在辩论中所提出来的证据。[1]

法庭辩论最集中地反映了辩论原则的主要精神，是当事人行使辩论权的重要体现。但是，辩论绝不限于法庭辩论，而是贯穿在从当事人起诉到诉讼终结的整个过程中，包括一审程序、二审程序、再审程序。辩论的内容既可以是程序方面的问题，也可以是实体方面的问题。对于程序方面的问题，如当事人是否合格、当事人的某项诉讼行为是否符合法定要求以及代理人是否有代理权等，当事人双方均可提出否定或者肯定的意见。实体方面的问题通常是辩论的焦点。一般来说，实体问题因涉及事实认定或法理适用，往往会直接影响诉讼的结果，因此通常会成为当事人辩论的焦点。审判人员借助辩论过程，可以全面了解双方的观点及各自的论据，进而形成相应的评判。[2]辩论的表现形式及方式多种多样。辩论既可以通过口头形式进行，也可以运用书面形式表达。口头形式便于当事人随时阐明自己的主张，随时辩驳他方观点，双方针锋相对，唇枪舌剑。法庭调查和法庭辩论时，口头辩论是比较普遍的方式。在其他诉讼阶段，当事人可以通过书面形式行使辩论权，如原告的起诉状、被告的答辩状是典型的书面形式的辩论。

五、诚信原则

《民事诉讼法》第十三条规定："民事诉讼应当遵循诚信原则。当事人有权在法律规定的范围内处分自己的民事权利和诉讼权利。"民事诉讼中诚信原则源于民法中的诚信原则。诚信原则的设置是为了防止当事人在诉讼中滥用诉讼权利，如伪造证据，恶

---

[1] 张卫平：《民事诉讼法》（第六版），法律出版社2023年版，第56页。
[2] 江伟：《民事诉讼法》（第五版），高等教育出版社2016年版，第35页。

意串通以通过诉讼逃避债务、转移资产、滥用管辖权异议等程序拖延诉讼、拖延执行等，侵害国家、社会、他人合法权益的行为。

诚信原则贯穿整个民事诉讼的全过程，包括依法行使诉讼权利，履行诉讼义务，遵守诉讼秩序，自觉履行生效文书等。诚信原则不仅约束当事人，而且约束法院和其他诉讼参与人。诚信原则排除当事人以不正当方式形成有利于自己的诉讼状态；禁止当事人滥用诉讼权利；禁止诉讼活动参与人前后矛盾的陈述和行为，如证人应当如实作证，鉴定人应当如实出具鉴定意见；禁止当事人虚假陈述。诚信原则禁止法官滥用自由裁量权和突袭性裁判。禁止滥用自由裁量权要求法官根据法律的精神，公正、诚实和善意地行使自由裁量权。禁止突袭性裁判规则要求法官尊重当事人的程序主体地位，保障诉讼活动的公正性与平等性。[1]

六、处分原则

处分原则又称为处分权原则，其基本含义是：当事人是否起诉或终结诉讼，何时或何种内容、范围（法院对当事人没有提出的请求事项不能裁判），对何人起诉，原则上由当事人自由决定，国家不能干预。法院在民事诉讼中应当处于被动消极的地位。[2]处分原则是《民法典》中当事人意思自治原则的体现和延伸。当事人对实体权利的处分通过提出、变更、放弃诉讼请求以及反驳或者承认对方诉讼请求、和解等方式实现。

处分原则适用于民事权利和诉讼权利，贯穿民事诉讼的各个阶段。当事人可以自由处分实体权利和诉讼权利，如当事人在一审判决后放弃上诉，意味着放弃了提起上诉的诉讼权利。处分原则贯穿诉讼的全过程，无论在审判阶段，还是在执行阶段，当事人均有权处分自己的权利。例如，在一审程序中，原告有权撤诉，被告有权提出反诉。处分原则具体体现在以下几个方面：第一，诉讼只能因当事人行使起诉权而开始，因当事人自主的撤诉行为而结束；第二，诉讼请求的范围由当事人自行决定，当事人没有提出的事项法院不能对其作出裁判；第三，当事人可以在诉讼中变更、撤回和追加诉讼请求；第四，原告可以放弃已经提出的诉讼请求；被告可以承认原告的诉讼请求；当事人双方可以在诉讼中就民事争议的解决达成和解或调解协议。[3]

七、检察监督原则

我国《民事诉讼法》第十四条规定："人民检察院有权对民事诉讼实行法律监督。"第二百四十六条规定："人民检察院有权对民事执行活动实行法律监督。"检察监督原则，是指人民检察院有权对人民法院的诉讼活动和执行行为进行法律监督的原则。《民事诉讼法》全面强化了检察机关对民事诉讼的法律监督，扩大了监督范围、监督对象，构建了一个从审判到执行、从过程到结果的全方位的检察监督体系。具体表现在三个方面：①监督范围全面，不仅包括审判活动，还包括调解和执行活动；不仅包括

---

[1] 宋朝武：《民事诉讼法学》（第三版），高等教育出版社 2022 年版，第 62 页。
[2] 张卫平：《民事诉讼法》（第六版），法律出版社 2023 年版，第 59 页。
[3] 张卫平：《民事诉讼法》（第六版），法律出版社 2023 年版，第 59-60 页。

对审理结果的监督,还包括对审理过程的监督。②监督形式多样,检察机关在民事诉讼中行使检察监督权的形式有三种:抗诉、再审检察建议和检察建议。③监督时间的全程性。检察机关监督权的行使贯穿民事诉讼活动的全过程,包括对诉前、诉中、诉后、执行等各个阶段的监督。[①]自 2021 年 8 月 1 日开始施行的《人民检察院民事诉讼监督规则》对保障和规范人民检察院依法履行民事检察职责作出了具体规定。

八、支持起诉原则

我国《民事诉讼法》第十五条规定:"机关、社会团体、企业事业单位对损害国家、集体或者个人民事权益的行为,可以支持受损害的单位或者个人向人民法院起诉。"支持起诉原则,是指对于损害国家、集体或个人民事权益的行为,由于受损害的单位或个人不能、不敢或不便提起诉讼,机关、社会团体、企业事业单位可以支持受害人向人民法院起诉的一项原则。支持起诉的主体既不是诉讼的原告,也不是受害人的诉讼代理人,更非专设的法律援助机构,而是机关、社会团体、企业事业单位。支持起诉原则建立在私人权益与社会利益一致的基础上,对于维护国家、集体和他人利益,动员社会力量与民事违法行为作斗争,扶正祛邪,保护弱者,伸张正义,具有重要意义。

支持起诉原则的适用需要符合以下条件。第一,支持起诉的前提是加害人的行为侵犯了国家、集体或个人的民事权益。第二,支持起诉的主体是机关、社会团体和企业事业单位。支持起诉的主体主要是对受害者负有保护责任的机关、社会团体和企业事业单位。例如,根据《中华人民共和国消费者权益保护法》第三十七条的规定,消费者协会支持受损害的消费者提起诉讼,根据《中华人民共和国水污染防治法》第九十九条的规定,环境保护主管部门和有关社会团体支持因水污染受到损害的当事人向人民法院提起诉讼。支持起诉既是这些单位的权利,也是他们的职责。公民个人不能作为支持起诉的主体。如果允许个人支持起诉,容易发生包揽诉讼的流弊,所以排除个人行使支持起诉权。法律不要求支持起诉人与被支持者之间存在组织关系或隶属关系。第三,支持起诉的对象限于受害人,且受害人还没有起诉。受害人处于弱者地位,无力、不敢或不便诉诸人民法院,如果受害人已经起诉就没必要再支持起诉。第四,支持起诉人必须与案件没有利害关系。如果支持起诉人与本案有法律上的利害关系,应当以当事人或无独立请求权的第三人的身份参加诉讼。

支持起诉的方式很多,但支持起诉人并不享有任何特权,诉讼过程中仍然应当遵循当事人地位平等原则。支持起诉的方式主要包括:①从精神上、道义上、舆论上支持受害人提起诉讼,解除其思想顾虑,鼓励其向人民法院起诉。②帮助受害人收集提供证据,协助人民法院发现事实真相。③提供法律的、科学知识方面的、技术方面的支持。在环境污染侵权诉讼中,环境保护部门和社会团体可以利用自身的优势,为受害人提供科学技术方面的支持。④支持受害人参与法庭辩论。⑤为受害人提供物质上的支持。[②]

[①] 江伟:《民事诉讼法》(第五版),高等教育出版社 2016 年版,第 27 页。
[②] 宋朝武:《民事诉讼法学》(第三版),高等教育出版社 2022 年版,第 67 页。

第三节　民事诉讼基本制度

我国民事诉讼基本制度是指在民事诉讼活动中起着基础性作用，能够宏观地构建出民事审判的基本框架并使民事审判区别于其他争议解决机制的制度的统称。[①] 它对贯彻执行民事诉讼基本原则，保障人民法院对民事案件公开审判和依法行使审判权，维护当事人的合法权益均具有重要作用。《民事诉讼法》第十条规定："人民法院审理民事案件，依照法律规定实行合议、回避、公开审判和两审终审制度。"该条规定了合议制度、回避制度、公开审判制度和两审终审制度等四项民事诉讼基本制度。根据《中华人民共和国人民法院组织法》《中华人民共和国人民陪审员法》的规定，我国民事诉讼基本制度还包括陪审制度。

一、合议制度

（一）合议制度的概念

合议制度，是指由三名以上单数的审判员、陪审员共同组成合议庭或者由三名以上单数的审判员组成合议庭，代表人民法院行使审判权，审理民事案件并作出裁判的制度。合议制是与独任制相对的审判组织形式。独任制是由一名审判人员代表人民法院对民事案件进行审理并作出裁判的审判组织形式。独任制适用情形包括简易程序、特别程序（选民资格案件和重大疑难案件除外）、督促程序和公示催告程序中的公示催告阶段。根据《民事诉讼法》第四十一条第二款的规定，中级人民法院对第一审适用简易程序审结或者不服裁定提起上诉的第二审民事案件，事实清楚、权利义务关系明确的，经双方当事人同意，可以由审判员一人独任审理。

合议制是我国的基本审判制度。只有法律规定可以适用独任制的民事案件，才能实行独任审理；法律没有规定可以适用独任制的，应当组成合议庭进行审理。按照合议制组成的审判庭，称之为合议庭。根据《民事诉讼法》第四十五条的规定，合议庭评议案件，实行少数服从多数的原则。评议应当制作笔录，由合议庭成员签名。少数人的意见应当如实记入笔录。

（二）合议庭的职责

根据《最高人民法院关于人民法院合议庭工作的若干规定》，合议庭的审判长由符合审判长任职条件的法官担任。院长或者庭长参加合议庭审判案件的时候，自己担任审判长。合议庭的审判活动由审判长主持，全体成员平等参与案件的审理、评议、裁判，共同对案件认定事实和适用法律负责。根据《最高人民法院关于进一步加强合议庭职责的若干规定》，合议庭承办法官履行下列职责：主持或者指导审判辅助人员进行庭前调解、证据交换等庭前准备工作；拟定庭审提纲，制作阅卷笔录；协助审判长组织法

[①] 江伟：《民事诉讼法》（第五版），高等教育出版社2016年版，第44页。

庭审理活动；在规定期限内及时制作审理报告；案件需要提交审判委员会讨论的，受审判长指派向审判委员会汇报案件；制作裁判文书提交合议庭审核；办理有关审判的其他事项。

二、回避制度

（一）回避制度的概念

回避制度是指在民事诉讼中，审判人员及其他有关人员遇有法律规定的情形，可能影响案件的公正审理的，退出对某一具体案件的审判活动的制度。古罗马有句法谚，"任何人都不能成为自己案件的法官"。回避制度使可能影响案件公正审理的相关人员退出案件的审理，有利于杜绝案件与相关人员在利益上或情感上的联系，有助于审判人员中立公正地审理案件，也可以消除当事人的顾虑，保障诉讼程序公正合法地进行。

（二）回避制度的内容

1. 回避主体

根据《民事诉讼法》第四十条、四十七条的规定，在民事诉讼中，需要回避的主体有：审判人员、人民陪审员、书记员、翻译人员、鉴定人、勘验人。这些主体的行为会对案件的处理结果产生一定的影响与作用，在遇有应当回避的情形时，应当回避。

2. 回避事由

根据《民事诉讼法》第四十七条以及《最高人民法院关于适用〈中华人民共和国民事诉讼法〉的解释》第四十三条的规定，审判人员有下列情形之一时，应当自行回避，当事人也有权以口头或书面方式申请他们回避：①是本案当事人或者当事人、诉讼代理人近亲属的；②与本案有利害关系的；③与本案当事人、诉讼代理人有其他关系，可能影响对案件公正审理的；④担任过本案的证人、鉴定人、辩护人、诉讼代理人、翻译人员的；⑤本人或者其近亲属持有本案非上市公司当事人的股份或者股权的；⑥与本案当事人或者诉讼代理人有其他利害关系，可能影响公正审理的。

另外，根据《中华人民共和国法官法》第三十六条的规定，法官从人民法院离任后两年内，不得以律师身份担任诉讼代理人或者辩护人。法官从人民法院离任后，不得担任原任职法院办理案件的诉讼代理人或者辩护人，但是作为当事人的监护人或者近亲属代理诉讼或者进行辩护的除外。法官被开除后，不得担任诉讼代理人或者辩护人，但是作为当事人的监护人或者近亲属代理诉讼或者进行辩护的除外。

根据《最高人民法院关于适用〈中华人民共和国民事诉讼法〉的解释》第四十四条的规定，审判员有下列不当行为的，当事人有权申请其回避：接受本案当事人及其受托人宴请，或者参加由其支付费用的活动的；索取、接受本案当事人及其受托人财物或者其他利益的；违反规定会见本案当事人、诉讼代理人的；为本案当事人推荐、介绍诉讼代理人，或者为律师、其他人员介绍代理本案的；向本案当事人及其受托人借用款物的；有其他不正当行为，可能影响公正审理的。

此外，在一个审判程序中参与过本案审判工作的审判人员，不得再参与该案其他程序的审判。但发回重审的案件，在一审法院作出裁判后又进入第二审程序的，原第二审程序中合议庭组成人员不受上述规定的限制。

3. 回避的方式和程序

回避方式有自行回避、申请回避和指令回避三种。

（1）自行回避又称积极回避，是指回避主体在民事诉讼中遇有法定的应当回避情形时，自动提出回避申请。要求退出案件的审理活动或者诉讼程序。申请自行回避的，回避主体应当在知道有回避情形时主动提出回避申请，并停止参加本案的审判活动与诉讼程序。

（2）申请回避又称消极回避，是指当事人及其诉讼代理人认为回避主体具有法律规定的回避情形，以口头或者书面形式，申请回避主体退出本案的审理活动或者诉讼程序。当事人及其诉讼代理人申请回避主体回避的，应当在案件审理开始时提出回避申请；如果回避事由是在法庭辩论终结前才知晓的，也可以在法庭辩论终结前向人民法院提出回避申请。当事人及其诉讼代理人申请回避时，应当提出事实并说明理由。

（3）指令回避。根据《最高人民法院关于适用〈中华人民共和国民事诉讼法〉的解释》第四十六条的规定，审判人员有应当回避的情形，没有自行回避，当事人也没有申请其回避的，由院长或者审判委员会决定其回避。

根据《民事诉讼法》第四十九条的规定，院长担任审判长或者独任审判员时的回避，由审判委员会决定；审判人员的回避，由院长决定；其他人员的回避，由审判长或者独任审判员决定。根据《民事诉讼法》第四十八条的规定，除了案件需要采取紧急措施外，被申请回避的人员在人民法院作出是否回避的决定前，应当暂停参与本案的工作。根据《民事诉讼法》第五十条的规定，在民事诉讼中，人民法院对当事人提出的回避申请，应当在申请提出的三日内，以口头或者书面形式作出决定。申请人对决定不服的，可以在接到决定时申请复议一次。复议期间，被申请回避的人员，不停止参与本案的工作。人民法院对复议申请，应当在三日内作出复议决定，并通知复议申请人。

三、公开审判制度

（一）公开审判制度的概念

公开审判制度，是指人民法院审理民事案件的过程和裁判结果，除法律有特别规定外，应当依法向社会公开的制度。《民事诉讼法》第一百三十七条规定："人民法院审理民事案件，除涉及国家秘密、个人隐私或者法律另有规定的以外，应当公开进行。离婚案件，涉及商业秘密的案件，当事人申请不公开审理的，可以不公开审理。"

完整的审判过程由审前准备、开庭审理、裁判形成、宣告判决四个阶段构成。公开审判的对象是民事案件的开庭审理与宣告判决阶段的活动。具体而言，公开审判指公开开庭、公开举证和质证、公开辩论、公开宣判。审判过程向社会公开，有两个层面的内涵。第一，对一定范围内的群众公开，允许群众旁听；第二，向新闻媒体公开，允许新闻媒体对审判过程进行采访报道，以使社会知悉审判过程。依法公开审理案件，公民可以旁听，但精神病人、醉酒的人和未经人民法院批准的未成年人除外。根据法庭场所和参加旁听人数等情况，旁听人需要持旁听证进入法庭的，旁听证由人民法院制发。外国人和无国籍人持有效证件要求旁听的，参照中国公民旁听的规定办理。旁听人员必须遵守《中华人民共和国人民法院法庭规则》的规定，并应当接受安全检查。依法公开审理的案件，经人民法院许可，新闻记者可以记录、录音、录像、摄影、转播庭审实况。外国记者的旁听按照我国有关外事管理规定办理。①

（二）公开审判制度的例外

公开审判是诉讼程序正义的重要因素。在某些案件中，公开审判可能使国家利益、企业利益、个人生活遭受损害。寻求程序正义与实体正义矛盾最小化的整体正义观考虑，公开审判制度规定了例外情形。在我国民事诉讼中，不公开审判的情形分为两种，一种是应当不公开审理的情形，另一种是可以不公开审理的情形。

（1）应当不公开审理的情形。涉及国家秘密和个人隐私的案件属于应当不公开审理的情形。根据《中华人民共和国保守国家秘密法》的规定，国家秘密是关系国家的安全利益，依照法定程序确定，在一定时间内只限一定范围的人员知悉的事项。下列涉及国家安全和利益的事项，泄露后可能损害国家在政治、经济、国防、外交等领域的安全和利益的，应当确定为国家秘密：国家事务的重大决策中的秘密事项；国防建设和武装力量活动中的秘密事项；外交和外事活动中的秘密事项以及对外承担保密义务的事项；国民经济和社会发展中的秘密事项；科学技术中的秘密事项；维护国家安全活动和追查刑事犯罪中的秘密事项；经国家保密行政管理部门确定的其他秘密事项。政党的秘密事项中符合上述规定的，属于国家秘密。国家秘密的密级分为"绝密""机密""秘密"三级。国家秘密是与国民的公共信息知情权相对的，只有国家秘密之外的公共信息，国民才享有知情权。进行民事诉讼的案件，如果涉及国家秘密就不应当公开审理。个人隐私指当事人不愿为社会公众所知的隐秘性信息。此类案件因涉及当事人的私人生活领域，为尊重和维护当事人的隐私权，避免产生负面影响，不公开审理。

（2）可以不公开审理的情形。涉及商业秘密的案件和离婚案件属于经当事人申请不公开审理的情形。离婚案件，涉及商业秘密的案件，当事人申请不公开审理的，可以不公开审理。商业秘密，是指不为公众所知悉、能为权利人带来经济利益、具有实用性并经权利人采取保密措施的技术信息和经营信息。在我国民事诉讼中，商业秘密是指生产工艺、配方、贸易联系、购销渠道等当事人不愿公开的技术秘密、商业情报及信息。商业秘密是企业市场竞争力中的关键要素，这些信息的泄露可能导致企业在市场竞争中处于极为不利的境地。为避免这种境况的出现，当事人可以申请对涉及商业秘密的案件不公开审理。婚姻生活是个人生活中的重要部分。一般而言，离婚案件中的当事人都有不愿为外人知悉的一些情感挫折、心理体验，如果公开审判，可能会使当事人不能表达自己的真实想法，不能使婚姻纠葛得以真正解决。因此，为避免上述境况的出现，当事人可以申请对离婚案件不公开审理。

（三）公开审判的程序要求

人民法院审理民事案件，应当在开庭三日前通知当事人和其他诉讼参与人。公开

---

① 宋朝武：《民事诉讼法学》（第六版），中国政法大学出版社2021年版，第83页。

审理的，应当公告案由、当事人姓名或者名称、开庭时间和地点。

证据应当在法庭上出示，并经过庭审辩论、质证。依法应当保密的证据，人民法院可视具体情况决定是否在开庭时出示，需要出示的，也不得在公开开庭时出示。依法公开审理案件，案件事实未经法庭公开调查不能认定。证明案件事实的证据未在法庭公开举证、质证，不能进行认证，但无须举证的事实除外。缺席审理的案件，法庭可以结合其他事实和证据进行认证。法庭能够当庭认证的，应当当庭认证。

人民法院对公开审理或者不公开审理的案件，一律公开宣告判决。当庭宣判的，应当在十日内发送判决书；定期宣判的，宣判后立即发给判决书。宣告判决时，必须告知当事人上诉权利、上诉期限和上诉的人民法院。宣告离婚判决，必须告知当事人在判决发生法律效力前不得另行结婚。

应该公开审理而未公开审理属于违反法定程序的典型事由。凡应当依法公开审理的案件没有公开审理的，当事人提起上诉的，第二审人民法院应当裁定撤销原判决，发回重审；当事人申请再审的，人民法院可以决定再审；人民检察院按照审判监督程序提起抗诉的，人民法院应当决定再审。上诉发回重审或者决定再审的案件应当依法公开审理。

四、两审终审制度

两审终审制度，是指一个民事案件经过两级人民法院的审判后，即告终结的制度。根据我国《中华人民共和国人民法院组织法》的规定，人民法院组织系统共分四级，即最高人民法院、高级人民法院、中级人民法院和基层人民法院。各级人民法院都可以受理第一审民事案件，但权限与分工不同。

两审终审制度的例外情况。最高人民法院一审的判决、裁定为终审判决、裁定；调解书一审终审，不能上诉；特别程序、督促程序、公示催告程序一审终审；小额诉讼程序一审终审。如果人民法院作出的终审裁判确有错误，当事人可以通过审判监督程序予以纠正。《民事诉讼法》第二百零九条规定："各级人民法院院长对本院已经发生法律效力的判决、裁定、调解书，发现确有错误，认为需要再审的，应当提交审判委员会讨论决定。最高人民法院对地方各级人民法院已经发生法律效力的判决、裁定、调解书，上级人民法院对下级人民法院已经发生法律效力的判决、裁定、调解书，发现确有错误的，有权提审或者指令下级人民法院再审。"第二百一十条规定："当事人对已经发生法律效力的判决、裁定，认为有错误的，可以向上一级人民法院申请再审；当事人一方人数众多或者当事人双方为公民的案件，也可以向原审人民法院申请再审。当事人申请再审的，不停止判决、裁定的执行。"

五、陪审制度

（一）陪审制度的概念

陪审制度是指国家的审判机关吸收非职业法官参加案件审判的司法制度。我国陪审制度的全称是人民陪审员制度，这是一种赋予普通公民部分案件中参加审判活动的审判制度。人民陪审员制度的完善和有效实施对于促进司法民主、司法公正、司法廉洁，树立司法权威有着积极意义。2018年4月27日，第十三届全国人民代表大会常务委员会第二次会议审议通过的《中华人民共和国人民陪审员法》对人民陪审员的权利与义务、参与审判案件的范围、人民陪审员的任命程序与任职资格，培训、考核和奖惩等，作出明确规定。

（二）人民陪审员参加审判案件的范围

根据《中华人民共和国人民陪审员法》第十五条的规定，人民法院审判第一审刑事、民事、行政案件，有下列情形之一的，由人民陪审员和法官组成合议庭进行：涉及群体利益、公共利益的；人民群众广泛关注或者其他社会影响较大的；案情复杂或者有其他情形，需要由人民陪审员参加审判的。根据《中华人民共和国人民陪审员法》第十六条的规定，人民法院审判下列第一审案件，由人民陪审员和法官组成七人合议庭进行：可能判处十年以上有期徒刑、无期徒刑、死刑，社会影响重大的刑事案件；根据民事诉讼法、行政诉讼法提起的公益诉讼案件；涉及征地拆迁、生态环境保护、食品药品安全，社会影响重大的案件；其他社会影响重大的案件。

（三）人民陪审员履行职责的保障

《中华人民共和国人民陪审员法》第二十九条、第三十条规定，人民陪审员参加审判活动期间，所在单位不得克扣或者变相克扣其工资、奖金及其他福利待遇；人民陪审员参加审判活动期间，由人民法院依照有关规定按实际工作日给予补助；人民陪审员因参加审判活动而支出的交通、就餐等费用，由人民法院依照有关规定给予补助。《中华人民共和国人民陪审员法》第三十一条规定，人民陪审员因参加审判活动应当享受的补助，人民法院和司法行政机关为实施人民陪审员制度所必需的开支，列入人民法院和司法行政机关业务经费，由相应政府财政予以保障。

第四节 民事诉讼程序

民事诉讼中的审判程序包括第一审程序和第二审程序，某些案件还需要进行审判监督程序。第一审程序包括普通程序和简易程序。简易程序适用于基层法院及其派出法庭审理的第一审民事案件。适用简易程序包括依职权适用和协议适用两种情形。基层法院及其派出法庭审理的案件事实清楚、权利义务关系明确、争议不大的简单民事案件，适用简易程序。除上述案件以外，当事人双方可以约定适用简易程序，当事人约定适用简易程序审理的，应当在开庭前提出，且不得违反关于简易程序中的禁止性规定。

简易程序的特点包括：①传唤、送达方式简单，法院可以使用简便方式传唤当事人、通知证人和送达裁判文书外的诉讼文书。②审判组织简单，简易程序由审判员一人独任审判。③庭审方式灵活，可以简便方式进行审理前的准备；当事人双方可以就开庭方式向人民法院提出申请，由人民法院决定是否准许。经当事人双方同意，可以采用视听传输技术等方式开庭。④举证期限和答辩期灵活，当事人双方均表示不需要举证期限、答辩期间的，人民法院可以立即开庭审理或者确定开庭日期。⑤审理期限较短，相较普通程序而言更短，为三个月。即使延长，延长后的审理期限累计不得超过六个月。

⑥裁判文书的简化，在适用简易程序审理的案件中出现某些情形，人民法院在制作判决书、裁定书、调解书时，对认定事实或者裁判理由部分可以适当简化。

普通程序是第一审程序的基本程序，是人民法院审理和裁判第一审民事案件通常适用的程序，是民事审判程序的基础。与其他诉讼程序相比，普通程序具有完整性、相对独立性和广泛适用性，它广泛适用于人民法院审理第一审民事案件、上诉案件和再审案件。人民法院在审理这些案件的过程中，凡是相应的程序没有规定的，都适用普通程序的有关规定。因此，本节主要介绍第一审普通程序。

第一审普通程序主要包括起诉与受理、审理前的准备、开庭审理的程序等内容，还包括庭审笔录、审理期限和审理中的特殊情形等规定。

一、起诉与受理

（一）起诉

起诉，是指公民、法人和其他组织认为自己的民事权益受到侵犯或与他人发生争议，以自己的名义向人民法院提出诉讼，要求人民法院予以审判的诉讼行为。民事诉讼实行"不告不理"的原则，没有当事人的起诉，人民法院不能启动诉讼程序。根据《民事诉讼法》第一百二十二条的规定，起诉必须符合下列条件：第一，原告是与本案有直接利害关系的公民、法人和其他组织。所谓有直接利害关系，是指原告请求人民法院保护或确认的民事权益，应当是原告自己的民事权益，或者依法由之管理、支配的民事权益。第二，有明确的被告。原告应该提供被告的姓名或者名称、住所等信息，足以使被告与他人相区别的，就可以认定为明确的被告。第三，有具体的诉讼请求和事实、理由。第四，属于人民法院受理民事诉讼的范围和受诉人民法院管辖。原告起诉时必须同时具备以上四个条件，缺一不可。

对于起诉的不同情形，法院会作出相应不同的处理：符合起诉条件的，法院应当在七日内立案并通知当事人；对于不符合起诉条件的，法院应当在七日内裁定不予受理，对该裁定不服可以上诉；受理后发现不符合起诉条件的，法院应当裁定驳回起诉，对于该裁定不服也可以上诉。

（二）受理

一旦原告的起诉符合法定条件，人民法院就会受理案件。受理，是指受诉人民法院认为原告的起诉符合法定条件，启动诉讼程序，决定对案件立案进行审理的一种诉讼活动。根据《关于人民法院推行立案登记制改革的意见》的规定，自 2015 年 5 月 1 日起，我国实行立案登记制。

法院受理案件后，产生以下法律效果。首先，法院取得对案件的审判权，有权对案件进行审判并作出判决。当事人之间的民事纠纷是否要通过法院行使审判权予以解决，取决于当事人是否向法院起诉，只有原告起诉而法院依法审理后，法院取得对案件的审判权，才有权对案件进行审理并作出裁判。其次，明确了各主体的诉讼地位。法院受理原告的起诉以后，当事人分别取得原告或者被告的诉讼地位，依法享有相应的诉讼权利和承担诉讼义务。再次，当事人不得再另行起诉。法院受理案件后，当事人不得就同一诉讼标的、同一事实和理由，再行起诉。最后，诉讼时效中断。法院受理原告的起诉以后，诉讼时效中断。

二、审理前的准备

对于已经立案登记的案件，人民法院即进入审理前的准备阶段。审理前的准备，是指人民法院在决定受理原告的起诉后，在开庭审理之前，为保证案件审理的顺利进行，由承办案件的审判人员所进行的必要的准备活动。

审理前的准备是普通程序中开庭审理前的一个法定的必经阶段，是民事诉讼活动顺利进行的必备前提。根据《民事诉讼法》的规定，审理前的准备工作包括以下内容：①在法定期限内送达诉讼文书。②通知必须共同进行诉讼的当事人参加诉讼。③告知当事人有关诉讼权利和义务、合议庭组成人员。④审查有关的诉讼材料，调查收集必要的证据。⑤当事人没有争议，并且符合督促程序适用条件的案件，转入督促程序。⑥先行调解。⑦交换证据、明确争议焦点；在正式开庭前的准备阶段，人民法院应当根据案件情况确定适用普通程序或者简易程序。⑧追加当事人。⑨管辖权异议的处理。⑩召集庭前会议。

三、开庭审理的程序

一旦完成开庭前的所有准备工作，案件就进入正式的审理阶段。开庭审理，是指人民法院在当事人及其他诉讼参与人的参加下，对所受理的民事案件进行审理和裁判的活动。开庭审理主要包括开庭准备、庭审开始、法庭调查、法庭辩论及评议宣判阶段。

（一）开庭准备

开庭准备是开庭审理的最初阶段，主要包括以下事项：①决定案件是否公开审理；②决定是否派出法庭巡回就地开庭审理；③传唤、通知当事人和其他诉讼参与人；④发布公告；⑤查明当事人和其他诉讼参与人是否到庭，宣布法庭纪律。

（二）庭审开始

开庭审判活动由审判长或者独任审判员主持，在进入法庭调查之前，审判长或者独任审判员的工作主要包括以下事项：宣布开庭；然后依次核对当事人和诉讼代理人的身份；宣布案由，宣布审判人员和书记员名单；告知当事人有关的诉讼权利和义务，询问当事人是否提出回避申请。

（三）法庭调查

法庭调查阶段是人民法院审理案件的重要阶段，法庭调查将案件的审理引入到实质，为后来的法庭辩论、合议庭评议等阶段奠定基础。法庭调查的重要任务是，通过当事人提供、展示证据以查清案件事实，审查核实各种证据。根据民事诉讼法的规定，法庭调查按下列顺序进行：①当事人陈述。原告、被告或有独立请求权的第三人陈述后，审判人员可以发问，查清当事人之间争议的焦点，弄清当事人各自所持的理由。②告知证人的权利义务，证人作证，宣读未到庭的证人证言。③出示书证、物证、视听资料和电子数据。这里的书证、物证等既可以是当事人提供的，也可以是审判人员依法收集的。④宣读鉴定意见。⑤宣读勘验笔录。

合议庭认为全部事实查清以后，审判长或者独任审判员应当就法庭调查认定的事实和当事人争议的问题进行归纳总结，由审判长宣布法庭调查结束，进入法庭辩论阶段。

（四）法庭辩论

法庭辩论是当事人行使辩论权的主要形式。法庭辩论阶段，法庭必须保障当事人双方充分地、平等地行使辩论权。通过当事人及其他诉讼参与人的相互辩论和质证，进一步查清事实，分清是非责任，为正确适用法律、作出裁判打下基础。法庭辩论中，首先由原告及其诉讼代理人发言，随后被告及其诉讼代理人答辩，第三人及其诉讼代理人发言或者答辩，最后进入互相辩论。

法庭辩论终结后，审判长或者独任审判员按照原告、被告、第三人的顺序征询各方的最后意见，并可以对案件进行调解，调解不成的，宣布休庭，庭审结束。

（五）评议宣判阶段

法庭辩论结束后，合议庭成员以法庭调查和法庭辩论的内容为基础，认定案件事实，分清是非，正确适用法律，用判决的形式确认当事人之间的权利义务关系，并依法确定诉讼费用的负担。不论案件是否公开审理，一律公开宣判。

四、庭审笔录

庭审笔录是指在开庭审理阶段，由书记员制作的全面、客观真实地反映法庭审理全部活动与过程的书面记录。庭审笔录是重要的诉讼文书，它不仅是法庭审理的全部活动与整个过程的真实再现，而且是将来第二审人民法院审理上诉案件时的重要基础性材料。

制作庭审笔录时应当忠实于法庭审理的实际情况，按照庭审活动各个阶段的先后顺序逐项记载。法庭笔录具体包括以下内容：笔录名称；案由；开庭时间与地点；审判人员、书记员的姓名；当事人、诉讼代理人和其他诉讼参与人的基本情况；公开或者不公开审理的情况；审判长告知当事人诉讼权利和义务的情况；法庭调查情况；法庭辩论情况；法庭调解情况；合议庭评议和裁判情况。

根据《民事诉讼法》第一百五十条的规定，书记员应当将法庭审理的全部活动记入笔录，由审判人员和书记员签名。法庭笔录应当当庭宣读，也可以告知当事人和其他诉讼参与人当庭或者在五日内阅读。当事人和其他诉讼参与人认为对自己的陈述记录有遗漏或者差错的，有权申请补正。如果不予补正，应当将申请记录在案。法庭笔录由当事人和其他诉讼参与人签名或者盖章，拒绝签名盖章的，记明情况附卷。

五、审理期限

审理期限，也称为审限，是指人民法院从立案到审结民事案件的法定期间。《民事诉讼法》规定审理期限，既有利于提高审判效率，也有利于遏制诉讼拖延。根据《民事诉讼法》第一百五十二条的规定，人民法院适用普通程序审理的案件，应当在立案之日起六个月内审结。有特殊情况需要延长的，经本院院长批准，可以延长六个月；还需要延长的，报请上级人民法院批准。《最高人民法院关于适用〈中华人民共和国民事诉讼法〉的解释》第二百四十三条规定："民事诉讼法第一百五十二条规定的审限，是指从立案之日起至裁判宣告、调解书送达之日止的期间，但公告期间、鉴定期间、双方当事人和解期间、审理当事人提出的管辖异议以及处理人民法院之间的管辖争议期间不应计算在内。"

六、审理中的特殊情形

根据不同案件的具体情况，部分案件在审理过程中，会出现撤诉、缺席判决、延期审理、中止诉讼或诉讼终结等不同程序。

（一）撤诉

撤诉是指人民法院受理案件后、判决宣告前，原告向人民法院撤回起诉的诉讼行为。撤诉是当事人对某诉讼权利行使处分权的表现，包括申请撤诉和按撤诉处理。申请撤诉是原告的一种积极处分行为，指人民法院受理案件后、判决宣告前，原告主动撤回起诉的一种诉讼行为。按撤诉处理是原告的一种消极处分行为，指在原告没有申请撤诉的情况下，人民法院对原告的行为按撤诉处理。原告的行为有下列情形之一的，按撤诉处理。①原告经传票传唤，无正当理由拒不到庭的；②原告未经法庭许可中途退庭的；③原告应当预交而未预交案件受理费，法院通知其预交后仍不预交，或者申请缓、减、免未获法院批准仍不预交的；④原告系无民事行为能力人，其法定代理人经传票传唤无正当理由拒不到庭的。

（二）缺席判决

缺席判决是指在一方当事人无正当理由拒不到庭的情况下，法院依法对案件进行审理并作出判决的行为。根据《民事诉讼法》的规定，缺席判决情形包括：①原告经人民法院传票传唤，无正当理由拒不到庭或者未经法庭许可中途退庭，被告反诉的；②被告经传票传唤，无正当理由拒不到庭的，或者未经法庭许可中途退庭的；③人民法院裁定不准许撤诉的，原告经传票传唤，无正当理由拒不到庭的。

（三）延期审理

延期审理是指发生了一些特殊情况，使得庭审不能按期或继续进行，从而推迟庭审的制度。根据《民事诉讼法》第一百四十九条的规定，延期审理的情形包括：①必须到庭的当事人和其他诉讼参与人有正当理由没有到庭；②当事人临时提出回避申请；③需要通知新的证人到庭，调取新的证据，重新鉴定、勘验，或者需要补充调查的；④其他应当延期的情形。延期审理由法院以决定的形式作出。

（四）中止诉讼

中止诉讼是指在诉讼中发生了法定原因，导致诉讼无法继续进行或者不宜继续进行,从而法院裁定中止诉讼而暂时停止诉讼程序的制度,待障碍消除后再视情况决定诉讼是否继续、由谁继续以及如何继续等问题。根据《民事诉讼法》第一百五十三条的规定,中止诉讼的情形有:①一方当事人死亡,需要等待继承人表明是否参加诉讼的;②一方当事人丧失诉讼行为能力,尚未确定法定代理人的;③作为一方当事人的法人或者其他组织终止,尚未确定权利义务承受人的;④一方当事人因不可抗拒的事由,不能参加诉讼的;⑤本案必须以另一案的审理结果为依据,而另一案尚未审结的;⑥其他应当中止诉讼的情形。中止诉讼由法院以裁定的形式作出。

(五)诉讼终结

根据《民事诉讼法》第一百五十四条的规定,诉讼终结程序适用下列情形:①原告死亡,没有继承人,或者继承人放弃诉讼权利的;②被告死亡,没有遗产,也没有应当承担义务的人的;③离婚案件一方当事人死亡的;④追索赡养费、扶养费、抚养费以及解除收养关系案件的一方当事人死亡的。

本 章 小 结

民事诉讼由若干规定的阶段和程序构成,不同阶段、程序和行为要件的设定有助于公正解决民事纠纷。民事诉讼法是程序法规范,规定了民事诉讼程序以及诉讼主体及其他诉讼参与人的诉讼权利和诉讼义务。本章以现行《民事诉讼法》为研究对象,主要介绍民事诉讼法的基本问题、民事诉讼法的基本原则、民事诉讼基本制度、民事诉讼程序。民事诉讼法的基本问题介绍了民事诉讼的概念、民事诉讼的特征、民事诉讼法的概念和性质。民事诉讼法的基本原则主要阐述了同等原则与对等原则、当事人诉讼权利平等原则、法院调解原则、辩论原则、诚信原则、处分原则、检察监督原则、支持起诉原则。民事诉讼基本制度介绍了合议制度、回避制度、公开审判制度、两审终审制度和陪审制度。民事诉讼程序阐述了起诉与受理、审理前的准备、开庭审理的程序、庭审笔录、审理期限、审理中的特殊情形等内容。

民事诉讼法属于基本法的范畴,被称为"适用(实施)中的宪法"。宪法的原则是通过民事诉讼程序、刑事诉讼程序和行政诉讼程序予以体现的。民事诉讼法学既研究民事诉讼的基本理论和实践机制,也研究民事诉讼法的基本原则、基本制度等问题。本章仅简单介绍了基础知识,有兴趣深入学习该部门法的同学,可以进一步阅读参考文献。

主要参考文献:

江伟.2016.民事诉讼法.5版.北京:高等教育出版社.
宋朝武.2021.民事诉讼法学.6版.北京:中国政法大学出版社.
宋朝武.2022.民事诉讼法学.3版.北京:高等教育出版社.
张卫平.2023.民事诉讼法.6版.北京:法律出版社.

第八章 经 济 法

思维导图：

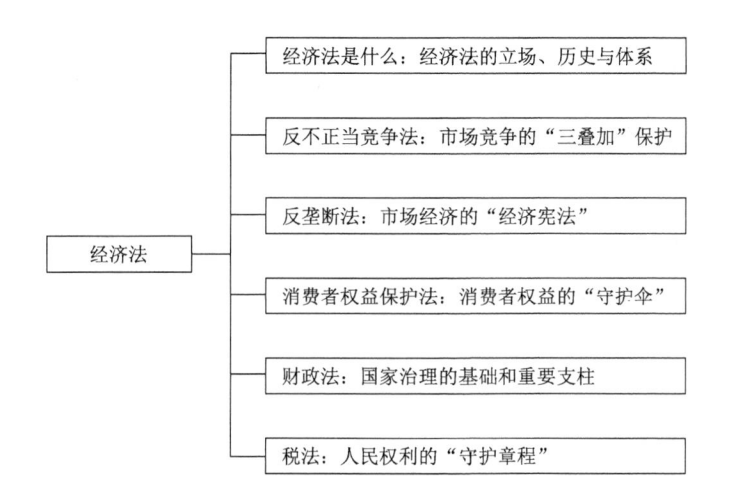

```
           ┌─ 经济法是什么：经济法的立场、历史与体系
           │
           ├─ 反不正当竞争法：市场竞争的"三叠加"保护
           │
           ├─ 反垄断法：市场经济的"经济宪法"
  经济法 ──┤
           ├─ 消费者权益保护法：消费者权益的"守护伞"
           │
           ├─ 财政法：国家治理的基础和重要支柱
           │
           └─ 税法：人民权利的"守护章程"
```

主要问题：

1. 如何理解中国经济法的发展历程？
2. 如何理解我国法律规定的各种典型不正当竞争行为？
3. 如何理解反垄断法是市场经济的"经济宪法"？
4. 如何理解消费者权益保护法是消费者权益的"守护伞"？
5. 如何理解财政法是国家治理的基础和重要支柱？
6. 如何理解税法是人民权利的"守护章程"？

重要概念：

经济法；反不正当竞争法；不正当竞争行为；反垄断法；消费者权益保护法；消费者；财政法；税法

重要法律：

《中华人民共和国反不正当竞争法》　《中华人民共和国反垄断法》　《中华人民共和国消费者权益保护法》

作为社会主义市场经济法律体系的重要组成部分，经济法发挥着不可替代的功能和作用。本章分六个知识点阐述基本经济法律理念与制度，勾勒出经济法学的基本图景。

第一节 经济法是什么：经济法的立场、历史与体系

一、经济法学的特质

（一）独立的学科

经济法从传统的"六法"体系中脱胎而出，在与民商法学、行政法学的争辩、论战中艰辛长成，突破了大陆法系严守公法、私法疆界之分，与"六法"一统天下的旧式传统。其本身内在地具有独立的因素。

（二）新兴的现代学科

相较于民法、刑法等古老学科，现代意义上的经济法距今不过百年，而中国经济法始于改革开放之后。具有"现代法"特征的经济法，彰显着现代化的特质，年轻而充满活力与希望。

（三）边缘性学科

（1）法学体系内部的交叉融合。在现代市场经济体制之上发展起来的经济法，要获得对经济运行干预和调控的良好效果，就必须认识、把握与遵循经济运行的基本规律，尊重、借鉴民法基本规则；而运用经济行政权，实施对微观经济的规制和对宏观经济的调控，涉及公共权力的运行，自然要移用、借鉴行政法学的一系列理念和制度。这种跨越公私法之界线、融民法和行政法精华于一体的态度，成就了经济法的兼容性。

（2）法学与经济学的交叉融合。体现了"法律对经济关系的直接翻译"的经济法，与经济学有着天然的亲缘关系。要有效地调控和干预经济运行，必须正确认知经济运行的自发秩序与规律，故经济学中的概念、原理可直接为经济法移用，为经济立法和司法实践吸收；历史上不同时期的经济政策、学说和流派极大地影响了经济法学理论和制度的构建，成为经济法律规范的重要来源和参照。

（四）应用的学科

经济法学天生具有贴近生活、解释实践的内在品性，使得经济法能敏感把握、顺应时代风尚的转换和脉动。例如，竞争案例的裁判、金融危机应对、流动性的规制、财税体制改革、互联网商业模式合法性判断等，无一不是关乎国计民生、改革开放的重大问题。

（五）开放的学科

经济法要回应周期性变化的经济运行和发展，必须及时地将许多新观念、新思潮纳入自己的理念与制度设计中。譬如：可持续发展与包容性增长、经济全球化、"互联网+"、大数据等已经成为经济法律制度创新的重要思想源头。

二、经济法学的历史

(一) 外国经济法的发展

经济法词源来自法国,生成于德国,发展在两极世界,并特别存在于英美法系国家。

1. 语源于法国:缘起

"经济法"一词可以追溯至 18 世纪中期法国空想社会主义者的学说,是法国经济学家、政治家蒲鲁东提出的。

2. 生成于德国:开端

作为"经济法的母国",经济法在德国首先产生,绝非偶然,可谓是经济垄断、国家垄断资本主义,相关大规模立法与学术积累,以及德国特有的法律文化传统和思辨方式等诸多要素综合作用的结果。

3. 发展在两极世界:变迁

此处所称两极世界,是指在冷战时期形成的资本主义和社会主义两大阵营。

其一,西方国家经济法的发展与实践。

战时经济法:德国、日本基于两次世界大战需要,国家限制工商业自由而主动介入经济生活,制定发布一系列经济统制的法律、法规。战时经济法只是非常时期、紧急状态下的举措,难免失之浅薄和野蛮。

危机对策经济法:20 世纪 30 年代和 70 年代两次世界性经济大危机的冲击和影响,以美国、日本为首的西方国家出于应付经济危机的需要,不得不采取前所未有的新政和规制措施,对市民社会横加干预,颁布出台了一系列经济法律法令,以罗斯福新政最有代表性。危机对策经济法为应付经济危机而生,必然带有应急性、盲目性等特点。

自觉维护经济协调发展的经济法:二战后,随着全球的政治民主化与经济民主化,整个资本主义社会进入了一个快速发展的黄金时期。以维护自由竞争的市场秩序、促进社会经济协调发展的经济法,逐渐形成。此时,国家干预经济运行业已成为国家固有的经济职能,经济法亦渐趋成熟与科学。

其二,社会主义国家经济法的发展与实践。

时间上苏联经济法几乎与资本主义国家的经济法同步,但由于意识形态和经济体制模式的截然对立,国家经济职能性质、方式的差异,国家干预经济运行范围和程度的不同,决定了经济法的本质差异。形成于计划体制下的经济法学说仅有史学意义,但仍为我国经济法反观自身提供了一个极好的参照和借鉴。

4. 英美法系:特例

由于实用主义的法律文化传统、重判例轻体系的法律思维方式,英美法系国家并不存在部门法意义上的经济法。但实质意义上的经济法,却相当完备和发达,对税法、财政法、竞争法等研究十分深入,自成一体。可谓是"无经济法之名而有经济法之实"。

（二）中国经济法的发展

1. 历史沿革考察

（1）兴起。1978 年中共十一届三中全会召开后，党和国家的工作重心转移到以经济建设为中心的现代化建设上来，经济体制改革、经济立法实践为经济法的诞生奠定了思想和法律基础，为经济法的勃兴提供了契机。

（2）繁荣。1978—1986 年，各高校纷纷开设经济法专业，"大经济法"观念盛行一时。

（3）低迷。1986 年《中华人民共和国民法通则》的颁布，结束了长期以来民法和经济法的地位之争，民法的调整对象与范围获得了立法支持，连续数年的有关论争以民法学派的胜利而暂告结束。经济法研究不得不断臂求存，自我调整。加之政治生活中的"姓资姓社"争论，都制约了经济法的发展。

（4）复兴。1992 年确立了社会主义市场经济体制模式，经济法学进入整合与重构阶段。立足于市场经济体制之上的新经济法学说令人耳目一新。

2. 经济法发展的体制依赖

中国经济法的产生、发展及变迁呈现出对经济体制背景极强的依赖性。每一次重大经济体制的改革、每一次经济体制目标模式的选择都直接决定了中国经济法的曲折命运。

三、经济法学的体系

与主流经济学观点相适应，经济法学亦将政府干预市场经济运行界分为微观、宏观两个层次：微观层面为政府规制（直接权利义务的设定）、宏观层面为政府调控（间接改变市场信号的调控）。不同方式、不同层次干预手段的法治化，构筑起经济法的制度体系与规范群，即市场规制法与宏观调控法。

四、经济法是什么？

（一）从学术史角度看经济法

经济法是现代市场经济的产物。真正意义上的经济法，必是建立于现代市场经济体制之上，以尊重和运用市场规律为基础，呈现出与市场经济体制天然的共生性和契合性。

（二）从立法目的方面看经济法

经济法通过社会公共利益价值的拓展、弱势群体利益的侧重保护、制度化的利益表达机制来实现公共利益。

（三）从功能角度看经济法

经济法通过对微观经济和宏观经济的规制与调控，实现社会经济的可持续发展。

总之，经济法是在现代市场经济条件下，国家为保障社会公共利益，实现社会经济的可持续发展而干预经济运行的法律规范的总称。

第二节 反不正当竞争法：市场竞争的"三叠加"保护

自 1978 年以来，我国不断推进着市场化取向的改革。凡实行市场经济的国家，都把反不正当竞争的法律作为规范市场经济关系的基本经济法律之一。1993 年我国颁布实施《中华人民共和国反不正当竞争法》（简称《反不正当竞争法》），2017 年该法完成首次全面修订（下文简称"新法"），主要思路在于：①进一步界定不正当竞争行为，根据治理仿冒混淆行为、商业贿赂和适应互联网不正当竞争的需要，补充完善了相关规定；②理顺了与相关法律制度的关系，与《中华人民共和国反垄断法》《中华人民共和国招标投标法》《中华人民共和国商标法》等法律规范进行了衔接；③加大了违法处罚力度，增加了违法行为人的信用惩戒。2019 年，主要围绕侵害商业秘密条款再次修订（下文简称 2019 年修订版）。2022 年，国家市场监督管理总局起草了《中华人民共和国反不正当竞争法（修订草案征求意见稿）》，2023 年《十四届全国人大常委会立法规划》将《反不正当竞争法（修改）》列为一类项目，意味着该法又一次进入了全面修订周期。

一、不正当竞争行为的概念

游弋于灰色地带的不正当竞争行为，变幻无穷，难以捉摸。因此，恰当地界定不正当竞争行为是起点与源头。

（一）不正当竞争的一般界定

《反不正当竞争法》第二条规定：本法所称的不正当竞争行为，是指经营者在生产经营活动中，违反本法规定，扰乱市场竞争秩序，损害其他经营者或者消费者的合法权益的行为。

1. 商业竞争性

不正当竞争是经营者在生产经营活动中出于竞争目的所为的行为。新法突出行为法特性，将竞争行为的判断纳入"社会经济秩序"的大视野、宽范围中进行界定，暗合世界性立法趋势；司法实践采用广义的竞争判断，甚至放弃竞争要件，超越竞争关系，以增强反不正当竞争法的调整广度或者宽度。

2. 反商业道德性

不正当竞争本质是经营者违反诚实信用原则或公认的商业道德的行为。商业道德是指在长期的生产经营活动中所形成的、为人们所认可并加以遵守的一般习俗或习惯，如货真价实、童叟无欺、平等自愿、公平买卖等。

3. 社会危害性

不正当竞争是有损其他经营者和消费者的利益、扰乱市场竞争秩序的行为。新法尤其突出了对消费者的法益保护，意在实现经营者、消费者和公共利益"三叠加"保护。

4. 应受责罚性

不正当竞争是应予追究经营者法律责任的行为。不正当竞争的反商业道德性和社会危害性，决定了它是违法行为，理应追究行为人的各类法律责任。

（二）不正当竞争的具体界定

新法细化了不正当竞争的表现形式，具体类型有增有减。所涉不正当竞争行为，大多数为国际立法例所共有，只有个别行为是根据我国现实市场交易活动中的突出问题加以规定的。

二、各种典型不正当竞争行为

（一）仿冒混淆行为

1. 仿冒混淆行为的概念

仿冒混淆行为，是指经营者对他人（特有）的商业标识进行不正当的相同或类似使用，致使与他人的商品（包括服务）或营业活动产生混淆，由此获得市场交易机会和经济利益的行为。

（1）从主体看，混淆行为人是不正当使用他人商业标识的经营者，多为一些经济实力较弱、没有竞争优势的中小经营者。

（2）从客体看，混淆行为侵害的是他人（特有）的商业标识及其权利利益。商业标识，是指用以表明经营者及其商品（服务）个性和共性的外在形式，其目的在于彰显经营者的区分度和识别度，帮助消费者做出更好的判断：①商业标识分为商品（服务）标识、营业标识。②商业标识的特有性，是指足以使一个商业标识与另一个商业标识区别开来的显著特征。③商业标识的权利归属。④商业标识呈现出扩张趋势，新的商业标识如域名等需要法律明确保护。

（3）从客观方面看，混淆行为表现为经营者对他人（特有）的商业标识实施混淆行为，引人误认为是他人商品或者与他人存在特定联系，由此获得了不当交易机会和经济利益。

其一，经营者对他人商业标识的使用引起了混淆可能，以"一般消费者加以普通注意"为标准。

其二，统一各类仿冒混淆行为的共同要件："引人误认为是他人商品或者与他人存在特定联系"，规定为共同要件，明确扩张了混淆的类型和范围。

2. 我国立法规定

无论是实质内容还是文字处理上，新法第六条将法条修订为纯粹的禁止仿冒混淆行为条款，扩张了商业标识的保护范围，可谓是修法幅度最大的一种行为。具体表现如下。

（1）擅自使用与他人有一定影响的商品名称、包装、装潢等相同或者近似的标识。

（2）擅自使用他人有一定影响的企业名称（包括简称、字号等）、社会组织名称（包括简称等）、姓名（包括笔名、艺名、译名等）。

（3）擅自使用他人有一定影响的域名主体部分、网站名称、网页等。

（4）其他足以引人误认为是他人商品或者与他人存在特定联系的混淆行为。

（二）商业诋毁行为

商业诋毁行为，是指经营者编造、传播虚假信息或者误导性信息，损害他人商业信誉和商品声誉的行为。

（1）是否针对竞争对手。诋毁通常是在具有竞争关系的当事人之间发生，对于非经营者或不具有竞争关系的经营者实施诋毁行为，以民事侵权性质的诽谤行为对待，适用民事法律规范。

（2）侵害的客体和诋毁的内容。侵害客体是他人的商业信誉和商品声誉。商业信誉是指社会对特定经营者的评价，包括经营者的信用、资产、经营能力等，商品声誉是社会对特定商品的评价，包括质量、性能、效用、价格等，两者都表明经营者与产品的内在或外在联系，共同标示着特定经营者及其特定产品的社会吸引力和形象。

（3）诋毁在客观上表现为经营者通过编造、传播虚假信息或者误导性信息，攻击、贬低他人，造成一定的损害后果。该条款"捏造"改为"编造"，前者是指完全的无中生有，后者不仅指无中生有，还有捏造部分虚伪事实的含义；"散布"改为"传播"，后者的外延大于前者；"虚伪事实"改为"虚假信息或者误导性信息"，后者的外延也显然大于前者。"虚假信息或者误导性信息"不仅仅指向无中生有、根本不存在的事实，还包括对已经发生的事实进行夸大和歪曲等人为加工进而误导相关公众，损害有关市场主体商誉的事实。

（三）侵犯商业秘密的行为

1. 商业秘密

商业秘密指不为公众所知悉、具有商业价值并经权利人采取相应保密措施的技术信息、经营信息等商业信息。

（1）秘密性即不为公众所知悉。

（2）商业价值性。2019年修订版采用"三要件说"，将经济性与实用性合并为"具有商业价值"，不再考虑该商业秘密是否具有实用性。

（3）保密性即权利人为保护商业信息的秘密性而采取的客观措施。商业秘密作为一种智力成果权，如果有关人员不通过保密措施证明自己主张权利，从法律上就没有占有该财产的主观意图，不能成为权利人。保密措施是重要的法律行为，一经采取保密措施，即产生创设商业秘密权的法律后果。保密措施都有哪些？从内容上看，无非有软件措施和硬件措施。前者主要是制度上的保密措施，如签订保密合同、制定保密制度、加强保密教育等；后者主要是物理措施，如隔离机器设备、加强门卫、为资料上锁等。

关于商业秘密的内容，我国立法规定包括技术秘密和经营秘密两个方面，具体涉及设计、程序、产品配方、制作工艺、制作方法、管理诀窍、客户名单、货源情报、产销策略、招标投标中的标底及标书内容等信息。

2. 侵犯商业秘密行为的概念和具体表现

侵犯商业秘密行为是指经营者或相关人员不正当地获取、披露、使用或允许他人使用权利人的商业秘密，从而损害权利人利益的行为。

根据2019年修订版第九条的规定，侵犯商业秘密行为表现为以下情形：①以盗窃、贿赂、欺诈、胁迫、电子侵入或者其他不正当手段获取权利人的商业秘密；②披露、使用或者允许他人使用以前项手段获取的权利人的商业秘密；③违反保密义务或者违反权利人有关保守商业秘密的要求，披露、使用或者允许他人使用其所掌握的商业秘密；④教唆、引诱、帮助他人违反保密义务或者违反权利人有关保守商业秘密的要求，获取、披露、使用或者允许他人使用权利人的商业秘密。

经营者以外的其他自然人、法人和非法人组织实施前款所列违法行为的，视为侵犯商业秘密。

第三人明知或者应知商业秘密权利人的员工、前员工或者其他单位、个人实施本条第一款所列违法行为，仍获取、披露、使用或者允许他人使用该商业秘密的，视为侵犯商业秘密。

（四）商业贿赂行为

1. 商业贿赂行为的概念

商业贿赂条款是新法中最具争议的条款，修法后，商业贿赂的界定回归贿赂本质，强调打击基于职务、职权便利的利益交换，"竞争优势"的外延更加宽泛，将对商业模式合法性的判断产生巨大影响。

商业贿赂行为，是指经营者在市场交易活动中采用财物或其他手段暗中收买交易对象或有关人员而争取交易机会或有利交易条件的行为。其普遍存在于社会经济生活的各个行业、各个方面，危害甚大。

（1）新法将受贿主体聚焦于"交易相对方的工作人员；受交易相对方委托办理相关事务的单位或者个人；利用职权或者影响力影响交易的单位或者个人"。强调商业贿赂的本质是作为代理人的受贿人因收受行贿人所给予的好处，背离其应负的忠实义务对交易产生了不正当的影响。

（2）从主观方面看，表现为行贿经营者是为交易目的故意所为的行为。

（3）从客观方面看，表现为行贿经营者向受贿者支付或提供了一般商业惯例所不允许的财物款项或非财物利益，并且通常采取秘密的方式来进行。商业贿赂的手段包括财物手段和其他手段（非财物手段）两类：财物是指现金和实物，包括经营者为销售或者购买商品，假借促消费、宣传费、赞助费、科研费、劳务费、咨询费、佣金等名义，或者以报销各种费用等方式，给付对方单位或者个人的财物。其他手段是指提供国内外各种名义的旅游、考察等给付财物以外的其他利益的手段。

2. 折扣与佣金

商业贿赂的认定涉及折扣与佣金的判断。《反不正当竞争法》第七条第二款规定："经营者在交易活动中，可以以明示方式向交易相对方支付折扣，或者向中间人支付佣金。经营者向交易相对方支付折扣、向中间人支付佣金的，应当如实入账。接受折扣、佣金的经营者也应当如实入账。"这表明折扣、佣金属于合法范畴。但新法语焉不详的是，1993年文本中规定的典型商业贿赂行为——回扣是否仍然成立？如何判断？

（五）互联网专条

1. 立法意义：确定与厘清互联网生态竞争的规则与边界

互联网专条作为互联网时代的标志，为回应实践的需要而设定。立法技术上层层递进："概括性条款"具有宣示意义；"列举式条款"对于互联网领域特有的典型不正当竞争行为类型进行了总结归纳，从立法上对于现有类型予以确认；"兜底性条款"彰显出立法的前瞻性，通过赋予司法机关一定的自由裁量权，以更好地适应互联网领域的快速发展。

2. 具体行为：升格成熟司法规则与成功行业治理经验

新法第十二条明确了互联网不正当竞争的类型：其一，"未经其他经营者同意，在其合法提供的网络产品或者服务中，插入链接、强制进行目标跳转"，针对的是"劫持流量"行为；其二，"误导、欺骗、强迫用户修改、关闭、卸载其他经营者合法提供的网络产品或者服务"，针对的是"恶意干扰其他经营者服务行为"；其三，"恶意对其他经营者合法提供的网络产品或者服务实施不兼容"，针对的是"恶意不兼容"行为。

但上述行为，大多是基于对已有典型个案裁判的归纳提炼，是否具有普遍性、普适性和稳定性，仍值得深入研究。

第三节　反垄断法：市场经济的"经济宪法"

如果说反不正当竞争法作为侵权法的延长线在法治史上有迹可循，那么反垄断法则是"横空出世"。作为几粒种子发展起来的、被誉为"经济宪法"的反垄断法，在历史长河中渐次发展为世界性普遍的法治现象。我国在深化市场经济改革的进程中，反垄断法的基础地位不断凸显，为适应新形势需要，《中华人民共和国反垄断法》（简称《反垄断法》）已于2022年做出了较全面的修正。

一、垄断的界定和本质

（一）垄断的界定

垄断是本节学习的逻辑起点。由于垄断自身的复杂性和争议性，其含义十分模糊。因此，各国的反垄断法理论与实践，均对垄断采取一种较为灵活的界定方式，即不直接定义垄断，而是为垄断提供一定的价值判断标准，着重于：①危害性，即某种垄断行为或状态导致生产或流通领域的竞争受到实质性的限制和损害；②违法性，即某种垄断行为或状态违反了法律的规定，背离了法律所设定的原则。反垄断法并不是反对所有的垄断，存在种种例外或豁免，以利于综合判断垄断在提高规模经济效益和国际竞争力方面的积极作用。

（二）垄断的本质

1. 垄断的消极作用

垄断的危害，牵涉甚广。经济危害：垄断排除或妨害市场竞争，损害竞争效率，最终侵害消费者利益，导致社会福利的损失；政治危害：垄断企业获取经济领域控制力的同时，必然要向政治领域渗透，与政治力量结盟、共谋，损害政治民主。

2. 垄断的积极作用

在特定的条件下，垄断仍具有某些正面效应：促使垄断企业降低生产成本；刺激垄断企业改进生产技术；一定意义上改进资源配置。

由于垄断的二重性和相对性，有必要建立一个开放式的判断准则，更多地以经济的合理性、社会的合理性为指向贴近经济实践，理性地审视垄断与反垄断法。

二、反垄断法的判断标准

反垄断法的判断标准，是近百年反垄断法制的精华，也是反垄断法将一个原则性政策转化为可操作性流程的思维过程。这些高度浓缩的方法标准，已成为指导反垄断立法、执法及司法的基本准则。

（一）本身违法与合理原则

1. 本身违法的适用

本身违法的适用，是指某些损害竞争的行为已被司法判例确定本身就是违法的，无须通过对其他因素的考虑去判断。这些行为对竞争的损害作用明确，一般不会因其他因素的影响而有实质性的变化，所以无须加以证明。其主要适用于价格固定、市场划分、联合抵制与搭售安排等四种情形，体现了反垄断法的严格性，方便了此类案件的审理。

2. 合理原则的适用

合理原则是一种具体案例具体分析的方法，即在考虑状态、行为、意图等多种因素的基础上进行判断。其基本含义是：某些对竞争的限制比较模糊的行为是否构成违法，必须在慎重考察企业行为的意图、行为方式以及行为后果等因素之后，方能做出判断。只有通过综合分析、确实证明该行为对竞争造成实质性损害时，才能认定其构成违法。合理原则的确定，目的在于使反垄断法能够更好地适应复杂的经济状况，避免机械执法可能对正常经济活动造成的消极影响。

（二）结构主义与行为主义

作为垄断控制制度的基本分类的结构主义与行为主义，是对垄断控制制度规范特征和本质的集中描述。

1. 结构主义

结构主义是为了控制行业集中度而对行业集中状态进行规范的垄断控制制度。结构主义确信，一个行业的结构应是一种使有效竞争能按其设想内在地进行的结构。只要结构是适当的，就不需要进一步的监督。当一个企业或几个企业所生产的产品在特定的市场上所占的市场份额达到或超过反垄断机构确定的结构标准时，就被认为其在市场上获得了垄断地位，将限制市场的有效竞争。结构主义可被提炼成为三个要素：企业规模、市场结构与市场弊害。其中，企业规模着眼于刻画特定市场中企业间在数量、份额以及规模上的关系，为核心要件；市场结构与市场弊害为辅助要件。

2. 行为主义

行为主义是针对竞争者的行为而不是根据市场结构而建立的一些促进竞争的规则，亦即其是着眼于规范占市场支配地位企业的限制竞争行为的垄断控制制度。只要企业的市场行为对其他企业市场行为的自由产生有害的影响，或者其他企业和消费者受到虚假或欺骗性做法的有害影响，无论这种影响是实际的还是潜在的，政府就出面干预，通过法律予以制裁。

三、我国反垄断法的实体控制制度

我国反垄断法基本制度构造，尊重共识，立足国情，形成了两大类四项核心制度。

（一）经济性垄断

1. 滥用市场支配地位行为规制

1）滥用市场支配地位行为界定

滥用市场支配地位行为，是指拥有市场支配地位的企业滥用其支配地位，并在一定交易领域实质性地限制竞争、违背公共利益的行为。滥用行为的禁止是反垄断法的重点内容，具体类型包括：暴利价格、掠夺性定价、搭售、独家交易、拒绝交易、歧视待遇等。

2）滥用市场支配地位行为要件

构成要件有三：①企业拥有市场支配地位，这是滥用行为的先决条件；②具有市场支配地位的企业，利用其地位实施了各种损人利己的行为；③滥用行为造成了损害后果，即造成了对有效竞争结构标准、行为标准、绩效标准的冲击。

2. 垄断协议行为规制

1）垄断协议行为的界定

垄断协议行为，是指两个或两个以上的企业、企业联合组织通过订立协议、决定或者其他协同行为，密谋或联合一致的行为共同排除、限制市场竞争，对经济发展具有或可能具有不利影响，应受反垄断法规制的行为。在实践中，垄断协议行为广泛存在，发生量大、涉及面广、影响速度快，对有效竞争的破坏具有普遍性和持续性，因此最受关注、制裁最为严厉。

认定须注意：其一，垄断协议行为必须发生在至少两个或两个以上的经营者之间，具有"多个主体共同行为"的特征。其二，行为人之间存在共谋，即两个或两个以上的企业具有共同的意思联络，并基于这种意思联络而形成的一致性行动。按照不同的表现形式，共谋可分为协议型与默契型。默契型意指没有书面或口头的协议，而是彼此心照不宣的协调行动。其三，垄断协议行为具有限制竞争的目的与效果。《反垄断法》第十九条规定，经营者不得组织其他经营者达成垄断协议或者为其他经营者达成垄断协议提供实质性帮助,将为垄断协议提供帮助的主体也纳入规制范围。

2) 垄断协议行为的分类

垄断协议行为可以从不同的角度加以分类,以参与垄断协议企业之间的相互关系为标准,可以分为横向垄断协议行为与纵向垄断协议行为。由于它们对竞争危害的程度不同,因而法律规制态度也不一样。

(1) 横向垄断协议行为,是指两个或两个以上因生产或销售同一类型产品或提供同一类服务而处于相互直接竞争中的企业,通过共谋而实施的限制竞争行为,一般被称为"卡特尔"。主要包括价格卡特尔、区域卡特尔、产量卡特尔以及份额卡特尔。

(2) 纵向垄断协议行为,是指两个或两个以上在同一产业中处于不同阶段而有买卖关系的企业,通过共谋而实施的限制竞争行为,其主要类型有维持转售价格、搭售、独家经营、独占地区以及其他限制交易方营业自由的行为。纵向垄断协议行为一般是非竞争者之间达成的协议,对于生产的社会化、经济的协调发展具有一定的积极意义,如保证产品或服务质量、企业声誉以及消费者安全,促进售后服务,增强不同品牌的同类商品间的竞争等,对竞争的危害相对较小,因而在各国反垄断法中获得区别对待。《反垄断法》(2022年修正)谨慎积累经验、引入安全港制度,特别规定道:"经营者能够证明其不具有排除、限制竞争效果的,不予禁止。经营者能够证明其在相关市场的市场份额低于国务院反垄断执法机构规定的标准,并符合国务院反垄断执法机构规定的其他条件的,不予禁止。"

3. 经营者集中规制

1) 经营者集中的界定

我国《反垄断法》对经营者集中采用广义、开放的定义方式:其一,经营者合并。在商法意义上,合并是指两个或两个以上独立的企业,通过取得财产或股份等形式被一个新的企业所取代或者合并成一个新企业的法律行为,其重点在于被合并企业的法律人格变化。其二,经营者通过取得股权或者资产的方式取得对其他经营者的控制权。其三,经营者通过合同等方式取得对其他经营者的控制权或者能够对其他经营者施加决定性影响。

2) 经营者集中规制的实体规定

反垄断机构在对经营者集中进行控制时,其基本内容就是根据一定的标准判断该企业集中是否会在相关交易领域内实质性地限制竞争,或者权衡它给竞争带来的消极影响是否会超过它给社会带来的积极影响。为此,首先必须确定经营者集中所涉及的相关市场,根据若干相关因素确定打算集中的企业在相关市场上是否具有支配地位,然后确定这些企业集中会对市场竞争带来怎样的影响,从而决定对该企业集中是放行还是禁止。《反垄断法》第三十三条明确了规制标准的考量因素:参与集中的经营者在相关市场的市场份额及其对市场的控制力;相关市场的市场集中度;经营者集中对市场进入、技术进步的影响;经营者集中对消费者和其他有关经营者的影响;经营者集中对国民经济发展的影响;国务院反垄断执法机构认为应当考虑的影响市场竞争的其他因素。如果经营者集中是为了增进社会效率,符合重大的公共利益,挽救濒于破产的经营者,有利于从事产业开发及社会经济发展的事业等,可以获得法律豁免,但实践仍有待执法和司法的细化。

3）经营者集中规制的程序

对经营者集中规制的程序规定是防止垄断性企业集中的预警和危机处理系统。经营者集中规制的程序规定具体表现为经营者集中的申报和审查制度。《反垄断法》（2022 年修正）系统地修改了经营者集中审查制度，对未达到申报标准的经营者集中进行审查，并推动经营者集中分类分级审查制度完善。

（二）滥用行政权力排除、限制竞争

1. 内容及构成

行政性垄断在我国由来已久，一直是相关政策、法律规制的重点。《反垄断法》第五章对行政性垄断行为进行了专门规定。其中，第三十九至四十二条对相关滥用行为作了细化的梳理，重申了行政机关和法律、法规授权的具有管理公共事务职能的组织不得滥用行政权力，实施下列行为：对外地商品设定歧视性收费项目、实行歧视性收费标准，或者规定歧视性价格；对外地商品规定与本地同类商品不同的技术要求、检验标准，或者对外地商品采取重复检验、重复认证等歧视性技术措施，限制外地商品进入本地市场；采取专门针对外地商品的行政许可，限制外地商品进入本地市场；设置关卡或者采取其他手段，阻碍外地商品进入或者本地商品运出；妨碍商品在地区之间自由流通的其他行为。这些行为比较全面地涵盖了我国目前行政性垄断行为的主要表现形式。其中较有新意的是，第四十条明确规定："行政机关和法律、法规授权的具有管理公共事务职能的组织不得滥用行政权力，通过与经营者签订合作协议、备忘录等方式，妨碍其他经营者进入相关市场或者对其他经营者实行不平等待遇，排除、限制竞争。"这将限制妨害竞争的某些政企合作行为也纳入了规制范围。同时，《反垄断法》还专门针对含有限制竞争内容的抽象行政行为作了专门规定，第四十五条要求："行政机关和法律、法规授权的具有管理公共事务职能的组织不得滥用行政权力，制定含有排除、限制竞争内容的规定。"《反垄断法》以专章形式对典型的各类滥用行政权力排除、限制竞争的行为，予以明令禁止，对于深化我国社会主义市场经济体制的改革、保障高质量发展发挥了积极的作用。

2. 不足与评价

在我国《反垄断法》的制定过程中，反行政性垄断最具争议，最终条款为妥协的产物，存在较大的局限性：并未使用"行政性垄断"的概念，只是提出"行政机关滥用行政权力排除、限制竞争行为"；对地区性行政垄断的规定比较清晰，但是对于行业性行政垄断没有详细的规定；仍沿袭了自我纠偏的思路，执法机制不顺，缺乏对行政垄断行为的有效规制。但"十年磨一剑"，反行政性垄断逐渐发力：自 2008 年以来，国家发展和改革委员会共查处行政垄断案件 6 起，分别对一些地方政府部门实施的地方保护、指定交易、强制交易、制定含有排除和限制竞争内容的规定等违法行为进行了依法纠正；2017 年 8 月，广东省高级人民法院终审判决，认定广东省教育厅在"工程造价基本技能赛项"省级比赛中，指定广联达股份软件有限公司软件为独家参赛软件的行为，属于滥用行政权力，产生了排除、限制竞争的效果，违反了反垄断法规定。这起历经 3 年多时间、反垄断法颁布实施以来首个行政垄断诉讼案件，以行政机关败诉告终。

在此基础上,《中共中央 国务院关于推进价格机制改革的若干意见》《"十三五"市场监管规划》提出:加强市场价格监管和反垄断执法,逐步确立竞争政策(在经济政策中)的基础性地位。加快建立竞争政策与产业、投资政策的协调机制,实施公平竞争审查制度,促进统一开放、竞争有序的市场体系建设。

四、我国《反垄断法》的实施机制

(一)《反垄断法》的实施主体

我国《反垄断法》第十二条确立了"反垄断委员会"与"反垄断执法机构"的双层框架模式,机构设置经由 2018 年机构改革,由国家市场监督管理总局专享反垄断执法权,彻底改变了原有的"3+X"多部门执法格局(表8-1)。

表8-1 《反垄断法》的执法机关和管辖事项

执法机关	垄断协议	滥用支配地位(含行政权力)的行为	经营者集中
国家市场监督管理总局(依据《反不正当竞争法》《中华人民共和国招标投标法》等)	有权	有权	企业登记管理中对企业并购的管理不具有反垄断目的
国家发展和改革委员会(依据《中华人民共和国价格法》等)	管辖价格协议	与工商部门共同管辖涉及价格的滥用行为	主管国家发展规划和产业政策,对于经营者集中的整体环境和个案政策取向具有影响作用
商务部(依据《关于外国投资者并购境内企业的规定》等)	涉及对外经贸合作的垄断协议,如进出口卡特尔	对外商和外商投资企业滥用行为的一般性监督	有权,含外资并购管理
行业主管部门或监管机构(依据行业法律法规)	有权	有权	相关领域企业重组、并购的规划、实施和监督,通常具有影响其所辖领域竞争结构和竞争机制的目的及作用

(二)《反垄断法》的制裁手段

1. 民事制裁

《反垄断法》中的民事制裁主要表现为损害赔偿责任。采取损害赔偿,既有利于弥补受害人的损失,也足以惩罚违法行为人。各国立法又分为两种形式:实际赔偿、惩罚性赔偿。《反垄断法》(2022年修正)第六十条引入了反垄断民事公益诉讼机制。

2. 行政制裁

行政制裁包括由诸如行政罚款、命令停止违法行为、禁止从事特定的行为以及解割(拆分)等形态组成的体系。其中,最有特色的为解割(拆分),为《反垄断法》所独有。

3. 刑事制裁

刑事制裁并不是世界反垄断立法中的普遍现象,较为典型的国家是美国、日本。

我国《反垄断法》尚未引入刑事制裁方式。

第四节　消费者权益保护法：消费者权益的"守护伞"

人人都可能是消费者，消费者权益保护法就成为与每个自然人、每个家庭关系极其密切的法律。

一、消费者

（一）消费者的概念

消费者的法律界定，是整个消费者保护法的关键与难点。依照《中华人民共和国消费者权益保护法》（简称《消费者权益保护法》）第二条，要点如下。

（1）消费类型。经济学中的"消费"，有生产消费和生活消费之分。而消费者权益保护法中的消费一般只限于生活消费，即满足个人和家庭生活需要的消费。但是，《消费者权益保护法》第六十二条规定，农民购买、使用直接用于农业生产的生产资料，参照本法执行。这是将生产消费视为生活消费的一个特例：农民在购买、使用农业生产资料时，虽然属于生产消费行为，但法律将其纳入保护范围，仍享受消费者特殊保护。

（2）消费主体。生活消费有个人（家庭）消费和单位消费之分。消费者权益保护法中的消费只限于个人（家庭）消费。理由在于：各国立法和国际条约的通行做法；符合消费者权益保护法的宗旨和目标；契合消费者个人权利的法律属性。

（3）消费客体，又称消费品，是指经营者向消费者提供的商品或服务。商品，通常是指用于交换的有形物品，一般只限于生活消费品，而将专用于生产的非消费品排除在外。服务，是指经营者向消费者提供劳务的行为。现代社会，服务业日趋发达，服务消费成为生活消费的重要内容，交通运输、旅游、电信、金融、医疗等均属服务的范畴。但是，消费者权益保护法上的服务，其范围是否及于所有的消费服务不甚明确，出现了诸多极具争议性的"边缘消费"：金融消费者如何强化保护？商品房买卖欺诈是否适用惩罚赔偿条款？医疗服务领域是否适用该法？等等。

（二）消费者的地位

消费者在购买、使用经营者所提供的商品或接受服务的过程中，缺乏有关知识、信息以及资源禀赋差异、能力缺陷、受控制等因素，导致权利不能得到有效实现，甚至遭受损害而居于弱势地位，其是法律主体设定的必要前提。

二、消费者权益保护法

（一）狭义的消费者权益保护法的含义

狭义的消费者权益保护法一般仅指各国有关消费者权益保护的专门立法，又称形式意义上的消费者保护法。

（二）狭义的消费者权益保护法的特点

1. 对象的特定性

不同于以抽象的法律人格为保护对象的法律，自然人因其在现实社会中从事消费活动而具有消费者的具体法律人格，从而成为消费者权益保护法特殊关注的对象。

2. 权利配置的倾斜性

消费者保护法采取了完全不同于民商法均等保护的方法与手段，明显向消费者倾斜，赋予消费者以更多的权利，予以经营者以更严格的义务。

3. 规范的强制性

国家直接规定经营者的义务，违反义务的，国家依法追究行为者的责任，表明了政府干预经济的意图与结果。

三、核心构造：权利与义务

（一）消费者权利本位和经营者义务本位

消费者权利本位和经营者义务本位见表8-2。

表8-2 消费者权利本位和经营者义务本位

消费者权利	经营者义务
安全权	保证商品和服务安全的义务
知情权	提供真实信息的义务；表明真实名称和标记的义务；出具凭证或单据的义务
选择权	
公平交易权	不得单方做出对消费者不利规定
求偿权	
结社权	
受教育权	
受尊重权	不得侵犯消费者人格权
批评监督权	接受监督的义务
	履行法定义务及约定义务；保证质量的义务；履行"三包"或其他责任的义务

（二）消费者权利的实现

（1）冷静期制度。《消费者权益保护法》第二十五条规定：经营者采用网络、电视、电话、邮购等方式销售商品，消费者有权自收到商品之日起七日内退货，且无须说明理由，但下列商品除外：消费者定做的；鲜活易腐的；在线下载或者消费者拆封的音像制品、计算机软件等数字化商品；交付的报纸、期刊。除前款所列商品外，其他根据商品性质并经消费者在购买时确认不宜退货的商品，不适用无理由退货。消费者退货的商品应当完好。经营者应当自收到退回商品之日起七日内返还消费者支付的商品价款。退回商品的运费由消费者承担；经营者和消费者另有约定的，按照约定。

（2）求偿权的实现。《消费者权益保护法》第五十五条规定：经营者提供商品或者服务有欺诈行为的，应当按照消费者的要求增加赔偿其受到的损失，增加赔偿的金额为消费者购买商品的价款或者接受服务的费用的三倍；增加赔偿的金额不足五百元的，为五百元。法律另有规定的，依照其规定。

经营者明知商品或者服务存在缺陷，仍然向消费者提供，造成消费者或者其他受害人死亡或者健康严重损害的，受害人有权要求经营者依照《消费者权益保护法》第四十九条（侵权损害赔偿）、第五十一条（精神损害赔偿）等法律规定赔偿损失，并有权要求所受损失二倍以下的惩罚性赔偿。

（三）经营者义务的判断

以经营者的安全保障义务为例，《消费者权益保护法》第十八条规定：经营者应当保证其提供的商品或者服务符合保障人身、财产安全的要求。对可能危及人身、财产安全的商品和服务，应当向消费者作出真实的说明和明确的警示，并说明和标明正确使用商品或者接受服务的方法以及防止危害发生的方法。宾馆、商场、餐馆、银行、机场、车站、港口、影剧院等经营场所的经营者，应当对消费者尽到安全保障义务。作为一个亟待具体化的义务，具体个案需要结合特定时空下具体情境予以判断。

四、消费争议的解决机制

（一）消费争议解决的途径

依照我国《消费者权益保护法》第三十九条的规定：消费者和经营者发生消费者权益争议的，可以通过下列途径解决：①与经营者协商和解；②请求消费者协会或者依法成立的其他调解组织调解；③向有关行政部门投诉；④根据与经营者达成的仲裁协议提请仲裁机构仲裁；⑤向人民法院提起诉讼。

（二）解决争议的几项特别规则

依照我国《消费者权益保护法》第四十至四十五条，消费者权益争议解决还存在以下几项特别规定：①销售者的先行赔付义务；②生产者与销售者的连带责任；③消费者在接受服务时，其合法权益受到损害时，可以向服务者要求赔偿；④变更后的企业仍应承担赔偿责任；⑤营业执照持有人与租借人的赔偿责任；⑥网络交易平台的先行赔付责任以及不作为状态下的连带责任；⑦虚假广告的广告主与广告经营者的责任。

第五节 财政法：国家治理的基础和重要支柱

如果说消费者权益保护法是"离江湖之近"，那么财政法则是"居庙堂之高"。财政处于结构调整和福利最大化承接点的位置，其本质是国家治理的工具，是塑造公共生活、国家制度、公众与国家关系的基石。在此意义上，财政法即成为国家治理的基础和重要支柱。

一、财政概述

财政是一种主体为国家或政府的经济行为或经济现象。其内容实质是国家或政府为了实现其职能，凭借政治权力参与部分社会产品和国民收入的分配与再分配活动。它具有公共性、强制性、收入与支出的对称性三个特征，是保证国家机器正常运转的重要工具，是调节社会经济运行的重要的经济杠杆。在社会主义市场经济条件下，财政的本质正从国家分配说转向公共需求说。

二、财政法概述

（一）财政法的含义

财政法，是指调整国家在财政分配和财政管理活动中，即国家在资金的筹集、运用、管理、监督等活动中形成的财政关系的法律规范的总称，它是国家实现其财政经济职能和社会公共职能的重要工具。

（二）财政法的构成

财政法作为经济法制度的重要组成部分，它的基本内容一般包括财政基本法、预算法、政府采购法、财政转移支付法、国债法、财政监督法等内容。

三、财政管理体制法律制度

财政管理体制，是指一个国家制定的关于中央政府和地方政府在财政管理权限和财政收支方面的一项基本制度。各国财政管理体制的内容主要包括：中央和地方事权的划分制度；中央和地方财权的划分制度；中央和地方之间的财政转移支付制度。这些内容，通过具有法定效力的规范确认与保证，就构成了财政管理体制的法律制度。健全中央和地方财力与事权相匹配的财政体制，进一步健全财力与事权相匹配的财政体制，促进基本公共服务均等化，是我国财税体制改革的基本宗旨。

（一）中央和地方事权的划分制度

事权，是指国家依法确定的中央政府和地方政府处理公共事务或履行行政管理职能的职权。中央和地方政府事权的划分是整个财政管理体制的基础，从原则上讲也就是财政的职能在中央和地方之间的划分。在实践中，由于世界各国的政治体制、经济体制以及国家规模等诸多因素的不同，各国在中央和地方责任的划分方面存在较大的差异。

我国《宪法》只是原则性地规定了中央政府与地方政府的基本职能，具体事务和权责并不明确，这使得中央和地方之间的事权产生交叉和错位，极易造成权力的互相推诿或互相争抢：要么是地方政府不按规定履行自身职责，造成中央政府对地方乃至整个国家经济宏观上的失控；要么是中央政府更多地采用行政手段安排和指挥地方的财政行为，削弱了地方政府履行其职责的能力。故此，科学地划分政府间的事权范围并以法律形式予以明确，必要而紧迫。

(二）中央和地方财权的划分制度

在实践中，财权多表现为税权。所谓税权，包括税收立法权、税收征收征管权以及税种确定权等权能，是指议会或国家权力机关依照法定程序，决定税收事项及其有关活动规则的权力。

在税收法定主义的指引下，各国在划分中央和地方税收时，依照宪法和其他法律的规定，并结合本国的政治、经济体制状况，明确划分中央政府和地方政府的税收，并通过法律形式对各自的税收收入进行规范。我国在 1994 年确立的分税制，将税收划分为中央税、地方税以及中央和地方共享税，初步确立了一个基本的制度框架。但由于分税制属于改革性措施，且税制改革并未与事权划分相结合，导致中央政府和地方各级政府之间事权划分不合理，相互错位；事权、财权相脱节，造成事权财权配置中的明显不对称、不匹配。因此，完善中央和地方事权和支出责任划分，进一步理顺中央和地方收入划分，即成为深化财税体制改革的着力点。

（三）财政转移支付法

财政转移支付，为中央政府或地方政府为解决财政失衡而将部分财政收入无偿地让渡给下级政府、企业和居民时所发生的转移财政资金的活动。其主要特征是：无偿性、多层次性与条件法定性。

财政转移支付法，是调整政府在实施财政转移支付过程中发生的社会经济关系的法律规范体系。由于国民对于公共物品的需求不同且差异较大，地方政府是地方性公共物品的最佳提供者。但一国内的各个地区的发展并不平衡，过度的财政失衡会在很大程度上影响社会经济的良性运行与协调发展，必须通过财政转移支付来解决财政失衡问题。因此，在财政法律体系完备的国家都制定有财政转移支付法，以配合其他财政手段克服财政失衡，实现社会保障目标、产业政策目标和国际竞争目标的职能。

至今，转移支付制度由分税制的修正补充机制，变成了对基层政府进行财力分配的主导机制。始于 1994 年的财政转移支付制度沿用至今，呈现出明显的过渡性特征，难以适应市场经济和公共财政的要求。而其依据的主要是政府规章，缺乏法律的权威性和统一性。因此，我国拟制定《财政转移支付法》，明确转移支付的宏观调控功能，规范财政转移支付的各项基本制度。

四、预算法律制度

（一）预算和预算法的概念

预算，它的原意是皮包、袋子，是指经法定程序批准的，国家各级人民政府和实行预算管理的各部门、各单位一定期间的财政或财务收支计划，包括国家预算和单位预算。其中，国家预算是政府基本的财政收支计划，它反映着政府活动的范围、方向和国家政策。同时，由于国家预算要经过国家权力机构的审批方才生效，因而又是国家的重要立法文件，体现国家权力机关和全体公民对政府活动的制约与监督。

预算处于政治过程的核心地带，也是权力运用过程的核心。预算关系是指在国家预算收入、支出和进行预算管理过程中产生的经济关系。预算法是调整预算关系的法律规范体系，是组织和管理国家预算的法律依据，是财政法的重要组成部分。

（二）预算法基本原则

现代预算的基本原则一般包括年度性原则、预算民主原则、平衡预算原则、公开透明原则、一致性原则与完整性原则。我国预算法结合实践情况，将其表述为复式预算原则、全口径预算原则、预算年度原则、预算平衡原则、预算公开原则。

（三）预算法制度构架

一级政权一级财政，一级财政一级预算，一级预算一级国库。这种基本架构涉及各种利益的平衡、权力的配置、实体法与程序法的融合，较为复杂。宏大而繁复的预算法律制度只有"镶嵌"在"主体—行为—责任"框架之中，才能获得法律上的意义和空间。

1. 预算法律关系主体

预算过程中有哪些主体参与进来，享有怎样的权力，承担怎样的义务，实质是预算权力的配置和分享问题。从纵向上看，权力配置是预算权在不同预算级次的国家机关之间的分配，特别是中央和国家机关的分配。从横向上看，权力配置是预算权在相同预算级次的国家机关之间的分配，主要是立法机关和政府之间的分配。形式上横向权力配置貌似较为均衡，实质却偏向于政府职能部门。

2. 预算法律行为

预算法律行为的特性为程序性、可问责性与民主性。按照预算过程的不同阶段，预算法律行为及其内容大致归纳为预算编制行为、预算执行行为以及预算监督行为三种类型：①预算编制行为：对国家的收支规模及其结构做出事先安排的政府活动，总体要求是要注重内容完整统一，短期目标与长远目标的有机结合。严格程序化乃是政府预算编制行为的关键所在。对预算编制行为的各环节都要予以明确的规定与具体的技术指导，才能从最大程度上保证政府预算活动的协调性、灵活性与规范性。②预算执行（调整）行为：人大审议批准的预算决策生效后，政府的预算活动随即转入到执行阶段。政府预算的执行行为按照收支两条线进行分类，可分为预算收入的执行行为和预算支出的执行行为。③预算监督（决算）行为：预算监督行为是立法机关对行政机关的预算权进行约束的一种重要渠道。

3. 预算法律责任

预算法律关系主体违反预算法规定的义务或未履行其职责所应承担的法律后果。我国预算法对违法行为归类简单、责任形式单一、惩罚力度过轻。法律中的责任形态仅为责令改正、警告或者通报批评、行政处分三类，责任种类过于简单，需要强化责任追究机制，拓展责任形态。

五、政府采购法律制度

（一）政府采购概述

1. 政府采购的概念和特征

政府采购制度是公共财政的重要组成部分，是加强财政支出管理的一项有效措施。依据我国《中华人民共和国政府采购法》第二条的规定，政府采购，是指国家、中央及地方各级政府部门为进行政务活动或为大众提供公共服务的最终消费需要，以来源于财政拨款的资金，按法定的方式和程序，以购买者的身份从国内、国外市场购买所需货物、工程和服务的行为。

政府采购的范围较为广泛，涉及货物、工程与服务三大类别。货物是指各种原料、产品、设备和器具等。工程是指地面上下新建、扩建、改建、修建、拆建、修缮、翻新构造物与其所属设备及改造环境的行为，包括建造房屋，兴修水利，改造环境、交通设施等工程项目。服务是指除货物或工程以外的任何采购，包括专业服务、技术服务、资讯服务、营运管理、人员培训等。

与民事主体的民间采购相比，政府采购具有采购主体的特定性、目的的非营利性、资金来源的财政性或公共性和付款方式的特别性、政府采购的方式具有规范性和公开性等特点。

2. 政府采购的社会经济政策目标

作为一种市场交易行为，政府采购自然具有效益最大化的经济目标。但同时，政府采购也体现出社会经济政策的考量，承载了诸多非经济目标：刺激国家经济发展，强化政府的宏观调控能力；保护民族工业，抵御外国竞争；提高产业部门的竞争性；弥补全国范围内的地区差异；提高环境质量；促进中小企业发展目标；反腐倡廉；等等。我国《中华人民共和国政府采购法》第九条规定："政府采购应当有助于实现国家的经济和社会发展政策目标，包括保护环境，扶持不发达地区和少数民族地区，促进中小企业发展等。"第十条规定："政府采购应当采购本国货物、工程和服务。"

（二）政府采购的方式与程序

1. 政府采购的方式

政府采购的方式采取法定主义。一般而言，以公开招标为一般原则，而以邀请招标、竞争性谈判、询价和单一来源采购等方式为例外。政府采购法作出了明确的规定。

2. 政府采购的程序

（1）行政事业单位要向财政部门提出专项申请。所申请的项目，经财政部门核准后，通知购货单位，由财政部门组织向社会公开招标采购，原则上每月进行一次。

（2）成立政府采购管理机构。由财政部门成立的政府采购管理机构，采取公开、公正、公平的招标方式进行招标、采购、供应。

（3）签订政府采购合同。招标会结束后，购货单位应随即与供应商签订政府采购合同，由财政部门进行监督。

第六节 税法：人民权利的"守护章程"

伴随着"税收国家"不断成型、公民税法意识的逐渐觉醒，税法制度真正的是"税醒了"。税收法律关系至少隐含着三个基本进路：其一，宪法角度，将税收置于合宪性价值下不断被审视、评判的地位。其二，行政法角度。作为行政机关的税务机关，与作为行政相对人纳税人之间的权利义务关系，适用行政法的原理予以解释与构造；如果发生税务争议纠纷，则适用行政复议与行政诉讼等救济手段予以解决。其三，经济法角度。作为宏观调控手段而纳入经济法体系的税收，作用于社会经济生活，达致宏观调控的目的与效用。

一、税收概述

（一）税收的含义

税收是国家为了实现其公共职能而凭借政治权力，依法强制、无偿地取得财政收入的一种活动或手段。税收不仅是国家取得财政收入的一种主要手段，而且是宏观调控的重要经济杠杆之一。

（二）税收的分类

1. 直接税和间接税

此种分类依据在于税负可否转嫁：凡是税负不能转嫁于他人，由纳税人直接承担税负的税种，即为直接税，如所得税和财产税等；凡税负可以转嫁于他人，纳税人只是间接地承担税负的税种，即为间接税，如各种流转税。此分类对于研究税收归宿、税法实效等问题具有重要意义。

2. 所得税、流转税、财产税

依据征税对象的不同，税收可分为所得税、流转税和财产税。所得税是针对纳税人一定纳税期限的纯收益而征收的税，它既可以是公司所得税，也可以是个人所得税。流转税是针对商品或服务在流通过程中形成的流转额而征收的税，它所包含的具体税种非常丰富。财产税是针对某些价额较高、对国民经济影响较大的稳定财产，如土地、房产、车船等征收的税，它是抛开财产的流通或交易过程而着眼于财产本身设计的税种。征税对象是税制的核心要素，其是税收最重要、最基本的分类。

3. 中央税和地方税

此种分类依据在于税收管理权和税收收益权的不同：凡由国家最高权力机关或经其授权进行税收立法、税收管理权和税收收益权归属于中央政府的税收，为中央税；凡由地方权力机关立法开征，或者税收管理权和税收收益权归属于地方政府的税收，为地方税。此外，某些税种的税收收入由中央政府和地方政府按分成比例共同享有，可称为中央和地方共享税。此分类与一国的税收管理体制密切相关，直接影响着税收的征管。

二、税法基本原则

税法基本原则是税法基本精神最高度的凝练，是设计税收法律制度时应遵循的基本准则。

（一）税收法定原则

税收法定原则是指所有税收活动必须依照法律的规定进行。既然税是一种强制侵占人民私人财产的国家权力，则这种权力一旦出现不当行使，就会直接威胁人民利益。因此，必须通过税收法定主义对其严加防范，以阻止其对人民基本财产权利的肆意骚扰。具体内容包括：税制要素法定、税制要素明确、税制要素合法等。税收法定原则在中国的落实仍需要大力加强。

（二）税法公平原则

税法公平原则指纳税人的法律地位是平等的，它是近代平等性政治和宪法原则在税收法律制度中的具体体现。税收公平主要涉及横向公平和纵向公平的判断。

（三）税法效率原则

税法效率原则是指以最小的费用获取最大的税收收入，并利用税收的经济调控作用最大限度地促进经济的发展，或者最大限度地减轻税收对经济发展的妨碍。它包括税收行政效率和税收经济效率。

三、税收法律制度的基本构造

（一）税制构成要素

税制构成要素，意指各种单行税法具有的共同的基本构成要素的总称。作为从具体税收法律规范中抽象出来的共同要素，其是分析税法的结构和具体制度要素构成的重要工具。

1. 税法主体

税法主体是在税收法律关系中享有权利和承担义务的当事人，包括征税主体和纳税主体两类。

我国的各级税务机关和海关具体负责税收的征收管理，其中，税务机关是最重要的、专门的税收征收机关。

纳税主体又称纳税义务人，是指依照税法规定直接负有纳税义务的自然人、法人和非法人组织。对纳税主体依不同的标准可作不同的分类，纳税主体在每部税法或税收条例中也不尽相同，它直接关系到征税的范围，是制定税法时必须首先明确的一个基本要素。

2. 征税客体

征税客体，也称征税对象，是指征税的直接对象或标的。根据征税对象性质的不同，可以将其分为商品、所得和财产三大类。当然，在具体的税法中，往往还需要通过税目和计税依据将它具体化，这样才能使征税对象更加具体和确定。

3. 税目和计税依据

税目，是指税法规定的征税的具体项目，它是征税对象在质的方面的具体化，反映了征税的广度。

计税依据，也称计税标准或税基，是指根据税法规定所确定的用以计算应纳税额的依据。它是征税对象在量的方面的具体化，计税依据的确定非常关键，因为它直接影响到纳税人的税负。

4. 税率

税率是应纳税额与计税基数之间的数量关系或比率。它是衡量税负高低的重要指标，是税法的核心。税率可分为比例税率、累进税率和固定税率三种。

5. 纳税时间

纳税时间，是指在纳税义务发生后纳税人依法缴纳税款的期限，因而也称纳税期限。纳税期限可分为纳税计算期和税款缴库期两类。

6. 纳税地点

纳税地点，是指纳税人依据税法规定向征税机关申报纳税的具体地点。它的种类主要有机构所在地、经济活动发生地、财产所在地、报关地等。

7. 税的减免

减税是对应纳税额减征一部分。免税是对应纳税额全部免征。税的减免包括起征点、免征额和减征额。

8. 违法处理

违法处理，是指对纳税人违反税法的行为采取的惩罚措施，是国家税收制度的强制性的突出表现。主要措施包括限期纳税、加收滞纳金、处以罚款、送交司法机关依法惩处等。

(二) 税制结构：实体法上的构造

1. 税制结构概述

税制结构，又称为税收制度的结构，是指构成税收制度的各单个税种在社会经济生活中的位置分布、占税收收入总额的比重，以及由此形成的相互协调、配合的机体。在功能上，税制结构主要解决税种设置、主体税的选择、主体税与辅助税的关系，以及实行单一税制或复合税制等宏观税收的问题。这些问题的解决，受到一国经济发展水平、经济结构、经济运行机制以及国家政策取向等因素的影响。

2. 我国的税制结构

经历长期的制度变迁，我国形成了流转税和所得税并重的双主体复合模式。该模式的优点是：在经济运行机制上，政府调控和市场调节可以有机结合；在税收职能方面，其既可以保证财政收入，又可以充分发挥税收的经济调控功能；在税收运行方式上，流转税的刚性和所得税的弹性功能可有机结合，有着较强的经济适应性；从税制发展趋势看，该模式既考虑了我国现实的生产力水平，又兼顾了税制发展的长期需要。目前，我国税制结构仍处于深化体制改革进程之中。

(三) 征管法律制度：程序法上的构造

程序法意义上的征管制度，是规定如何征税，执法活动和措施，落实各单行税法确定的权利义务，实现税款入库的具体办法。所谓征管制度，是指国家制定的调整税收征收管理活动中税务机关、纳税人以及其他税务当事人的权利义务关系的一系列规范的总称。当今世界上，几乎所有国家都建立了税收征管制度，以此保障实体税法确定的权利义务得以实现，保证国家及时获得税收收入。在理念上，涉及征管法还是服务法，纳税人中心主义还是财政中心主义的争议；在实践中，动态的税收征管制度内容十分丰富，主要环节涉及税务登记、账簿与凭证管理、纳税申报、税款征收与法律责任等一系列征管制度的设计。尤其是随着"金税四期"上线，税务机关"以数控税"进入操作层面，如何面对新形势下的税收征管问题，平衡税务机关和纳税人的法律关系，更为突出。

本 章 小 结

面临百年未有之大变局的世界，反全球化开始抬头，经济进入了下行周期。此时此刻，如何发挥法治对于经济运行的保障与提振功能，殊为重要。具言之，如何不断优化营商环境，激发各市场主体的潜力；反不正当竞争法如何在审慎包容与规范市场竞争秩序之间找寻平衡，实现三重法益的保护；反垄断法如何在驯服资本的前提下，彰显资本市场要素的活力，打造公平竞争的生态与环境；消费者权益保护法如何不断强化消费者权益的保护，为刺激扩大内需奠定坚实的法治基础；新一轮财税体制改革正在弦上，迫在眉睫；税收法律制度如何在保证纳税人权利的基础上，发挥税收的宏观调控功能，推进国家治理能力的现代化。上述种种议题，勾勒出经济法治的图景与作用，演化出法学丛林中独特的风景线。

主要参考文献：

陈清秀. 2017. 现代财税法原理. 厦门：厦门大学出版社.
孔祥俊. 2014. 反不正当竞争法的创新性适用. 北京：中国法制出版社.
孔祥俊. 2019. 反不正当竞争法新原理·分论. 北京：法律出版社.
刘剑文. 2015. 财税法：原理、案例与材料. 5版. 北京：北京大学出版社.
刘剑文. 2015. 财税法专题研究. 3版. 北京：北京大学出版社.
罗培新. 2020. 世界银行营商环境评估：方法·规则·案例. 南京：译林出版社.
吕忠梅，陈虹. 2008. 经济法原论. 北京：法律出版社.
乔新生. 2018. 消费者权益保护法总论. 北京：中国检察出版社.
万江. 2022. 数字经济与反垄断法：基于理论、实践与国际比较的视角. 北京：法律出版社.
王全兴. 2002. 经济法基础理论专题研究. 北京：中国检察出版社.
王晓晔. 2019. 反垄断法的相关市场界定及其技术方法. 北京：法律出版社.
谢晓尧. 2010. 在经验与制度之间——不正当竞争司法案例类型化研究. 北京：法律出版社.

第九章 国 际 法

思维导图：

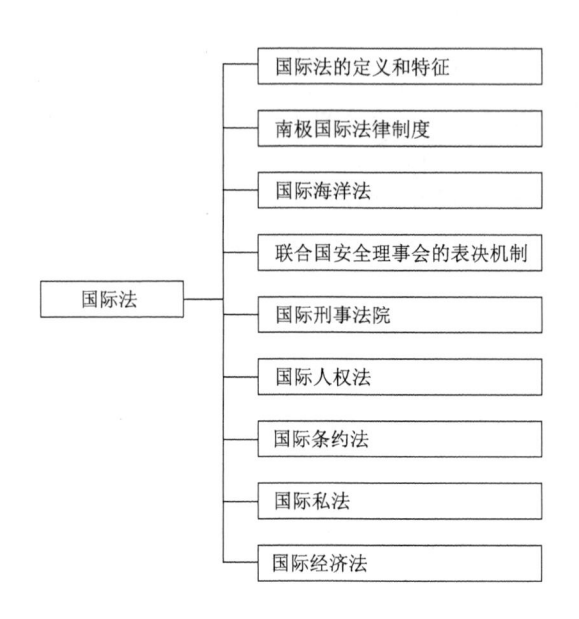

```
                    ┌── 国际法的定义和特征
                    ├── 南极国际法律制度
                    ├── 国际海洋法
                    ├── 联合国安全理事会的表决机制
         国际法 ────┤── 国际刑事法院
                    ├── 国际人权法
                    ├── 国际条约法
                    ├── 国际私法
                    └── 国际经济法
```

主要问题：

1. 相较于国内法，国际法具有哪些特征？
2. 国际法的效力为什么会由弱变强？
3. 国际法变化和发展的主要驱动力是什么？
4. 简述《南极条约》缔结的背景和主要内容。
5. 你觉得应该如何设计南极国际法律制度？特别是南极法律地位、南极旅游及资源开发方面的细致规则？
6. 简述 1982 年《联合国海洋法公约》的主要内容。
7. 《联合国海洋法公约》的生效有什么深远影响？
8. 国际组织的表决机制主要有哪几种？
9. 简要介绍和评述联合国安全理事会的表决机制。
10. 简述国际刑事法院的管辖权及其特征。
11. 简要分析国际刑事法院运作存在的主要问题。
12. 国际刑事法院实现普遍正义最大的障碍是什么？
13. 简述三代人权和东西方有关人权的主要分歧。
14. 简述国际人权宪章的主要内容和重要地位。
15. 为了保护人权，一个国家或国家集团可以对其他国家使用武力吗？我们应该依据什么标准来评判武力使用的合法性?

16. 条约的名称五花八门,举例说明不同名称条约的主要内容、适用范围、缔结程序和重要性等方面的不同。

17. 简述条约法三项原则的主要内容及其功能。

18. 在纷繁复杂的国际社会,国际条约的主要功能是什么?哪些因素制约着条约功能的发挥?

19. 简述国际私法的渊源及调整对象。

20. 国际私法中对于涉外民商事关系的调整方法有哪些?其各自的优越性和局限性是如何体现的?

21. 什么是国际经济法?为什么要学习国际经济法?

重要概念:

国际法;国际法主体;《南极条约》;《联合国海洋法公约》;国际组织;联合国;联合国安全理事会;国际刑事法院;国际人权宪章;条约;国际私法;国际经济法

练习题:

为什么要学习国际法?生活在一个高度全球化的时代,我们每个人都可能和国际法有着千丝万缕的联系。比如说,越来越多的中国人出国旅行、经商、求学和工作,我们在海外会享受到中国驻外使领馆的外交领事保护,这种保护就是由国际法所赋予的;我们去南极旅行,就要遵守南极的国际法律制度;我们做国际贸易,世界上大多数的国际贸易都要适用世界贸易组织的系列条约。特别是,现在的国内法被高度国际法化了,每一项国内法的制定和修改都要参照相关国际条约或国际习惯的规定,国际法和国内法越来越趋同。所以,作为一个当代人,特别是法律人,我们必须学习国际法。

第一节 国际法的定义和特征

一、国际法的定义

什么是国际法?国际法是在国际交往中形成的,调整国际关系(主要是国家间关系)的,有法律约束力的原则、规则和制度的总称。这个定义我们要从三个方面来理解。

首先,国际法是在国际交往中逐步产生的。例如,古代国家长期征战杀伐,在实践中逐渐形成了"两兵相交，不斩来使"的国际习惯规则。人类发明飞机后，出现了许多跨越国境的问题需要各国共同解决，例如，法国的飞机能否随意飞入英国的上空，英国为了国家安全可否禁止他国飞机飞入等。于是，1919年《巴黎航空公约》等一系列航空条约陆续出台。国际习惯、国际条约都是国际法最主要的法律渊源。

其次，现代国际法调整的是广义上的国际关系。古代和中世纪的国际关系局限于国家之间的政治外交关系。但近现代以来，国际关系向经济、社会和文化等领域拓展和深入。此外，国际关系也不再局限于国家之间的关系，国家、政府间国际组织、民族解放组织之间以及相互之间的关系都是国际关系。

最后，国际法的法律约束力是客观的。长期以来，由于主权国家自主决定是否接受条约和国际习惯的法律约束力，所以人们认为国际法的法律约束力是主观的，是以国家意志为转移的。这种观点用于实践，便是二战前德国单方面撕毁《凡尔赛和约》发动侵略战争，人类遭受了史无前例的浩劫。如今，上述观点已被摒弃。国家是否接受某项条约或国际习惯规则是自主自愿的，不过一旦接受，相关国际法规则的法律约束力就是客观的，该国必须信守承诺，不可出尔反尔。

二、国际法的特征

相对于国内法，国际法具有如下特征。

（一）国际法是适用于国际社会的平等者之间的法律

国际法适用于国际社会，国际社会是主权国家林立的平权式社会。原则上讲，国际社会之上没有更高的主权权威，没有高居于主权国家之上的立法和司法机关，除非是主权国家均同意其权威地位的国际组织或地区组织（如欧盟）。即使像联合国、国际法院等国际组织机构，也受主权国家一定程度的限制或制约。比如，联合国通过任何决议、规则和制度都要通过主权国家投票或协商一致，国际法院的管辖权需要主权国家的接受；而国内法适用于国内社会，它是宝塔式的、上级对下级的。国际社会和国内社会的不同结构决定了国际法是平等者之间的法律，是主权国家的一种自我约束。国家不仅是国际法的制定者，也是国际法的解释者、实施者和受约束者。而国内法是上级对下级的命令，尽管上级越来越关注下级的观点和利益。19世纪，奥斯汀认为，法律是掌握主权的上级所颁布的一种命令，由此认为国际法不是法。那国际法到底是不是法律呢？问题出在哪儿？国内法出现在先，奥斯汀给法律下定义时将法律等同于国内法，先入为主地把国际法排除在法律范畴之外，自然是不科学的。

（二）国际法的主体主要是高度组织化的国家

20世纪前，国际上活跃的只有国家，国家是唯一的国际法主体。20世纪，国际组织的数量呈爆炸性增长，大到国际和平与安全，小到艾滋病的防治，上到外层空间，下到海床洋底，都有相应国际组织的存在，国际社会被高度组织化了。不过，国际组织只是国家之间合作的一种高级法律形式，其建立和运作都是基于主权国家的同意（欧盟除外）。所以，现代国际法的主体仍然是国家。不同的是，国内法的主体是个人，个人不能自己制定法律约束自己。

（三）国际法正在由弱变强

在第一、二次世界大战期间，甚至现在，国际法常常遭到粗暴的践踏，因此被戏称为"弱法"。人们对国际法法律性质表示怀疑，认为国际法不是法律。不过，国内法也不断被一些人违反和践踏，我们能说国内法不是法律吗？令人精神鼓舞的是，在很多方面，国际法正在由弱变强，突出表现为：历史上，国家具有战争权，可以随意发动侵略战争而无须承担法律责任。但自二战以来，触犯侵略罪、战争罪、灭绝种族罪和反人道罪的国家元首、政府首脑和军队高官都有可能被追究刑事责任。例如，二战后的东条英机、戈林等国家元首、政府首脑在远东和纽伦堡国际军事法庭受到审判。国际法越来越强硬，越来越让人们看到普遍正义的希望。

第二节 南极国际法律制度

随着科技的不断进步和人类的不懈探索，如今，普通老百姓到南极旅行、举行婚礼已不再是神话。不过，任何国家、任何人到南极活动都要遵循南极的国际法律制度。现行的南极国际法律制度主要囊括在《南极条约》体系中。

一、《南极条约》体系

众所周知，南极具有丰富的自然资源、重大的战略意义、重要的航运价值和环保价值。很多国家，特别是南极周边国家很早就对南极提出了领土主权要求，有的国家说它先发现南极，有的说它先占领南极，有的说它紧挨着南极，其中有些主权要求相互重叠，分歧很大，各国关于南极的领土主权争夺日益白热化，有的甚至发生了小规模的武装冲突。远离南极的美国和苏联虽然没有正式提出对南极的领土要求，但都声明不承认上述国家对南极地区的领土要求，并且保留本国提出领土要求的权利。在此大背景下，经美国倡议，1959年12月1日，阿根廷、澳大利亚、比利时、智利、法国、日本、新西兰、挪威、美国、英国、苏联、南非12国在华盛顿签署了《南极条约》。

《南极条约》的主要内容包括：①南极应该永久性地专为和平目的使用，不应成为国际纷争的场所和对象，并禁止采取一切具有军事性质的措施。②世界各国在南极享有科学考察自由，并促进为此而进行的国际合作。③（条约第四条第二款）冻结缔约各国对南极所提出的一切领土要求。在本条约有效期间发生的任何行动或活动不得成为提出、支持或否认对在南极洲的领土主权的要求的根据，或创立在南极洲的任何主权权利。在本条约有效期间，不得提出对在南极洲的领土主权的任何新要求或扩大现有的要求。④定期举行南极条约协商会议，该会议是缔约国定期议事机制，是协商解决南极事务的核心机制，南极国际法律制度的变化和发展主要依托这一会议机制。在南极条约协商会议上，只有协商国才享有表决权和否决权，才有在南极事务上的真正话语权。截至

2024 年 8 月 20 日,《南极条约》有 57 个缔约国,但只有 29 个协商国。协商国的地位如何取得呢?《南极条约》的 12 个创始会员国当然取得协商国地位,后来加入《南极条约》的国家则需要在南极设有全年站才能取得协商国地位。所以,南极国际法律制度的建立、变化和发展把握在 29 个协商国手中。

《南极条约》于 1961 年 6 月 23 日生效,原定有效期为 30 年,1991 年决定将《南极条约》有效期无限期延长,并且规定 50 年内禁止南极的矿产资源活动。《南极条约》自 1961 年生效至今,不仅较好地解决了当时棘手而复杂的南极领土主权纷争,对南极的政治、外交、科学考察、国际合作和实施有效的管理等方面都起到了良好的作用。其后签署了 1964 年《保护南极动植物议定措施》、1972 年《保护南极海豹公约》、1980 年《南极海洋生物资源养护公约》、1991 年《关于环境保护的南极条约议定书》等。《南极条约》和上述公约以及在历次南极条约协商会议上通过的具有法律效力的 200 多项建议措施,统称为《南极条约》体系,这就是现行的南极国际法律制度。

二、中国与南极国际法律制度

中国于 1983 年 6 月 8 日加入《南极条约》,1985 年 2 月在南极建成一个常年科学考察站——长城站,同年 10 月中国终于取得了协商国地位,赢得了在南极事务上的表决权和否决权,拥有了真正的话语权;1989 年 2 月,中国又设立了第二个南极常年科学考察站——中山站;2008 年,中国单独提出格罗夫山哈丁山南极特别保护区管理计划,以及中澳联合提出的阿曼达湾南极特别保护区管理计划获得批准;2009 年 1 月,中国首个南极内陆考察站——昆仑站在南极内陆冰盖最高点建成,实现了中国从南极大陆边缘向腹地挺进的历史性跨越,标志着中国从极地考察大国向极地考察强国迈出了关键的一步;可喜的是,第 40 届南极条约协商会议 2017 年 5 月底首次在中国北京举行,会议主要议题包括《南极条约》体系的运行、南极视察、南极旅游、气候变化影响、南极特别保护区和管理区等。总之,中国在参与南极科考和制度完善方面所起的作用和发挥的影响力与日俱增。

第三节 国际海洋法

地球表面大约 71% 是海洋,海洋里蕴藏着巨大的宝藏。鉴于陆地资源几近耗竭,海洋成为 21 世纪世界各国争夺的中心。因此,海洋行为规则——国际海洋法显得日益重要。传统国际海洋法中,领海之外就是公海,二战后,一些新的海域,如大陆架、专属经济区和国际海底等逐渐产生,公海面积大大缩小。由于现代国际海洋法主要囊括在 1982 年《联合国海洋法公约》(以下简称《公约》)中,所以下面重点介绍《公约》。

一、1982 年《联合国海洋法公约》的主要内容

1982 年《公约》是在第三世界崛起,发展中国家反对海洋霸权的背景下产生的。《公约》几乎涉及海洋法各方面的问题,包含领海、用于国际航行的海峡、群岛水域、专属经济区、大陆架、公海、岛屿、国际海底区域、海洋环境保护、海洋科学研究、海

洋技术发展和转让、海洋争端解决等重要国际海洋法律制度，它对国际海洋法进行了迄今为止最全面的编纂，内容相当全面。不过，由于海洋大国对国际海底开发制度不满，发展中国家不得不作出让步，在《公约》生效前对《公约》第十一部分进行了修改，时隔12年，即1994年《公约》才终于生效。

1982年《公约》的主要海域为：领海基线是陆地和海洋的分界线，是领海等重要海域的起算线；领海是从沿海国领海基线量起，不超过12海里宽的海水带。领海属于国家领土的一部分，且该主权及于领海的上空及其海床和底土；专属经济区是领海以外邻接领海、自领海基线量起不超过200海里的海水带。专属经济区的下面是大陆架，大陆架是领海以外，从领海基线量起到200海里的海床和洋底。如果沿海国陆地板块在海洋下的自然延伸超过200海里，则最远不应超过从领海基线量起的350海里，或不应超过2500米等深线外100海里。在超过200海里的大陆架上开发自然资源的收入应该与国际社会分享。大陆架和其上面专属经济区的法律地位很相似，沿海国在专属经济区和大陆架上对勘探开发自然资源享有专属的主权权利。其他国家在大陆架和专属经济区上享有航行权、飞越权及铺设海底电缆和管道的三大自由。公海是国家管辖范围外的全部海域。无论沿海国还是内陆国，它们都在公海上享受六大自由：航行自由、飞越自由、铺设海底管道和电缆自由、建造国际法所容许的人工岛屿和其他设施自由、捕鱼自由和科学研究自由。国际海底区域简称"区域"，是指国家管辖范围外的海床、洋底及其底土，区域以及处于区域内的资源是全人类的共同继承财产，由国际海底管理局对其进行监督和管辖。

二、1982年《联合国海洋法公约》的评价

（一）从《公约》的产生看，1982年《公约》是妥协的产物

1982年《公约》基本上反映了发展中国家的利益和要求，削弱了少数海洋大国对海洋的垄断和控制，如专属经济区和国际海底制度的确立。如果专属经济区还是公海，海洋大国就可以肆意捕捞和开发，肆意掠夺发展中沿海国的资源。如果国际海底还是公海的一部分，发展中国家就不可能分享海洋大国在该区域享受到的利益。当然，《公约》也反映了海洋大国的利益，特别表现为《公约》第十一部分的被迫修改。

（二）从《公约》的内容看，1982年《公约》是一部真正的海洋宪法

《公约》有三大特点：一是内容的全面性，前面介绍《公约》内容时已作说明。二是内容的完整性，除《公约》明确许可外，国家对《公约》不得作出保留或例外。也就是说，《公约》属于一揽子协议，要么一揽子接受成为《公约》缔约国，要么置身其外。三是《公约》效力的普遍性。截至2024年8月20日，包括中国一共有170个缔约国，除美国以外主要海洋大国都是《公约》缔约国。总之，《公约》是当前国际社会最详尽和最有权威的海洋行为规则，是现当代国际海洋法的主要渊源和权威文件，是一部真正的"海洋宪法"。

（三）从《公约》的后果看，1982年《公约》标志着海洋新秩序开始建立

1982年《公约》出台后，全球范围内掀起了一场蓝色圈地运动，各沿海国纷纷划

定自己的专属经济区和大陆架，用和平的方式实现了海洋上的土地革命，世界政治地理格局发生了巨大变化。

第四节 联合国安全理事会的表决机制

联合国安全理事会（简称安理会）负有维持国际和平与安全的首要责任。

一、一般国际组织的表决机制

（一）全体一致（同意）制

这是一种传统表决方法，要求全体国家一致同意才能通过决议，少数反对意见往往否决多数国家的赞成意见，难以通过决议。现在，除非是特别重要的问题，国际组织极少使用全体一致同意表决制。

（二）多数表决制

多数表决制，即通过投票，简单多数或特定多数通过决议，少数服从多数。这种表决制符合多数国家利益，比较容易通过决议，但也会导致赞成票和反对票之间的派别对立，还有拉票、买票等不公平现象，执行决议时往往会遇到反对者的不配合甚至强力阻挠。

（三）协商一致

协商一致要求各国充分协商拟定协议，然后自主决定是否通过决议，只要没有正式反对意见，决议即视为通过。这是关税及贸易总协定和世界贸易组织经常采用的表决方式，而且越来越受到其他国际组织的欢迎。协商一致达成的决议由于经过充分协商，易于执行，但充分协商很耗时间，还有可能最后遭遇正式反对意见，决议无法通过。

（四）倒协商一致

倒协商一致是指除非就不通过决议达成协商一致，否则决议视为通过。这是世界贸易组织争端解决机制中使用的独特表决机制，该机制很容易通过决议。

总体而言，从历史纵线来看，国际组织的表决机制越来越注重协商，越来越要求少数服从多数，越来越容易通过决议。

二、安理会的表决机制

根据《联合国宪章》的规定，安理会负有维持国际和平与安全的首要责任。怎样负首要责任呢？《联合国宪章》第三十九条规定，安理会具有断定任何和平之威胁、和平之破坏，或侵略行为是否存在的权威断定权；第四十一条规定，安理会可以采用武力以外的办法，维持国际和平与安全；第四十二条规定，如果武力以外的办法不足够，安理会可以采取必要的空海陆军行动，以维持或恢复国际和平及安全。所以，安理会职权很大，不过安理会需要通过表决来断定侵略，来决定采取何种行动。

我们来看一看它的表决机制。安理会表决机制的核心是 1945 年雅尔塔公式，即非程序性事项"五大国一致同意"，中国、美国、英国、法国和俄罗斯五大常任理事国都拥有一票否决权。具体而言，程序问题 9 票赞成即可通过，常任理事国不可行使否决权。实质问题也是 9 票通过，但常任理事国可以行使否决权。比如，表决实质事项时，即便有 14 张赞成票，一个常任理事国的反对票便可否决决议，导致该决议无法通过。而且，常任理事国拥有双重否决权，即所表决的事项是否属于程序问题，常任理事国也可以否决。如果一个常任理事国希望阻挠某项决议通过，它可以先行使一次否决权，让其变为非程序问题，也就是实质问题，然后在实质问题表决时，又可以行使一次否决权不让该决议通过。所以，双重否决权赋予常任理事国很大的权力。

三、安理会表决机制的改革

自联合国诞生以来，双重否决权就不断受到批评，要求限制甚至取消双重否决权的呼声一浪高过一浪。在安理会的实践中，有时会出现某一常任理事国既不愿投赞成票，又不愿一票否决决议的情况，于是产生了常任理事国不参加投票或弃权，不构成否决的惯例。此外，长期实践中还形成了什么是程序问题、什么是实质问题的一些统一的看法等，五大常任理事国的双重否决权受到了一定程度的限制。尽管如此，许多国家仍然强烈要求改革安理会的表决机制。

（一）安理会席位问题

德国、日本、印度和巴西等国强烈要求取得安理会席位，特别希望得到有否决权的常任理事国席位。2004 年，联合国"威胁、挑战和改革问题高级别小组"提交的报告建议扩大安理会，其中一个方案受到不少赞许，建议增加 6 个没有否决权的常任理事国席位和 3 个任期 2 年的不可连任的非常任理事国席位，加上现有的安理会席位，共计 24 个安理会席位。此方案中没再增加有否决权的席位，因为否决权越多，越难通过决议和采取行动。

（二）限制甚至废弃否决权的问题

关于限制否决权，有学者建议拓展回避制度，把和平解决争端表决中的争端当事国的回避制度拓展适用于安理会依据《联合国宪章》第七章采取行动的决策，在安理会断定侵略和决议采取执行行动时，争端当事国也必须回避。武汉大学梁西教授建议，将常任理事国的一票否决改为 2—3 票否决，即只有 2 个或 3 个常任理事国投反对票才构成否决。建议改革的方案很多，还有什么更好的主意呢？

无论是安理会席位的增加，还是否决权的限制甚至取消，安理会改革的讨论沸沸扬扬几十年，至今没有着落，为什么？《联合国宪章》第一百零八条规定，本宪章之修正案经大会会员国三分之二表决并由联合国会员国三分之二，包括安全理事会全体常任理事国，各依其宪法程序批准后，对于联合国所有会员国发生效力。也就是说，安理会的任何实质性的改革都涉及修正《联合国宪章》，而《联合国宪章》的修正，五大国也有一票否决权！

第五节　国际刑事法院

历史上，国内刑法规定杀人者死，即杀一个人就要偿命。但统治者发动侵略战争、发动大屠杀，杀千千万万的人却无须承担个人法律责任。这是否公平？有什么机制对其进行约束呢？

一、国际刑事法院的建立

二战后，发动战争无法追责的状况得到了逆转。东条英机、戈林等国家元首和政府首脑分别在远东国际军事法庭和欧洲国际军事法庭受到国际法的审判，有些还被判处了死刑。这是人类历史上第一次，国家元首、政府首脑和军队高官会因为自己的职务行为触犯了国际战争法受到国际法的审判，承担个人刑事责任。这是国际法特别是国际人权保护发展史上的一座里程碑。在打击战争罪、反人类罪等国际罪行的历史上，终于实现了零的突破。其后，国际社会又设立了系列特设法庭，如前南国际刑事法庭对自1991年以来发生于前南社会主义联邦共和国境内的严重违反国际人道主义法的行为进行起诉，卢旺达国际刑事法庭对1994年1月1日至1994年12月31日在卢旺达境内、卢旺达国民在邻国所犯种族灭绝罪或其他严重违反人道主义的行为进行起诉，还有塞拉利昂、柬埔寨等特设法庭。上述特设法庭仅对特定时间和特定地域范围内最严重的国际犯罪进行审判，正义在特定的时空点上得以实现。这种正义星星点点，选择性特别强，但正是这些星星之火，渐成燎原之势。1998年，建立常设性国际刑事法院（ICC）的《国际刑事法院罗马规约》（简称《罗马规约》）通过，2002年7月1日，《罗马规约》生效，国际刑事法院依此在荷兰海牙正式建立。截至2024年8月20日，国际刑事法院有124个缔约国，包括几乎所有欧洲和南美洲国家，以及半数非洲国家。由于美国、俄罗斯和中国等不少国家还不是规约缔约国，有人指责国际刑事法院仍然只能实现有选择的正义。不过，有选择的正义不再局限于点，而是拓展至大面积、大范围。联合国前秘书长安南曾指出："国际刑事法院即将成立的前景，让我们看到了普遍正义的希望。"

二、国际刑事法院的管辖权

第一，国际刑事法院的管辖权限定于最严重的国际犯罪：灭绝种族罪、危害人类罪、战争罪、侵略罪。对于战争罪，缔约国可以选择将国际刑事法院的管辖权向后推迟7年。2015年规约的修正案拟废除该推迟制度，不过该修正案暂时没能得到广泛接受，尚未生效。2010年规约关于侵略罪的修正案激活了法院对侵略罪的管辖权，不过截至2024年8月20日，仅有45个国家缔结了该修正案，说明法院对侵略罪的管辖一般局限于这45个国家，基本上都是中小型国家，安理会五大常任理事国无一接受法院对侵略罪的管辖。

第二，国际刑事法院的管辖权不溯及既往，它仅仅管辖规约生效后实施的有关犯罪；此外，法院管辖的罪行也不适用任何时效。犯罪嫌疑人即便逃到天涯海角，即便白发苍苍，也还是可以被缉拿归案。

第三，犯罪行为发生地或犯罪嫌疑人国籍国是缔约国，国际刑事法院才可以行使管辖权，也就是说必须有属地或属人的连接因素。独特的是，安理会根据《联合国宪章》第七章行事，也可以向法院提交案件，即使犯罪行为发生地国或被告人国籍国都不是缔约国，法院也可以行使管辖权。2005 年，安理会通过决议，将达尔富尔局势问题移交国际刑事法院，这是安理会向国际刑事法院提交的第一起案件。

第四，国际刑事法院的管辖权是一种补充性管辖权，只有国内法院不愿意或不能够管辖时，或者国内法院为包庇罪犯假装管辖时，国际刑事法院才行使管辖权。国际刑事法院前检察官奥坎波指出，国际刑事法院的成功不在于对多少起诉到本院的案件进行审理，而在于有多少案件因国内法院的有效和正常运行得以避免在本院审理。

三、国际刑事法院运作存在的主要问题

实践证明，国际刑事法院在很短时间内已经成为一个发挥作用的、有效的国际机构，但问题也不少。

（一）美国、俄罗斯和中国都不是国际刑事法院的缔约国

安理会三大常任理事国都不是法院缔约国，无疑非常影响法院管辖权的普遍性。美国坚决反对法院对《罗马规约》非缔约国国民，包括政府官员行使管辖权。为什么呢？因为美国有许多海外军事基地和驻军，这些国家不少是法院缔约国，这就意味着，即便美国不是规约缔约国，美军在这些地方的行为也在国际刑事法院的管辖范围之内。

（二）国际刑事法院管辖罪行的扩张性

《罗马规约》规定的几种严重犯罪实际上是"口袋"性质的犯罪，许多种类的犯罪都可被纳入国际刑事法院的管辖范围。例如，在习惯国际法中，战争罪一向被认为仅适用于战争或国际性武装冲突，可规约将战争罪拓展适用于国内武装冲突，这太超越国际社会和国际法的现实。此外，危害人类罪、灭绝种族罪与以往实践相比也有许多扩展，让不少主权国家难以接受。

（三）乌干达主动放弃管辖提交情势给国际刑事法院

对乌干达北部发生的问题，政府无能为力。国际刑事法院有证据证明圣主抵抗军的领导约瑟夫·科尼（Joseph Kony）在 2002 年 6 月到 2003 年底签发了攻击、杀害、抢劫、绑架平民，包括内部难民营的平民的特别命令。他面临包括 12 项有关危害人类罪的指控和 21 项有关战争罪的指控。2004 年国际刑事法院接受了乌干达共和国提交给检察官办公室的情势。缔约国主动放弃管辖，提交情势给国际刑事法院是当初法院的创建者所未想到的。乌干达国内具备有效健全的司法体制，此种情况下，国际刑事法院应该受理此案吗？乌干达主动提交情势，可能是其总统打压圣主抵抗军有意采取的策略，国际刑事法院能被卷入国内政治军事斗争吗？

（四）退出国际刑事法院风潮问题

2016 年，南非、布隆迪、冈比亚等少数几个国家要求退出国际刑事法院，主要原

因是国际刑事法院审理的案件基本上都是非洲国家的,而且国际刑事法院起诉了正当权的国家元首。最后,该风波实际上被化解,相关案件转由非洲国家自己审判。但该风潮直指国际刑事法院的选择性正义问题,反映出非洲人民对普遍正义的极度渴求。

第六节 国际人权法

"人权"是一个美好的词语,但也是一个敏感、充满矛盾的词语。2004 年,我国将"尊重和保障人权"写入了宪法。因此,深入学习国际人权法,揭开人权国际保护的面纱,探索其真谛和奥秘,意义重大。

一、概念界定和法律渊源

国际人权法,在英文中通常称为 international human rights law,实际上是指关于人权保护的国际法,它是由一系列关于人权保护的,包括全球性的和区域性的国际条约以及国际习惯组成的国际法的独特分支,是国际上保护人权的原则、规则和制度的总称。

在此列举人权国际保护最主要的法律文件。全球层面的有:1945 年《联合国宪章》,这是一项条约,迄今有 193 个缔约国,也就是 193 个国家接受它的法律约束力;1948 年《世界人权宣言》,不少学者认为该宣言的一部分甚至全部内容都是国际习惯规则,对所有国家都有法律拘束力;然后是联合国九大核心国际人权条约,其中最重要的是 1966 年的两项条约——《公民权利及政治权利国际公约》《经济、社会和文化权利国际公约》,这两项条约和 1948 年《世界人权宣言》合称为"国际人权宪章"(Bill of Human Rights),足见其地位之重要。此外,全球层面还有国际劳工组织的系列相关条约。区域层面包括欧洲、美洲和非洲的人权条约。

国际人权法保护人权,那么,什么是人权呢?一般认为,人权是人作为人享有或应该享有的权利。享有的权利是已经享有的实然的权利,应该享有的是可能尚未实现的理想中的权利。因此,这个概念本身就包含了浓烈的理想主义色彩,是根植于现实的人权梦想。

二、三代人权

作为人,我们到底应该享有哪些基本权利和自由呢?根据上述法律文件的规定,从历史的维度看,最早是资产阶级革命时期出现的第一代人权——公民权利和政治权利,主要包括生命权、人身自由和安全权、免遭酷刑权、公正审判权、参与公共事务权、选举权和被选举权、言论自由、思想良心等;其次是社会主义革命时期出现的第二代人权——经济、社会和文化权利,主要包括工作权、受教育权、文化权、适当生活水准权、健康权、社会保障权、婚姻自由、组织和参加工会权等;最后是非殖民化时期形成的第三代人权——集体人权,包括民族自决权、和平权、发展权和环境权。

三、和平安全框架和人权保护漏洞

国际法谴责和惩治不正义的非法战争,对于受到侵略和非法武装攻击的国家和人民给予道义支持和法律救济。1945 年《联合国宪章》规定了国家主权平等、不干涉内政、不得使用武力或以武力相威胁等国际法基本原则，适用于整个国际关系。《联合国宪章》七次提及"人权"，要求增进和激励"人权及基本自由之尊重"。《世界人权宣言》和系列人权条约都根基于此，都是在联合国的和平与安全框架内展开的。

联合国的集体安全机制无疑是人类发展史上具有里程碑意义的重大进步，但是它也有缺陷。极个别大国不断借用其在安理会的双重否决权创设禁止使用武力的例外情形——以"反恐""防止大规模武器扩散"等理由对其他主权国家大打出手，安理会却无可奈何。由于否决权的存在，安理会也没法把非法使用武力的少数特权国家提交给国际刑事法院绳之以法。非法使用武力一日不止，人权的国际保护就存在巨大的漏洞。

四、国际人权标准和保护方式选择

精准定位漏洞后，我们也不能忽略二战后人权国际保护的伟大成就。截至 2024 年 8 月 20 日，旨在起诉最大规模、最严重侵犯人权的国际犯罪的国际刑事法院，已有 124 个缔约国。联合国九大核心国际人权条约中的 7 项条约已经有超过 170 个缔约国，其中《儿童权利公约》最多，有 196 个缔约国。这就意味着，世界上绝大多数国家承担了人权条约所赋予的保护人权的特定法律义务。不过，其中有不少国家，特别是亚非拉国家缔结人权条约并不一定完全出于自愿，而是为了换取西方的援助、项目等现实利益，因为发达国家总把援助和项目与缔结人权条约挂钩，这也决定了后续条约义务的履行山高路远。此外，条约对第三国既无损，也无益，它只能约束缔约国。也就是说，由于不同国家缔结的人权条约数目不同、做出的保留不同，它们各自承担的人权保护义务也不同。或者说，尽管世界各国都承诺尊重和保护人权，接受人权保护的平等和不歧视原则，但各国的人权保护标准却是千差万别的。以九大核心国际人权条约和其 9 个任择议定书为例，各国缔结这 18 项人权条约的情况差异很大。最多的缔结了 18 项，最少的只有 2—3 项，这与世界各国国情的巨大差异是直接相关的。

全球层面，除了上述法律文件，还有人权保护机制。如果大家希望找到世界上每一个国家人权保护的现状和履行人权条约义务的情况，可以在如下两个平台找到——联合国人权理事会、联合国人权条约机构，它们都有系列保护人权的具体制度，前者有普遍定期审议制度等，后者有缔约国报告制度、个人来文制度、国家指控制度、调查制度、访问制度等，不少平等的建设性对话机制运作得相当成功。

第七节 国际条约法

在所有专业和工作领域中，我们都可能会接触到国际条约。认为我们应当无条件遵守国际条约，或者认为国际条约仅涉及国际事务，与我们个人无关，这两种看法都是不正确的。若将这些观点应用于实践，可能会导致诸多错误的分析和决策。本节重点分析国际条约法，探索其真谛和奥秘。

一、概念界定

什么是条约？条约是国家之间、国际组织之间以及国家与国际组织之间缔结的受国际法支配的书面国际协议。需要注意的是，只有国家或国际组织才有资格缔结条约。这里的国际组织一般仅限于政府间国际组织，非政府间国际组织一般没有缔约资格。条约根据国际法缔结和实施，它规定当事方在国际法上的权利和义务，而不是国内法上的权利和义务。条约一般以书面形式缔结，但这并未否认口头条约的存在或其效力。只是口头条约不方便解释、适用和证明。有关条约缔结、解释、适用、效力和争端解决等事项的国际法原则、规则和制度统称国际条约法，用以调整和规范条约关系。条约法主要规定在 1969 年《维也纳条约法公约》和 1986 年《关于国家和国际组织间或国际组织相互间条约法的维也纳公约》等条约中。截至 2024 年 8 月 20 日，1969 年《维也纳条约法公约》有 116 个缔约国，很遗憾 1986 年《关于国家和国际组织间或国际组织相互间条约法的维也纳公约》尚未生效，因此不能约束任何国家或国际组织。从《维也纳条约法公约》的缔约数目可以看出，在条约法领域形成统一的国际法律制度还有相当的距离，各国的分歧较大。

实践中，条约的名称五花八门。名称不同，其主要内容、适用范围、缔结程序和重要性等也各有不同。比如，公约一般是为了给整个国际社会造法，希望在某一个领域形成统一的国际法律制度；条约一般规定重大事项的法律制度；宪章、规约、盟约、组织法往往是为了创设某个国际组织的基础法律文件；协定、议定书规定的事项相对微观和具体。总体而言，上述文件都是广义的条约，而命名为换文、备忘录或谅解备忘录、宣言、声明、公报的则不一定是条约，关键看文件中具体是怎样规定的，是否有意让其产生法律约束力。

二、条约的缔结

条约一般是怎样缔结的？

首先是谈判，只有国家、国际组织才有资格派代表参与谈判，谈判代表往往手持全权证书以证明其身份。谈判主要是拟定约文，条约文本确定不再修改时有一个约文认证程序，即通过签署或投票等方式确定约文是正确和作准的；然后，开放供各方批准、加入、接受、赞同或核准，也就是承诺接受条约的法律约束力，此时缔约方可以提出保留，以摒除或更改条约中若干规定对它的适用。但禁止保留的条约或条款不能保留。

其次是双边条约缔约方交换批准书，多边条约缔约方则将批准书等承诺文件交给条约保管机关。条约保管机关通常在条约中指定，联合国秘书长经常被指定为保管机关。

最后，条约缔结还需要登记和公布手续。《联合国宪章》要求其所有会员国缔结的一切条约应尽快到秘书处登记并公布，大多数会员国都依规行事。当然，也可以不登记，不登记的后果是联合国不承认该项条约，缔约方不能在联合国任何机关援引该条约或主张权利。那么，条约为什么需要登记和公布呢？一是防止危害国际关系的秘密外交和秘密条约；二是形成条约数据库，方便管理和研究。

在联合国官网上的条约数据库里（https://treaties.un.org），大家可以查到绝大多数条约的几乎所有信息，包括每一项条约截至目前的缔约方数目、保留情况等。这是一个很好的数据库，值得我们重视。当然，有人可能会发现，有的条约在这个数据库里找不到，该去哪里找？秘诀就在条约文本里，最后条款里往往有一项是规定条约保管机关的，然后去那个机关的官网查询。比如，《南极条约》第十四条规定：本条约应交存于美利坚合众国政府的档案库中。关于《南极条约》的缔约等信息，我们就得去美国政府档案库查询。每一项条约缔约方的数目、保留的情况都在不断发生变化，导致条约适用范围也在随时发生变化，与时俱进地查找数据库更新信息是我们的不二选择。

三、条约的三项原则

条约领域有三项原则：条约必须遵守原则、条约相对效力原则和情势变迁原则。

如果根据条约规定，一项条约对某个缔约方生效了，该缔约方就变成了该条约的当事方。条约必须遵守原则是指条约各当事方必须承认条约对其具有法律拘束力并善意履行条约义务，各当事方必须遵守所有对其有效的条约，一般情况下不得以国内法否定条约的规定。鉴于国际社会的无政府状态，国际关系很大程度上是建立在条约关系的基础上的。坚持条约必须遵守原则，是维持相互信赖的国际关系、维系国际社会正常秩序、保证国际和平与发展的必要条件。

条约相对效力原则起源于"约定对第三方既无损也无益"的古老法律原则，是指条约仅对各当事方有拘束力，对第三方不发生法律效力，这是相对于国际习惯一般具有普遍法律拘束力而言的。一般而言，条约非经第三方同意，不得为其创设权利或义务。

情势变迁原则是指当事方以缔约时存在的基本情况为依据做出承受条约拘束的同意，如果后续情况发生缔约时预料不到的基本改变，条约当事方有权单方面终止条约。

第八节 国际私法

在全球化进程不断加深的大变局时代，科学技术的发展加速了人员、资本、货物和服务的跨国流动，互联网的高速便利推动了全球信息的即时共享，私人主体之间民商事交往的广度、深度和力度也因此得到了显著拓展。那么，对于私人主体之间进行的国际民商事交往，是否有专门的法律制度来进行系统性的规范和约束呢？答案就是调整私人主体跨国民商事交往的规则——国际私法。

一、国际私法的定义和渊源

传统的国际法因其调整对象的差异，在中国语境下可分为国际公法、国际私法和国际经济法。相较于国际公法和国际经济法，国际私法主要调整的是国际民商事关系，以协调和解决国际民商事法律冲突为中心任务。国际私法在保障国际交往中当事人的正当权益、明确外国人民事法律地位、确立国际民事诉讼与仲裁程序规范以及维护公正合理的国际民商事秩序等方面，发挥着重要作用。在统筹国内法治和国际法治的时代背景下，国际私法日益成为构建全方位、全领域、全要素的中国特色社会主义法学学科体系不可或缺的必要部分。

国际私法的渊源，是指赋予国际私法规范以法律效力的各种具体形式。由于国际私法的调整对象是含有"国际"或"涉外"因素的民商事关系，从而决定了国际私法在渊源上具有两重性，即既有国内法渊源，又有国际法渊源。

就国内法渊源而言，主要包括国内成文法和国内判例两种主要形式。国际私法规范最早是在国内立法中出现的，经过长时期的历史发展，国内立法至今仍是国际私法最主要的渊源。而国内判例则是指法院对具体案件的判决具备法律约束力，可以成为以后审理同类案件的依据或参考。在英美法系国家，司法判例被认为是法律的正式渊源，而在大陆法系国家，虽然传统上并不认为判例是法律的渊源，但随着两大法系的渗透和融合，判例在大陆法系中的作用越来越重要，起着不可忽视的作用。在国际私法领域，必要时通过判例来弥补成文法的缺漏能较好地应对司法实践的需要，提高审判质量。

就国际法渊源而言，国际条约和国际惯例是最主要的表现形式。作为国际私法渊源的国际条约，是指包含国际私法规范的条约，如关于外国人法律地位的条约，关于国际民事诉讼的条约，关于国际商事仲裁的条约，关于婚姻、家庭和继承方面的公约，等等，这些国际条约对于促进国际私法规则完善、加强国际民商事交往发挥了重要的建设性作用。而国际惯例则是在国际实践中逐渐形成的法律规范，其根据是否需要经过当事人选择而具备约束力，也被分为强制性惯例和任意性惯例。此外，国际惯例和"作为通例之证明而经接受为法律者"的国际习惯不同，后者要求更为严苛，需要在长期实践中形成普遍习惯做法并被国家和当事人认可而具备法律效力。

二、国际私法的调整对象

根据不同法律调整的社会关系的特殊性，法的调整对象被认为是划分不同法律部门的主要依据。对于国际私法而言，国际私法的调整对象是"国际民商事关系"，若从一个国家的角度来说，也称"涉外民商事关系"。

国际私法作为法律的一个分立体系或部分，主要就在于其有自己独特的调整对象，即国际民商事关系。因此，简单地说，国际私法就是调整国际民商事关系的法律部门；其调整对象的"涉外性"或"国际性"，使它同民法调整的国内民事关系区分开来。只有当民事关系的主体、客体、内容等因素中存在具有"国际"或"涉外"的因素时，才构成国际私法的调整对象。国际民商事关系的涉外性质并不因其中涉外因素的多寡而受到影响；换言之，只要有一个因素与外国有联系，就可以构成国际民商事关系。同时，国际私法因其"私法性"，又使它同其他具有涉外性的法律关系（如国际公法主要调整国家之间的关系）区分开来。

此外值得注意的是，在国际私法上讲的"国际"或"涉外"应该作广义的理解，不仅指"国家之间"，还包括一个国家内部"不同法域之间"。

三、国际私法的调整方法

法律的调整方法是指法作用于社会关系的方式、手段和办法的总称。就国际私法领域而言，其调整国际民商事关系的方法主要分为间接调整方法与直接调整方法。

(一) 间接调整方法

间接调整方法是指在解决国际民商事法律冲突问题时，通过相关的国内法或国际条约指出该国际民商事关系受何种法律调整或支配，而不直接规定如何调整国际民商事关系当事人之间的权利与义务关系的一种方法。例如，《中华人民共和国涉外民事关系法律适用法》第三十六条规定："不动产物权，适用不动产所在地法律。"这一规定并没有直接规定当事人的权利和义务，仅指明涉及不动产物权时，由不动产所在地法来确定当事人的权利和义务。以冲突规范为核心的间接调整方法提供了尊重各国法律制度平等的可行路径，也确保在缺乏集中统一法律机构规制下的跨国活动的有序进行。

(二) 直接调整方法

直接调整方法则是指有关国家通过双边或多边国际条约制定，或借助于国内法、经广泛实践形成的国际惯例确定统一的实体法，用以直接支配涉外民商事关系当事人的权利义务关系。例如，《联合国国际货物销售合同公约》直接规定国际货物买卖合同当事人的权利与义务关系，其主要采用的就是直接调整方法。此类公约因而被称为"国际统一实体私法公约"。该公约第五十七条规定："（1）如果买方没有义务在任何其它特定地点支付价款，他必须在以下地点向卖方支付价款：（a）卖方的营业地；或者（b）如凭移交货物或单据支付价款，则为移交货物或单据的地点。（2）卖方必须承担因其营业地在订立合同后发生变动而增加的支付方面的有关费用。"以上规定即属实体规范，它对买方支付价款时双方当事人的权利义务作了明确规定，当事人可以直接据此处理这方面的事项。按照这条规定调整合同买卖双方相关的权利义务关系，就是一种直接调整方法。这种直接调整方法通过直接的方式调整国际民商事法律关系，具备可预见性、确定性和引导性，促进了法律冲突的有效解决。

第九节 国际经济法

一、国际经济法的概念与特点

国际经济法是伴随着全球化发展产生的一门调整国际经济关系的法律，是一个独立的、综合性的新兴法律学科，其涉及面广，包括国际贸易法、国际投资法、国际货币金融法、国际税法、国际经济争端解决法等分支学科。我们借用杰克逊教授的一句话来说明国际经济法的特点，"犹如坐在一列正在奔驰的火车上向外眺望时试图描述一幅风景——未及细述，它就已流逝变换"。

所以，国际经济法是宏大的，它与世界经济发展进程并行；国际经济法又是细节的，它涉及具体规范的应用；国际经济法既包含国内法，又包含国际法；国际经济法既是复杂的，又是容易理解的；国际经济法是抽象的，因为法律的高度抽象，它又是接近生活的，因为法律是从生活中来。

二、国际经济法的重要意义

对个人来讲，学习国际经济法有助于拓展国际视野，提升处理国际经济法律事务的能力。在全球化的背景下，国际法规则深刻影响着国内法规则，国际法与国内法的趋同化已是不争的事实。学习、熟悉、解释和运用国际经济法的法学原理、基本规则、推理论证方法，有助于开阔国际视野，促进国际法治与国内法治良性互动，妥善处理涉外经济事务，维护当事人正当利益。

对国家来讲，有助于促进国际经济合作，维护我国主权和利益。和平与发展是当今时代主题，国际经济法是国家经济交往的需要；随着经济的国际化，国际关系的经济化发展，国际社会的法治化成为趋势，国际经济法是法治社会的需要；中国要参与国际竞争，需要知识和人才，需要我们对世界经济和法律有深刻的认识。所以，我们要学习国际经济法，学好国际经济法。

三、国际经济法的学习方法

首先，培养对国际经济法的兴趣。"知之者不如好之者，好之者不如乐之者。"但国际经济法是宏大的、抽象的、复杂的，对国际经济法兴趣的培养对大多数人而言将是一个刻意的过程。如果在听到前面的故事时，我们可以稍微多想一下，便会将思维转移到国际经济法上来。当我们抱着"不仅知其然，还要知其所以然"的态度来看待国际经济现象、经济事件时，便很自然地会对国际经济法产生浓厚的兴趣。

其次，重视案例研究，强化实践能力。国际经济法的很多规则都是抽象与模糊的，因此我们只有从具体案例中来体会规则的具体含义。通过研习典型案例，既可以开阔我们的国际视野，又能巩固对基础知识的理解，为以后进行独立的研究夯实基础。"法律的生命不在于逻辑，而在于经验。"研习规则和实践规则是不同的。例如，我们在国际经济法中学习了贸易术语、《联合国国际货物销售合同公约》、《跟单信用证统一惯例》，但当我们面对一项真实的国际贸易活动时，应该如何拟定合同条款？如何审查既有的合同文本，提出自己的意见？实践出真知。我们应该把握一切实践的机会，在实践中加深对国际经济法的理解，提高自己的学习兴趣和学习效率。

最后，要有家国情怀和社会使命感。面对复杂的国际环境，必须要有坚定的理想、信念，才能客观地分析国际经济形势、正确地采取应对措施，并且在国际经济交往中不会迷失自我，也才能适应将来国际经济交往的需要。怀有对祖国的热爱和对法律的尊重，参与到依国际经济法为国家、企业、个人的国际经济活动和利益保驾护航的工作。

本 章 小 结

国际法不仅只是一个规则体系，同时也是国家的实践体系。对于国际法的理解和认知，既要看到已有的规则，也要看到国家实践之于此种规则形成与发展的意义。也就是说，国际法是一个不断变化、发展的动态的法律体系。学习和研究国际法，应该高度重视国家实践之于国际法形成与发展的意义。国家不仅是国际法规则的遵守者和执行者，而且是国际法的参与造法者和解释者。深刻理解国际法的运作机理，对于中国更好地参与国际法治和全球治理具有相当重要的意义。

主要参考文献：

白桂梅. 2015. 国际法. 3 版. 北京：北京大学出版社.

陈泽宪. 2003. 国际刑事法院管辖权的性质. 法学研究, (6): 121-128.

戴瑞君. 2013. 联合国人权条约机构体系的加强进程——联合国人权保护机制的最新发展.环球法律评论, 35(6): 158-170.

端木正. 1989. 国际法. 北京：北京大学出版社.

古祖雪. 2007. 现代国际法的多样化、碎片化与有序化. 法学研究, (1): 135-147.

《国际公法学》编写组. 2018. 国际公法学. 2 版. 北京：高等教育出版社.

何志鹏. 2023. 全球化、逆全球化、再全球化：中国国际法的全球化理论反思与重塑. 中国法律评论, (2): 116-128.

黄惠康. 2019. 国际海洋法前沿值得关注的十大问题. 边界与海洋研究, 4(1): 5-24.

黄世席. 2001. "约定必须遵守"与中日战争赔偿问题. 北方论丛, (2): 118-120.

黄志雄. 2015. 国际法视角下的"网络战"及中国的对策——以诉诸武力权为中心. 现代法学, 37(5): 145-158.

贾兵兵. 2015. 国际公法：和平时期的解释与适用. 北京：清华大学出版社.

江国青，熊志强. 2006. 联合国人权理事会法律制度探析. 外交评论（外交学院学报）, (4): 21-28.

李浩培. 2003. 条约法概论. 2 版. 北京：法律出版社.

梁西. 2005. 国际困境：联合国安理会的改革问题——从日、德、印、巴争当常任理事国说起.法学评论, (1): 3-8.

梁西. 2012. 国际法. 3 版. 武汉：武汉大学出版社.

梁西著，杨泽伟修订. 2022. 梁西国际组织法. 7 版. 武汉：武汉大学出版社.

柳华文. 2009. 性别平等：联合国人权条约机构的实践及其启示. 法学杂志, 30(8): 19-23.

盛红生，汪玉. 2012. 国际法上的"使用武力"问题与联合国集体安全机制的改革和完善. 国际关系学院学报, (6): 1-14.

唐启华. 2011. 论"情势变迁原则"在中国外交史的运用. 社会科学研究, (3): 135-147.

王铁崖. 1998. 国际法引论. 北京：北京大学出版社.

王献枢. 2007. 国际法. 修订版. 北京：中国政法大学出版社.

徐杰. 1999. 《国际刑事法院规约》与条约相对效力原则. 法学评论, (2): 97-101.

杨力军. 2006. 安理会向国际刑事法院移交达尔富尔情势的法律问题. 环球法律评论,(4): 457-468.

杨泽伟. 2022. 国际法. 4 版. 北京：高等教育出版社.

杨泽伟. 2022. 国际法析论. 5 版. 北京：中国人民大学出版社.

姚莹. 2021. 中国共产党的海洋战略对国际海洋法发展的贡献. 吉林大学社会科学学报, 61(1): 44-54, 236.

余敏友，马冉. 2006. 联合国集体安全体制对使用武力的法律控制：挑战与改革.武大国际法评论, (2): 48-93.

曾令良. 1998. 论冷战后时代的国家主权. 中国法学, (1): 109-120.

曾令良. 1999. 国际法发展的历史性突破——《国际刑事法院规约》述评. 中国社会科学, (2):141-152.

曾令良. 2007. 现代国际法的人本化发展趋势. 中国社会科学, (1): 89-103, 207.

张辉. 2018. 人类命运共同体：国际法社会基础理论的当代发展. 中国社会科学, (5): 43-68, 205.

邹克渊, 王森. 2019. 人类命运共同体理念与国际海洋法的发展. 广西大学学报（哲学社会科学版）, 41(4): 67-81.